国家出版基金项目
NATIONAL PUBLICATION FOUNDATION

抗日战争专题研究

张宪文 主编
朱庆葆 编

第四辑
沦陷区
和伪政权

日伪在天津的统治研究

冯成杰 著

江苏人民出版社

图书在版编目(CIP)数据

日伪在天津的统治研究/冯成杰著. --南京：江苏人民出版社,2021.8
(抗日战争专题研究/张宪文,朱庆葆主编)
ISBN 978-7-214-25960-8

Ⅰ.①日… Ⅱ.①冯… Ⅲ.①侵华事件-史料-日本-1937-1945②天津-地方史-史料-1937-1945 Ⅳ.①K265.606②K292.1

中国版本图书馆 CIP 数据核字(2021)第 042722 号

书　　名	日伪在天津的统治研究
著　　者	冯成杰
责任编辑	朱　超
装帧设计	刘葶葶
责任监制	陈晓明
出版发行	江苏人民出版社
地　　址	南京市湖南路 1 号 A 楼,邮编:210009
网　　址	http://www.jspph.com
照　　排	江苏凤凰制版有限公司
印　　刷	苏州市越洋印刷有限公司
开　　本	652 毫米×960 毫米　1/16
印　　张	36.25　插页 4
字　　数	417 千字
版　　次	2021 年 8 月第 1 版
印　　次	2021 年 8 月第 1 次印刷
标准书号	ISBN 978-7-214-25960-8
定　　价	128.00 元

(江苏人民出版社图书凡印装错误可向承印厂调换)

教育部哲学社会科学研究重大委托项目
2021年度国家出版基金资助项目
南京大学"双一流"建设卓越计划项目

―――――― 合作单位 ――――――

南京大学　北京大学　南开大学　武汉大学
复旦大学　浙江大学　山东大学
台湾中国近代史学会

―――――― 学术顾问 ――――――

金冲及　章开沅　魏宏运　张玉法　张海鹏
姜义华　杨冬权　胡德坤　吕芳上　王建朗

编纂委员会

主　　编	张宪文　朱庆葆
副 主 编	吴景平　陈红民　臧运祜　江　沛　宋志勇　王月清
	张　生　马振犊　彭敦文　赵兴胜　陈立文　林桶法
常 务 编 委	洪小夏　张燕萍　刘　颖　吕　晶　张晓薇

审稿委员会

主　任	马　敏　陈谦平
副主任	叶美兰　张连红　戚如高　王保顶　王卫星　姜良芹
委　员	关　捷　郑会欣　何友良　田　玄　刘金田　朱汉国　程兆奇
	黄正林　李继锋　马俊亚　李　玉　曹大臣　徐　畅　齐春风

总　序

张宪文　朱庆葆

　　日本侵华与中国抗日战争是近代中国最重大的历史事件。中国人民经过 14 年艰苦卓绝的英勇奋战,付出惨重的生命和财产的代价,终于取得伟大的胜利。

　　自 1945 年抗日战争结束至 2015 年,度过了漫长的 70 年。对这一影响中国和世界历史进程的重大事件,国内外历史学界已经做过大量的学术研究,出版了许多论著。2015 年 7 月 30 日,在抗日战争胜利 70 周年前夕,中共中央政治局就中国人民抗日战争的回顾和思考进行集体学习,习近平总书记发表重要讲话,指示学术界应该广为搜集整理历史资料,大力加强对抗日战争历史的研究。半个月后,中共中央宣传部迅速制定抗日战争研究的专项规划。8 月下旬,时任中共中央宣传部部长刘奇葆召开中央各有关部委、国家科研机构和部分高校代表出席的专题会议,动员全面贯彻习总书记的讲话精神,武汉大学和南京大学的代表出席该会。

　　在这一形势下,教育部决定推动全国高校积极投入抗战历史研究,积极支持南京大学联合有关高校建立抗战研究协同创新中心,并于南京中央饭店召开了由数十所高校的百余位教授、学者参加的抗战历史研讨会。台湾中国近代史学会也派出十多位学者,在吕芳上、陈立文教授率领下出席会议,共同协商在新时代深入开展抗战历史研究的具体方案。台湾著名资深教授蒋永敬在会议上发表了热情洋溢的讲话。经过几个月的酝酿和准备,南京大学决定牵头联合我国在抗战历史研究方面有深厚学术基础的北京大学、南开大学、武汉大学、复旦大学、浙江大学、山东大学及台湾中国近代史学会,组织两岸历史学者共同组建编纂委员会,深入开展抗日战争专题研究。国家档案馆和中国第二历史档案馆也积极支持。在南京中央饭店学术会议基础上,编纂委员会初步筛选出130个备选课题。

南京大学多次举行党政联席会议和校学术委员会会议,专门研究支持这一重大学术工程。学校两届领导班子均提出具体措施支持本项工作,还派出时任校党委副书记朱庆葆教授直接领导,校社科处也做了大量工作。南京大学将本项目纳入学校"双一流"建设卓越计划,并陆续提供大量经费支持。

江苏省委、省政府以及江苏省委宣传部,均曾批示支持抗战历史研究项目。国家教育部社科司将本项研究列为哲学社会科学研究重大委托项目,并要求项目完成和出版后,努力成为高等学校代表性、标志性的优秀成果。

本项目编纂委员会考察了抗战历史研究的学术史和已有的成果状况,坚持把学术创新放在第一位,坚持填补以往学术研究的空白,不做重复性、整体性的发展史研究,以此推动抗战历史研究在已有基础上不断向前发展。

本项目坚持学术创新,扩大研究方向和范围。从以往十分关注的九一八事变向前延伸至日本国内,研究日本为什么发动侵华战争,日本在早期做了哪些战争准备,其中包括思想、政治、物质、军事、人力等方面的准备。而在战争进入中国南方之后,日本开始实施一号作战,将战争引出中国国境,即引向亚太地区,对东南亚各国及东南亚地区的西方盟国势力发动残酷战争。特别是日军偷袭美军重要海军基地珍珠港,不仅给美军造成严重的军事损失,也引发了日本法西斯逐步走向灭亡的太平洋战争。由此,美国转变为支援中国抗战的主要盟国。拓展研究范围,研究日本战争准备和研究亚太地区的抗日战争,有利于进一步揭露日本妄图占领中国、侵占亚洲、独霸世界的阴谋。

本项目以民族战争、全民抗战、敌后和正面战场相互支持相互依靠的抗战整体,来分析和认识中国抗日战争全局。课题以国共两党合作为基础,运用大量史实,明确两党在抗日战争中的地位和作用,正确认识各民族、各阶级对抗日战争的贡献。本项目内容涉及中日双方战争准备、战时军事斗争、战时政治外交、战时经济文化、战时社会变迁、中共抗战、敌后根据地建设以及日本在华统治和暴行等方面,从不同视角和不同层面,深入阐明抗日战争的曲折艰难历程,以深刻说明中国抗日战争的重大意义,进一步促进中华民族的伟大复兴。

对于学界已经研究得甚为完善的课题,本项目进一步开拓新的研究角度和深化研究内容。如对山西抗战的研究更加侧重于国共合作抗战;对武汉会战的研究将进一步厘清抗战中期中国政治、经济、社会的变迁及国共之间新的友好关系。抗战前期国民党军队丢失大片国土,而中国共产党在十分艰难的状况下,在敌后逐步收复失地,建立抗日根据地。本项目要求各根据地相关研究课题,应在以往学界成果基础上,着力考察根据地在社会改造、经济、政治、人才培养等方面,如何探索和积累经验,为1949年后的新中国建设提供有益的借鉴。抗战时期文学艺术界以其特有的文化功能,在揭露日军罪行、动员广大民众投入抗战方面,发挥了重要作用。我们尝试与艺术界合作,动员南京艺术学院的教授撰写了与抗日战争相关的电影、美术、音乐等方面的著作。

本项目编纂委员会坚持鼓励各位作者努力挖掘、搜集第一手历史资料,为建立创新性的学术观点打下坚实基础。编纂委员会要求全体作者坚决贯彻严谨的治学作风,坚持严肃的学术道德,恪守学术规范,不得出现任何抄袭行为。对此,编纂委员会对全部书稿进行了两次"查重",以争取各个研究课题达到较高的学术水平,减少学术差错。同时,还聘请了数十位资深专家,对每部书稿从不同角度进行了五轮审稿。

本项目自2015年酝酿、启动,至2021年开始编辑出版,是一项巨大的学术工程。百余位学者、教授,六年时间里付出了艰辛的劳动,对抗战历史研究做出了重要贡献!编纂委员会向全体作者,向教育部、江苏省委省政府以及各学术合作院校,向江苏凤凰出版传媒集团暨江苏人民出版社,向全体编辑人员,表示最崇高的敬意和诚挚的感谢!

目 录

导 论 001

第一章 战前日本对天津的渗透 028
  第一节 政治铺垫 028
    一、扩展日本侵华势力 029
    二、培植亲日势力 031
    三、制造事端,扰乱治安 032
  第二节 经济扩张 035
  第三节 文教渗透 038
    一、创设、收买报刊 038
    二、创办学校 040
  第四节 中方的应对 042

第二章 天津日伪政权的沿革 046
  第一节 伪政权的组织沿革 047
  第二节 伪基层政权 050
    一、地方辅治会 051

二、区制 054

　　三、保甲制 057

第三节　日本对伪政权的操控 068

　　一、台前控制——特务机关、宪兵队 069

　　二、幕后操纵——日本顾问 072

　　三、经济与思想控制 075

　　四、操控民间组织 081

　　五、日伪的反应 083

第四节　汉奸群体考察 090

　　一、历任伪市长 093

　　二、"局处科级"汉奸 097

　　三、汉奸群体分析 102

第三章　天津日伪政权的行政控制与困境 139

第一节　秩序重建与全面控制 139

　　一、重建秩序 140

　　二、强化治安 145

　　三、"思想战"的展开 151

第二节　统治困境 166

　　一、经费短缺与政令不畅 167

　　二、公职人员玩忽职守与倒戈 168

　　三、国共的反抗 171

　　四、民众的抵制 176

第四章　天津日伪政权的经济建设 181

第一节　工商业政策及实态 181

一、工商业政策 ……… 183

　　二、工商业实态 ……… 188

　　三、工商业发展困境 ……… 198

第二节　经济统制与配给 ……… 203

　　一、经济统制 ……… 203

　　二、配给 ……… 220

第三节　市政建设 ……… 229

　　一、公路网的构筑 ……… 229

　　二、市区交通管理 ……… 230

　　三、卫生管理 ……… 234

　　四、公共设施建设 ……… 237

第五章　天津伪政权与日军的"协作" ……… 241

第一节　劳工征募 ……… 241

　　一、天津劳工赴满 ……… 242

　　二、天津劳工供应 ……… 253

　　三、天津是劳工的中转地 ……… 273

第二节　烟毒 ……… 284

　　一、烟毒泛滥 ……… 285

　　二、"寓禁于征" ……… 289

　　三、"名禁实弛" ……… 297

　　四、战后烟毒调查 ……… 304

第三节　征募慰安妇 ……… 307

　　一、慰安所的设置 ……… 308

　　二、征募妓女 ……… 313

　　三、妓女的抵制与逃亡 ……… 325

第六章 天津日伪政权与英租界的关系——以1939年英日冲突为例 ……… 332

第一节 日伪政权与英租界的互动 ……… 334
第二节 日军对英租界的两次封锁 ……… 341
第三节 英日冲突及各方应对 ……… 346
　　一、伪政权的策应 ……… 347
　　二、日本的谋略 ……… 352
　　三、英国的应对之策 ……… 357
　　四、美法等国的态度 ……… 363
　　五、国民政府的举措 ……… 367
第四节 日英谈判 ……… 372
　　一、东京会谈前的英日交涉 ……… 372
　　二、日英会谈进程 ……… 377
第五节 日伪政权与英租界关系的演变 ……… 395

第七章 天津日伪政权的救济与防疫——以1939年洪灾为例 ……… 401

第一节 洪灾成因及影响 ……… 402
第二节 无力与无奈：日伪政权的救灾 ……… 412
　　一、日伪政权的救灾政策与措施 ……… 413
　　二、救济——以伪天津市水灾救济委员会为例 ……… 424
　　三、慈善团体的救济——以世界红卍字会为例 ……… 441
　　四、日伪政权救济之困境 ……… 450
第三节 常态下的救济与防疫 ……… 464
　　一、救济 ……… 464
　　二、冬赈 ……… 468

三、防疫 470

第八章　日伪统治下天津市民的日常生活 475
　　第一节　衣食住行 476
　　第二节　休闲娱乐 489
　　第三节　日伪政权的"规训" 500
　　　　一、自肃节约 500
　　　　二、捐献 507
　　　　三、监控市民言行 511
　　第四节　民众心态 513

结语 522

参考文献 532

索引 554

后记 564

导 论

一、研究缘起

站在战时宣传及此后民族主义立场上形成的沦陷区史研究,形成了以日伪烧杀抢掠、敲诈勒索、无恶不作的构图。如果日伪政权只知对沦陷区实施残酷掠夺,它又如何能实现"以战养战"的战略目标,并统治沦陷区长达八年之久呢。正如江沛教授所言"在传统的宏大叙事背景下展开的抗战史与沦陷区史研究,对日本侵略的定性、对中国人民英勇抗战的歌颂及对国民党正面抗战的有限赞扬与批判、对日军暴行的道德谴责、对沦陷区经济无序与社会暗无天日的苦难描述,一直是国内抗日战争史研究的主题"。[①] 日伪统治的实效如何? 沦陷区的经济状况如何? 民众的日常生活如何? 回答这些问题就应摆脱宏大叙事的研究模式,多作具体研究,不能只用道德和民族情感来评判善恶,更不能将原本复杂的问题简单化。我们应探寻伪政权的统治实效及其治下的社会实况,只

[①] 荣维木、王续添、江沛等:《笔谈"抗日战争与沦陷区研究"》,《抗日战争研究》2010年第1期,第128页。

有如此才能挖掘出令人信服的日本侵华罪证,进而反思战争与社会的复杂关联性。

当下抗战史研究"重视沦陷区社会史研究,从原有的宏大叙事走向微观分析。从目前抗战史研究的学术走向来看,摆脱先入为主的定性分析,从史料出发、以个案为中心的研究方向成为多数学者的共识"。① 本选题将在利用已有资料的基础上,挖掘新的档案史料对天津伪政权进行深入研究,为构建沦陷区整体史奠定基础。1937年7月7日,抗日战争全面爆发,日军到处攻城略地,采取"以华治华"的策略,在沦陷区建立各级傀儡政权。1937年12月,日军扶持王克敏等在北平建立伪中华民国临时政府;翌年又扶植梁鸿志在南京建立伪中华民国维新政府。1940年,汪精卫在日本的支持下组建伪中华民国国民政府,此后伪中华民国临时政府取消,代之以华北政务委员会,统辖河北、山东、山西、河南四省及北京、天津、青岛三市的政务。日军还与地方头面人物合作,建立省、道、县等基层傀儡政权。自1937年沦陷至1945年止,天津被日伪政权统治长达八年之久,历经天津地方治安维持会、天津特别市公署及天津特别市政府三个时期。沦陷时期,天津是中国北方最为重要的港口城市,经济地位仅次于上海。天津有英、法、意、日四国租界,政治经济地位十分特殊。沦陷区和日伪政权研究是抗日战争史研究的重要组成部分。研究天津沦陷区对充实中国抗日战争史的整体研究具有重要意义。因资料不足等原因,学界对天津沦陷区的系统性、专题性研究成果并不多见,尚有充分挖掘的空间。

---

① 王森:《华北沦陷区基督教会研究——以卫理公会为中心(1937—1945)》,华中师范大学历史学博士学位论文,2013年。

因"钓鱼岛争端"、"靖国神社"、"南京大屠杀"等历史遗留问题,中日两国时起纷争,严重影响两国关系的正常发展。历史遗留问题无不牵涉到1937—1945年的中日全面战争。总结历史经验教训,避免历史悲剧的重演是史学研究者的重要使命。通过对天津伪政权的研究,有助于民众客观认识天津沦陷区,了解战争所带来的伤害和苦难,反思以战争的方式解决中日纷争的代价问题,从而树立反对战争、珍惜和平的理念。

二、概念界定

(一) 天津沦陷区

沦陷区是指被敌对国家占领或侵占的领土,以及遭受奴役和压迫的普通民众。在中国,"沦陷区"一般特指自1931年九·一八事变开始,直至1945年抗战胜利为止,被侵华日军武力侵占的中国领土。在沦陷区,日军扶植和控制的傀儡政权,统治着广大民众。

1937年7月30日,天津沦陷,自此开始伪政权实施了长达八年的统治。1938年,伪政权控制下的天津沦陷区面积达211 881亩,"东至万新庄,东南至张贵庄,南至津浦铁路支线,西至旧围墙大围堤,北至华北水利委员会所筑新堤,东北至大毕庄"。[①] 1941年12月,日军进驻英租界,设立特别区公署。1943年,汪伪政权收回法租界和意租界。天津沦陷区面积增至221 972亩,"东至牛圈,东南至吴家嘴,南沿津浦铁路支线,西至西营门,西北至黑塔寺,北接北宁铁路"。[②] 本选题是以天津沦陷区作为研究对象,研究时段

[①] 李竞能主编:《天津人口史》,南开大学出版社,1990年,第75页。
[②] 天津市地方志编修委员会编:《天津简志》,天津人民出版社,1991年,第12页。

定为1937年8月至1945年8月中旬的8年时间。

（二）殖民统治

殖民统治是大国通过政治干预、经济控制和军事侵略将弱小国家变成殖民地、半殖民地的政策。殖民统治早期的手段通常伴随暴力、血腥镇压。随着殖民地民众的民族意识觉醒，反抗活动不断增多，列强的殖民统治方式得以调整。殖民统治可分为直接和间接统治。早期殖民统治一般都是赤裸裸的军事占领，实行直接的统治。采用间接的统治方式，是对无法控制的形势的一种应对之策。直接统治会面临殖民地民众的反抗，导致统治成本的大幅上升，因此利用当地人进行统治是一种较为有效的策略。扶植傀儡政权是殖民统治的一种重要手段。傀儡政权并不等同于殖民统治，殖民统治主要发生在两个不同国家之间，伴随着一个强国对弱国的侵略。傀儡政权可以发生在一个国家内部不同利益集团之间，也就是说形式上的当权者不具有实质权力的政权，都可以被称为傀儡政权。日本占领大片中国国土之后，为了安抚中国民众的不满情绪，并未实行直接统治，而是利用汉奸组建傀儡政权，实行"以华治华"的间接统治。

（三）天津租界

租界是"外国人在中国通商口岸建立的特殊的居留、贸易区域"，①"其特点是外人篡夺了当地行政、司法等主权，并主要由外国领事及外人选举的工部局或居留民团行使各种权力"。② 租界不受中国政府的管辖，形成"国中之国"。

---

① 费成康：《中国租界史》，上海社会科学院出版社，1991年，第86页。
② 费成康：《有关旧中国租界数量等问题的一些研究》，《社会科学》1988年第9期，第64页。

天津租界创设于1860年,至20世纪初,在天津先后设立英国、美国、法国、日本、德国、俄国、比利时、意大利、奥地利等九国租界。美国租界一直由英租界代管。1919年,北京政府收回德、奥租界。1924年收回俄租界。1931年收回比利时租界。沦陷时期,天津仅有英、法、日、意四国租界。英租界"东临海河,南沿马场道至佟楼,西至海光寺大道(今西康路),北沿宝士徒道与法租界毗邻。法租界东、北临海河右岸(南、西岸),西南至海大道(今大沽路),东南与英租界毗邻。后不断向西南方向扩张,直至老西开。日本租界东北临海河右岸(西南岸),东南与法租界毗邻,南至墙子河(今南京路),北起闸口至福岛路(今多伦道),再向西南至南门外大街和海光寺。意大利租界东北自意中交界路(今兴隆街)沿京山铁路至俄租界,南沿波格拉尼路(今五经路),西南临海河,西北言意奥交界路(今北安道)至兴隆街"。① 英国租界占地5 630亩,法国租界1815亩,日本租界1946亩,意大利租界700亩。② 本研究所指天津租界是指沦陷时期的四国租界。天津沦陷后,英、法租界成为国共特工的庇护所。1939年6月,日军以程锡庚遇刺案为借口封锁英、法租界,此后英、日两国围绕租界问题展开长达一年之久的谈判,最终达成协议。天津英租界与伪政权既有矛盾又有互动,双方关系的演变反映的是英、日两国关系的变动。本书将对日军封锁英法租界事件进行全面考察,并探讨封锁对沦陷区及租界的影响。

(四)日常生活

日常生活是"人类社会的客观存在,人类有一半以上的时间都

---

① 罗澍伟编:《引领近代文明:百年中国看天津》,天津人民出版社,2005年,第168—172页。
② 李竞能主编:《天津人口史》,南开大学出版社,1990年,第74页。

泡在日常生活中"。① 学界对日常生活的概念、研究对象、学术意义等的理解不尽相同。李金铮教授认为"日常生活是人类尤其是普通民众惯常的经历和感受。人类的生存和发展无不隐藏于日常生活之中,日常生活不全是被动的,也有其能动性。人的活动是日常生活的中心,没有人就谈不到日常生活。人几乎都有相似的生命历程,都要经历生老病死、婚姻与性爱,都有时空、家庭、社会归属,都要为谋生而参加劳动,都离不开衣食住行、闲暇活动、人际交往和意识信仰,只是不同人、不同人群的具体生活有所差异而已"。② 本书关注沦陷时期天津民众的衣食住行、闲暇娱乐、心态等,并探讨日伪政权对民众日常生活的干预及其影响。在研究中注意将小问题与大脉络、大意识联系起来,探寻现象背后的重要意义,从日常生活中观照社会变迁。

(五)汉奸

在民众眼中,汉奸是坏人的代名词,有人甚至认为"把世界上一切卑鄙、下贱、愚蠢、无耻、盗窃、奸邪都合并起来还不足代表他们(指汉奸)的罪恶。把字典上一切要不得的字都聚集起来都不足以形容他们的嘴脸"。③ 据《汉语大辞典》解释,汉奸"原指汉族败类,后指向外族或外国侵略者卑躬屈膝、惟命是从、出卖祖国民族利益者"。张其昀主编的《中文大辞典》将汉奸界定为"为了外国人的利益故意伤害自己国家者"。④

全面抗战时期,身处沦陷区的普通民众多数怀有一种无奈、

---

①② 李金铮:《众生相:民国日常生活史研究》,《安徽史学》2015年第3期。
③ 潘菽:《汉奸的心理分析》,《新民族》1938年第2卷第3期,第36页。
④ [美]魏斐德著,吴晓明译:《汉奸!——战时上海的通敌与锄奸活动》,《史林》2003年第4期。

苦闷、求生的复杂心境。为了谋生自保,或只是贪图虚荣,他们对伪政权的态度往往表现出一种复杂的暧昧性。沦陷区内伪职人员数量庞大,除少数卖国求荣、心甘情愿为敌驱使外,多数只是为谋生而供职于伪政权。抗战结束后,基于重建的现实需要,国民政府对汉奸的界定比较模糊。国民政府规定对担任重要官职或从事特务活动的伪职人员厉行检举,如"曾任伪组织简任职以上公务员或荐任职之机关首长者;曾任伪组织特务工作者;曾任前两款以外之伪组织文武职公务员凭借伪势力侵害他人经告诉或告发者;曾任伪组织所属专科以上学校之校长或重要职务者;曾任伪组织所属金融或实业机关首长或重要职务者;曾在伪组织管辖范围内任报馆、通讯社、杂志社、书局、出版社社长、编辑、主笔或经理为敌伪宣传者;曾任伪组织范围内主持电影制片厂、广播台、文化团体为敌伪宣传者;曾任伪党部、新民会、协和会、伪参议会及类似机关参与重要工作者"。③ 国民政府对汉奸进行惩治,但范围有限,仅是那些担任重要职务,或利用敌伪势力欺压民众的人员。对曾在伪政府任职的一般伪职人员,虽有一些留任的限制外,并未有进一步的制裁措施。从国民政府的视角,汉奸和伪职人员有所不同。本书以战后国民政府对汉奸的判定为基础,仅将那些在伪政权中担任重要职务或是借助敌伪势力为非作歹者视作汉奸,而将那些在伪政府中从事一般工作且职务较低者视作伪职人员。

---

③ 国民政府行政院:《为属行检举汉奸事给天津市政府的训令》(1947年1月27日),天津市档案馆藏,J0002-2-000052-070。

三、学术史回顾

（一）国内沦陷区综合研究

抗战爆发后，国内已经开始关注沦陷区的情况。1938年，《沦陷后各地的纪实》记录了日军在上海、南京等地的暴行。1939年，延安时事问题研究会编著的《日本帝国主义在中国沦陷区》，关注"敌人在沦陷区已经干了些什么并将要怎样干"。① 此外，国统区和中共辖区的报纸、杂志发表大量关于沦陷区的文章，揭露日军的暴行和伪政权的丑态。此时期出版的书籍和发表的文章多是为适应抗战需要，带有很强的宣传色彩，但为后世研究沦陷区提供了重要的素材。1949—1980年代，关于伪政权的研究成果主要是揭露日军对沦陷区的经济掠夺和殖民统治的罪行。此时期学界尚未将沦陷区作为专门的考察对象进行研究。②

20世纪80年代以后，学界开始注意对沦陷区的研究，比如关注到沦陷区社会的性质和特点、殖民统治的发展阶段等。③ 从分区研究来看，关于东北沦陷区的研究成果较为丰硕。其一，从中国抗战视角入手进行的抗战史研究。其二，以揭露日军侵略罪行为目

---

① 延安时事问题研究会编：《日本帝国主义在中国沦陷区》，上海人民出版社，1958年，第1页。
② 1951年，郭士杰的《日本侵华暴行录》和储华的《日寇的滔天罪行》，主要是揭露日军在沦陷区的暴行。研究论文如《抗日战争期间内日本帝国主义在中国沦陷区设立的中日合办事业》，探讨了日本通过设立中日"合办事业"对中国进行经济掠夺。其中关注到在华北设立的北支那开发株式会社及其所属的"子会社"的相关情况。同时较多地关注中国民众尤其是中共领导的抗日力量对日寇的反抗。《冀东抗日大起义和冀东军民的抗日斗争》一文也是属于此类。"文革"的开始使帝国主义侵华史的研究被定性为"挨打受气史"，沦陷区研究逐渐成为学术禁区。
③ 余子道：《回眸与展望：建国以来的沦陷区和伪政权研究》，《抗日战争研究》1999年第3期，第118页。

的的东北沦陷 14 年史的研究，包括伪满政权、日本的经济统制等内容。至 20 世纪 90 年代，华北、华中与华南地区的专题研究才初具规模，主要是从汪伪政权研究开始，关注汪伪国民政府、大汉奸、经济掠夺等方面。

20 世纪 90 年代后，华北沦陷区的研究全面展开。①《冀东日伪政权》概述了冀东伪政权成立及演变的过程，内容涉及新民会的活动、保甲制度与治安强化、财政与税收、经济、奴化教育与反共宣传等。② 此书的出版推动华北沦陷区研究向基层政权和社会转变。

进入新世纪以来，沦陷区的研究逐渐受到学界青睐，以往偏重宏观、整体研究的态势得到扭转，更加重视对细节和个案的深入探究。在沦陷区日伪基层政权、民众角色、经济掠夺等方面的研究成果愈来愈丰富。在基层政权研究方面，潘敏的《江苏日伪基层政权研究（1937—1945）》深入剖析基层政权的"组织结构、政治和经济职能，考察县区乡行政人员的来源、年龄、教育程度及权力分配等。同时分析了基层行政人员的复杂心态"。③ 经盛鸿的《侵华日军"以华制华"政策的标本——评伪"南京市自治委员会"》讨论了南京市自治委员会筹备和成立的过程、运作以及日军对其控制的情况，有助于了解基层伪政权的功能。④ 徐旭阳的《灾难·屈辱·倒退和抗争——抗日战争时期湖北沦陷区历史研究》论述了日伪对湖北沦陷区的军事控制、欺骗宣传、奴化教育。同时也关注到沦陷区民众

---

① 高莹莹：《1949 年以来的沦陷区研究综述》，《兰州学刊》2015 年第 5 期。
② 南开大学历史系、唐山市档案馆合编：《冀东日伪政权》，档案出版社，1992 年。
③ 潘敏：《江苏日伪基层政权研究（1937—1945）》，上海人民出版社，2006 年。
④ 经盛鸿：《侵华日军"以华制华"政策的标本——评伪"南京市自治委员会"》，《南京社会科学》2008 年第 4 期。

的社会生活。① 相关研究在揭露日军对沦陷区的掠夺之外,也观照到日伪基层政权的建设及其复杂性等问题。

以往一般观点认为一旦受日伪政权的控制之后,很多社团组织就成为完全听命的工具。张天政的《上海银行公会研究(1937—1945)》提供了观察受日伪控制的社团组织的新视角。该书将上海银行公会分为两个阶段进行考察。1937至1941年,该会协助国民政府推行抗日金融政策,对上海和国内抗日金融体制确立与巩固产生很大影响。1941年12月8日,日军进占公共租界后,该会被纳入日伪的金融控制之下,但为维护金融业的运作及利益,与伪政权进行磋商、交涉,在保护华商金融机构、维护同业利益等方面发挥了积极作用。②

学界在华北沦陷区的研究上成果丰硕。张同乐的《华北沦陷区日伪政权研究》考察伪中华民国临时政府、伪华北政务委员会的历史。该书理清了"中央"、省、特别市的政权架构,行政隶属关系,权力运作及施政方略等;还透视日伪统治下的华北社会状况。③ 江沛的《日伪"治安强化运动"研究》理清了治安强化运动的来龙去脉,分述了"治运"期间日伪政权在"军事战"、"政治战"、"经济战"、"思想战"诸方面的作为,评述了敌我双方的心态变化。④

2000年之后,相关研究论文对华北沦陷区的诸多问题进行了研究。首先,对各级伪政权的研究。其次,对日伪政权罪行的研究。第三,对日伪政权各类教育的研究。第四,对日伪政权宣传活

---

① 徐旭阳:《灾难·屈辱·倒退和抗争——抗日战争时期湖北沦陷区历史研究》,中国社会科学出版社,2016年。
② 张天政:《上海银行公会研究(1937—1945)》,上海人民出版社,2009年。
③ 张同乐:《华北沦陷区日伪政权研究》,生活·读书·新知三联书店,2012年。
④ 江沛:《日伪"治安强化运动"研究》,南开大学出版社,2006年。

动的研究。第五,对日伪政权经济统制和经济掠夺的研究。第六,对日伪政权控制下的社团组织的研究。第七,对华北沦陷区国共两党的研究。第八,对华北沦陷区经济建设活动的研究。第九,对沦陷区日伪军队的研究。第十,对沦陷区烟毒问题研究。

新世纪以来,沦陷区研究呈现如下特点。第一,研究方法多样化,综合运用实证分析、比较研究等方法。第二,关注的问题更加全面,并未局限在日伪本身,也注意到沦陷区国民党与中共的活动。第三,研究视野更加开阔,既有宏观探讨,也有从微观视角对个案进行研究。总之,沦陷区的研究趋向深入和细化。

(二) 天津沦陷区研究

在天津伪政权的研究方面,出版的档案史料有《天津租界档案选编》《天津商会档案汇编(1937—1945)》《天津日本租界居留民团资料》《日本帝国主义在天津的殖民统治》《日本在津侵略罪行档案史料选编》《日本在津侵略罪证档案图集》等,为相关研究奠定了史料基础。

学界对天津沦陷区的研究专著并不多。中共天津市委党史研究室、天津市档案馆、天津市公安档案馆编著的《日本帝国主义在天津的殖民统治》辑录了天津市档案馆和天津市公安档案馆所藏伪政权档案,并按政治、经济、文化分类,展现了日本统治天津的实态。① 王凯捷的《天津抗战》重点关注八年沦陷时期,中共在天津沦陷区进行的城市地下斗争。② 张利民、刘凤华的《抗战时期日本对天津的经济统制与掠夺》阐述了战时日本对天津工业、农业、交通、

---

① 中共天津市委党史研究室、天津市档案馆、天津市公安档案馆编:《日本帝国主义在天津的殖民统治》,天津人民出版社,1998年。
② 王凯捷:《天津抗战》,天津人民出版社,2005年。

商业、金融等经济领域的掠夺和统制情况。① 郭登浩、周俊旗的《日本占领天津时期罪行实录》揭露了日本侵略者在天津的殖民统治，以及给天津民众带来的深重灾难。② 相关著作虽仍带有揭批日本侵略罪行的目的，但已经关注到天津沦陷区的经济和社会问题。

在一些通史性或专题性的著作中也有涉及对天津沦陷区的研究。罗澍伟主编的《近代天津城市史》将沦陷时期的天津定位为日、满、华经济一体化的重要基地，并论述了天津的城市经济功能的变化、城市人口与社会、城市文化等方面问题。③ 周俊旗主编的《民国天津社会生活史》探讨了沦陷时期天津民众的社会生活。④ 姚洪卓主编的《近代天津对外贸易（1861—1948）》认为天津外贸发展变化是日本推行侵华政策的结果。太平洋战争爆发前，天津外贸有所发展，战争爆发后开始走下坡路。⑤ 任云兰的《近代天津的慈善与社会救济》简述了沦陷时期民间慈善组织的经营情况，认为"日伪政府加强了对民间慈善组织的控制，旧有的慈善机构只保留了38家，有的业务缩减，有的惨淡经营。新成立的12家，似乎有宗教背景的为多"。⑥ 其他如《天津人口史》《天津的人口变迁》等著作对沦陷时期天津的情况略有提及。此外，张同乐的《华北沦陷区日伪政权研究》对天津伪政权的情况有所涉及，关注到伪政权上层人物的状况，以及天津的慰安妇问题。正如书中所言"有关华北慰安

---

① 张利民、刘凤华：《抗战时期日本对天津的经济统制与掠夺》，社会科学文献出版社，2016年。
② 郭登浩、周俊旗：《日本占领天津时期罪行实录》，社会科学文献出版社，2016年。
③ 罗澍伟主编：《近代天津城市史》，中国社会科学出版社，1993年。
④ 周俊旗主编：《民国天津社会生活史》，天津社会科学院出版社，2002年。
⑤ 姚洪卓主编：《近代天津对外贸易（1861—1948）》，天津社会科学院出版社，1993年，第89页。
⑥ 任云兰：《近代天津的慈善与社会救济》，天津人民出版社，2007年，第166页。

妇的档案资料公布的仅是一小部分,限于资料的欠缺,这一课题的研究尚有很大的余地"。① 郭贵儒、张同乐、封汉章的《华北伪政权史稿:从"临时政府"到"华北政务委员会"》、刘敬忠的《华北日伪政权研究》等对天津沦陷区的情况都是简单提及。

关于天津伪政权研究的学术论文并不多,郭贵儒对天津市地方治安维持会的基本特征和概况进行了探讨。② 除此而外,尚未有相关研究的专题论文。由此可见,对天津伪政权研究尚是一个值得关注的课题。

在天津烟毒问题的研究方面,吕天石的《日本侵华期间天津毒品问题研究》探讨了日伪政权毒化天津的机构、毒品统制制度、毒化政策及其影响。③ 吕天石、肖红松的《沦陷时期天津烟毒问题探析》认为天津沦陷时期日本侵略者有计划地推行鸦片毒化活动,导致天津地区烟毒愈加泛滥。④

经济统制方面,刘程的《抗战时期天津银行公会与日伪的金融统制》选取银行公会与日伪当局的关系作为探讨重心,揭示近代中国新式银行同业公会组织变迁的艰难历程。⑤ 张会芳的《抗战时期华北日系农场的殖民经营——以天津地区为中心》以日系农场为

---

① 张同乐:《华北沦陷区日伪政权研究》,生活·读书·新知三联书店,2012年,第358页。
② 可参见郭贵儒、李仁杰:《伪天津市治安维持会述论》,《河北师范大学学报》(哲学社会科学版)2008年第2期。郭贵儒:《简析"天津市治安维持会"的基本特征》,《历史教学》(高校版)2008年第10期。
③ 吕天石:《日本侵华期间天津毒品问题研究》,河北大学历史学硕士学位论文,2014年。
④ 吕天石、肖红松:《沦陷时期天津烟毒问题探析》,《抗日战争研究》2016年第4期。
⑤ 刘程:《抗战时期天津银行公会与日伪的金融统制》,宁夏大学历史学硕士学位论文,2013年。

考察对象，认为日系农场的经营对华北日军的军粮供应起了重要作用，此类农场在 1941 年前后较为活跃，到战争后期，因遭受抗日力量的打击，而陷入困顿。①

在沦陷时期天津商会的研究上，宋美云的《沦陷时期的天津商会》探讨了沦陷时期天津商会组织的嬗变和结局，以及日本对商会的控制、整顿等问题。② 与宋文观点类似，陈雪芳的《沦陷时期的天津商会》认为商会对自身的人事、改选及同业公会的管理都无话语权，已经沦为伪政权的统治工具。③ 与上述两篇文章的观点不同，魏文享的《沦陷时期的天津商会与税收征稽——以所得税、营业税为例》指出在所得税、营业税的征收中，"商会在反复呈请减税、维护集体协商权、参与营业税代征等方面有突出表现。虽然商会已经为亲日商人掌控，商会自治性及权威性大为削弱的情况下，受商人利益及会员民意之驱动，仍尝试在协征中寻求减负时机"。④ 商会在沦陷时期的复杂面相已经受到学界关注。

在思想文化控制方面，任云兰的《沦陷时期日本对天津的思想文化统制》论述了日伪政权实施的思想文化控制政策及措施。⑤ 褚亚男的《关于沦陷期间天津电影审查制度变迁的历史研究（1937—1945）》探讨了日伪政权的电影审查制度的变迁。1938 至 1941 年，审查中要求电影不能干扰日本的侵华政策，不能违背"中日满亲

---

① 张会芳：《抗战时期华北日系农场的殖民经营——以天津地区为中心》，《抗日战争研究》2004 年第 4 期。
② 宋美云：《沦陷时期的天津商会》，《历史档案》2001 年第 3 期。
③ 陈雪芳：《沦陷时期的天津商会》，华中师范大学历史学硕士学位论文，2009 年。
④ 魏文享：《沦陷时期的天津商会与税收征稽——以所得税、营业税为例》，《安徽史学》2016 年第 4 期。
⑤ 任云兰：《沦陷时期日本对天津的思想文化统制》，《东北亚学刊》2015 年第 4 期。

善"。1941至1944年,审查重点指向英美电影。1944至1945年,审查中要求不能违反"新中国"的建设理念,不能污蔑政府。① 两篇文章对研究沦陷时期天津伪政权的思想文化控制问题不无裨益。

在救济方面,董桂萍的《1939年天津水灾及赈济述论》探讨了市区和租界地区的受灾情况及给民众带来的后果;分析了水灾产生的自然和社会原因,以及日伪当局和租界当局的赈济措施。同时也关注到诸如天津商会、宗教团体等民间力量的救灾活动。② 该文对水灾及赈济的研究还十分简略,有待进一步深化。

在对战后惩治汉奸问题的研究上,汪寿松的《国民党政府对天津敌伪产业的接收》论述了国民政府在金融、工业、农业等方面接收天津敌伪产业的情况、存在的问题及产生的影响。③ 张峥的《抗战胜利后国民政府对汉奸的惩治——以天津地区为中心的研究》论述了国民政府在天津的捕奸、审判、惩奸等活动。④ 由于该文所用资料主要来自报刊,档案资料有限,并且论述较为简略,因此对天津惩治汉奸的研究还有进一步挖掘的必要。

此外,对沦陷时期天津租界的研究取得了不少成果。尚可强、刘海岩主编《天津租界社会研究》从城市史、社会史的视角对近代天津租界社会的基本特征进行了考察。⑤ 杨大辛编著的《天津的九国租界》从租界划定与扩张、市政管理机构、驻军、人口与社会、经

---

① 褚亚男:《关于沦陷期间天津电影审查制度变迁的历史研究(1937—1945)》,《当代电影》2016年第3期。
② 董桂萍:《1939年天津水灾及赈济述论》,天津师范大学历史学硕士学位论文,2007年。
③ 汪寿松:《国民党政府对天津敌伪产业的接收》,《历史教学》1990年第3期。
④ 张峥:《抗战胜利后国民政府对汉奸的惩治——以天津地区为中心的研究》,天津师范大学历史学硕士学位论文,2014年。
⑤ 尚可强、刘海岩主编:《天津租界社会研究》,天津人民出版社,1996年。

济结构等方面介绍了租界的状况。① 尚可强的《九国租界与近代天津》阐述了九国租界划定、租界行政体制、租界内的华人社会、租界收回等问题。② 相关著作对沦陷时期的天津租界状况仅是略有提及,未考察日伪政权与租界之间的复杂关系。

就研究论文而言,2000 年之前多是从宏观视角对租界进行论述,2000 年之后研究视角开始多样化,如《租界、社会变革与近代天津城市空间的演变》《电车、公共交通与近代天津城市发展》《20 世纪前期天津水供给与城市生活的变迁》《近代天津城市边缘区的形成及其结构特征》等。在学位论文方面,《租界与天津城市化研究1860—1937》《天津英租界华人参政问题》《近代天津公共卫生研究(1900—1937)》《1894—1937 年天津英租界的扩张与规划建设》等研究了沦陷之前的天津租界,未关注沦陷之后的租界状况。《美英学者与近代天津社会研究——以 1900—1949 年的天津社会为研究重心》《空间、制度与社会:近代天津英租界研究(1860—1945)》《1929—1941 年天津英租界市政管理研究》对沦陷时期的天津租界有一定涉及。从研究现状看,虽然对沦陷时期的天津有些具体的个案研究,但是还比较零散,尚缺少专题性、系统性的研究。

国内学界对汪伪政权研究、伪满洲国研究较多,对华北沦陷区的研究成果也不在少数,但关于天津沦陷区的研究成果与当时该地在华北乃至中国的重要地位显然不相匹配,无论是从深度还是从广度而言,尚有进一步开拓的空间。关于天津伪政权的研究,目前尚处于零散性探讨的阶段,缺少系统性、专题性的研究。天津档案馆所藏日伪时期的档案和当时发行的报刊资料尚未得到充分挖

---

① 杨大辛编:《天津的九国租界》,天津古籍出版社,2004 年。
② 尚可强:《九国租界与近代天津》,天津教育出版社,2008 年。

掘和利用。在政权结构和运作，尤其是对城市基层政权的运作及其效能尚未进行深入研究。对沦陷时期天津民众的日常生活的研究成果付之阙如。对日伪政权的罪行的揭露方面，现在虽有不少成果，但多是从宏观层面进行揭批，还缺少具体案例的研究。从时间段上来看，学界集中关注战前的天津租界，对沦陷时期天津租界与伪政权之间的关系尚未进行研究。

（三）台湾及海外对沦陷时期日伪政权的研究

欧美学者较早研究抗战时期沦陷区问题，尤其是关注沦陷时期的城市，比如上海、南京和北京等中心城市。索菲亚·李（Sophia Lee）的《侵略或合作：日本占领下北京的文化活动（1937—1945年）》《日本占领下北京的社会秩序（1937—1945年）》《沦陷时期的北京市政府》等，认为"沦陷区里存在镇压和屠杀情况，当时若干中、日知识分子，确曾在战火中致力于文化交流和学术合作，而日军统治下的北京民众生活，尚有一定的安定"。① 马克·艾霍尔特（Mark Eykholt）的《日本占领下的南京学生生活》，考察沦陷时期南京各级学校的情况，发现汪伪政权设立的"中央大学"，都有抗日情绪和活动。②

对战时上海的研究成果最为集中，这与上海在中国政治、经济领域的重要地位密切相关。更为关键的是"外国租界在上海史上所占的重要地位，而有关租界的记录、报道和回忆，又以西方语言为主，且多半能在欧美各档案馆里找到。对欧美学者来说，这实在

---

① Sophia Lee, "*Aggression of Cooperation? Cultural Activities in Peking under the Japanese Occupation, 1935—1945*", Illinois Papers in Asian Studies, Vol. 2 (1983), pp. 23 - 29; "*Selected Bibliography on Occupied Beijing, 1937—1945*", Republican China, Vol. 14, No. 2 (April 1989), pp. 121 - 133.
② 王克文：《欧美学者对抗战时期中国沦陷区的研究》，《历史研究》2000年第5期。

是既方便又容易产生兴趣"。① 魏斐德(Wakeman)的《沪上歹土：战时恐怖活动与城市犯罪行为(1937—1941年)》，利用租界巡捕房的记录、美国外交档案、上海的西文报纸，论述了租界里亲日、反日两股势力之间以恐怖手段相互威胁和制裁，致使形成租界当局穷于应付的局面。②

长期以来，沦陷时期民众的道德被划分为截然对立的无私反抗者与无耻汉奸两类。这种二元对立的区分无法解释沦陷区民众中出现的多种复杂面相。卜正民(Timothy Brook)的《秩序的沦陷——抗战初期的江南五城》③以嘉定、镇江、南京、上海、崇明五城为中心，分别描述了抗战初期日本占领区内中国人与占领者之间存在的外观、成本、共谋、竞争、抵抗等五种状态，以求揭示一个复杂的战时社会。傅葆石(Poshek Fu)的《灰色上海，1937—1945 中国文人的隐退、反抗与合作》将上海沦陷区作家在面临抉择时，分为消极抵抗、积极反抗和附逆合作三类，其中消极抵抗者选择隐忍以保全人格，积极抵抗者以道德的反抗界定人性，而附逆者则是屈服于汪伪政权换取生存。上海沦陷区的环境异常复杂，处处是模棱两可的灰色地带。忠与奸、正和邪的界限模糊难辨。④ 这为研究沦陷区提供了崭新的视角。

欧美学者对傀儡政权的研究主要集中于汪伪政权。如林汉生

---

① 王克文：《欧美学者对抗战时期中国沦陷区的研究》，《历史研究》2000 年第 5 期。
② [美]魏斐德著，芮传名译：《上海歹土：战时恐怖活动与城市犯罪(1937—1941 年)》，人民出版社，2011 年。
③ [加]卜正民著，潘敏译：《秩序的沦陷——抗战初期的江南五城》，商务印书馆，2016 年。
④ [美]傅葆石著，张霖译：《灰色上海，1937—1945 中国文人的隐退、反抗与合作》，生活·读书·新知三联书店，2014 年。

的《汪精卫与中国通敌行为》《周佛海:生存外交》等。林氏对汪精卫等人投敌的动机和行为,"稍带同情的态度"。① 巴雷特(David P. Barrett)的《汪精卫政权的意识形态基础:清乡、新国民运动和大东亚战争》《汪精卫政权(1940—1945年):国民党中国的延续和断裂》《在意识形态真空里建国:南京的汪精卫政权(1940—1945年)》等,对汪伪政权的清乡运动、新国民运动进行深入分析,并评估了它们的成效。②

在对沦陷区城市和乡村的研究中,欧美学者强调"灰色地带"的存在。在对日伪政权的研究中,一方面承认其受制于日本,缺乏独立性;一方面也注意到其在争取自主性上的努力。欧美学者的研究成果对本书撰写具有一定的启发性。

日本学界在对沦陷区及伪政权的研究中,多将其置于中国现代史或日本史的范畴。在研究方向上,经济面胜于政治面,对沦陷区的经济有较为深入的研究。在研究态度上,对日本军国主义的批判胜于辩护,对汪伪政权则同情多于斥责。③ 古厩忠夫的《"汉奸"的诸像——关于汪精卫政权》,探讨汪伪政权对日协力的实态,认为汪政权误视中国民族主义的磁场强度及方向。④ 中村政则等编著的《战时华中的物资动员及军票》考察了抗日根据地与沦陷区

---

① Han-sheng Lin, "Wang Ching-wei and Chinese Collaboration", Peace and Change, Vol. 1, No. 1 (Fall 1972). pp. 17 – 35; "Chou Fo-hai: The Diplomacy of Survival", in Richard D. Bruns and Edward M. Bennett eds., Diplomats in Crisis: United States-Chinese-Japanese Relations, 1919—1941, Santa Barbara, CA: ABC-Clio Press, 1974, pp. 171 - 193.
② 王克文:《欧美学者对抗战时期中国沦陷区的研究》,《历史研究》2000年第5期。
③ 臧运祜:《抗日战争时期的沦陷区研究述评》,《中共党史研究》2015年第9期,第104页。
④ 许育铭:《日本有关汪精卫及汪伪政权之研究现状》,《抗日战争研究》1999年第1期。

之间的物资争夺战,认为汪伪政权的经济统治基础,在日本投降前已逐渐在瓦解。① 波多野澄雄所著《太平洋战争与亚洲外交》探讨了太平洋战争后汪伪政权所面临的外交问题,阐明了日汪关系中重光葵的外交构想。② 日本防卫厅战史室编著的《华北治安战》(上、下)系统叙述了日本在华北、华中、南京炮制和操纵伪政权的过程,对中共的群众工作和游击战术,以及采取的各种谋略、战术也做了分析和研究。③

台湾刘熙明的《伪军——强权竞逐下的卒子(1937—1949)》探讨伪军的产生环境与政治立场,以及如何在国、共、日三强既联合又斗争的环境下生存等问题。④ 该书是研究伪军方面的佳作,颇有借鉴意义。另外,陈慈玉的《战时日本对华北煤矿的统治(1937—1945)》⑤、林明德的《日本对华北的经济侵略(1933—1945)》⑥、李恩涵的《日军在山东的"扫荡战"与"三光作战"(1937—1945)》⑦等论述了日本在华北地区的经济统制与掠夺,以及战争政策。

四、资料概况

史料是历史学研究的重要基础,"必须充分地占有资料,分析

---

① [日]中村政则等:《战时华中の物资动员と军票》,多贺出版社,1994年。
② [日]波多野澄雄:《太平洋战争与亚洲外交》,东京大学出版会,1996年。
③ 日本防卫厅战史室编,天津市政协编译组译:《华北治安战》(上、下),天津人民出版社,1982年。
④ 刘熙明:《伪军——强权竞逐下的卒子(1937—1949)》,稻乡出版社,2002年。
⑤ 陈慈玉:《战时日本对华北煤矿的统治(1937—1945)》,台湾"中央研究院"《近代史研究所集刊》第24期下册(1995年6月)。
⑥ 林明德:《日本对华北的经济侵略(1933—1945)》,台湾"中央研究院"《近代史研究所集刊》第19期(1980年6月)。
⑦ 李恩涵:《日军在山东的"扫荡战"与"三光作战"(1937—1945)》,台湾"中央研究院"《近代史研究所集刊》第24期下册(1995年6月)。

它的各种发展形式,探寻这些形式的内在联系"。① 本研究所运用的史料主要有以下几种:

(一)馆藏档案

现有关于天津伪政权的研究集中于揭露日伪在沦陷区的暴行,对于天津伪政权的机构沿革,基层伪政权的运作及成效,汉奸群体的状况,日伪统治下民众的日常生活实态,伪政权与英租界的关系,以及伪政权的经济建设与救济活动等问题缺少关注。本书所用史料主要来源于天津市档案馆、北京市档案馆所藏的历史档案。在运用档案的过程中,需要全面、客观地加以分析。

(二)资料汇编

已出版的各种资料汇编为本研究提供了极大便利,主要有《日本帝国主义在天津的殖民统治》《天津日本租界居留民团资料》《日本在津侵略罪证档案图集》《日本在津侵略罪行档案史料选编》《天津商会档案汇编(1937—1945)》《天津租界档案选编》等。此外,还有不少关于华北各省的档案资料汇编,如《日本帝国主义侵华档案资料选编·华北经济掠夺》《日本对华北经济的掠夺和统制——华北沦陷区资料选编》《华北治安强化运动》等。这些资料选编大多是对当地档案馆所藏档案的抄录与整理,史料价值很高。已出版的档案文献为天津伪政权的研究提供了史料支撑。

(三)报纸资料

本书主要运用的报刊资料有《庸报》《新天津报》《津津月刊》《三六九画报》《大公报》《益世报》《新民报》《新天津画报》《立言画刊》《商业经济周刊》《中央银行月报》《申报》等。在对天津伪政权

---

① 马克思:《资本论》(第1卷),人民出版社,1975年,第23页。

的研究中，报刊资料是档案史料的重要补充，为考察沦陷时期天津市民的日常生活提供了最为直观的资料。报刊文章所具有的时效性和宣传性特点，提醒史学研究者在运用时，须保持一种多方考证、不可尽信的批判态度。

（四）日记、回忆录

日记和回忆录是史学研究不可或缺的资料。作为一种私人记载，日记基本为作者当时当日所记，不仅内容相对准确，而且能够展现个人的性格特点乃至内心世界。虽涉及天津沦陷时期的日记资料尚未发现，但可参考生活在其他地区的一些人撰写的日记，如《北平日记》《辙印深深——一个伪满军官的日记》等。回忆录虽存在史实不甚准确的问题，但仍能够披露不少档案史料涉及不到的历史细节。1949年之后，受政治环境和意识形态影响，曾担任伪职的人员鲜有撰写回忆录。生活在沦陷区的普通民众或从事地下工作的国共两党人员撰写的回忆文章须谨慎利用。

（五）地方史料

文史资料是通过受访者对其亲身经历和见闻的回忆而记录下来的历史资料。文史资料、党史资料、地方志中保存了不少关于日伪政权的相关资料，从不同角度反映了历史的某些侧面，有一定的历史价值。如《天津租界资料综述》《天津文史资料选辑》《天津资料选编（第1辑）》《天津简志》等。对地方志、文史资料的运用，在提升参考资料丰富性的基础上增强了本书的论证力度。

五、研究理论和方法

"史料是史学的根本，绝对尊重史料，言必有征，论从史出，这是我国史学的优良传统。治史者必须从治史料开始，不治史料而径谈历史者,非史学家"。① 本书将对搜集到的档案史料、报刊、文史资料等进行细致地梳理和分析,以呈现历史的真实场景和复杂面相。

(一)比较研究的方法

采用比较研究的方法,对沦陷时期天津日伪政权在不同时期、不同阶段采取的政策、民众心态进行比较分析,归纳出共性与差异性。

(二)社会心理学理论

历史的复杂面相主要源于人的复杂性。本书在分析沦陷时期天津普通民众、汉奸等群体的行为活动时,借鉴了社会心理学的相关理论。社会心理学是"从社会与个体相互影响、相互作用的观点出发,研究特定社会环境中,个体及由个体组成的群体的社会心理发生、发展、变化规律的学科"。② 天津沦陷时期,相关个体或群体都被置于特定"情境"之中,这些都需要运用社会心理学的理论进行分析。社会心理学注重"情境"分析的特点要求从当时当地的特定环境,而非以今人的观念去解读历史问题。

此外,在理论方法上,欧美学者研究城市史、社会史及政治史的方法和独特视角颇值得借鉴。如卜正民的《秩序的沦陷——抗战初期的江南五城》以嘉定、镇江、南京、上海、崇明五城为中心,描述了抗战初期沦陷区内中国人与占领者之间存在的外观、成本、共谋、竞争、抵抗等五种状态。③ 王笛的《街头文化:成都公共空间、下

---

① 吴承明:《论历史主义》,《中国经济史研究》1993年第2期。
② 肖旭编著:《社会心理学》,电子科技大学出版社,2008年,第6—7页。
③ [加]卜正民著,潘敏译:《秩序的沦陷——抗战初期的江南五城》,商务印书馆,2016年。

层民众与地方政治(1870—1930)》①从微观视角观察下层民众的日常生活,以及引人入胜的街头文化。

六、研究内容与结构

本书在搜集和占有档案、中外文报刊等资料的基础上,吸收学界已有的学术成果,综合运用历史学、政治学、社会学等多学科的研究方法,对沦陷时期天津日伪政权的运作及统治效果,日伪政权与租界当局的关系,日伪统治下的经济与社会,民众日常生活等问题进行全面、多层次、多角度的考察,以丰富天津抗战史、政治史、社会史研究方面的内容。

导论主要包括选题意义、概念界定、学术史回顾、征引史料说明、相关理论介绍、研究内容与结构等。

第一章:战前日本对天津的渗透。九·一八事变后,日本通过驻天津领事馆、特务机关、华北驻屯军司令部等机构,利用日租界为基地不断派遣特务加强对天津的渗透,并培植亲日势力,为侵略天津做准备。正是由于日本侵略者的渗透活动才使其在天津沦陷后迅速实现对该城的控制。

第二章:天津日伪政权的沿革。考察天津日伪基层政权——区、保甲的运作模式及成效。探讨汉奸群体的学缘、地缘、投敌动机、心态,以及与日本侵略者和国民党政权之间的关系。从日伪政权设置的警察局、派出所、区、保甲等的运作来分析其对天津沦陷区的统治状况。探讨伪政权与日本之间是否存在既合作、勾结,又有矛盾、冲突的复杂状况。

---

① [美]王笛著,李德英、谢继华、邓丽译:《街头文化:成都公共空间、下层民众与地方政治(1870—1930)》,中国人民大学出版社,2006年。

第三章：天津日伪政权的行政控制与困境。评述国共两党及民众的反抗活动，由此呈现日伪控制下的天津社会治安状况。从思想、文化、宣传、经济等层面探讨伪政权统治天津的政策措施。1937—1941年，国共两党的反抗活动较多，随着天津英租界被日军接收，国共反抗有弱化的趋势，天津市区治安渐趋好转。同时，中共游击队在天津郊区活跃，国民党特工不时制造暗杀事件，一些日伪官员倒向国民党，使伪政权的统治陷入困境。

第四章：天津日伪政权的经济建设。论述天津日伪政权在交通、卫生、公共设施建设方面的活动。日伪政权实施经济统制、物资配给的情况及成效。探讨日伪政权的工商业政策及其影响。沦陷初期，天津的工商业获得一定发展，这并非日伪之功，而是经济内在规律所致。太平洋战争爆发后，为满足日本对物资的需求，伪政权不断进行捐献活动，增加税收，以及实施经济统制和配给制，导致天津沦陷区经济状况逐步恶化。

第五章：天津伪政权与日军的"协作"。论述日伪政权的烟毒政策和措施，以及征调慰安妇和劳工的活动。天津征调的慰安妇多是妓女，通过妓女的控诉，可知多数并非自愿而是强征，其心态多是悲观，且采取逃跑、贿赂等方式应对。天津劳工征调因其特殊的经济地位，与其他地区差异很大。沦陷初期多是自由赴伪满务工。征调劳工主要发生在1943年之后，多数在天津地区服役，部分劳工远赴日本。日伪上述活动服务于日本的侵华战争，对天津社会产生深刻影响。

第六章：天津日伪政权与英租界的关系——以1939年英日冲突为例。天津沦陷后，天津英租界与日伪政权的关系经历了复杂的演变过程。初期，日伪政权与英租界当局有互动也有矛盾。至1939年日军封锁天津英法租界，双方关系急剧恶化。日军封锁英法租界严重波及租界和日占区民众生活。英日达成协议后，伪政权与租界当局关系得到改善。从双方关系的演进可窥视英日在华的复杂关系，亦反映出伪政权的傀儡性质。

第七章：天津日伪政权的救济与防疫——以1939年洪灾为例。论述天津日伪政权的救济、防疫政策与措施，以及与民间慈善机构的协作。探讨救济院的组织机构、职员和经费情况，以及在儿童、妇女、游民、灾民收容和教育方面的措施。从伪政权的救济、防疫等活动考察其复杂面相。在1939年的水灾中，天津伪政权做了一些救灾工作，但因受多重因素的制约，成效有限。日伪政权的救济与防疫是从维护其统治出发，而非为民众考虑。

第八章：日伪统治下天津市民的日常生活。从社会史和基层社会的视角研究天津沦陷史，有助于揭示历史的真相与全貌。关注沦陷时期天津民众的生活实态，如衣食住行、娱乐、物价等状况。沦陷时期，战时经济体制的建立，日伪实施勤俭节约运动、捐献运动等，强化对民众生活的干预。日本的殖民统治使整个社会体系、阶层等发生翻天覆地的变化，汉奸、市民、知识分子的心态经历着复杂的变化。不同阶层的生活呈现差异性，总体生活状况有恶化的趋势。各阶层民众的心态表现出一定的差异性，但对日本殖民统治不满情绪逐步增强。

结语：通过对全文观点的梳理与升华，呈现天津伪政权的复杂面相。伪政权既有为维护统治而进行经济建设的一面，又有实行经济统制，服务战争的一面；日伪政权既要打击威胁其统治的反抗活动，同时也有安抚民众，维护秩序的一面；伪职人员既有为生存不得不服务于伪政权，也有为求自保与国民党合作的一面。在日常生活中，民众既有在面对日伪镇压时的恐惧，又有在秩序恢复正常之后，生活的相对安定。国共两党和民众的反抗活动，导致日本的殖民统治处于一种脆弱的稳定状态。天津英租界被日本侵占后,日伪政权统治虽有趋向稳定的态势,但是由于经济形势的恶化,日伪实施经济统制和配给制,民众生活水平直线下降,不满情绪高涨。从日伪政权对天津的统治可以看出日本侵略者与伪政权之间既有合作又有矛盾的复杂关系,也可观照沦陷区日伪政权的总体统治特点。日伪政权的统治是配合日本的侵略战争,因其非正义性质,注定会走向失败,汉奸群体也不同程度地受到惩治。

第一章　战前日本对天津的渗透

天津是中国北方的经济中心,是通往北京的门户,又是通向华北内地的枢纽。日本将天津视为征服华北的咽喉,对其觊觎已久,并处心积虑地要夺取这个战略要地,以逐步实现其征服中国的侵略计划。为此,日本不惜代价在天津扩张势力,进行公开和秘密的活动,为侵占天津做着积极准备。

第一节　政治铺垫

1875年,日本派遣池田宽治到天津设立领事馆。1902年,升格为总领事馆。《辛丑条约》签订后,日本在天津开辟租界,并持续扩展势力。日本不断增强租界警察署的实力,增加中国驻屯军的数量。① 日本在津的警察和驻军成为扩张势力的武力后盾。因天津是英法日意等国租界的集中之地,北洋官僚、政客多在此避难。为培植亲日势力,日本人极力拉拢这一群体中有影响的人物,一些

---

① 1901年,日本政府成立清国驻屯军,设司令部于天津海光寺。1912年4月,改称"支那驻屯军",通称中国驻屯军。

人出于各种目的纷纷投效,成为其倚重的力量。日本依靠亲日势力在天津制造暴乱,企图扰乱治安,为其侵占天津制造口实。

一、扩展日本侵华势力

日本驻天津总领事馆是侵华势力的重要据点,馆中职员多担负刺探情报的任务。1903年,天津日租界正式设立后,经过长期苦心经营,逐渐"繁荣"起来,洋行、商店越来越多,日本人和朝鲜人大量涌入,颇有人满为患之势。日本人不经过合法手续,就从中国人手中大量购地,天津市政府不敢过问。1937年,《中外经济情报》指出:"日人侵略天津之经济势力,不仅倾力发展产业资本,而且利用汉奸,购买许多所有权,其贻害于将来者甚巨"。① 经过多年不懈努力,日本在天津逐步建立起以日租界为中心的侵华基地。

日本警察署隶属驻津总领事馆,有警视1人,警部3人,警部补6人,巡查部长22人,巡查51人,华籍巡捕400人。② 由一名警视任警察署长,下设警务、高等、保安、司法、外勤等课。日本警察分司法警察、保安警察、高等警察三种。高等警察即特务警察,职责范围广泛,主要是配合日本驻军搜集情报、检查抗日、排日书刊读物及破坏中国民众的抗日活动。为扩张势力,日本总领事馆以保护侨民为借口,陆续增设五个警察分署。到全面抗战爆发前,日本在天津到山海关的铁路沿线又设立若干警察分署。

九·一八事变前后,日本特务机关在天津得到快速发展。1931年3月,土肥原贤二在天津设立特务机关。九·一八事变后,

---

① 《日本在天津之地权调查》,《中外经济情报》1937年第111期,第9页。
② 孙立民、辛公显:《天津日租界概况》,载中国人民政治协商会议天津市委员会文史资料研究委员会编《天津文史资料选辑》第18辑,天津人民出版社,1982年,第118页。

日本的侵略重点转向华北，日本侵华势力在天津日租界内组建各种特务组织，其创设目的都是为了配合日本的对华侵略，但具体任务各有侧重。"青木公馆"侧重于鼓动冀东"独立"及拉拢吴佩孚出面筹组华北伪政权；"斋藤洋行"负责拉拢九·一八后由东北来津的军政要员；"和知公馆"以策动两广及山西"独立"为主；"茂川公馆"负责配合日军占领平津的军事行动及组织伪政权；"三野公馆"负责制造"便衣队"暴乱和监视、控制逊帝溥仪。茂川公馆是最为猖獗的日本特务机关之一，在八里台设立"南开农场"，负责搜集南开大学抗日活动及附近中国驻军的情报。它在法租界设立"同乐京剧社"，以弹唱为掩护，负责搜集英法租界的情报，并监视在法租界的《大公报》的活动。该公馆在冀东组设"中国农民协会"，策划暴乱，推动建立冀东伪政权。天津地方治安维持会就是由茂川公馆一手炮制。

　　天津的特务机关起初由关东军领导，后改由天津日本驻屯军领导。日本驻屯军是侵略天津的急先锋。日本驻屯军数量逐年增加，1924年仅有737人，到1936年5月，已增至8 000人以上。①中国驻屯军是日本军部在华的代表，熟悉中国的国情与政局，是操控华北自治的主谋，是对华北政治、经济政策和计划的主要组织者和策划者。日本特务机关广泛联络中国朝野要员、富商巨贾，乃至流氓土匪为其所用。1914年，日本总领事馆授意亲日分子方若，在天津日租界设立同文俱乐部，会员多是被网罗的对象，如王克敏、曹汝霖、张弧、李准、齐燮元、高凌霨、温世珍、白坚武等，后来都成为日本侵华的重要帮手。在天津日本驻屯军参谋部操纵下，由日

---

① 孙立民、辛公显：《天津日租界概况》，载中国人民政治协商会议天津市委员会文史资料研究委员会编《天津文史资料选辑》第18辑，天津人民出版社，1982年，第123页。

本士官学校同窗会、留日学生同学会及中日同道会三个亲日团体联合组建"三同会",参加者均是亲日分子,如同窗会的孙传芳、刘玉书、郑遐济、徐树强等;同学会的王揖唐、孙润宇等;同道会的王克敏、张弧、齐燮元、马良、钮传善、温世珍等。抗战爆发后,很多三同会的成员成为伪政权的头目或骨干分子,为日寇效劳。三同会成为日本豢养汉奸的巢穴。

二、培植亲日势力

日本侵华势力与天津的青帮组织,形成互相利用的关系。日本人拉拢利用青帮,刺探中国情报。青帮头目在日本人的庇护和支持下,获取经济利益,增强自身实力。一些日本特务甚至参加天津的青帮组织。1920年代初,土肥原贤二和富永启堂投拜青帮大字辈魏大可为师。日本黑龙会成员小日向投拜青帮大字辈王大同为师,从而进入"普安协会"并担任常务理事,与在该会任职的青帮头目张逊之与袁文会时常接触,实现对其拉拢、收买的目的。

1931年11月,日本制造天津事变,袁文会就是重要的参与者之一。1933年后,袁文会"多次派其爪牙在南市、地道外等地诱骗壮丁,送至海光寺日本兵营修筑工事"。① 天津沦陷后,袁文会替日本人办事,买卖劳工送赴关外,分发各工厂,被惨害者甚多,并任意殴打劳工,而劳工所得工资,袁文会得十付一。国民党在天津从事秘密政治活动的白振海、徐桂林、张文贵等人,被袁文会侦知逮捕,送交宪兵队。② 1938年,袁文会在日本特务机关指使下,纠集土匪

---

① 李世瑜:《青帮在天津的流传》,载中国人民政治协商会议天津市委员会文史资料研究委员会编《天津文史资料选辑》第45辑,天津人民出版社,1988年,第227页。
② 天津市政府:《解释汉奸刑法》(1947年5月),天津市档案馆藏,2-2-1-868。

组建"袁部队",协助日军,进攻中国军队。张逊之曾是《大公报》采访部主任,后加入青帮成为重要头目,受聘于被日本特务机关收买的《庸报》,任副社长,并以该报为掩护,为日本人搜集情报。

拉拢北洋失意官僚、政客是日本的重要策略。民初,张弧任财政部次长兼盐务署长。土肥原贤二因与张弧时常应酬来往而熟识。土肥原时常探访张弧,两人最初主要谈论中国政界的情况,后来经张弧介绍,土肥原认识了不少北洋官僚、政客。张弧也通过土肥原结识了松冈洋右、板垣征四郎等人。张弧成为日本驻津要员的座上宾。日方要员到天津访问,有关政治的情况问张弧,经济问题询问曹汝霖,社会情况访问方若。① 土肥原贤二还策动亲日分子,为所谓华北五省自治运动制造舆论。受日本特务操纵的普安协会,叫嚣接管市政府。青帮头目张逊之及国风通讯社社长张化南等率领青帮分子,上街游行,要求"还政于民,实行自治"。②

天津租界是北洋失意官僚、政客的聚集之地。日本特务在天津大肆活动,积极培植亲日势力,导致天津的汉奸活动极为活跃。正如时人所言:"天津是华北汉奸活动的中心,因为他们有敌人的武力保护,所以胆子很大,有时竟公开的活动着呢"。③

三、制造事端,扰乱治安

天津是日本侵华势力的集中之地,是侵略中国的桥头堡。日

---

① 张同礼:《张弧的一生》,载中国人民政治协商会议天津市委员会文史资料研究委员会编《天津文史资料选辑》第 23 辑,天津人民出版社,1983 年,第 165 页。

② 辛公显:《"七七"事变前天津便衣队暴乱真相》,载中国人民政治协商会议天津市委员会文史资料研究委员会编《天津文史资料选辑》第 2 辑,天津人民出版社,1979 年,第 47 页。

③ 《国内新闻:天津汉奸大活动》,《儿童新闻》1937 年第 5 卷第 3 期。

本在天津豢养的一批亡命之徒,经常寻衅滋事,扰乱社会。九·一八事变后,为纾解国际社会对日本侵华的舆论压力,日本利用李际春、白坚武、温世珍等,组建一支由流氓、土匪组成的便衣队。便衣队领受的任务就是扰乱天津社会治安,赶走河北省主席王树常。日本特务对李际春封官许愿:"如果能搞出一个新局面,就由他担任河北省主席"。①

天津军政当局事先获知日本要在天津制造事端的情报。天津市公安局特务队报告:张璧、李际春、土肥原贤二等在日租界,密商便衣队暴动一事。暴乱阴谋与其整个侵华计划密切相关。② 为此,天津市公安局以"外交紧张"、"地方不靖"为由,于1931年11月1日起,提前实施冬防。王树常命令第二军做好保卫天津的战备。11月8日晚,便衣队两千余人由日租界出发攻击中国的政府机构和重要设施。翌日晨,日军出动铁甲车,以配合便衣队的行动。天津市政府要求日本总领事桑岛"予以注视,以防事态之发展"。王树常同意日本驻屯军司令官要求,"将中国驻日租界沿线之警察和保安队,于9日晨六时,沿交界处特向后撤三百米,但日方亦不得再行前进"。③ 此后便衣队的骚扰活动时断时续。11月26日,便衣队再次暴动。翌日,日本驻屯军司令香椎向王树常提出五条要

---

① 辛公显:《"七七"事变前天津便衣队暴乱真相》,载中国人民政治协商会议天津市委员会文史资料研究委员会编《天津文史资料选辑》第2辑,天津人民出版社,1979年,第41页。

② 孙铭九:《回忆"天津事变"》,载中国人民政治协商会议天津市委员会文史资料研究委员会编《天津文史资料选辑》第37辑,天津人民出版社,1986年,第109页。

③ 孙铭九:《回忆"天津事变"》,载中国人民政治协商会议天津市委员会文史资料研究委员会编《天津文史资料选辑》第37辑,天津人民出版社,1986年,第116页。

求:"立即停止敌对行为;中国军队撤退至与各国军队驻屯地20华里以外;武装保安队撤退到南运河、金钢桥至墙儿运河之线以北;停止河北省境内武装力量的调动;绝对取缔排日侮日行为"。① 迫于日本的压力,王树常将保安队主力撤至河北,保留一部分驻防原地,以防范便衣队的不轨之举。

持续近一个月的天津事变,不是孤立的地方冲突,是日本为转移国际视线,巩固对中国东北的占领,阴谋采取的遥相呼应的伎俩。由于英法意等国的干预,日军对便衣队的支持有限,中国保安队很快镇压了便衣队的暴动。此举"激发了民族意识,掀起了广大武装反日运动的浪潮,把日本帝国主义的罪恶和阴谋暴露于世界,巩固了华北而安全无恙地渡过了这一危机"。②

1932年8月,于学忠就任河北省主席,到天津后,采取措施防范便衣队的骚乱,将一一三师的两个团士兵,改穿保安队服装调到市区警戒,防备便衣队的骚扰。杨紫宸、马廷福曾是于学忠的部属,日本特务成功收买两人后,唆使他们策动于学忠的部下反叛。1933年秋,杨紫宸纠合200多人的队伍,在天津西站附近发动暴乱,因事先已有防范,暴乱很快被中国军队平息。马廷福鼓动驻扎在葛沽的一一四师团长张冠英叛乱,因提前被侦悉,亦被迅速平息。此时日本只是从幕后操纵反华势力,采取有限干预的政策。天津发生的一系列暴动事件,虽有日本人的支持,但因日军无法大规模干预,导致此类行动一再受挫。

---

① 日本外务省编:《日本外交文书·满洲事变》第一卷第二册,日本国际联合协会,1977年,第102页。
② 张潜华:《纪念天津事变》,《实践》1932年第6期,第2页。

第二节 经济扩张

1860年,《北京条约》签订后,天津被开辟为通商口岸,成为列强在华北争夺市场和掠夺资源的角逐之地。日本人在天津不断扩张经济实力,逐渐赶超欧美诸列强。全面抗战爆发前,日本在天津的进出口贸易总额及投资总额,已超过英美等国而居于首位。日本以天津日租界为基地,收购华北各地资源。为满足日本国内纺织业的需要,棉花贸易得到迅速发展。1911年后,天津成为对外输出棉花的重要口岸,其中对日输出逐年上升。1912年,天津输日棉花156 320担。1917年,达到326 032担。1930年,增至579 014担。1935年,增加到2 276 140担,占天津出口棉花总额的60%。[①]日本商人在天津设立约30家左右的洋行,专门从事棉花出口,较大的有三井、三菱、东棉等。为垄断棉花收购,日本的商工会议所操纵棉花市场,棉价以日本金票行情为转移。

棉花仅是日本掠夺、控制华北资源的一例。天津输往日本的货物额占出口总额的比重逐年增长。1908年,天津出口总额19 144 941海关两,其中对日输出483 316海关两,占输出总额约3%。1912年,对日输出占12%。1916年,增至20%。1930年,天津对日输出37 063 044海关两,占出口总额的33%。九·一八事变后,因中国反日运动的高涨,中日贸易受到波及,天津对日输出额有所下降。日本人和朝鲜人的走私活动极为猖獗,海关的统计

---

① 孙立民、辛公显:《天津日租界概况》,载中国人民政治协商会议天津市委员会文史资料研究委员会编《天津文史资料选辑》第18辑,天津人民出版社,1982年,第132页。

数字就大打折扣了。有中国报纸指出："私货这一个'私'字在天津人看来就未免觉得滑稽。码头上、车站里，不都堆满了吗？什么'私货'，四围是几个日本兵和浪人看守，这就是绝对安全的保障。大街上你要看见一车车满满的花花绿绿东西，后边跟一个矮矮的人，那就是这玩意了，毫不足奇，十足公开"。① 1936年，天津对日输出额有所恢复，占到输出总额的25%。②

日本政府鼓励日本人到天津经商，大批日本人在得到政府贷款后，抱着淘金心态远赴天津经商。天津的日本洋行、商店数量迅速增长。1935年，日商在天津开设洋行、商店达1 800余家，绝大多数设在日租界内。③ 九·一八事变后，日本在天津的经济渗透，从以往倾销过剩商品逐渐发展为资本输出，投资首选是纺织工业。九·一八事变前，天津没有一家纺织厂是由日本人直接经营。日本财阀在华北倾销棉纱、棉布获利丰厚，开始以贷款方式向中国纺织厂渗透，同时包揽技术及机器设备。1932年，裕大纱厂因无力偿还日本东洋拓植株式会社的债务，而被日本人开设的天津纺绩公司所控制，改称天津纺织厂。1936年，裕元、华新两纱厂也因无力偿还日本人的贷款，而被钟渊纺织株式会社接管。同年，宝成纱厂因亏损被拍卖，为日商大福公司购买。1931至1936年，因经营不善，或缺乏资金，天津的中国纱厂中很多被日商吞并。在天津的工业中，冶炼、机械制造、制碱等行业均有日本财团的大量投资。全

---

① 《亡国种种相（天津通讯）》，《学生呼声》1936年第1卷第2期，第18页。
② 孙立民、辛公显：《天津日租界概况》，载中国人民政治协商会议天津市委员会文史资料研究委员会编《天津文史资料选辑》第18辑，天津人民出版社，1982年，第133—134页。
③ 同上，第135页。

面抗战爆发前,日本财团在华北的投资总额已突破11亿日元。①

全面抗战爆发前,日本就筹划将天津经营为华北的军工基地和物资供应中心,因此极为重视对天津交通运输系统的控制和改造。1935年,中日签订《何梅协定》后,日本在天津组建兴中公司,制定"开发华北经济计划",其中包含加强对公路控制的方案。1936年,宋哲元与日本华北驻屯军司令签订《华北经济开发协定》,允许日本在华北兴办交通事业。同年,满洲铁路株式会社天津事务所强占津沽公路,并于翌年在大沽南路修筑水泥混凝土路面。1936年,日本在天津成立华北汽车公司,既经营汽车营运业务,也负责管理公路路线。日本还在静海设立南满铁路株式会社天津事务所,并组建天津交通股份有限公司、华北汽车公司天津事务所等。日本控制了天津至四周的10余条公路干线和一些支线,约计2 000公里。这些干线有:天津——杨村——通州——北平,天津——杨村——武清——黄村——北平,天津——马厂——大城——任丘——保定,天津——林亭口——玉田——遵化,天津——静海——青县——沧州,天津——青光——信安——霸县——白沟,天津——独流——大城——献县——衡水——冀县——南宫,天津——大毕庄——西堤头——潘庄——芦台,天津——咸水沽——小站,天津——塘沽——大沽,天津——北塘——汉沽——芦台,天津——小王庄——盐山。② 日本成功控制天津及周边的交通线路,有助于增强其在天津地区的影响力。

---

① 孙立民、辛公显:《天津日租界概况》,载中国人民政治协商会议天津市委员会文史资料研究委员会编《天津文史资料选辑》第18辑,天津人民出版社,1982年,第135页。
② 罗澍伟:《近代天津城市史》,中国社会科学出版社,1993年,第661—662页。

第三节　文教渗透

面对日本咄咄逼人的进攻态势,中国反日舆论氛围十分浓厚,各种报纸、杂志登载大量反日文章,社会各界不断发表反日言论,举办反日活动。为了消解中国舆论界对日本侵华的压力,日本人不仅创办报刊,而且秘密收买一些在国内有影响的报刊,以营造利己的舆论氛围。

创办学校属于一种长期的投资行为,很难在短期内获得实际效益。日本不惜重金在天津创办学校,招收中国学生,就是为了培养中国年青一代中的亲日势力。

一、创设、收买报刊

《庸报》由董显光创办,1926年6月出版,在天津大报中仅次于《大公报》和《益世报》,位居第三位。九·一八事变后,华北局势日趋紧张,董显光携眷南下,别图发展,授意蒋光堂对《庸报》相机行事。日本特务机关将《庸报》视为天津的颇具影响力的报纸,遂秘密收买,并由李志堂任社长。为掩人耳目,李志堂以台湾籍冒充福建人。《中美晚报》的社长为岑某,由日人三谷亨任总编辑,另有华人编辑邵润章、刘景博、吴太源、刘瑶章等。该报被日本特务机关收买后,多登日文译稿,为日本侵华作宣传。日本人控制《庸报》后,《中美晚报》即停刊,三谷亨、邵润章等均加入《庸报》。1936年初,《庸报》版面发生较大变化,登载的日本同盟社电稿逐渐增多,且主要社论均由日本特务机关供稿。到1936年秋,三谷亨"增添日文翻译数人,要闻版、国际版几乎完全采用被译成中文的同盟社稿和日本人写的社论、文章。社论也完全站到了日本侵略者的立场"。① 正如时人所言："天津的庸报是公开的成了一张汉奸报了"。在庸报上，"看到许多捏造的谣言，竭力鼓吹华北五省与中央脱离。所采用的通信社稿，虽然中央社的稿也相当地采用，但同盟社的消息却放在首要的地位。日本军阀所办的专门造谣的大东社之稿，更十分重视地采登。对于吉林省的长春直呼曰新京，东北的伪组织却直呼曰满洲国，诸如此类丧心病狂的字样，连篇累牍，指不胜指"。② 天津沦陷后，《庸报》成为日本的重要喉舌。

　　日本还利用亲日分子出面办报，制造亲日舆论。由鲁嗣香创办于1929年的《民报》，地址设在日租界须磨街。鲁嗣香当过省议员，与日本人过从甚密，《民报》立论一贯偏袒日本，为中国民众所不齿。鲁嗣香因嗜毒过深，身体孱弱，不能坚持执笔，最后以人力、物力不济而停刊。此外，专为日本作宣传的还有《振报》和《国权报》。1935年，《振报》主笔白逾桓、《国权报》社长胡恩溥相继为蓝衣社暗杀，报纸亦因此停刊。《东亚晨报》出版之时，正值华北情势紧张之际，社长郑万瞻与日本特务机关建立关系。天津沦陷后，《东亚晨报》成为与《庸报》并存的大报，听命于日本特务机关和伪天津市新闻管理所。《天声报》创刊于全面抗战爆发前不久，是由日本特务机关创办，社长为台湾人谢龙阁，谢死后由吴宁靖继任。编辑、采访负责人是袁无为、杜虚生等，编辑主任为李志新。吴宁靖原为日本特务机关嘱托，天津沦陷后任伪警察局侦缉总队长，后调任塘大警察署长，北京市警察局督察长。杜虚生随吴宁靖任北京东郊警察分署长，袁无为亦随吴在塘大及北京任伪职。在《天声

---

① 孙立民：《日寇"北支派遣军"机关报——〈庸报〉》，载中国人民政治协商会议天津市委员会文史资料研究委员会编《天津文史资料选辑》第18辑，天津人民出版社，1982年，第95页。

② 冷香：《报奸：天津的庸报》，《星华》1936年第1卷第21期。

报》实际负责的只有李志新一人,报纸全为日本作宣传,并刊登黄色新闻及小说等。《大北报》社长是李枕流,接受日本特务机关津贴,版面上除日寇侵华宣传稿件,别无他物。李枕流自称是华北派遣军山家少佐的朋友,又是天津日本特务机关的嘱托,平日挥金如土,以办报为掩护,进行特务活动。① 日本人利用日租界的特殊地位,创办报纸,为侵华张目。日本人创办的报纸有《天津日报》《天津经济新报》《大阪朝日新闻》《东京朝日新闻》《大阪每日新闻》等。这些报纸主要宣传日本人的政治、经济、文化观念和主张,不仅向日本侨民销售,也向租界内外的中国民众发售。

二、创办学校

在向中国进行扩张的过程中,日本将创办学校,培养亲日分子,作为侵华的重要铺垫。1900年,日本军官隈本实道大尉奉命在日租界创办学校,招收在日本领事馆、警察署等工作的中国人子弟入学,以培养亲日的青年一代。校名开始定为日本学馆,后改称天津普通学堂,由日本驻军管理。1906年,学校改称天津高等学堂,日本人退居幕后,改由以中国人为主的理事会管理。1913年,与日本人创设的共立小学合并,定名天津共立学校。自1924年后招收女生,翌年增设裁缝科,学生从数十人增至300余人。全面抗战爆发时,在校学生已达624人。② 自1933年起,学校理事会理事长为

---

① 俞志厚:《一九二七年至抗战前天津新闻界概况》,载中国人民政治协商会议天津市委员会文史资料研究委员会编《天津文史资料选辑》第18辑,天津人民出版社,1982年,第54—55页。此处嘱托指的是特务。
② 孙立民、辛公显:《天津日租界概况》,载中国人民政治协商会议天津市委员会文史资料研究委员会编《天津文史资料选辑》第18辑,天津人民出版社,第141页。

高凌霨,理事有王揖唐、曹汝霖、方若、陆宗舆、孙润宇、臼井忠三、野崎诚近、今井茂等。理事会中方成员均是亲日分子,天津沦陷后多担任要职。

1921年,日本东亚同盟在天津创办同文书院,聘请曾任北洋政府教育总长的范源濂为名誉校长,学校事务由总务长江藤荣吉负责。该校校医和军训均由日本驻屯军派日本军官担任。1926年,改名中日中学校,并在中国政府教育部备案,聘任北大教授沈兼士为校长,聘请著名学者钱玄同、钱稻荪、周作人等来校任教。该校以保送日本留学相号召,一时声誉大振,入校学生增多,在校人数保持在300余人。① 1933年,为培养日语翻译人员,东京日文协会在日租界创办爱善日语学校。学校受到日本政府的重视,1938年,开始归日本外务省管理,并改称天津第一日语学校。沦陷时期,曾先后任天津侦缉总队长和北京警察局督察长等职的吴宁靖就是毕业于该校。

此外,为了解中国学生的思想动态,日本人甚至到一些学校进行调查。1936年4月23日,几个日本兵和浪人带着各种测验表格,到天津××中学进行问卷调查,问题包括:如果有敌人侵略你,你是否抵抗;你能在群众面前讲话吗;你愿意升官发财、荣宗耀祖吗;你做事是五分热度,还是热度到底。② 日本人无非是通过掌握中国学生的动态,制定相应的渗透策略,为侵略中国作准备。

---

① 孙立民、辛公显:《天津日租界概况》,载中国人民政治协商会议天津市委员会文史资料研究委员会编《天津文史资料选辑》第18辑,天津人民出版社,第141页。
②《亡国种种相(天津通讯)》,《学生呼声》1936年第1卷第2期,第18页。

第四节　中方的应对

国人对日本培植亲日势力的举动十分敏感，报纸经常刊登相关消息。1935年，《老实话》杂志登载道："近来天津汉奸有所谓'中华国社民党'之组织，总部在津×租界××街九号，受某方特务专员××大佐之指挥，在战区及平津一带吸收群众，扩大汉奸活动"。① "某方特务专员××大佐"及"津×租界"专指日本特务专员和日租界。此类报道的真实性很难得到证实，但足见知识分子在国家危难之际对时政的关注，希望以此引起国人对日本侵略行径的警惕。

日本在天津的渗透引起中国民众的不满、警觉与抵制。1935年12月18日，在中共的领导下，天津学生在东马路、大经路游行示威，高喊"停止内战，立即抗日"、"反对华北特殊化"等口号。1936年5月28日，天津市学联组织反日游行示威，提出"停止内战，一致抗日"、"反对华北特殊化，反对日本增兵华北"，军警仅加以监视，未加阻拦，学生游行到省、市政府门前，进行了慷慨激昂的演说。有些大学校长和教授基于民族义愤，也参与了抗日运动。天津法商学院教授温健公、杨秀峰、闻永之，南开大学校长张伯苓，女子师范学院院长齐璧亭等，都拥护或同情学生的抗日运动。有些高校当局遵从国民党政府的指令，压制学生的抗日活动。北洋大学校长李书田对"学运"采取高压政策，开除一批学生。扶轮中学取缔校学生会组织。② 一二•九运动后，天津7名有识妇女组建妇女救

---

① 《道听途说：天津汉奸开会》，《老实话》1935年第63期，第10—11页。
② 李启华：《一九三五年至抗战爆发前后党领导下的天津学生救国运动》，载中国人民政治协商会议天津市委员会文史资料研究委员会编《天津文史资料选辑》第12辑，天津人民出版社，1980年，第30—31页。

国会,出版《天津妇女》,共出刊四、五期,主要是宣传抗日救国。她们还利用基督教女青年会的合法平台举行报告会。① 反日运动也波及日本人创办的学校,在中日中学校教师王镇华、谢台臣等人的影响下,学生积极参与反日游行示威。在日本总领事馆的授意下,学校严厉打压爱国学生,一次开除30余人。② 日本的侵略行径激起中国爱国志士的激烈反抗。1934年5月,有爱国人士向天津日本警察署抛掷炸弹一枚,虽没有造成人员伤亡,但将该署的物件和窗上玻璃炸得粉碎。此事引起日本驻津当局的震动,也鼓舞了天津民众的反日士气。同时,事件也造成一定的消极后果,"此事发生后,谣言随之大炽,甚至有谓日军即将强占天津者,全城的空气顿时陷于极端恐怖与混乱的状态"。③

面对日本在天津的渗透活动,国民政府采取不同的应对策略。日本策动的便衣队暴动,国民政府积极防范、打击,并很快予以平息。自1931年开始,在日本特务机关的指使下,便衣队不时扰乱中国地界,中国保安队和警察予以坚决镇压。便衣队的活动虽对天津治安产生一定影响,但并不能翻起大的波澜。1930年代,国民政府正全力围剿红军,担心因地方事件引起中日全面冲突,对很多日本渗透活动采取容忍的态度。为不给日本留下干涉口实,国民政府对民众的反日言论及行动,均予以不同程度地压制。天津邮局的检查员恪尽职守,所扣留的信件报纸,都是关于要求民族解放

---

① 董明秋:《记天津妇女救国会》,载中国人民政治协商会议天津市委员会文史资料研究委员会编《天津文史资料选辑》第12辑,天津人民出版社,1980年,第59页。
② 孙立民、辛公显:《天津日租界概况》,载中国人民政治协商会议天津市委员会文史资料研究委员会编《天津文史资料选辑》第18辑,天津人民出版社,第141页。
③ 孙翔:《华北政局之形形色色(天津通讯)》,《青年军人》1934年第2卷第11期,第6页。

和反对吞灭中国的东西,而汉奸走狗的文件却放行无阻。① 为顾全大局,天津市政府再三告诫民众,对日态度应慎重。天津官民对日本人莫不敬鬼神而远之,可以忍受者,无不尽力忍受。② 正是由于国民政府对日的软弱态度,使得日本侵略势力有恃无恐,大肆在天津进行渗透活动。

1935年,在日本的压力下,国民党天津市党部被撤销后,各机关、学校、礼堂的总理遗像、总理遗嘱都被取消。国旗也被取下,墙上油画的党国旗都在夜里抹去了,天津已成为无旗市。③ 在日本人的大力拉拢、收买之下,一批北洋时期的官僚、政客投入日本的怀抱,甘愿受其驱使。由于日本在天津势力的不断增长,天津市民甚至发出"平津还是中国的领土吗"的疑问。之所以如此质疑,是因为"日本军队成天在中国城市示威游行,汉奸走狗到处活跃在今天的平津,却成为极平常与时髦的事情。这样的平津真使人无法还能感觉到他是中国的领土"。④ 天津沦陷后,日本培植的亲日势力协助日军迅速建立了伪政权,并巩固了对天津的统治,客观上为日军与中国军队的作战营造了良好的后方环境。因日本侵华态势愈加明朗化,中国民众抵制日货的声浪汹涌澎湃,但在天津抵制日货似乎只是停留在口号上。时人不无失望的感慨道:"抵制日货,在天津没有这回事。有什么法子想呢,日货不但便宜,而且外表又美

---

① 澍人:《平津还是中国的领土吗?(天津通讯)》,《大众生活》(上海)1935年第1卷第6期,第148页。
② 万宜:《不幸的天津(天津通讯)》,《社会周报》(上海)1934年第1卷第32期,第634页。
③《亡国种种相(天津通讯)》,《学生呼声》1936年第1卷第2期,第18页。
④ 澍人:《平津还是中国的领土吗?(天津通讯)》,《大众生活》(上海)1935年第1卷第6期,第148页。

丽可爱。在人民购买力低到不能在低的时候,对于价廉物美的日货,当然要趋之若鹜了"。① 天津有大量贫困化的市民群体,面对价廉物美的日货,是无法抵挡住诱惑的,仅靠爱国主义情怀相号召,抵制日本侵略势力是无法真正奏效的。

全面抗战爆发前,日本已在天津经营多年,培植了一批亲日分子,对天津的渗透是成功的。日本在战前的渗透活动呈现出如下特点:第一,日本对天津渗透的方式复杂多样,有些是明目张胆的,但多是秘密进行的。第二,日本人注意拉拢中国政界中有一定影响力的人物,尤其是成功说服不少北洋旧官僚和失意政客投入其怀抱。为了实现目的,日本人入乡随俗,注意学习运用中国的语言、文化,以便接近网罗的人物。第三,起初日本人利用天津日租界,指使亲日分子对中国地界进行暴力侵扰,后来逐渐转变策略,改为利用他们进行分离天津的活动。全面抗战爆发后,日本人在天津长期从事的渗透活动成效显现,日军迅速占领天津,并在亲日分子的协助下建立了伪政权,实现了对天津的全面控制。

---

① 王文青:《天津一瞥(天津通讯)》,《新人周刊》1934 年第 1 卷第 8 期,第 156 页。

第二章 天津日伪政权的沿革

日军占领天津后,在曾任北洋政府国务总理高凌霨的主持下,成立了治安维持会。据英人潘纳禄(Pennell)的说法,天津沦陷后,出现了两个具有政府性质的临时机构,"一个是由年长的常住居民组成,另一个由亲日的政客组成。前者解散了,后者宣布他们的任务是恢复信任和秩序,解决难民问题和处理死者"。①亲日政客组建的治安维持会成为统治天津的"合法"政府。不过,查阅相关资料,并未发现有潘氏所言的"年长的常住居民组成"的团体。沦陷期间,天津市共经历天津市地方治安维持会(1937年8月至1937年12月)、天津特别市公署(1937年12月至1943年11月)、天津特别市政府(1943年11月至1945年8月15日)三个历史阶段。

---

① [英]潘纳禄著,强桂敏译:《日军攻占天津记事》,载中国人民政治协商会议天津市委员会文史资料委员会编《天津文史资料选辑》第3辑,天津人民出版社,2001年,第97页。

第一节　伪政权的组织沿革

1937年8月,在日本陆军特务机关的直接指挥和参与下,天津市地方治安维持会成立,高凌霨任委员长,王竹林、王晓岩、刘玉书、孙润宇、沈同午、钮传善、邸玉堂、赵聘卿、方若、张志徵等10人为委员。治安维持会以"恢复无政府状态下之天津市治安,并保护市民之生命财产,安定人心为目的",设置总务局、公安局、社会局、财政局四局。总务局掌管"庶务、人事、文书、交际以及未属其他局事项;公安局掌管警察、行政及司法事务,以任治安维持;社会局掌管救济、食粮对策、教育、卫生、宣传等事项;财政局掌管金融对策,并关于财务事项"。① 为恢复秩序,1937年8月1日,天津市地方治安维持会要求"市民须各安生理,勿为谣言所惑。倘有不逞之徒,乘机抢劫,亦当执法以绳,其后决不宽贷"。② 此时期天津市地方治安维持会还负责管治周边静海、霸县、文安等20余县。治安维持会要求各县"办理民政,以定人心,而维治安"。各县政务及一切应行事宜,"均须遵行该会委员长之令,经由总务局呈会核办,以一事权,而昭系统"。③ 1937年11月,天津市地方治安维持会公布"处理各县治安维持会之方针纲要",规定"工作之要领应先由县城内着手,次第及于乡镇。县政组织务须节省人事费,宜适应现下情势,以最小限度人员为之,事务宜求简捷,俟财政确立后再行充实,

---

① 中共天津市委党史研究室、天津市档案馆、天津市公安档案馆编:《日本帝国主义在天津的殖民统治》,天津人民出版社,1998年,第49—50页。
② 同上,第50页。
③ 郭贵儒、李仁杰:《伪天津市治安维持会述论》,《河北师范大学学报(哲学社会科学版)》2008年第2期。

故支薪委员不得超过三名。如于必要任用办事员时，亦应根据最小限度人员之原则，务须采用该县民之有才能者。警察及保卫团等下级人员，亦应由继续服务在事变前者中选择品学优良者任用之。散在民间之枪械等务须早日收回，以为县内自卫之工具。应与该管区内之日军及宣抚班严密联络。关于该县治理成绩及将来计划，应于每月终呈报本委员长"。① 为加强平津两市的联络，天津市地方治安维持会与北平市地方治安维持会联合成立平津地方治安维持会联合会，高凌霨为首席代表。1937年12月14日，伪中华民国临时政府在北平成立，平津地方治安维持会联合会遂宣告结束。

1937年12月17日，作为过渡性政府机构的天津市地方治安维持会解散，成立天津特别市公署，直隶于伪中华民国临时政府，高凌霨任市长。1938年1月，根据"天津特别市暂行组织条例草案"规定，"市公署下设总务厅、公安局、财政局，总务厅设厅长一人，简任，承市长之命辅佐市长综理本市一切行政事务，并监督指挥所属机关及职员。局设局长一人，简任，承市长之命处理各该局掌管事务，并监督指挥所属机关及职员。总务厅设总务处、社会处、工务处、教育处、卫生处、特别一、二、三区公署。处设处长一人，荐任，署设主任一人，荐任，承市长、厅长之命处理各处署所掌事务。市公署设参事二人，简任，承市长之命参划市政方针及政务之枢机，并监察一般市政"。② 潘毓桂接任市长后，设立外事处，公安局改称警察局，社会处、教育处、卫生处、工务处合署办公。1938

---

① 中共天津市委党史研究室、天津市档案馆、天津市公安档案馆编：《日本帝国主义在天津的殖民统治》，天津人民出版社，1998年，第51页。
② 同上，第58—60页。

年5月1日,市公署裁撤总务厅,社会、教育、卫生、工务处改称局。9月,电政监理处改组为公用处。1939年3月,温世珍就任天津市长后,对政府机构进行了改组,直辖市政会议、顾问室、参事室、专员室、秘书处,下辖警察局、海上警察局、警察训练所、社会局、财政局、教育局、工务局、公用处、新闻事业管理所、救济院、第一公园、第三公园、特别第一、第二、第三区区公署。1940年3月,汪伪国民政府成立后,伪中华民国临时政府被取消,改设华北政务委员会。此后海上警察局划归河北省公署管辖,新闻事业管理所被裁撤,业务划归警察局。1941年,市公署先后成立宣传处、日语专科学校、收买废品委员会及"圣战献金"运动总会。同年,救济院划归社会局管理。1943年3月25日,王绪高接任市长一职,市公署按警区将所辖区域重新规划为十二个区,每区设区公所。区公所为各区行政执行机关,内设总务、保甲、卫生、教化宣传及配给五个职能部门。

1943年11月15日,伪华北政务委员会将天津特别市公署改称为天津特别市政府,任命张仁蠡为市长。12月,根据市政府公布的组织规则,"设秘书长一人,承市长之命辅佐市长处理一切市政,并指挥监督秘书处所属职员。设参事二人至四人,承市长之命监察市政,并掌理命令、单行规则之纂拟及市政设计事项。设局长七人,处长一人,承市长之命处理各该主管事务,并指挥监督所属机关及职员。设立秘书处、社会局、警察局、财政局、经济局、教育局、工务局、卫生局、宣传处。各处、局除警察、财政两局外,得合署办公"。[①] 为保障公务员生活,稳定公务员队伍,天津特别市政府设立公务员消费合作社,在市区公务机关服务人员和学校教职员均可

---

① 中共天津市委党史研究室、天津市档案馆、天津市公安档案馆编:《日本帝国主义在天津的殖民统治》,天津人民出版社,1998年,第86—87页。

入社享受配给。1944年4月,市政府组建经济局,负责经济统制与平抑物价。同时,天津粮食配给统制事务所被裁撤,由社会局另组粮食配给办事处,继续从事粮食配给与统制事务。① 此外,伪天津特别市政府将原有的十二个区及兴亚一、二、三区划分为八区,并编组保甲。

伪天津特别市公署是在市政会议上就一些重要事项作出决策。市政会议由市长、秘书长、参事、各处长、局长组成。日本顾问、辅佐官等须参加会议。关于"行政区域确定及变更,行政设施及变更,各处、局所订办事细则,市单行规则,市预算、决算,整理市财政收入及募集市公债,经营及处分市公产及经营公营业,各处局或科权限争议,其他市长认为应行议决"等均须由市政会议议决。② 日本顾问通过市政会议控制着天津市政的决策权。

天津伪政权历经地方治安维持会、特别市公署及特别市政府三个阶段,所属机构也经过不断地调整和变动。日伪政权的演变,是由临时向常态政府的转变,是换汤不换药的做法,并未有根本性的变动,都是在忠实执行日本主子的各项政策,为日本侵华战争服务。

第二节 伪基层政权

国家政权建设包括中央、地方以及基层政权三个层面,其中基层政权建设是国家政权建设的至关重要一环。离开基层政权建

---

① 《天津特别市政府三十三年一月至六月份工作报告》(1944年),天津市档案馆藏,J0001-2-000623-056。
② 中共天津市委党史研究室、天津市档案馆、天津市公安档案馆编:《日本帝国主义在天津的殖民统治》,天津人民出版社,1998年,第87—88页。

设,国家政权建设便成为无源之水、无本之木。伪中华民国临时政府是由日本主导建立,具有中央政权的特点,作为在其控制区域内的天津市,先后组建了具有地方政权性质的地方治安维持会、特别市公署、特别市政府。为实现对基层社会的控制,汲取社会资源,天津伪政权先后成立地方辅治会、保甲制、区制等基层政权。天津伪政权通过基层政权,将权力触角伸向城市基层社会,实现了对市民的管理与控制,为其向民众汲取战争物资奠定了基础。随着日本不断扩大战争规模,加强对沦陷区的掠夺,民众不满情绪逐渐增强。作为伪政府的代表,基层公务人员与民众接触最为频繁。在不断献金、献铜铁的过程中,基层公务人员的催逼势必引起民众的反感,消极抵制随之出现。

一、地方辅治会

为控制基层社会,天津市地方治安维持会设置地方辅治会。该会秉承治安维持会之命,负责"劝导市民筹办关于地方辅治事项;办理治安维持会社会局交办关于地方辅治事项;协助治安维持会所属各机关办理关于地方辅治事项;筹划各慈善团体办理救济事项;条陈治安维持会社会局请办关于地方治安事项;代市民陈述关于地方治安事项"。[①] 可见,地方辅治会既承担政府机关交办的事务,也负有联络、沟通政府与民众关系的责任。地方辅治会隶属社会局,会长由社会局长兼任,设事务主任一人,协助会长处理会务。设事务员、办事员、书记各一名,差役若干。在各区,设置区辅治分会,设分会主任、书记、仆役各一人。各分会按每一警察分所区域内设乡会联合会一处,按户数繁简酌设里、伍各长若干名。为

---

① 《天津市地方辅治会组织规则》(1937年),天津市档案馆藏,J0001-2-000082-013。

便于互相协助,辅治会聘任顾问团,以 7 至 15 人为限。① 伪市公署规定了地方辅治会的会议程序。辅治会每周开一次例会,各分会主任参会,每月召开一次大会,各分会主任、各乡会乡长参加。分会每周开一次例会,每月召开一次大会。乡会联合会每月开两次例会,每月召开一次大会,乡长、里长、伍长参会。② 1938 年春,地方辅治会改隶伪市公署。

　　地方辅治会是伪政府建立的基层政权,负责落实市政当局交办的事务。天津沦陷后,市内墙壁、桥梁等处仍有国民党旧标语,伪市公署令警察局、社会局、地方辅治会负责"将市内各处凡有国民党旧标语,限于旧历年前一律消除净尽"。③ 伪政权组建临时自卫团,各分局及辅治分会负责"审慎办理抽丁手续"。④ 作为市公署与民众之间的沟通桥梁,地方辅治会将民众意见传达政府。1938 年 11 月,应辅治会之请,工务局修补市区沟渠达 120 余处。⑤ 大直沽乡长赵佩衡等致书辅治会称"该村原设临时警 10 名,每月薪饷 130 余元。津市发生事变以来,地方多故,先后成立看护电线、铁道警察夫役等,薪金 120 余元。连同四季服装年来所费已属不赀,需款皆由村民担负,因地方萧条,担负过重"。辅治会呈报伪市公署

---

① 中共天津市委党史研究室、天津市档案馆、天津市公安档案馆编:《日本帝国主义在天津的殖民统治》,天津人民出版社,1998 年,第 52—54 页。
②《天津市地方辅治会各级会会议程序》(1938 年),天津市档案馆藏,J0001-3-001239-006。
③ 天津特别市公署:《令饬警察局、社会局、地方辅治会会同克日刷除国民党旧标语以正观瞻由》(1938 年 1 月 29 日),天津市档案馆藏,J0001-3-000803-001。
④ 天津市治安维持会公安局:《为函送 11 月 22 日至 28 日一周内预定行政应办事项请查照由》(1937 年 11 月 21 日),天津市档案馆藏,J0001-2-000064-012。
⑤《建设新天津,马路沟渠已修竣》,《新天津报》,1938 年 11 月 2 日,第 3 版。

表示:"临时警察虽系长年设置,究其费用实由商民供给,似非所宜"。① 伪市公署收到呈请后,令警察局查照核办具报。

地方辅治会是"仿照保甲制度而设,各分会主任及乡长、里长等均为当地士绅,伍长亦系在五户之中声誉良好者,且皆有恒产或有职业。该会以推行人民自治为主旨,使民众各守其分,各安其业,逐渐养成良善社会风俗"。② 不过,辅治会的政治地位并没有明确规定,导致许多令该会人员尴尬之事的发生。1938年3月,辅治会办事员李之璋、书记马宗兰呈请"援照公务员燃用电灯优待办法,开具地址表请予转请发给优待证",总务厅"准予转令电政监理处填发,以资应用"。③ 电政监理处对此予以拒绝,声称"本市公务员燃电优待权利原定章限于市属正式行政机关职员享用证书,并定有额数。辅治会本系地方团体,又未列入优待案内,如未经市长特许,无法通融办理"。④ 此事不了了之。辅治会作为地方团体,并非政府机构,未得到市署机关的重视。辅治会在运作过程中,面临不少难以克服的体制问题。1938年10月,伪市公署决定将警察局第五区警察署长李耀先与第八区署长柯昌汾对调,第五区辅治分会主任率同会员多人,赴警察局面见局长周思靖,请愿挽留李耀先,并请收回新

---

① 天津特别市地方辅治会:《为呈请事案据第六分会大直沽乡长赵佩衡等联名呈称呈为旧案设立临时警久未裁撤恳请设法以苏民困等情据此呈请鉴核施行由》(1938年11月26日),天津市档案馆藏,J0001-3-000789-002。
② 天津特别市公署:《令第七卫生区事务所以后凡有需要辅治会协助或必须合作者务须直接函知该会再行转饬所属办理借以统一事权》(1938年9月27日),天津市档案馆藏,J0001-3-001109-007。
③ 天津特别市地方辅治会:《为呈请转令电政监理处填发用电优待证由》(1938年3月12日),天津市档案馆藏,J0001-3-001010-001。
④ 电政监理处:《前准总务厅函嘱填发辅治会职员李之璋等燃电优待证书等因查辅治会不在优待案内未经市长特许无法通融办理函请查照办理由》(1938年6月30日),天津市档案馆藏,J0001-3-001010-003。

任署长的任命。伪市公署指出"此举既属不合,此风更不可长",表示"该会职司辅治,表率闾阎,纵向官署有所请求,亦应呈由辅治会代为转请,不能单独有所行动。该主任侧身自治,今竟不避嚣扰之嫌,擅自参与政府用人行政,实为越出辅治范围,殊属不当"。① 辅治分会主任并未通过辅治会,而是直接向警察局长表达意见。可见,辅治会在地方上的权威并不高,不然也不至于辅治分会主任陈情时,出现越级情形。地方辅治会在实际运作过程中,"各机关往往有事直接与乡长或分会接洽,其所接洽之事又大半紧急,及至分会主任或乡长向辅治会请示机宜时,该会则茫然不知,而分会主任及乡长等对各机关又极服从,以致所办之事多有与职会宗旨相左者"。辅治会呈请伪市公署,"以后凡有需要辅治会协助,或必须合作者,务须直接函知该会再行转饬所属办理,借以统一事权"。② 伪市公署表示理解,且训令各机关予以照办。此类越级指挥的行为无法避免,按照市公署的训令,遇有协办事务,先"函知辅治会",但如遇到亟待办理的事务,此一办事流程势必拖延行政处理效率,为提高办事效率,各机关越级指挥辅治会的问题也就难以克服了。

二、区制

1942年12月28日,天津特别市公署公布"区制及保甲施行暂行办法",规定"区制及保甲区域划分,以警察局各分局及各派出所管辖区域为标准。每区设区公所一处,由市公署就全区保长中遴

---

① 天津特别市地方辅治会:《为呈报事遵令通饬各分会社会机关不得越俎参与政权报请鉴核由》(1938年10月11日),天津市档案馆藏,J0001-3-001098-004。
② 天津特别市公署:《令第七卫生区事务所以后凡有需要辅治会协助或必须合作者务须直接函知该会再行转饬所属办理借以统一事权》(1938年9月27日),天津市档案馆藏,J0001-3-001109-007。

派一人为区长,承市公署之命办理各保联络互助及官厅交办事宜。区及保甲事务,凡有关户口调查、治安协助及人民自卫能力之育成者,由警察局随时商同市公署秘书处传饬办理。凡有关其他政令之推行及自治者,由关系各局处随时商同市公署秘书处传饬办理。区公所名称应称为天津特别市第×区公所"。①

1943年,伪市公署将所辖区域划分为12区,每区设区公所,区公所设1名区长和副区长,设事务人员和专司缮写的雇员若干名。区长、副区长、组长由市公署遴选谙练行政及熟悉地方情形的人员充任。区公所按照事务性质设置总务组、保甲组、卫生组、教化宣传组、配给组。区公所经费由区务费及市公署补助费项下划拨。②法租界和意租界交还后,设置兴亚区公所管理。1944年,为便于监督指挥,经斟酌各区实况,伪市政府将第一至第十二各区及兴亚一、二、三区重新规划为八区,每区设置区公所一处,归市府直辖。③

以兴亚第一区公所为例,可观察区公所的运转情况。兴亚第一区地域面积2 066市亩。至1943年12月,居民17 563人,日本侨民30 855人。该区公所每月经常费为21 421元,设组长5人,系长12人,事务员20人,打字员1人,雇员21人。④ 公所职员除例假外均须按时到班,不得迟到、早退,并须在考勤簿上亲自盖章,他人不得代替,如遇特别事故或防空、防疫,停止例假,延长办公时

---

① 中共天津市委党史研究室、天津市档案馆、天津市公安档案馆编:《日本帝国主义在天津的殖民统治》,天津人民出版社,1998年,第68—69页。
② 《天津特别市公署区公所暂行组织规则》(1943年1月30日),天津市档案馆藏,J0001-2-000552-027。
③ 《天津特别市政府三十三年一月至六月份工作报告》(1944年),天津市档案馆藏,J0001-2-000623-056。
④ 天津特别市政府:《天津特别市兴亚第一区公所1943年度工作报告》(1943年),天津市档案馆藏,1-2-1-563。

间。各职员请假"应于事先填具假单,由人事系转呈正副区长核准其假单,交人事系存查。病假在一星期以上,须取具市立医院诊断书。如职员在家临时发生事故或因疾病不及备具请假手续者,应以电话或派人通知人事系代为请假,随后仍须补假单。职员假满到所时应面见正副区长销假"。①

各区公所承担着繁杂的事务,且所办事项与民众日常生活关系密切。各区的事务除有少许差异外,基本上是一致的。兴亚第一区公所成立后,从事的主要事务有"推行新国民运动,编练保甲,办理铜铁献纳,制订传知簿,筹备防空设施,教化宣传组的工作,配给组的工作"。②除兴亚第一区因户口较少,暂未征收区务费外,其他各区均须征收,以维持区公所的运转。1944年12月13日,第七区公所将住户应缴区务费等级划分为四等,"甲级每月7元,乙级每月5元,丙级每月3元,丁级每月1元";商户亦被分为四等,"甲级每月14元,乙级每月10元,丙级每月6元,丁级每月2元"。③区务费无疑成为压在民众身上的一项重担。

按照伪市公署规定,各区每月"应召开区务会议一次,各保甲长均须出席,以收集思广益之效"。④各区的行政事务因其情形不同而有所差异。1944年9月15日,伪天津特别市第八区第一次区务会议上,区长要求"各甲牌长及书记如有请示事项,除特殊情况及含有私密性质者外,一切书面须由保长呈转,不得迳呈本所以重程序。各保办事处为办理地方行政机关,室内室外必须设施整齐清洁。各保书记必须在各保办公处内办公,非有特殊情形不

---

①② 天津特别市政府:《天津特别市兴亚第一区公所1943年度工作报告》(1943年),天津市档案馆藏,1-2-1-563。
③④ 天津市第七区公所:《关于区务会议》(1944年8月23日),天津市档案馆藏,36-240。

准在私人处所或保长家中办公。各保书记为干部人员,保长须切实监督准时上下班,值日人员尤应时刻在值,不得远离以便处理事务及传达紧急命令,本所并不时派员抽查,希转告书记察遵。各保办公处内每日须有保长一人,书记一人,值日负责办理保内事务"。12月15日,第四次区务会议时,区长提出"各保书记如不忠于职守或不受指挥时均可随时呈报撤换,各保长负有全责,不应将保内事务均委由书记办理"。① 各区的事务在推行过程中并非一帆风顺。1944年9月15日,第八区区长指出"该所训令各保应办事常有视同具文,逾期不报者殊多,嗣后须随到随办,不准积压"。②

三、保甲制

保甲制度是实施地方自治的基础。战时保甲制度是实施国家动员及确保大后方社会治安的一种有效的组织。各项法令迅速地由保及甲推行全国。政府可通过保甲加强与民众的联系,并及时掌握户籍状况。为实现对天津的政治控制和汲取经济资源,日伪政权实施了保甲制度。1940年3月,天津市警察局在保安科成立专股,办理保甲。1942年12月,天津市设立区制,保甲事务由市公署区务股接管。早在1940年之前,天津特别市地方辅治会就开始筹备保甲制。1938年11月7日,天津市地方辅治会举行联席会议,议决:"通令各分会转知各乡里极力促进市民保甲制度,藉达市民安居乐业之旨"。为推进保甲制度,拟定三个步骤渐次实施,"先由各分会主任向各区市民传达保甲办法,与善良市民利益。促市民自动报告不肖之徒,而施行相互保护方策。如于正式实施期间

---

①② 天津市第八区公所:《区务会议记录》(1944年9月),天津市档案馆藏,37-90。

有匪人不报者以连坐论"。①

1942年12月28日,天津特别市公署颁布"区制及保甲施行暂行办法",规定"保甲编组以户为单位,户设户长,十户为牌,牌设牌长,十牌为甲,甲设甲长及副甲长,十甲为保,保设保长及副保长。每区设区公所一处,由市公署就全区保长中遴派一人为区长。保甲名称应称为天津特别市第×区第×保第×甲第×牌。各级保甲办公处,除牌长办公处设于牌长住宅内外,其余办公处均应在本管境内寻觅公共处所或寺庙设立"。②各级保甲牌长均由票选产生,从户长中选举牌长,牌长中选举正副甲长,甲长中选举正副保长。编组保甲的方法为"各户由各家一方起按其比邻居住顺序逐户编组。编余之户不满一牌者,六户以上得另立一牌,不满六户者并入邻近之牌。编余之牌不满一甲者,六牌以上得另立一甲,不满六牌者并入邻近之甲,但按地区划分不同户口,不满六牌者亦另立一甲。编余之甲不满一保者,六甲以上得另立一保,不满六甲者并入邻近之保"。③

为充实警备巩固治安,伪市公署还设置保甲自卫团。1942年5月14日,伪市公署公布"保甲自卫团编制规则"规定,"自卫团由全市各保甲区内按每保4人集合成团,计1 000名,随时召集。为防卫边区治安起见,另行招募壮丁300人,以150人集合成团,于必要时联防驻守,由各分局就近管理,其余150人令其备

---

① 《地方辅治会促进保甲制度》,《新天津报》,1938年11月8日,第3版。
② 中共天津市委党史研究室、天津市档案馆、天津市公安档案馆编:《日本帝国主义在天津的殖民统治》,天津人民出版社,1998年,第68—69页。
③ 天津特别市政府:《天津特别市兴亚第一区公所1943年度工作报告》(1943年),天津市档案馆藏,1-2-1-563。

勤。保甲自卫团1 000人分为9个区队,由警察分局长及联保主任统率,每1区队分为3个保队,由保长统率,每1个保队分为3个甲队,每1甲队暂定为12人,由甲长统率,以遴选有军事常识及经验者担任,不受保甲分区限制,并轮流挑选团丁150名随同警察巡逻市内。自卫团直隶警察局,自卫团长由警察局长担任。警察局保安科科长为自卫团副团长辅佐团长,防卫天津市区治安秩序。警察分局长为自卫团区队长,联保主任为副区队长,分任各该管内自卫团事务"。① 保甲制就是将民众动员起来,以维护地方治安。保甲制的实施在天津尚属首次。警察局严格制定了保甲制的组织系统,"户长对于牌长,牌长对于甲长,甲长对于保长一律用报告形式,事件轻微者用口头报告。保长对于联保主任,联保主任对于分局长一律用呈,对该管派出所巡官或警长一律用公函"。②

战前,天津市并未实施过保甲制度,因此宣传保甲制,使民众对其建立起基本认识十分必要。伪天津特别市公署于1940年4月8日至13日,举办保甲宣传周,印制、分发告市民书,在各桥、路口及电车上张贴标语。伪市公署还要求"各警察分局组织宣传班,在界内各处讲演;新民会及教育局各社教讲演所代为宣传;各影戏院放映保甲常识"。③ 地方事务均由保甲书记与牌甲长等共同负责,因此天津实施保甲制初期,对保甲人员的选用十分重视。1940年9月1日,各保用密封考试遴选办公处书记,"报名698人,投考489

---

① 中共天津市委党史研究室、天津市档案馆、天津市公安档案馆编:《日本帝国主义在天津的殖民统治》,天津人民出版社,1998年,第67—68页。
②《警察局推进保甲事务,昨日召开联席会议》,《新天津报》,1940年9月6日,第3版。
③《本市举办保甲,昨日起实施保甲宣传周》,《新天津报》,1940年4月9日,第3版。

人,张汉雲等264人成绩及格"。① 9月12日,警察局长郑遐济召集及格人员264名,举行口试。② 抗战后期,保甲制在天津逐渐失去效能,因事务繁重,待遇微薄,保甲职位更是无人愿意担任。

表 2.1　天津特别市保甲编成表(1944年1月)③

类别＼区别	保	甲	牌
第一区	32	285	2 854
第二区	36	406	4 144
第三区	33	353	3 531
第四区	13	115	1 143
第五区	26	247	2 508
第六区	25	254	2 610
第七区	39	394	3 870
第八区	20	185	1 918
第九区	21	242	2 624
第十区	12	106	974
第十一区	5	59	600
第十二区	4	37	371
兴亚一区	3	24	228
兴亚二区	14	136	1 245
兴亚三区	15	149	1 489
特管区	3	14	137
合计	301	3 006	30 246

---

① 《警察局推进保甲事务,昨日召开联席会议》,《新天津报》,1940年9月6日,第3版。
② 《保甲书记口试,昨日检验身体,训示书记责任》,《新天津报》,1940年9月12日,第3版。
③ 《天津特别市保甲编成表》(1944年1月),天津市档案馆藏,J0001-2-000009-005。

为灌输保甲知识,增强保甲效率,保甲人员的训练提上日程。1940年10月,警察局决定轮流对全市保甲人员进行为期一周的训练,内容包括保甲问答、户籍常识、精神训话等。① 至12月7日,前后共五批保甲人员受训结束。1941年8月,警察局再次对全市保甲人员实施普遍训练,保甲干部如正副保长等训练由警察局主办,保甲基本人员如甲牌长等训练由分局主办,均定于8月11日开始分期训练。② 第四次治安强化运动开始后,警察局设立保甲长训练班,轮流训练。训练课目为"防共、防空、经济封锁、配给制度及清查户口等学识。训练班对协助保甲业务的警务人员亦施以相当训练"。③ 可见,伪警察局十分重视对保甲人员的训练,训练内容随着社会需要有所调整。

按照警察局公布的"保甲施行办法"规定,联保主任每月办公经费不得过20元,保长不得过10元,甲长不得过5元,牌长不过2元。④ 警察局对保甲经费的发放、征收等作了详细规定,每月2—5日发给保甲经费,20日前列表呈报。各保书记差役前往各联保办事处领取。保甲经费向辖境内的商民征收,由新民会、各分局、各联保会同办理,"如有商民拒绝缴纳,处0.5元以上3元以下的罚金"。⑤ 警察局将住户和商号划分为甲、乙、丙三等,分别征集保甲经费,并规定"公务人员亦为平民之一,对保甲经费照章缴纳,不得

---

① 《津市保甲人员受训》,《新天津报》,1940年10月27日,第3版。
② 日伪天津市警察局:《关于抄发市署各机关统一发表宣文稿暂行办法并严禁长警着制服出进娱乐场所等训令》(1941年6月至10月),天津市档案馆藏,218-3-5-5219。
③ 天津特别市政府:《中日善邻常会事项》(1941年10月),天津市档案馆藏,1-2-1-722。
④ 《呈华北政务委员会:为呈复事案奉钧会文字第一五五号训令抄发天津特别市警察局保甲施行办法(1940年5月28日)》,《治安总署公报》1940年第2期,第36页。
⑤ 《保甲经费规定发放日期》,《新天津报》,1940年11月9日,第3版。

违抗"。① 为解决警力不足的难题,警察局增募临时自卫团丁名额。1942年7月4日,因经费不足,经市保甲常务委员会议决定提高保甲费,将商户及住户中,特等每户每月均加0.3元,商户甲等加0.2元,住户甲等加0.1元,商户乙等加0.15元,住户乙等加0.05元,丙等以下不加,每月约增收4 692.6元。② 日伪政权实施保甲制,是为方便向民众汲取资源,以维护统治,而运转经费向商民征收,显然是不合理的。在征收保甲经费的过程中,伪警察局按照商民经济状况进行分等,目的是为了减轻贫困市民的经济负担,虽出发点是好的,但在操作中存在很大困难。

  1941年,警察局对保甲进行了调整。首先,强化联保办事处职能。各联保办事处为各级保甲中枢,事务繁重,服务人员仅有二名书记,拟加强机构,增调人员。其次,各保联合办公以节省经费,裁减书记、夫役以增加薪金。各保合并办公,由保长轮流值班,且可裁减书记、夫役,以节余为留用书记增加薪金,使其生活安定,无后顾之忧,专心供职。第三,联保及各保联合办公处分系、分组以专责成。联保内分若干系,各保联合办公处分若干组,由各书记各司其事。第四,刷新人事。由各分局及各联保调查改选保甲办事人员,操守难信、办事不力者汰而去之,另择优秀之士充任。第五,各分局增设专办保甲人员。各分局向以保安局员兼办保甲,终以事务纷繁,分身乏术,致碍保政发展者比比皆是。各分局增设专员,办理保甲事务,以专责成。第六,改正收费办法。保甲经费前系自行征收,保甲书记只为收费,即疲于奔命,且易深滋流弊,嗣后拟由清洁费或房捐附加代征,按月核发。第七,停发甲长办公费,改作

---

①《保甲经费,公务员一律缴纳》,《新天津报》,1940年12月24日,第3版。
②《津市将增添临时自卫团丁》,《新天津报》,1942年7月5日,第4版。

保甲建设费用。甲长事务甚简,殊无发给办公费必要,即将其款存于市民银行,以备改作保甲建设费用。① 此次调整是在保甲制实施一段时间后,为应对新出现的问题适时进行的微调。

保甲长作为基层公务人员,与民众接触最为繁密,其负责的多是涉及民众切身利益的事务。清查户口、维护治安是保甲最为重要的任务。1944年8月14日,第七区公所指出:"以往各区户口多不详确,现在各区新保长次第就职,各区普通户口及配给户口亟需清楚,于不久的将来即要施行"。② 市民张显明的祖父曾担任过保甲长,据其称"日本人让我祖父做的第一份工作就是统计这个甲里有多少户,每一户有多少人,配合着警察,挨户调查,调查清楚后发良民证"。③ 查户口时保甲长在胡同里喊:"别让大太君着急呀!乡亲们,你们可也别跑。跑的话,日本人就开枪。好好走道,太君大检查"。④ 协助政府的工作是保甲人员的基本职责之一。1942年9月19日,伪天津市公署运到4 246包大米,自中秋节前廉价配卖市民,此项大米配给票售卖,每票10斤。市民欲购用该项大米者,应赴所在地保甲办事处请领配给票,凭票购买。⑤ 10月19日,伪市公署普遍配给市民廉价面粉,由保甲人员按户分发购面证。⑥ 1942

---

① 天津特别市政府:《新民会天津特别市事务局公函为请将三十年度施政方针函送过会》(1941年6月),天津市档案馆藏,1-2-1-485。
② 天津市第七区公所:《关于区务会议》(1944年8月23日),天津市档案馆藏,36-240。
③ 张显明:《求生亲人,惨死刀下》,载郭文杰《八年梦魇——抗战时期天津人的生活》,天津古籍出版社,2016年,第61页。
④ 邢国起:《挑担叫卖,好心得报》,载郭文杰《八年梦魇——抗战时期天津人的生活》,天津古籍出版社,2016年,第19页。
⑤ 《当局关怀民食,节前配给大米》,《新天津报》,1942年9月19日,第4版。
⑥ 《普遍配给面粉,由保甲等按户分发购面证,警局派员维持廉卖所秩序》,《新天津报》,1942年10月19日,第4版。

年2月,卫生局举行全市污物大扫除,由各清洁队会同各区保甲人员办理。① 第四次治安强化运动期间,为使市民明了"治运"目标,由保甲人员召集当地民众举行通俗讲演大会,题目为"第四次治运与天津市民"。② 保甲人员从事的工作十分烦琐,且涉及的面很广,与民众利益息息相关。

  抗战后期,随着经济形势的恶化,保甲长的工作更加繁重。保甲长既要听命于伪市公署,更须接受日军指令。"其实当这个甲长不是什么好差事,日本人让你干什么就得去干什么;日本人不能挨家去找,就得让这个甲长去找"。③ 当保甲长,"是两头不讨好,完不成任务日本人不答应,你要尽量给日本人去干,那老百姓也恨你,没有办法夹在那,别人不当总得有人当,挺是为难"。④ 面对各种摊派,保甲长往往是力不从心。1944年9月13日,第八区第六十九保保长呈称"职保地处偏僻,虽属同一区,而与商业林立繁荣之地不同,所属界内商号无几,每遇筹款事项则感棘手。例如防护团10名之筹办摊派非易,方将人员派定,复有服装制作之举,职保已感无力应付。当此时际,接奉抽派劳工之令,种种困难罄竹难书,无须赘渎",并请求"倘再遇有若何摊派,请予体念筹措维艰,从轻摊派"。保甲长收入微薄,加之物价高涨,连基本生活都无法维持。第八区第40保保长王玉林称:"前经奉令加薪,各该人员受惠匪浅。奈因生活时势环境状况,则又较以前数月殊有不同,一切生活用费竟高出数倍。书记所得薪金难以维持,个人生活已行不足,而

---

① 《建设新天津都市》,《新天津报》,1942年1月30日,第3版。
② 《通俗讲演大会在近期内举行》,《新天津报》,1942年5月13日,第4版。
③ 张显明:《求生亲人,惨死刀下》,载郭文杰:《八年梦魇——抗战时期天津人的生活》,天津古籍出版社,2016年,第61页。
④ 同上,第64页。

家属生活何堪设想",建议"审核再予增加薪金,以励各书记等安心效命保务"。① 开展献铜铁运动后,各保甲长挨家挨户动员民众献纳。作为甲长的张显明祖父接到的任务就是必须献纳规定数额的铜,"他没办法,就让肉市的两个伙计抬着筐,挨家挨户地去求人家,挨家地要"。② 保甲长开展工作时,面临诸多困难,尤其是向民众征派各种费用时,经常遇到不满与抵制。1945 年 2 月 19 日,第三区第二十五保保长郑树樵呈称:"瑞祥齐糕店和刘记杂货铺,拒绝缴纳第二次商户劳工费,经再三解释劝纳,彼等置若罔闻"。③ 3 月 15 日,第二十五保书记高仁邦协同四甲甲长邓玉晶、差役边景芳向泰隆印刷工厂催纳第一次商号劳工补助费。经理赵泽民抗不缴纳,且张口辱骂并吓令柜伙多人将大门关闭,施行殴打,经邓甲长尽力阻拦,幸免无辜之灾。④ 很多人担任保甲长或是出于无奈,或是为了获取经济利益,随着经济形势的恶化,保甲长依靠工资连生活都无法维系的时候,再指望他们做出成绩无异于痴人说梦。

警察和保甲被伪政权视作是"建设新中国之基本"。⑤ 保甲制实施后,为明了天津各区保甲人员工作实况,伪市公署不定时地对保甲人员进行考察。1943 年,伪市公署组织保甲视察班 12 班,每班设班长 1 员、班员 2 员,所有人员均系由市署各局处职员遴选组

---

① 天津市第八区公所:《区务会议记录》(1944 年 9 月),天津市档案馆藏,37-90。
② 张显明:《求生亲人,惨死刀下》,载郭文杰:《八年梦魇——抗战时期天津人的生活》,天津古籍出版社,2016 年,第 64 页。
③④ 天津市第三区公所:《拒纳劳工费事项》(1945 年 2 月),天津市档案馆藏,32-1-355。
⑤ 天津特别市公署警察局第一分局:《警察与保甲以谋进地方治安》(1941 年 6 月 9 日),天津市档案馆藏,J0001-2-000025-018。

成,并规定视察办法。① 伪市公署虽制定了一些推动保甲制实行的措施,但在实施过程中,不可避免地出现诸多问题。第四分局长李树珊指出:"保甲收费颇为零繁,既不经济且费时间,以致各保书记专行收费,竟置保甲事务难以顾及"。② 很多保甲长惰政、贪污受贿,严重破坏了保甲的声誉。警察局第一分局联保办事处开会时,多有书记代表行使保长职权者,为此警局规定:"嗣后保长可由副保长代之"。③ 为防止保甲长私自向商户敛财,市警察局通令禁止在案。1942年中秋节前,警察局担心保甲长借名敛财,特重申前令。④ 警察局一再颁布禁止保甲长向商户敛财的禁令,一方面说明此类情况为数不少,另一方面说明警局的禁令作用有限,出现"令禁不止"的问题。自1941年6月起,各保书记生活费每月增加20元,月支50元。"待遇既已优渥,工作自应勤奋",实际情形是"各保书记仍有多数敷衍苴事或每日到班稍留即去,甚有竟日不到班者。各该保长任其自由,不加考问,似以玩忽,保政殊属不成事体"。警察局要求"亟切实整顿,严加管理。嗣后如有前项玩忽职务情形或其他不法不当行为时,着由该管保长或联保主任按照系统据实递呈本局,以便究办"。⑤ 警察局并未拿出具体整治措施,保长本来对书记"任其自由,不加考问",再去指望由"保长或联保主任"究办无异于放任自流了。除此而外,保甲人员发生争端之

---

① 《市署组织保甲视察班视察全市各区保甲》,《新天津画报》1943年第6卷第15期。
② 天津特别市公署警察第四分局长李树珊:《督饬各保赶收保甲费情形》(1941年5月20日),天津市档案馆藏,J0001-2-000024-019。
③ 《第一联保昨召集会议》,《新天津报》,1941年4月28日,第3版。
④ 《严禁保甲牌长,假借名义敛财》,《新天津报》,1942年9月14日,第4版。
⑤ 日伪天津市警察局:《关于抄发市署各机关统一发表宣文稿暂行办法并严禁长警着制服出进娱乐场所等训令》(1941年6月至10月),天津市档案馆藏,218-3-5-5219。

事,时有所闻,"揆厥缘由,多因一时气愤积不能平,或因利害攸关,各不相让,转使领导民众之保甲人员不能以身作则,贻市民以不良影响,阻碍保政进行"。① 保甲人员关系不和对保政的推进极为不利,但因其自身学识和管理水平的限制,因利益纠纷产生争端难以避免。保甲长舞弊案也时有发生。1944年1月,第六区第十三保第十二甲代理甲长李玉峰利用市民请领居住证之机,与警士白向元等籍端诈财分赃。第二保书记李家声与第十分局塘沽路派出所陈名存,合谋扣留华德医院张荫贵、陈玉章、史长清、张兆祥、阎成仁等五户配给票,取出分用。四十五保李凤舞、四十六保刁雲洲藉款营私舞弊,私卖配给面条。② 三个案件只是1944年1月发生在第六区辖境内,其他各区保甲长的营私舞弊行为不胜枚举。

日伪政权推行保甲制度,并非是为实现民众的自治,而是试图通过保甲向民众汲取战争资源,同时有维护社会治安,巩固统治之目的。客观而言,日伪政权的目标部分得到实现,通过保甲制度,维持了天津社会的基本稳定,而且为日本侵略者提供了大量的战争资源,支援了日军的侵略战争。在实施过程中,保甲长的斑斑劣迹亦使伪政权声名狼藉,民众不满情绪增长,使其逐渐失去统治的民意基础。

---

① 日伪天津市警察局:《关于抄发市署各机关统一发表宣文稿暂行办法并严禁长警着制服出进娱乐场所等训令》(1941年6月至10月),天津市档案馆藏,218-3-5-5219。
② 天津特别市政府:《关于查办保甲长等舞弊案件卷》(1943年12月至1945年7月),天津市档案馆藏,1-3-7-11111。

第三节　日本对伪政权的操控

日本声称建立的所谓"东亚新秩序",按其解释为"日满支三国政治经济文化各方面之密切联络与互助,以阻止赤祸,拥护东洋文明,撤除经济堡垒,而使中国脱离半殖民地,以期东亚之安定"。日本掩饰侵略本质的用意不言自明,蒋介石一针见血地指出:"大家要注意他所谓新生中国,是要消灭独立的中国,另外产生一个奴隶的中国,世世受其支配"。① 从日本对天津严密的控制来看,日本表面上的"公正"、"合理"建立"东亚新秩序",不过是掩耳盗铃的欺世之举。

日本在天津设有日军防卫司令部、日本驻津总领事馆两个最为重要的机构。日本特务机关和宪兵队均隶属于天津日军防卫司令部,日本驻津总领事馆下设警察署。日本宪兵队的主要职责是镇压抗日活动。日本警察署是伪政权之外的又一个控制系统,它的权限很大,治安、户籍、交通、消防、工商管理等均可插手。日本在天津设立的机构都可向伪政权下达指令,表面上日本并未直接干预伪政权的施政,而是通过设置顾问实现其意图。为有效控制天津,日本利用既有的民间组织、帮会等实现对基层社会的控制。经济、思想控制是日本操控伪政权行之有效的手段。在日本的操纵下,天津伪政权与日本主子"合作"无间,其傀儡性质暴露无遗。

---

① 中国第二历史档案馆编:《中华民国史档案资料汇编》第 5 辑第 2 编外交(1 册),江苏古籍出版社,1997 年,第 55 页。

一、台前控制——特务机关、宪兵队

日本特务机关是伪政权的"太上皇",通过日本顾问对其进行内部指导和监督。历任特务机关长差不多都会华语,只是程度有所差异而已,且都比较熟悉中国的风土人情。每个特务机关长都认识几个中国官僚。日本对伪政权的施政方针和各项具体政策的控制,主要是通过市政会议和直接下达指令的方式来实现。市政会议是伪政权大政方针的决策机构,召开会议必须要有日本特务机关长或市公署顾问参加,所有重大政策的决策和推行,均须由日本特务机关长最后定夺。天津伪政权的建立、首脑人物的选定、施政方针和具体政策的制定,都是由日本特务机关一手炮制和操纵。

日伪政权在天津实施的各项重要政策和措施,天津陆军特务机关都会进行严密控制。1939年11月,天津陆军特务机关长浅海要求温世珍"凡中国人欲将物资运出天津市外请求许可者,由贵市长核准后,应将存根送至本机关,以备存查。对于前项许可事,须与顾问及辅佐官取密切联络"。[①] 1942年3月27日,日本侵略者公布的"关于第四次治安强化运动的报导办法"规定:"关于各地区实施运动机关应依下记之要领,将每日实施运动之状况于其翌日以电话或书类(可能时应添附照片)向特务机关(宣传班)报告之"。关于天津特别市公署方面,"虽皆由市公署宣传处汇总后报告为原则,但遇有急事及特异重大事项时,应直接与特务机关联络。于管内各道县者,各县、公署(联络员)将该地域内者汇总后,向道、公署

[①] 中共天津市委党史研究室、天津市档案馆、天津市公安档案馆编:《日本帝国主义在天津的殖民统治》,天津人民出版社,1998年,第376页。

报告。各道、公署（联络员）将各县之报告汇总后，向特务机关报告"。①

天津日本宪兵队既听命于日本华北派遣军最高司令官和日本宪兵司令部，又受天津日军防卫司令官的直接指挥。宪兵队总部下设若干分队。河东分队管辖河东大马路、东车站、运货场、大王庄、大直沽、小孙庄仓库及附近的日商裕达、宝成、裕丰各纱厂。河西分队管辖小白楼、下瓦房、三义庄、谦德庄、小刘庄裕元纱厂以及原北洋纱厂等区域。河北分队管辖北站周围的小王庄、西沽以至金钢桥区域。旧城区宪兵队亦名东马路分队，管辖东马路、北马路、南马路两侧，以及城里、西南角、西北角、小西关等地。宪兵队还有两个分支机构，一个设于法租界，名为日本宪兵队经济室，掌管英法租界内的各项事务。另一个设在邮政局与电报局内的邮电检查所，专门检查电报、信件、包裹和窃听电话等。宪兵队设立特高科和经济科。各分队队长中，东马路分队长为井尾少佐，其他分队长概由曹长充任。曹长的权力很大，能对内对外执行宪兵队命令，有权侦缉、逮捕、审讯、拘捕，也能干预管界的警察分局，调动警察分局的特务及司法人员。宪兵队豢养了一批来自伪满洲国和朝鲜的翻译。他们狐假虎威，为虎作伥。宪兵队拘留所有一种水牢，将嫌犯长期泡在水中。原《新天津报》社长刘髯公被捕后就关押在水牢，由于长时间淹在水中，下身全部溃烂。后来由其家属用金钱买通翻译将刘髯公救出。此时刘髯公上体骨瘦如柴，下体水肿溃烂，已经不能走动，到家不久即死去。宪兵队的刑具甚多，一般常使用的有：坐电椅子、灌辣椒水、轧杠子、赤身泼凉水（冬天）、光身

---

① 中共天津市委党史研究室、天津市档案馆、天津市公安档案馆编：《日本帝国主义在天津的殖民统治》，天津人民出版社，1998年，第205页。

站雪地、抽皮鞭子、狼狗咬、悬空倒吊、烫火筷子、针刺指甲肉、铜丝捅尿道等,过堂一次不知昏死多少回。不仅如此,经办各案的翻译还要跑到被害人家中去敲诈。①

日本宪兵队在天津市设置的分队,根据各区的不同情况来扩张势力。河东宪兵分队设于警察局第五分局旁,正式宪兵仅五六人,而雇用的翻译和情报员甚多,情报员中有一部分人是按时到队上班,还有一批不按时上班的特务,拿着情报员的证明,在市面上欺压民众,敲诈勒索,无恶不作。1943年,河东分队逮捕了小王庄的村长,诬为私通八路,经过一月的严刑审讯,并无结果。后由该村知名人士联名具保,向日宪及伪特馈赠重金,才得免于一死。②日本宪兵队的大部人力都投入到特高科,以搜捕中国的爱国人士为主。后来由于战事变化,天津郊区的抗日游击队逐渐活跃,宪兵队的中心任务又转移到物资封锁和控制方面。它在法租界专门设立日本宪兵队经济室,专司统制经济和搜索经济情报。宪兵队对军用物资和所谓的和平产业(日常生活需用的轻工产品)掌控极严,尤其对药品、烟草、电讯器材、纸张、麻袋等实施严格管制,禁止外流。它配合伪警察局经济股深入各行业进行检查,对各货栈的老客户也盘诘极严,有八路军采买嫌疑的客人都要拘捕拷问。抗战胜利前夕,天津日本宪兵队督饬伪警察局特务科四处抓捕八路军嫌疑分子,并成立两个专司政治案件的机构,一个是清水部队,一个是1847部队,是完全对付八路军和游击队的特务部队。伪警察局的特务科是专门配合日本宪兵队行动的,宪兵少尉诹访部及

---

① 张玉璞:《天津日本宪兵队琐闻》,载中国人民政治协商会议天津市委员会文史资料研究委员会编《沦陷时期的天津》,天津静海县印刷厂,1992年,第85—86页。
② 同上,第87页。

曹长毛利长期以辅佐官名义驻在伪警察局内，伪局长和各分局长等都得听从调动。①

二、幕后操纵——日本顾问

日本对华北作战后方区域的措施是摆脱"占领敌国领土"的观念，"不行使占领地区的行政，但治安须由军方指导确立；行政机关由当地居民自行组织，当应对其加以指导，使之成为明朗的施政；在军事上必须的交通设施及资源开发，应在必要的统治下进行"。② 1937年12月24日，日本政府内阁会议决定了"事变处理大纲"，其中"华北处理方针"为"对该政权的指导，应停止有关日人顾问的幕后指导而改为配备日系官吏，但以不干涉行政细节为方针"。③ 日本政府虽有如此规定，但从实践层面看，日本安插大量顾问，以实现对伪政权的控制。日本政府"不干涉行政细节"的规定虽不能完全做到，但也在某种程度上给伪政权的"自主"行政创造了条件。

为控制伪政权，日本在伪政府及所属的各级机构中安插了日本顾问、辅佐官。日本顾问、辅佐官以及参加到各机构中的日籍人员，都属于日军嘱托。这些嘱托差不多十之八九都来自"南满洲铁道株式会社"，是所谓的"支那通"，不但华语说得相当好，就连中国社会的风俗习惯也了解得相当透彻。天津市地方治安维持会时期，伪职人员"表面上官僚气十足，但实际上时刻须仰日人的鼻息。因为维持会本身及各局有日本顾问共约40余名。无论大小事，必

---

① 张玉璞：《天津日本宪兵队琐闻》，载中国人民政治协商会议天津市委员会文史资料研究委员会编《沦陷时期的天津》，天津静海县印刷厂，1992年，第88页。
② 日本防卫厅战史室编、天津市政协编译组译：《华北治安战（上）》，天津人民出版社，1982年，第53页。
③ 同上，第56页。

先经日顾问允许,始可办理"。① 对于特殊或重要的政府机构,日本侵略者都会派现役军人去任顾问。伪警察局由宪兵队派赤穗津正气少佐任顾问,宪兵曹长田加任辅佐官;伪法院由日本驻军派军法务官任顾问;伪商品检验局由日本驻军派军需少佐井上垣任顾问。② 伪天津市公署的顾问室是日本顾问、辅佐官聚集的处所。日本通过设在市公署的顾问室实现对天津伪政权的全面掌控。日本顾问、辅佐官拥有决定伪政府各项重大事务的权力,俨然就是"太上皇"。1944年7月,为明了伪天津特别市政府所属各局处及区公所工作计划进行状况,日军联络部通知市政府顾问室"转知各该局处所将1944年度每月工作计划及进行状况,由1944年1月起按月分别编造速送来部"。顾问室公函市府机关、区公所等机构"希将该项工作状况表送交本室以凭汇转"。③ 可见,日本就是通过顾问室掌控伪政权的。

1938年3月10日,伪中华民国临时政府在北平设立中国联合准备银行。伪联银天津分行与总行同时成立,设有日本特务机关掌握的顾问室,分行的业务活动均听命于顾问室。顾问由日本特务机关责成朝鲜银行、横滨正金银行选派,定期轮换。伪联银天津分行的业务表报要抄送顾问室。顾问室还指派日本职员到各科室监督检查业务,并从中掌握天津市各银行、钱庄的收支、存放款利

---

① 欣晓:《被蹂躏的天津(通讯)》,《抵抗三日刊》1937年第14号,第3页。
② 王仕任:《沦陷后天津的汉奸组织——治安维持会》,载中国人民政治协商会议天津市委员会文史资料研究委员会编《沦陷时期的天津》,天津静海县印刷厂,1992年10月,第51—52页。
③ 天津特别市第七区公所:《准联络部通知特饬本年度工作计划进行状况按月送交本室由》(1944年7月25日),天津市档案馆藏,J0036-1-000177-001。

率、市场银根松紧以及股票行情、黄金市场动态等情况。① 战后,伪联银天津分行行长唐卜年供称,"顾问室由日人主持,一切业务皆有权过问"。② 在回答法官"伪联银总行金融施策何所依据,由谁人决定"的问题时,唐卜年表示"由总行顾问室及日本大使馆金融课决定。此外也许要参加些日本军部研究金融经纪人员的意见"。③ 日本通过控制伪中国联合准备银行,即掌握了华北的经济命脉和经济发展的走势。

除日伪政府各机构、银行外,社会组织也须日本顾问的"监督"和"指导"。1943 年,伪天津特别市公署设立社会福利事业委员会,委员长由市长兼任,委员由市公署秘书长、参事、社会局局长、警察局局长、财政局局长、教育局局长、工务局局长、宣传处处长、地方士绅三人至五人组成。最高顾问为特务机关长雨宫巽,顾问包括丸茂顾问(本署)、夏目辅佐官(本署)、大城户辅佐官(社会局)、村主辅佐官(财政局)、饭野辅佐官(教育局)。④ 这些顾问才是真正的主导者。为了掩人耳目,平息伪政权被"顾问"控制的舆论,1944年,伪华北政务委员会规定"各省市日籍顾问等改为中国职员身

---

① 中国人民政治协商会议天津市委员会文史资料研究委员会:《沦陷时期的天津》,天津静海县印刷厂,1992 年 10 月,第 129 页。
② 讯问唐卜年:《关于天津伪准备银行与日正金银行之关系等事的讯问补充笔录》(1946年 4 月 15 日),天津市档案馆编《日本在津侵略罪行档案史料选编》,天津人民出版社,2015 年,第 654 页。
③ 讯问唐卜年:《关于伪联银限制法币流通及伪联券能否购买外汇等事的讯问笔录》(1946 年 5 月 3 日),天津市档案馆编《日本在津侵略罪行档案史料选编》,天津人民出版社,2015 年,第 656 页。
④ 社会局:《本局筹设天津特别市社会福利事业委员会业经拟具组织规程提付第九十六次市政会议议决通过所有各委员顾问应请市长分别聘任》(1943 年 5 月 21 日),天津市档案馆藏,J0001-3-010953-001。

份",这一举动是该会"与关系方面妥为联络"的结果。① 伪政权受到日本顾问的严密控制是不争的事实。

三、经济与思想控制

天津沦陷前后,日本人利用特权压迫华商,采取低价强买的方式将中国民族企业攫为己有。1937年7月8日,与李济深有关系的天津宝成、华新两纱厂,在日本人的恫吓威胁之下,被其强迫收买。当时宝成纱厂收买价格不及资产总值20%,华新纱厂不及40%。② 天津沦陷后,日本人找范旭东要买下永利碱厂。范旭东说:"我厂子不卖,你要就拿去好了"。③ 日本军部控制下的兴中株式会社屡次到天津永利总管理处,要求与永利碱厂合作,遭到永利总处负责人李烛尘的严词拒绝,日军便将碱厂强行没收。日军占领天津后,日本在天津的资本投资迅速增加。抗战中期,日资在天津继续增长。1939到1942年,日本工厂由54家增加到225家,中日合办工厂由2家增加到17家。④ 太平洋战争爆发后,因经费紧张,日本以"中日合办"企业的形式,吸收中国资本。鼓励"中日合办"企业是此时期日本在华投资的一个突出特点。日本对与日满经济关系密切的工业,以"中日合办"为原则。新建工业应为"中日

---

① 华北政务委员会:《呈报本府顾问及辅佐官衔名表请鉴察由》(1944年5月26日),天津市档案馆藏,J0001-3-010738-032。
② 中国抗日战争史学会、中国人民抗日战争纪念馆编:《李济深为天津宝成、华新两纱厂被日人强买恳请发还事呈蒋介石文》(1946年11月8日),载《日本对华北经济的掠夺和统制——华北沦陷区经济资料选编》,北京出版社,1995年,第995页。
③ 郭炳瑜:《我在永利碱厂五十年的见闻回忆》,载中国人民政治协商会议天津市委员会文史资料研究委员会编《天津文史资料选辑》第23辑,天津人民出版社,1983年3月,第89页。
④ 罗澍伟主编:《近代天津城市史》,中国社会科学出版社,1993年,第642页。

合办"企业,企业中日本资本额超过50%。新设工业应加入日本资本及技术,日本掌握其经营权。日本试图以鼓励"中日合办"企业为契机,引入中国资本以解决资金不足的现实状况。这类企业的控制权掌握在日本人手中。

全面抗战爆发前,在对外贸易、转口贸易上,天津都是华北第一大埠。天津沦陷后,工商业发展的同时,对外贸易却日益萎缩。日本将华北作为其战略物资的重要供应地,大量的煤、铁、棉等工业原料被掠往日本。日本将沦陷区视作倾销商品的广阔市场。为了便于向华北出口商品,1938年,日本当局操纵改定了华北关税,大幅度降低了日本货物的进口税。① 太平洋战争爆发后,天津与英美等国的贸易断绝,与日本之间的贸易成为主体,日本对天津的贸易控制逐步加强。

思想控制是日本统治天津的重要措施之一。日本特务机关十分重视查禁"问题"图书。1938年7月,天津陆军特务机关长森冈致函潘毓桂表示,"教育局及新民会主办取缔容共及违反邦交之出版物,已由教育文化振兴委员会扩其书目,编制成册详查,均极重要"。天津违禁的报纸、图书有"《知耻讲话》《实行国历宣传大纲》《帝国主义侵略中国史(上下)》《中国近百年史》《现代中国外交史》《中国农村崩溃原因的研究(上下)》《人心》《孙中山先生传》《不平等条约概论》《孙中山先生年谱》《新省区》《中国国际贸易》《好公民》《中级童子军》《福建省》《世界的国家》《逼答二十一条图》《中国历史表解第二册》"。② 查禁的图书中多包含讲述日本侵略中国,民

---

① 罗澍伟主编:《近代天津城市史》,中国社会科学出版社,1993年,第652页。
② 天津特别市政府:《陆军机关函为送取缔容共及违反邦交书目清册请查禁》(1938年7月),天津市档案馆藏,1-3-2-1178。

众对日本不满的内容,因此成为日本首先要查禁的书籍。为响应日方的关注,1938年8月,伪警察局以"本市难免潜伏不良分子,以文字图书诱惑无知,为纠正市民思想计,自应随时检查禁止,俾清乱源。惟查一切文字图书中反动刊物一项,关系特殊,影响至大",特拟具七项查禁反动图书刊物办法,规定反动图书刊物为"有妨害邦交之言论或记事者,宣传党共理论或思想者,恶意抨击时政者,以不实记载引起社会骚动之虞及人民心理之不安者,言论足以刺激或挑拨民众感情者"。伪警察局随时派员检查各印刷商店、书铺、书摊及书报贩卖人,"如查有反动图书刊物应即全部扣留呈核,所扣图书刊物经查明已交邮递者,应通知邮局及检查邮件人员设法暂予查扣。所扣图书刊物应由本局保安科及特务科详细审查,认为确有查禁之必要时,签由局长呈报,市长核定分别没收或发还、焚毁。印售反动图书刊物经查获者除以其他法令处分外,并得勒令歇业"。① 为控制学生思想,伪天津市公署成立中小学教科书修正委员会,将国语、史地、公民、社会等课本"有碍邦交"及"鼓吹革命思想"的部分完全删除。同时,伪市公署通令各校加授日本语及四书。社会局派员至市图书馆、各通俗图书馆、各阅报所,检查一切书报,将"有煽惑性"及"有碍邦交"的书报一律焚毁后再行开放。② 特务机关还十分注意调查中国民众的心态和伪职人员的动态。日伪政权在天津征募治安军,特务机关要求伪天津市警察局负责调查"一般中国人对募兵之感想,抗日(共产)游击队对募兵妨

---

① 天津特别市政府:《警察局呈为拟订查禁反动图书刊物办法请核示》(1938年10月),天津市档案馆藏,1-2-1-257。
② 欣晓:《被蹂躏的天津(通讯)》,《抵抗三日刊》1937年第14号,第4页。

害之状况,应募者之状况,各区长之协力状况"等。① 1942年3月,日军军部参谋长致函天津日本陆军特务机关长雨宫巽,要求"调查重点为民众对于香港、马尼拉、新加坡等敌根据地陷落后之反响"。② 此类调查是由天津各区公所负责,调查结果几乎都是正面的,由此也能反映出基层政权在消极应对日本人交付的差事。

宣传事务关系一个政权的稳固与否,受到日本及伪政权的高度重视。1939年3月17日,日本军部报道课山家少佐和华北政务委员会情报处龟谷专员由北京到天津,通知各报社到新闻事业管理所面示整理方针。除《庸报》《东亚晨报》《东亚晚报》《天声报》《新天津报》及《新天津晚报》照旧存在外,其余《国强报》《天津新闻通讯》废刊,《大北报》和《大北晚报》并入《天声报》,《天风画报》改为《新天津画报》。《大北报》不想归并《天声报》,新闻事业管理所亦不欲强令归并。日方要求"以上整理办法决自4月1日起实行",新闻事业管理所表示"日军部此次整理报纸办理迅速,无法置喙,殊为遗憾"。③ 面对日方的强制规定,天津新闻事业管理所只能表示"遗憾"了。日本侵略者的强势,与伪政权的无力跃然于纸。伪市公署宣传处是日本特务机关要求成立的,受到日本顾问的严密

---

① 天津特别市公署:《为准天津陆军特务机关函关于补充治安军队缺额征集希根据治安军队缺员补充要领办理》(1940年6月14日),天津市档案馆藏,J0001-3-012484-001。
② 天津特别市政府:《关于调查对于大东亚战争民心动向及反响》(1942年3月),天津市档案馆藏,1-3-6-9350。
③ 天津特别市新闻事业管理所:《为签呈事案查此次日军部报道课整理本市各报原案及职所意见各节》(1939年3月23日),天津市档案馆藏,J0001-3-011275-002。

控制。宣传处处长陈啸戡称："宣传处的工作全是日本人命办的事件"。① "日本领事馆、宪兵队、市政府随时有命令叫宣传的事，我们也都得接受"，但日本顾问也是各司其职，并不是所有日本人都干涉宣传事务，而是"一个叫中原，一个叫岗伊太，他们两个人干涉"。② 日本人对新闻的检查坚持"凡是不利于他本国的就不准发表"的宗旨。③

天津沦陷后，日语教育很快被教育当局提上日程。1937年11月1日，鉴于"自事变以还，中日人士交际往返，日见增繁，惟语言文字不通，窒碍良多"，伪教育局规定"自1937年11月1日起先择市、私立各小学，有高级班者40处，每周添授日语各1小时。所有教员业经由局委定，并拟分组、分校，按周轮流教授，以便学习"。④ 后来各中小学均普遍实施日语教育。1938年，天津市、私立各中小学校每周添授2小时日语课程，由伪天津特别市公署指派教员前往授课。为促进日语教育，伪市公署要求教育局组设日语普及班，设班长1人，教员若干人，秉承市公署意旨改进天津市日语教育方针，并支配各校授课时间，由各教员分担教授，以期普及。⑤ 因天津市公私立各校均已添授日语课程，亦新设不少日语学校，导致日语教育人才颇感缺乏，伪市署决定"在市立师范学校增设日语专修

---

① 讯问陈啸戡：《关于伪津市宣传处受日人控制等事的讯问笔录》（1946年9月3日），天津市档案馆编《日本在津侵略罪行档案史料选编》，天津人民出版社，2015年，第791页。
② 同上，第788页。
③ 同上，第792页。
④ 中共天津市委党史研究室、天津市档案馆、天津市公安档案馆编：《日本帝国主义在天津的殖民统治》，天津人民出版社，1998年，第474页。
⑤ 同上，第476页。

科,以资造就日语师资"。① 为加强普通市民的日语学习,天津市各新民教育馆附设平民日语班。1939年11月,平民日语班开课,伪市公署要求各新民教育馆"调查教员之出勤",并"颁发调查表式一种,自令到之日起,每日由教员捺印,月末由馆长统计",同时"将学生受业情形,一并具文呈报"。② 虽然日语教育得到伪政权的高度重视,但高中生升学考试,日语并不是必考科目。1943年6月25日,按照伪华北政务委员会教育总署的训令,天津市自1943年暑假起,"高中以上学校入学试验外国语一门,应以日语为必试科目"。③

　　日本为实现对伪政权的有效控制,各级机构中均有日本顾问进行"指导"和"监督",语言沟通不畅势必影响工作效能,为此伪天津市公署于1942年12月制定"职员普及日语办法","主旨:本署为实践中日提携,沟通两国文化,并谋语言互无隔阂。人员:凡属本署及各局处年龄在35岁以下之公务员,均须入班受课,其外愿入者听之。讲师:由本署及各局处擅长日语人员担任,必要时得聘专任人员。时间:每日午饭后2点至2点50分。费用:一切书籍、讲义、文具由公家供给。赏罚:卒业成绩优良者给予奖金,考绩不及格者酌予惩戒。开始日期:由12月1日开始。卒业期间:6个月。讲师待遇:由署酌给车马费"。该办法公布后,各局处机关予以实施。以财政局为例,该局35岁以下职员共约113人,35岁以上职员自愿加入受课者15人,共约128人。该局只有大客厅较为宽敞,

---

① 中共天津市委党史研究室、天津市档案馆、天津市公安档案馆编:《日本帝国主义在天津的殖民统治》,天津人民出版社,1998年,第477页。
② 同上,第483页。
③ 同上,第486—487页。

但亦不能容纳全体人员,拟分为3班,分日授课。① 日伪政权的此项举措,无异于给伪职人员增加了负担,同时语言学习并非易事,尤其是对年龄稍长的人员更是如此。此项措施不可能得到伪职人员的响应,只是将其当成不得已而应付的差事,取得的成效非常有限。

四、操控民间组织

民间组织在基层民众中起着十分独特的作用。政府无法将权力的触角完全伸向基层社会,此时民间组织,尤其是帮会就在其中发挥作用。为了有效控制天津,日本人不仅控制伪政权,还充分利用各种民间组织。

日本利用的民间组织主要是新民会和一贯道。新民会于1937年12月成立于北平,后来在天津成立了分会。新民会是由日本决定建立,它的宗旨是破坏中国民众的抗日斗争,使华北民众与中共分离。太平洋战争爆发后,日本决定新民会由"思想团体向政治团体演变",更积极地开展活动。天津新民会的会长都是由伪市长兼任。温世珍任伪市长期间,兼任伪天津新民会会长。天津新民会的事务长日本人中山,与天津日本陆军特务机关保持密切联系。中山通过天津陆军特务机关指挥温世珍,温一切听从中山摆布。太平洋战争爆发后,新民会布置各区新民分会和当地保甲长联合一起,迫使天津市民向日军献金、献铜铁,做了很多卖国害民的勾当。② 新民会并不是完全的民间组织,实际由日本及伪政权操控成立。一贯道是一种秘密宗教,依附于反动势力。沦陷期间,一贯道

---

① 天津特别市财政局:《市署令规定职员普及日语办法》(1943年4月),天津市档案馆藏,55-2-3251。
② 张同礼:《汉奸市长温世珍的丑行》,载中国人民政治协商会议天津市委员会文史资料研究委员会编《沦陷时期的天津》,天津静海县印刷厂,1992年10月,第79页。

成为日本侵略者的帮凶,他们宣扬躲灾避难,对日本的侵略不抵抗等,瓦解民众的抗日意志。一贯道道徒还为日本人搜集情报、抓捕劳工等。其他被日本人利用的民间组织还有商会、宗教团体等。

　　日本人利用的各种组织中,以青帮最为典型。20世纪20年代初,青帮在天津开始发展起来,成为天津下层社会中势力最为强大的一股力量,在脚行业和其他行业中都渗透了青帮势力,出现了影响力较大的青帮领袖。沦陷时期,天津一些帮会首领充当日本的走卒,使帮会成为日本人的统治工具。全面抗战爆发前,天津青帮头目袁文会就已经与日本人紧密勾结。1935年,袁文会秉承日本人的意旨,建立以青帮为骨干的普安协会,网罗一批社会渣滓,冒充民意代表,制造和散布华北自治的舆论。袁文会还派人在南市等地诱骗劳工,送到海光寺日军兵营,为其修筑工事。天津沦陷后,袁文会率领一批爪牙为日本人搜集情报、抓捕劳工,还组织了一支汉奸武装"袁部队",直接受日本人指挥。袁文会的门徒遍布天津的各个角落,这为他搜集情报提供了便利条件。各旅店、旅馆、娱乐场所、烟馆、赌场、妓院、车站、码头等,都是袁文会搜集情报的渠道,其所涉及的方面非常广泛,诸如政治动态、经济活动、人物行止、社会舆论等都包括其中。袁文会与日本宪兵队、日本茂川特务机关、日本驻天津总领事馆、日本守备队、日本海军武官府等机关都保持联系,供给情报。①

　　另一青帮头目王士海组建"义侠队",帮助日本人维持平山、津浦、京汉铁路沿线治安。日军在华北三番五次实行治安强化运动,责令华北交通株式会社所属警务局成立外事警察班,在铁路

---

① 刘静山:《汉奸恶霸袁文会的一生》,载中国人民政治协商会议天津市委员会文史资料研究委员会编《天津文史资料选辑》第18辑,天津人民出版社,1982年,第206页。

沿线巡查,从事特务活动。日本还派铁路乘警组随各次客车往来。另在铁路沿线5华里内利用伪村政权组织爱路村,维护铁路行车安全。这些措施收效甚微。青帮为日本人的水路运输提供了一定的安全保障,因此华北交通株式会社企图利用青帮维护铁路运输安全。天津铁路局警务段司法主任张旭东推荐王士海充当警保局嘱托,由其组建武装"义侠队"。王士海任总队长,总队长下设总队副一人,总队下辖四个大队,队员都是王士海的徒弟。"义侠队"开始有五六百人,后增至800余人。义侠队的全部经费和枪支弹药都由华北交通株式会社供给。义侠队的任务是配合铁路爱护村,维护铁路运输安全,并为日本人搜集情报。当时津浦、平山、平汉铁路沿线较大车站都有义侠队设立的外围特务组织。四个大队设有武装别动队,担任负责水路运输安全的河防队,检查往来船只。1942年,日本特务机关将天津青帮的各帮口笼络到一起,成立了天津安清道义总会,有组织地让青帮为其效劳。

五、日伪的反应

日伪政权成立后,扮演的角色是多重复杂的,既有替日本维持秩序的一面,也有调解中日民众纠纷的一面,它的傀儡性质决定其在为中国民众争取权益方面的无力。

因日军士兵过错导致的中国民众伤亡事件,伪政权只有以"大事化小,小事化了"的态度加以处理。1939年7月13日,一艘中国民船航抵日本桥上游时,一名日本士兵到船检查,船员王铃国忙于应付,一时不慎被日本兵挤落河中,于15日在日本桥下方发现,已因溺身死。河北天津地方法院检察官以"查水手王铃国7月13日,被不详姓名之日本兵推入河中,水淹身死,已检验。对于被告现无利权,依刑事诉讼法第 231 条第 7 款不起诉"。① 因不知日本兵姓名,而"经侦查终结认为应行不起诉"的结论,显然令人失望。此类事件不断上演。8 月 29 日,第五区警察署地庙前派出所界内居民刘张氏,被日军载重军需汽车碰伤,甚重。经送往市立第二医院救治无效,于 8 月 31 日身死于院内。9 月 8 日,河北天津地方法院检察处表示"现供明被告姓名不详,且是日本国籍人,本院并无利权,应不予立案"。② 因天津地方法院无权管辖日本人,因此面对日本人伤人致死案件,均是"不立案"处理。沦陷时期,此类案件不在少数,且都是不了了之。中国民众只能忍受日本人的欺凌而无处伸张正义,其愤懑之情无以言表。

面对日军的蛮横,日伪政权只有忍气吞声。1938 年 1 月,第三公园呈报伪市公署"日军在园内储存干草并将园墙拆除缺口一处"。伪市公署无奈表示"呈悉,准予备案"。③ 2 月 15 日,该公园报称"又有日本军士数人,指挥工人多名,围绕儿童运动场以西以南安竖木桩,装设铁丝网一道,无论何人一概禁止通行,并将运动场滑梯一架拆毁。在该场内积存军需品甚多,现仍继续搬运"。④

---

① 天津市地方法院及检察处:《日本兵杀人》(1939 年 7 月),天津市档案馆藏,44 - 2 - 122 - 92411。
② 天津市地方法院及检察处:《刘升奎告日本人过失致人死》(1939 年 9 月),天津市档案馆藏,44 - 2 - 122 - 92481。
③ 天津特别市公署:《令第三公园为据呈报日军在园内储存干草并将园墙拆除缺口一处请鉴核等情准予备案由》(1938 年 1 月 25 日),天津市档案馆藏,J0001 - 3 - 001142 - 002。
④ 天津特别市第三公园:《呈本园于本月 15 日有日本军士数人指挥工人在园装设铁丝网并将滑梯一架拆毁积存军用品甚多所有情形呈请鉴核》(1938 年 2 月 17 日),天津市档案馆藏,J0001 - 3 - 001142 - 016。

伪市公署表示"呈悉,准予备案。仰将拆毁滑梯妥为存置以重公物"。① 4月20日,该园呈文称"又有日军伍长率领军士数名,指挥工人在园中俄国教堂以南、木亭以西一带安设电网一道,并锯去梨树3株,丁香树15株,当经劝阻未果"。伪市公署回复:"呈悉,准予注销"。② 日伪政权本就是在日军卵翼之下生存,面对自身权益受损之时,其无力与无奈也就顺理成章了。

伪政权的存在有利于维护日本的殖民统治,但在日本侵略者与民众之间存在一个"中介",客观上为两者之间的沟通创造了条件,也对维护商民利益发挥着一定的作用。1938年3月4日,驻河北法商学院修理飞机厂日军,带领工匠到庆丰面粉有限公司拆卸工厂机件。该公司呈请伪市公署"交涉迅予发还,并请制止不再发生此项事件"。伪市公署表示"查此案究竟系何情形无从得悉",并函请天津陆军机关"查明核办是覆,以凭转知"。③ 虽然伪政权未必能解决该公司的问题,但毕竟向日军机关询问,无形之中也是一种意见的"表达",或许对日军恶行的收敛起到一点制约作用。1944年4月8日、4月21日,新药业公会会员上池馆药房、永康药房、善泰药房、复兴药房、大东药房、瑞兴元永记、亚洲西药行、中庸药房、欧亚药房等称:"被外埠某部队派员来津将各药房药品查抄一空,用车运走,带去人员不知去向,迄今仍未放还,群情惊骇纷纷"。新

---

① 天津特别市公署:《呈本园于本月15日有日本军士数人指挥工人在园装设铁丝网并将滑梯一架拆毁积存军用品甚多所有情形呈请鉴核》(1938年3月2日),天津市档案馆藏,J0001-3-001142-017。

② 天津特别市公署第三公园:《本园有日军率领军士数名安设电线并锯去梨树情形》(1938年4月26日),天津市档案馆藏,J0001-3-001142-020。

③ 天津特别市公署:《为据本市庆丰面粉有限公司呈以工厂用机件被驻河北法商学院修理飞机厂日军拆卸恳准交涉发还并请制止等》(1938年3月17日),天津市档案馆藏,J0001-3-001021-001。

药业公会呈文市政府,"迅赐设法营救,俾得早日归还,并祈设法保护,以免日后再有同样事件发生,使守法药商安心营业,免受惊恐"。伪市政府派员会同各分局及新药业同业公会详细调查,"查明各该西药商上池等 8 家系被石门 1417 部队、安国宪兵队、定县热海队、日本领事馆等处带去。惟永康 1 家因办案者不容询问,以致机关名称无从知悉。截至调查之日,仅善泰 1 家人及药品均已放还,大东、瑞兴、欧亚 3 家人已放回,药品尚未发还。上池、复兴、亚洲、永康等 4 家人及药品均未放还"。① 日军跨区域无故侵犯天津商民的人身和财产权益,可见日军控制下的沦陷区秩序的混乱。日伪政权居中协调,推动事件的解决,以维护商民权益。从"因办案者不容询问,以致机关名称无从知悉"的情形可知,伪政权在面对日本强权时的无力与无奈。

　　伪政权与日本驻津当局更多的是彼此精诚合作。1939 年 12 月,天津日军特务机关长要求"军方租赁房屋减免房捐",伪市公署交财政局审核办理,该局表示"该业主等租与军方房屋收租既甚低廉,对于应征捐款自当量予核减。兹拟嗣后对警特各区友军租用房屋,其应征房捐向系按等抽捐者,准予援照"。② 据此日军占用特三区的房屋租金予以核减二成征收,照时值估租抽捐者,准照向日军实际收租,租额减征。③ 全面抗战爆发后,天津市政府旧址即由日军使用。伪市公署以"政务日繁,各部分房舍殊不敷,拟就上述旧址重新规划以应需要",函请日本特务机关"酌量向军方代为要

---

① 中国抗日战争史学会、中国人民抗日战争纪念馆编:《日本对华北经济的掠夺和统制——华北沦陷区经济资料选编》,北京出版社,1995 年,第 1021—1022 页。
② 中共天津市委党史研究室、天津市档案馆、天津市公安档案馆编:《日本帝国主义在天津的殖民统治》,天津人民出版社,1998 年,第 364 页。
③ 同上,第 365 页。

请前市政府旧址全部惠予发还"。① 经特务机关长雨宫巽的斡旋，日军"决定按照附图归还"。②

伪政权对日本当局要求的事务也有应付的一面。日伪政权征募治安军，日本陆军特务机关要求天津特别市公署调查"一般中国人对募兵之感想"，从各分局的调查结果可知，很多都是应付差事而已。第二分局表示："中国国基奠定皆表喜悦"。第四分局称："中国新建陆军纯正保国卫民之军队，非年轻力壮、品学优秀之人充任不能担当基本军队重要任务，尤希望成军后严格训练成为劲旅，效忠国家"。第六分局表示："一般中国人均知治安军队为保卫乡土，担任建设新中国之军队，而非军阀之私兵，故对于治安军队之招募均表同情，而赞成青年有为之士赶行应募，以尽其应尽之义务，担当复兴中国，建设东亚新秩序之责任"。第九分局表示："中国人对募兵均感乐观，期望地方治安有所保障"。其实，天津民众并不像多数警察分局所说的那样，对招募治安军给予配合和支持。第三分局表示："下级乡愚尚有不明真相者"。第七分局"征集时颇感困难"，后来"加以金钱之引诱（即应募者家庭生活费之维持），始渐明了，颇有愿应募者"。特二分局表示："募兵一事，一般人民不明真相，咸怀戒心，故招募较难"。③ 伪政权虽与日本占领当局以合作为主，但难免出现为了完成交付的繁重任务，而不得不应付了事的情形。

---

① 天津特别市公署：《函请代为向军方请收前市政府旧址全部发还以应需要》（1941 年 10 月 23 日），天津市档案馆藏，J0001-3-001813-007。
② 天津陆军特务机关长雨宫巽：《为函转关于市公署迁移用地由》（1942 年 2 月 23 日），天津市档案馆藏，J0001-3-001813-009。
③ 警察局：《为遵令征集治安军验补人名数目列列表抄录名册并对于实施征集意见各一份》（1940 年 8 月 19 日），天津市档案馆藏，J0001-3-010793-004。

伪政权的傀儡性质是毋庸置疑的。伪政权官员的任免大权掌握在日本人手中,对不太顺从的官员,予以撤换。潘毓桂担任伪市长一年多,由于和天津日本特务机关相处不洽,被迫下台。接替潘毓桂就任伪市长的温世珍被日本人暗中扶植,培养多年。战后,检察官讯问温世珍时,提到"1941年,市民死于饥饿者很多",温世珍称因"粮食均由平衡仓库收去了"。在回应检察官"平衡仓库收买食粮,你应当向其交涉"的指责时,温世珍表示:"我交涉数次均无结果,且平衡仓库代表八木异常凶悍,即日本特务机关长亦拿他没有办法"。① 作为特别市的市长,面对平衡仓库代表竟然毫无办法,在一个职务很低的日本人面前低声下气,毫无尊严可谈,可见伪政权的市长仅是日军的一枚棋子,实际权力极为有限。

　　从对战后汉奸嫌疑人员的讯问笔录来看,日伪政权是在日本顾问的控制之下。伪工务局局长刘孟勋承认市府"是受日本顾问的指挥"。② 在担任外事室主任是否经日本人同意的问题上,他又辩称"不必经日本人同意,市长就可以委派的"。③ 姚一新在回应法官"所有一切政务是不是听日本人支配"时,表示"遇有事时只是取他同意"。④ 汉奸嫌犯在战后审讯中,往往为脱罪而编造对自己有利的所谓"事实"。伪政权受日本操控毫无疑义,但日本顾问人数

---

① 讯问温世珍:《关于粮食配给、敲诈商民等事的讯问笔录》(1945年12月29日),天津市档案馆编《日本在津侵略罪行档案史料选编》,天津人民出版社,2015年,第609页。
② 讯问刘孟勋:《关于日人残害我同胞等事的侦讯笔录》(1946年5月10日),天津市档案馆编《日本在津侵略罪行档案史料选编》,天津人民出版社,2015年,第626页。
③ 讯问刘孟勋:《关于向日军献金献铁等事的讯问笔录》(1946年9月4日),天津市档案馆编《日本在津侵略罪行档案史料选编》,天津人民出版社,2015年,第630页。
④ 讯问姚一新:《关于担任伪职协助张仁蠡替日人做事的审判笔录》(1947年4月28日),天津市档案馆编《日本在津侵略罪行档案史料选编》,天津人民出版社,2015年,第641页。

有限,不可能插手一切政务,在一些行政细节上,伪政权还是有一定的发挥余地。这也就是姚一新所言"遇事只是取他同意",但他显然把一些重要政策制定中,日本顾问的作用给有意忽略了。伪天津市公署秘书长陈啸戡供称:"伪津市府顾问及外事室主任非得日本人同意不得任用。"① 可见,人事大权操在日本顾问之手。

为实现对沦陷区的有效统治,大量利用投靠日本的汉奸充任情报人员,成为其必然的选择。战前曾任职于国民党天津警备司令部及警察局的陆一鹏,被日本以蓝衣社嫌疑捕去后,成为日本的情报员,"报告过关于国民党事情及共产党情报给高田宪兵,告过关于共产党活动情报,搜集共产党宣传品,有小公报、红旗壁报、各种传单"。② 高长清也有类似经历。1942 年 8 月,高长清任宪兵队情报员,供给情报与川端、山川、大久保、上田等,其中以供给川端之情报较多。③ 日本人既利用伪职人员,也对其进行防范,尤其是在建立地方武装上,更是把控甚严。刘静山奉国民党何专员、贺翊新的命令,担任商会会长一职。刘静山称:"商工自卫会是何专员叫组织的,意在向日人要武器以预备反攻,而日人不给,以后就没成"。④ 日本人对伪职人员存有戒备心,不会将枪杆子任其掌握。

---

① 讯问刘孟勋:《关于为温世珍充当舌人等事的审判笔录》(1947 年 2 月 15 日),天津市档案馆编《日本在津侵略罪行档案史料选编》,天津人民出版社,2015 年,第 635 页。
② 讯问陆一鹏:《关于给日宪兵队提供情报等事的讯问笔录》(1946 年 4 月 1 日),天津市档案馆编《日本在津侵略罪行档案史料选编》,天津人民出版社,2015 年,第 840 页。
③ 讯问高长清:《关于担任日军特务及特高课组织等事的讯问笔录》(1946 年 2 月 28 日),天津市档案馆编《日本在津侵略罪行档案史料选编》,天津人民出版社,2015 年,第 826 页。
④ 讯问刘静山:《关于率领煤、漆、食粮各公会向日军献金等事的审判笔录》(1947 年 5 月 8 日),天津市档案馆编《日本在津侵略罪行档案史料选编》,天津人民出版社,2015 年,第 623 页。

日军占领天津后，对伪警察局不信任。因徐树强与日本有较深渊源，受到日本人的信任。日本兵站总监部宪兵队长上坪介绍徐树强到警局充秘书核阅保安、特高两科稿件，有监视警局之意。① 沦陷时期，日本通过各种或明或暗的方式，基本实现对天津伪政权的有效控制。

第四节　汉奸群体考察

日伪政权研究的深化无法绕开对汉奸群体的研究。在抗战动员需求及民族情感需要下，汉奸常常被定性为一群卖国、分裂国家的恶徒。影视作品往往将汉奸塑造成一群青面獠牙、为非作歹的形象。从学术研究和深入探讨沦陷状态下复杂人性及利益博弈的角度思考，理应对汉奸群体再作分析，以了解天津汉奸群体来源、参与伪政权的动机、心态、主要罪行以及个别汉奸的善举等，揭示汉奸群体的复杂面相。

抗战胜利后，国民政府曾进行轰轰烈烈的惩奸运动。国民政府规定厉行检举"曾任伪组织简任职以上公务员或荐任职之机关首长者；曾任伪组织特务工作者；曾任前两款以外之伪组织文武职公务员凭借伪势力侵害他人经告诉或告发者；曾在敌人之军事政治特务或其他机关工作者；曾任伪组织所属专科以上学校之校长或重要职务者；曾任伪组织所属金融或实业机关首长或重要职务者；曾任伪组织管辖范围内任报馆、通讯社、杂志社、书局、出版社

---

① 讯问徐树强：《关于日人操纵伪警局及进行物资统制等事的讯问笔录》(1946年5月4日)，天津市档案馆编《日本在津侵略罪行档案史料选编》，天津人民出版社，2015年，第659页。

长、编辑、主笔或经理为敌伪宣传者；曾任伪组织范围内主持电影制片厂、广播台、文化团体为敌伪宣传者；曾任伪党部、新民会、协和会、伪参议会及类似机关参与重要工作者；敌伪管辖范围内之文化、金融、实业、自由职业、自治或社会团体人员凭借敌伪势力侵害他人经告诉或告发者"。① 同时《惩治汉奸条例》明确规定对通谋敌国而有"图谋反抗本国；图谋扰乱治安；招募军队或其他军用人工役夫；供给贩卖或为购办运输军用品或制造军械弹药之原料；供给贩卖或购办运输谷末、麦面、杂粮或其他可充食粮之物品；供给金钱资产；泄漏传递侦察或盗窃有关军事政治经济之消息、文书图画或物品；充任向导或其他有关军事之职役；阻碍公务员执行职务；扰乱金融；破坏交通通讯或军事上之工事或封锁；于饮水食品中投放毒物；煽惑军人公务员或人民叛逃通敌"②之一者处死刑或无期徒刑。上述两项规定侧重点有所不同，前项重在职务方面，后者重在行为层面。汉奸和伪职人员是有区别的，汉奸要么是担任一定官职，或是担任特务，给抗战大业造成一定损害。伪职人员是伪政府的一般工作人员，对国家损害较小。正是基于此种认识，国民政府对汉奸和伪职人员的处理差别很大。战后，国民政府对汉奸进行了逮捕、审判。对伪职人员虽有任职限制，但有很多仍获留用。天津市政府以情形特殊，如一律停用伪职人员，一时难以做到。市政府及各局处附属单位留用人员有案可稽者计荐任 55 人，委任

---

① 国民政府行政院：《为属行检举汉奸事给天津市政府的训令》（1947 年 1 月 27 日），天津市档案馆藏，J0002-2-000052-070。
② 天津市政府：《惩治处理汉奸条例公布施行》（1947 年 12 月 1 日），天津市档案馆藏，J0002-2-000634-002。

1 166 人，雇员 200 人，总计 1 421 人，约占全数 1/3 弱。① 除天津外，其他各省市普遍存在大量留用伪职人员的情况，也是形势所迫。

　　天津沦陷后，面对山河破碎，有些人选择了不辞劳苦，长途跋涉前往大后方。南开中学教师喻传鉴在学校既被毁灭，一时恢复无望，津市已成魔窟，也不可一日居，决定西行入蜀，为重庆南开（时名南渝中学）而努力。② 选择前往大后方的不在少数，但更多的则是被迫留在沦陷区。为恢复天津秩序，起用原天津市政府的工作人员成为迫在眉睫的选项。天津市地方治安维持会发布公告，要求原市政府、社会、公安、财政三局科长以下各职员，自 1937 年 8 月 7 日起至 9 日止，携带履历片分别到原机关报到，听候任用，如逾限不报即作为离职，拣员另补。③ 通告发布后，响应者不在少数。8 月 9 日，报到者中有前市政府 134 人，社会局 56 人，财政局 68 人，公安局 80 人（警察在外），总计 338 人。④ 报到者中多为居住在日占区的职员。天津沦陷后，出于多重考虑，留在天津供职于伪政府的大有人在。曾担任伪卫生局长的侯毓汶称："日方因我在天津办了十年卫生行政，由日本军部军医冈村到家里来接我到军部，当即命我负责天津市卫生局长"。⑤ 面对强权有些人选择沉默、反抗，但

---

① 天津市政府人事处处长张锡羊：《为报告府内留用伪职人员数量事致张市长的呈（附数目表一份）》(1946 年 8 月 31 日)，天津市档案馆藏，J0002-3-006042-008。
② 喻传鉴：《惨痛的回忆》，载中国人民政治协商会议天津市委员会文史资料研究委员会编《沦陷时期的天津》，天津静海县印刷厂，1992 年，第 195 页。
③ 《天津治安维持会内部组织大致完成，所有旧机关人员限期报到》，《庸报》，1937 年 8 月 7 日，第 1 版。
④ 《津市治安维持会行政机能已完成》，《庸报》，1937 年 8 月 10 日，第 1 版。
⑤ 天津市档案馆编：《日本在津侵略罪行档案史料选编》，天津人民出版社，2015 年，第 757 页。

选择与之合作的占到多数。这些人也不尽然甘愿供敌驱使,卖国求荣。正如曾任伪工务局长的刘孟勋宣称:"我们一面应付日本人,一面保护中国人"。① 实际情况虽不像其所说的那样正面,但多数伪职人员抱持的态度就是为了维持生计,而不得不加入伪政府,同时部分人也有维护国人权益的心思。在服务于伪政权方面,天津汉奸群体内部也是有区别的。对于那些身居高位,在战前即与日本关系密切的汉奸而言,对日本的态度明显更为亲善。对于那些被迫投敌的汉奸来说,更多的是像螺丝钉一样完成伪政府交付的任务而已。

一、历任伪市长

表2.2 历任伪天津市长状况②

姓名	出生年份	籍贯	学历	任职时间	事变前后略历
高凌霨	1868年	天津	清朝举人	1937年8月至1938年1月	北洋政府时期,担任内务、交通总长,曾代理国务总理。沦陷时期,出任天津地方治安维持会委员长,伪河北省长
潘毓桂	1884年	河北盐山	日本早稻田大学	1938年1月至1939年3月	曾任江西景德镇统税局长、蒙藏院副总裁、国务院参议、津浦铁路局副局长

---

① 天津市档案馆编:《日本在津侵略罪行档案史料选编》,天津人民出版社,2015年,第626页。
② 资料来源:《河北省风土文物特辑:津海道尹王绪高氏介绍》,《新河北》1942年第3卷第6期。《新中国实际政治家评传(续)天津特别市市长王绪高》,《大东亚周刊》1943年第2卷第3—4期。《善于文过的张仁蠡》,《飘》1946年第12期。

续表

姓名	出生年份	籍贯	学历	任职时间	事变前后略历
温世珍	1877年	天津	北洋水师学堂	1939年3月至1943年3月	北洋水师学堂毕业后,留英深造。曾任北洋大臣幕僚兼翻译,江苏铁道总管。1919年参加巴黎和会,后又任上海海关监督、交涉员。1937年7月,担任河北省银行监理与海关监督。1939年3月,调任伪天津市市长,1943年3月去职
王绪高	1889年	山东蓬莱	天津北洋高等警务学堂	1943年3月至11月	北洋政府时期,任武清县知事。1926至1935年历任大沽警察总局长、直隶海防指挥处长、省长公署科长、清苑县知事、天津造币厂科长。1935年,出任冀东自治政府平谷县长、丰润县长。1940至1943年3月,任津海道尹
张仁蠡	1900年	湖北武昌	北京大学	1943年11月至1945年3月	张之洞之子,曾在大城、武清、丰润等县任县长。1935年任冀东防共自治政府民政厅长。沦陷时期,任新民会副会长,武汉、天津市长,华北政务委员会委员,汪伪国民党中央委员等职
周迪平	1895年	山东金乡	青岛大学	1945年3月至8月	七七事变时在香港钨铁厂办事处充技术员,后因钨铁厂停闭,出任伪华北建设总署副署长。1945年3月调任代理天津市长五个半月

通过表2.2可知,担任伪市长的人员都曾受到过良好的教育,且学历都比较高,毫无疑问是彼时当之无愧的社会精英。潘毓桂甚至曾留学日本早稻田大学。在当时能接受高等教育的人员,其

家庭一般都较为富裕。张仁蠡是清朝湖广总督张之洞的第十三子,可谓家世显赫。考取功名或毕业后,大部分人都有在中国各级政府任职的经历,有的甚至在事变前担任过重要官职。譬如,高凌霨在北洋政府时期,代理过国务总理,任过内务、交通总长。其他人多有担任县长及以上官职的经历,任职级别虽不高,但并不存在生活压力的问题。他们多怀有一定的政治企图,主动向日本人靠拢,试图以日本为靠山谋得更高官位。温世珍在刚接任津海关监督时,国民政府行政院长孔祥熙写信劝他南去,给以更高的官职。温世珍拒绝了孔祥熙的邀约,将此信送交日本驻华武官喜多诚一,甚得喜多的信任,对他遇事关照。①

七七事变时,周迪平在香港钨铁厂办事处任技术员。1939年8月,因钨铁厂停闭,为生活所迫携眷返回山东济宁,后因地方不靖又赴北平谋生。因"当时没有力量购飞机票",加之"受家室之累,生计所迫;二则因交通不便,不能往后方去"。周迪平的辩解毫无说服力,即便无力购买机票,其他交通方式未必没有,但因无法承受长途跋涉之苦,加之受到旧友殷同的谆劝而参加伪政权。参加伪政权后,周迪平受到叛国道德的约束从而内心受到煎熬。正是基于此,他寻找借口来为自己辩护。因担任的是伪华北建设总署副署长,建设总署是技术机构,他辩解称"一则因建设需要大量钢铁等资材,可占用日本许多钢铁,可以减少日本军需资材,于国家有利;二则建设各处,设有施工所,养活若干人民可以说是以工代赈,与人民直接有利益"。因"办建设事业,将来中央一定会原谅

---

① 张同礼:《汉奸市长温世珍的丑行》,载中国人民政治协商会议天津市委员会文史资料研究委员会编《沦陷时期的天津》,天津静海县印刷厂,1992年,第77页。

的"。① 这是周迪平参加伪政权之后的自我心理安慰。

担任伪市长的人员,多是在全面抗战爆发前即与日本侵略者建立了密切联系。九·一八事变前夕,曾任吴佩孚秘书长的白坚武与日本特务土肥原贤二的亲信何庭鎏勾结,在土肥原的操纵下进行汉奸活动。温世珍在江苏任职时,即与白坚武相识,因此加入白坚武一伙。1931 年 11 月,在土肥原贤二指挥下,白坚武、何庭鎏、温世珍、陈曲江、李松年等人在天津组织便衣队,扰乱天津治安。温世珍、李松年逃回日租界后,在日本居留民团的山本四郎安排下,被送到大连。温世珍匿居大连时,受到日本关东军的庇护,并与著名亲日派、曾任北洋政府财政总长的张弧建立密切关系。张弧与日本军政人员如柴山兼四郎、板垣征四郎、浅海喜久雄等人过从甚密,温世珍在张弧的引荐下与之相识。温世珍多次受命到北平、天津搜集冀东伪政权、冀察政务委员会及天津市政府的动态情报,当然也与天津日本驻屯军和领事馆有所联系。② 正是凭借与众多日本军政人员建立的密切关系,且自身曾担任外交官会说英语,温世珍成为与英美国家交涉的不二人选,后被推举为伪天津市长。战前,王绪高与张仁蠡就担任冀东防共自治政府的重要职务,这个所谓自治政府是在日本人的策划下,由亲日分子殷汝耕建立。

一般而言,历任伪市长与日本人之间相处较为融洽。伪政府的大政方针都由日本顾问及日军驻津司令部决定。潘毓桂充任伪天

---

① 天津市档案馆编:《日本在津侵略罪行档案史料选编》,天津人民出版社,2015 年,第 865 页。
② 张同礼:《汉奸市长温世珍的丑行》,载中国人民政治协商会议天津市委员会文史资料研究委员会主编《沦陷时期的天津》,天津静海县印刷厂,1992 年,第 74 页。

津市长时,聘用日人臼井为顾问,将日本辅佐官分置所属各警局。①由日本人担任市政府及各局处的顾问、辅佐官成为惯例。历任伪市长在维护日本的殖民统治方面都有不可推卸的责任。高凌霨甚至为伪政府的运转垫付资金。天津地方治安维持会建立之初,地方财政本无收入,而支出复不可少,高凌霨乃典质自产,藉资应急,及至地方治安恢复,高氏因公损资,已无虑十余万金。在津市、冀省两任,可谓未用公帑一文。② 历任伪市长的表现不错,且得到日本人的认可。温世珍任职最长,也最善于讨好日本人。在与日本人关系上,潘与之相处并不和谐,上任一年多,由于与天津日本特务机关相处不洽,被迫下台。③ 虽如此,潘毓桂卸任后仍被安排了其他伪职。

二、"局处科级"汉奸

天津沦陷后,担任伪职的人员数量众多,但战后被定性为汉奸的人数实属有限。此处汉奸群体是根据战后国民政府的判定而言。

表 2.3 部分伪天津市主要局处长概况④

姓名	出生年份	籍贯	学历	任职时间	事变前略历
何庆元	1899 年	天津	日本庆应大学经济系毕业	1939 年 3 月任伪天津市教育局长,1944 年 3 月卸任	河北省立天津中学校长

---

① 国民党天津警察局:《关于查缉汉奸潘毓桂在天津罪行案件等》(1946 年 4 月至 1948 年 12 月),天津市档案馆藏,219-1-1-1702。
② 蔡天梅:《逝矣高凌霨(附照片)》,《新民报半月刊》1940 年第 2 卷第 7 期。
③ 张同礼:《汉奸市长温世珍的丑行》,载中国人民政治协商会议天津市委员会文史资料研究委员会编《沦陷时期的天津》,天津静海县印刷厂,1992 年,第 75 页。
④ 天津市档案馆编:《日本在津侵略罪行档案史料选编》,天津人民出版社,2015 年。

续表

姓名	出生年份	籍贯	学历	任职时间	事变前略历
张同亮	1899年	浙江萧山	美国哈佛大学经济系毕业	伪天津市政府参事,1944年9月至1945年8月伪天津市财政局长	天津市政府参事
刘孟勋	1908年	河北静海	日本京都帝大法学部毕业	1939年8月任外事室主任。1940年4月任伪工务局长,1945年5月任伪市政府参事	
姚一新	1911年	河北遵化	日本东京法政大学毕业	1938年任新民会总务部科员,后任伪武汉、天津市政府秘书长	
刘静山	1893年	天津	天津市潞河中学毕业	天津干鲜果公会会长,批发粮业公会理事长,商会会长	做生意
邸玉堂	1900年	河北枣强		商会常务董事及五金业公会会长	商会执行委员、五金公会主席
赵聘卿	1880年	天津		伪天津市商会监委,市政府参事	1920—1924年裕元纺纱公司经理。1925年嘉瑞面厂经理。1929年慈善事业联合会副会长、会长
焦世卿	1887年	天津		沦陷时期担任钱业公会会长,并任市民银行行长	经营开义竺银号、新生银行。任商会执行委员,钱业公会执行委员
唐卜年	1896年	湖南浏阳	日本庆应大学肄业	联银天津分行经理	任国民革命军第六军军法处长、政治部主任,南京市财政局秘书,国民政府内政部参事,中日贸易协会秘书

续表

姓名	出生年份	籍贯	学历	任职时间	事变前略历
徐树强	1914年	天津	日本陆军士官学校毕业	伪天津市水上警察分局长,特一区公署主任兼警察分局长,特管区警察分局长,北平警察局保安科长	事变以前正在日本上学
郭奉孝	1910年	大连	大连商业学堂肄业	天津日本海光寺宪兵队翻译,伪天津市警察局特务科科员、外勤组长,伪唐山警察署第三分署署长	1936年8月考入伪满洲国安东警务所警官学校,毕业后任安东市警察所巡官,保安科及司法科翻译
李鹏图	1898年	河北宁河		津海关监督公署总务科长,伪天津市财政局长	河北官产总处秘书长、河北财政厅科长、河北高阳县县长,冀察政务委员会财务处科长
方若	1868年	浙江定海		天津地方治安维持委员会委员,伪天津法院院长,天津市政府参事,代理特别行政区署长,华北政务委员会委员	利津公司经理、浙江会馆董事长
朱适	1905年	四川巴县	日本明治大学法治科毕业	华北剿共委员会第一科科长,天津新民会宣传处长	在扶轮中学当教员
朱玉璞	1913年	奉天金县		塘沽日宪兵队翻译,大沽水上警察局助理秘书,天津米谷统制会内勤	1936年在辽宁做洗衣局生意,因生意不好店铺倒闭

续表

姓名	出生年份	籍贯	学历	任职时间	事变前略历
刘培煜	1901年	山东莒县	北平中国大学法律系毕业	1942年11月至1944年12月新民会青少年团总务处长	1929年,到津办天津《大中时报》兼执行律师业务,任该报总编辑
张圭颖	1908年	天津		任伪铁路外事警察班情报整理员	主办《银线画报》,
李子箴	1895年	河北宁河		1939年5月任伪警局特务科股长	在日本领事馆当巡捕、特高课特务
梁瑗	1914年	天津		日本警察署巡捕、司法巡捕、副巡捕长,兴亚第一分局警长、日警署司法特务长	1930年至1934年在鲜果铺当学徒四年。自1934年迄事变在日本警察署充巡捕
侯毓汶	1881年	江苏无锡		伪天津市卫生局长	天津市政府技正兼市立传染病医院院长
刘庆祥	1908年	静海		1939年2月任职独流镇自卫团,10月到日本延岐部队当密探,至1940年3月	先后在哈尔滨、青岛海军陆战队充差,后在静海当警察
李星联	1913年	天津	燕京大学外国语文学肄业	津海道公署秘书,天津警察局特务科经济股长及外事股长	
方震甲	1882年	安徽	日本明治大学毕业	1938年1月27日至2月25日任伪天津地方法院检察官	北京法政专门学校教授,大理院特约律师,京师高等审判所特约律师,河北省立法商学院讲师、律师

续表

姓名	出生年份	籍贯	学历	任职时间	事变前略历
陈啸戡	1890年	福建闽侯	河南高等专门学校毕业	统税局科员,津海关公署科长,伪天津市政府秘书长,兼宣传处长	津海关监督公署科长兼秘书
鲍馨远	1913年	天津	天津工商大学商科肄业,日本陆军士官学校步兵科毕业	天津警察第二、七、一分局局长,伪北京市警察局西郊分局长、外五区分局长,伪长芦盐务管理局秘书兼教导队队长	
王少卿	1891年	天津	三年私塾	日警察署高等特务课特务,伪兴亚一区第一分局一等局员、第十一分局特务组组长	1923年日本警察署巡捕,1933年9月,日本警察署司法课特务
高长清	1912年	山东临清	高级小学毕业	伪天津治安维持会公役,伪天津市工务局第一科科员。1938年2月,伪警察前楼副官处公役。后至日本宪兵队本部充公役。1942年8月,任宪兵队情报员	在普善堂小学门首设浮摊贩卖文具与食品,亦贩卖旧书、字帖、文具等。1935年,入天津市工务局第三科充工役,迄七七事变
陆一鹏	1906年	江苏武进	内政部高等警官学校	代日人搜集情报,并兼伪特二区公署稽查员	天津警察厅督察员,天津警备司令部宣传股长,平津卫戍司令部驻平津办事处特务处少校科员。天津警察局侦缉队副官,保安第二大队第十四中队长,宪兵第三团驻津特务员

续表

姓名	出生年份	籍贯	学历	任职时间	事变前略历
王士海	1900年	天津		伪华北交通公司铁路义侠队及警务别动队队长,爱路工作队队长,天津青帮领袖	
魏文汉	1913年	静海县	天津河东师范中学肄业	日本宪兵队特务,特别一区静远里特务班服务	天津保安队第一大队第二中队中尉分队长
袁文会	1901年	天津		敌宪特务、青帮领袖	青帮领袖

通过表2.3可知,这些汉奸的籍贯以天津、河北、山东居多。在学历层面,多数曾受过一定教育,不少人曾在日本留学。这些人或是在事变前就与日本有一定关系,要么曾在东北地区任职,要么曾在日本驻中国的机构里任过职。沦陷时期,在天津通晓日语的中国人具有明显优势,他们充当了日本殖民者与中国民众之间沟通的桥梁,对巩固日本的殖民统治发挥了不可替代的作用。不少汉奸有在国民党军政机构服务的经历,使他们积累了从政经验,在为日本殖民统治服务过程中,能够更加有效地实现对天津的控制,从而节省统治成本。

三、汉奸群体分析

(一)参加伪政权的原因众多

天津汉奸群体中主动参与伪政权的究竟占多大比例,很难断定。不过可以肯定的是有相当部分是主动参与其中,他们或是不满国民党统治,或是被中共打击过,或是认定日本必胜而主动投靠,或是无任何国家观念而卖国求荣。汉奸群体因熟悉中国政情,了解中国的国民性格,在恢复政府运转,维护社会秩序,巩固日本的殖民统治等方面发挥了重要作用。同时,有不少汉奸加入伪政权,并非甘愿受日本人的驱使,而是迫于生存、环境等多重因素。

1. 迫于生活、环境

全面抗战爆发时,姚一新尚在日本留学,毕业回到天津后官至伪市政府秘书长。据姚一新称:"本打算到后方去,路远阻隔,所以不能去,为维持生活"。① 事变后,刘孟勋因病留居北平静养,"1939年春病势稍渐好转,即欲潜往内地,奈因家中无人照料且未结婚,往内地手续亦甚困难"。② 刘孟勋声称:"参加伪组织实有不得已的苦衷,因为当时检查户口对于青年无事的人很严厉的检举,所以才充任伪工务局长"。③ 姚一新与刘孟勋在战后的供词势必掺杂为自己辩护的内容,但两人投敌动机具有一定的代表性,毕竟身处沦陷区,总归要出来工作以维持一家人的生计,至于后来担任重要的官职,实际也是从低级职员逐渐提升到高层级的伪职。迫于生活压力担任伪职的应属多数,仅有少数人在战后被定性为汉奸。

1938年1月,张同亮在丁忧期间,伪中华民国临时政府行政委员会委员长王克敏就任命其担任伪天津市公署参事。张同亮对此声称:"在丁忧时未得同意而发表命令,也因生活及环境所迫"。④ 张同亮参加伪政权与环境有关,但并无生活压力可言,因其岳父是伪临时政府内政部总长王揖唐。曾任伪天津市财政局长的李鹏图

---

① 天津市档案馆编:《日本在津侵略罪行档案史料选编》,天津人民出版社,2015年,第640页。
② 同上,第625页。
③ 同上,第635页。
④ 同上,第616页。

担任伪职迫于环境压力的可能性较大。七七事变后,李鹏图于 7 月底由北平逃回天津,"当时有燕大教授崔敬伯同来,本与崔敬伯相约同往后方,因家母年逾八十,适值患病,不令远离。因为温世珍转任市长,他保荐的并非我个人的意思"。① 李星联进入日伪特务科,与其营救张自忠有关。1937 年 8 月,张自忠从北平潜至天津,得到李星联的帮助逃离天津,"因为自己财产很多并救过张自忠市长,怕日本人和我找麻烦"。② 李星联担心日本人发觉对其不利,而就任伪职。因迫于生活压力而任伪职的应该不在少数。

2. 奉命潜伏

有些人受国民党指派潜伏以掩护地下工作,战后被列入汉奸嫌疑犯之列。1936 年,朱适辞去扶轮中学教员一职,经刘柏华介绍加入复兴社。1939 年,调充三民主义青年团天津英法租界分团主任。1942 年,经周仁斋介绍加入冀察党政总队队长阴耀武部。1940 年以后日本宪兵队搜捕地下人员,教育部天津区督导主任张维民为掩护地下工作人员,利用其宅作联络所,并授意乘机参加伪组织以资掩护。后奉阴耀武之命加入剿共总会任科长,经周仁斋介绍转任伪天津市新民会宣传处长,一切皆由党政总队布妥委派。③

奉命潜伏的情况在沦陷区较为普遍。李殿璋曾于 1938 年 5 月受瞿韶华的劝告打入伪实业总署,充任总务局长,以搜集有关实业高级秘密情报。1943 年 4 月,李殿璋设立正义法律事务所,借以掩护党部工作。1944 年 3 月,国民党地下工作人员啓隅被捕,李殿璋

---

① 天津市档案馆编:《日本在津侵略罪行档案史料选编》,天津人民出版社,2015 年,第 687 页。
② 同上,第 776 页。
③ 同上,第 706 页。

设法保释。1945年5月,敌宪曾两度至正义法律事务所搜查,均由李殿璋设法掩护,方克安全。① 上述情况得到瞿韶华证实。

3. 被捕后参加

全面抗战时期,国民党特工被捕后参加伪政权的不在少数。徐长海曾是国民党特工,负责向各学校宣传抗日。1944年3月,日本特务高长清将徐长海自河北区复兴栈捕去,送至日本宪兵队,后叛变投敌,负责调查各校抗日宣传案件。② 刘培煜曾是国民党特工,军统局第三组王文、陈维藩到天津主持救国工作,刘培煜协同王文负责联络新闻界,并到唐山联络保安队长王铁相部下。日本宪兵将刘培煜逮捕后,羁押在花园宪兵队,后又被押送北平会审。1939年3月,经北平中大校长何其巩多方营救,刘培煜出狱。王文嘱其"请安心养病,已电告军统局备案"。③ 自此与王文失去联络。刘培煜称"家中有七旬以上之父母,妻妹侄甥等共14口,原籍被匪摧残已不能生活,全家到津。十数口之家庭生活真无法维持"。④ 加之在同学张世炎等人的邀约下,刘培煜就职伪新民会。

4. 受到威胁恐吓

有些汉奸参加伪政权确实出于无奈,方震甲就是其中一例。七七事变后,方若任伪天津高等法院兼地方法院院长,保荐孔嘉璋任伪天津地方法院刑事庭庭长,伪市长高凌霨以孔嘉璋名声不佳,不欲孔任刑庭庭长。1937年9月,高凌霨委任方震甲任伪天津地

---

① 河北省高院天津分院及检察处:《河北高等法院令传李殿璋汉奸案内证人瞿韶华等取供》(1947年2月),天津市档案馆藏,43-2-70-19905。

② 天津市档案馆编:《日本在津侵略罪行档案史料选编》,天津人民出版社,2015年,第828页。

③④ 同上,第716页。

方法院检察官,以监视孔嘉璋之一切行为。① 高凌霨让方震甲出任伪职,方曾坚决谢绝二次。第二次时,高凌霨威胁称"后边有人说方震甲抗日,不干不行"。② 此外,方震甲的同学已任伪职的孙润宇也劝其参加伪政权。据方震甲称:"妻子当时正患产后病,小女孩也病着,经济力没有,种种关系使他都不能离开天津"。③ 方震甲受到威胁恐吓应该属实,且担任伪职仅有四个月。抗战结束后,方震甲的家中衣食俱感困难,老少四口仅有旧棉被三床,租住房一大间和一小间,除有破烂桌椅板凳,箱内有些旧衣物亦已破烂不堪,更有书两箱外,便一无长物。方震甲声称:"从未取分外之财,一贫如洗,逮捕时,军警中有一位不相识之队长见其家太穷,捕去之后,家人则难以维持生活,慷慨义囊,给其家人留下若干钱"。④ 在汉奸群体中,方震甲应属一个特例。

(二)汉奸的复杂心态

与死心塌地投敌的汉奸相比,大多数伪职人员甚至不少汉奸在民族意识与良知的驱使下,常常扮演"两面人"的角色,既为日伪政权服务以确保生存与利益,又会暗中帮助国共特工,始终游移于中日力量之间。伪天津市公署秘书长陈啸葭在《庸报》上发表《一致努力促成全面和平》,指出"全面和平实现至今尚差一篑之功,其原因全在重庆政权之私心执迷不悟"。战后陈啸葭辩称:"话也许有,不过全非个人意思,题目由日人订好,稿子由秘书做,我自己确实没有什么主见"。⑤ 日伪特务郭奉孝供称:"警局捕劳工系奉命办

---

①④ 天津市档案馆编:《日本在津侵略罪行档案史料选编》,天津人民出版社,2015年,第780页。
② 同上,第781页。
③ 同上,第782页。
⑤ 同上,第787页。

理,各分局都协助,当时因人数太多,有由捕获之吸毒人犯等补充送去,与我无直接关系"。① 刘孟勋供称:"既不能去后方抗敌,而留至此处,即惭愧至极,如不能替国人做一点好事,真有负国家育才之意,罪莫大焉。在后方抗战固属我愿,但恪于环境既属不能,只好在敌人压迫环境下奋斗,盖系精神抗敌"。② 姚一新曾言:虽受种种的斥责,担极大风险,然只求有利于国家民族者无不尽力而为。他常自解为"曲线爱国",虽属勉强,然自问良心当之无愧。③ 汉奸嫌犯的供述不免有为自己开脱之嫌,但是可以看到在担任伪职之后内心的复杂感受,既有为了生存不得已的苦衷,又有任伪职之后的苦闷与煎熬。在此种情况下,为寻求自我安慰,将自己的行为解释为"精神抗战"、"曲线爱国"。此种说法虽不免有滑稽之感,但也反映出投敌之后的焦虑与愤懑。曾任钱业公会会长的焦世卿称:"虽身在天津而心在重庆,绝非甘心附逆当汉奸"。④ 焦世卿所言"身在天津而心在重庆"未必是真,但非甘心附逆则是有可能的。

天津地方治安维持会成立后,邸玉堂被推为委员。邸玉堂去中国银行找卞白眉商议,并说道:"我去我对不起国家",后来找赵聘卿、王晓岩商议,此二人也"都不愿意去"。日本军部汽车开至华商公会,不得已就去了。在任的五六个月,邸玉堂称"一句话也没有说,一样事也没有办。一月 560 元薪水,非要不可,交卞白眉存

---

① 天津市档案馆编:《日本在津侵略罪行档案史料选编》,天津人民出版社,2015 年,第 682 页。
② 同上,第 625 页。
③ 同上,第 637 页。
④ 同上,第 652 页。

着,将来可作见证"。① 对于日伪发给的薪金,邸玉堂交给别人保管,以表白心迹,当然无法排除有老奸巨猾的一面,沦陷初期形势尚不明朗,且为将来万一"变天"预作准备。此外,传统道德中的忠奸观念可能在其行为选择时发挥着一定作用。在日军的威逼利诱之下,为维护行业和自身的利益需要,作为五金业会长的邸玉堂不得已配合日军的索取,"日本占领期间压迫我们献铜铁,总共有四千余吨"。日本搜集五金,谁要不卖,日本宪兵队就捉到去过堂,五金业捉去十余人,大家都非常恐慌。② 对于五金行私藏的铁货,一旦被查出,就会被没收,人员被逮捕。日军的强买活动,以邸玉堂为首的五金业公会是无法阻挡的,只能予以配合。很多人担任伪职后,受到民族主义和传统道德的约束,多少会有一点负罪感。有些人混迹社会多年,养成圆滑处世之道,既担心不任伪职,会开罪日本人和伪政权,同时也害怕万一日本人倒台后,国民党会跟他们秋后算账。这类人内心的复杂状态恐怕是常人所不能理解的。

(三) 汉奸之间的关系

中国历来是一个人情社会,讲究同乡、同学、朋友、亲戚、师生之谊。天津汉奸之间的关系十分复杂,之所以参加伪政权,有的是靠同乡介绍,有的是亲戚、朋友举荐,有的是师生提携等。

同乡、朋友关系。教育局长何庆元是由伪市长温世珍推荐,两人是同乡关系。③ 赵聘卿任伪天津市政府参事是由王克敏介绍。王克敏在天津为官多年,赵聘卿与之相识,并确立了多年友谊关

---

①② 天津市档案馆编:《日本在津侵略罪行档案史料选编》,天津人民出版社,2015 年,第 645 页。

③ 同上,第 611 页。

系。① 刘孟勋的外事室主任一职是由温世珍委派,两人系多年世交。1939年,温世珍任伪天津市长,因不谙习日语,必须寻觅日语翻译,遂约刘孟勋前往帮忙。②

师生、同学关系。陈啸戡与温世珍是师生关系。温世珍是陈啸戡在河南高等专门学校时的英文教师,仕途上得到温的大力提携。③ 陈啸戡先后充任伪津海关公署科长、天津特别市公署秘书长等职。姚一新经"在日本求学时所识的陈菱君"的介绍加入新民会,在总务部任科员。张仁蠡常到新民会,看望担任副会长的兄长张仁乐,姚一新与之熟识。④ 张仁蠡去汉口任市长时约姚一新一同前往,后姚随张历任伪武汉、天津特别市政府秘书长等职。

同事关系。七七事变前,唐卜年任北平市财政局秘书时,与北平政务整理委员会总参议王克敏、北宁路局长殷同相识。1937年,王克敏邀约唐卜年北上任职,唐氏"以此时正吾等忍辱负重努力报国之时,故应邀北上"。⑤ 事变前,高长清为天津市工务局工役,与第一科科员赵清熙相熟。天津沦陷后,赵清熙谋得地方治安维持会会计股主任一职,并介绍高长清充当公役。⑥

亲戚关系。郭奉孝担任天津日本宪兵队翻译,是由侄子郭梅五介绍的。⑦ 李鹏图由任天津海关秘书长的族兄李廷元推荐,在津

---

① 天津市档案馆编:《日本在津侵略罪行档案史料选编》,天津人民出版社,2015年,第649页。
② 同上,第625页。
③ 同上,第786页。
④ 同上,第640页。
⑤ 同上,第653页。
⑥ 同上,第826页。
⑦ 同上,第674页。

海关监督公署任总务科长。① 张同亮的背景更加深厚,王揖唐系其岳父,与方若也有亲戚。②

受益于多重关系。朱玉璞1940年末至天津,由任天津警察局第八分局局长的同乡朱重民介绍,到塘沽日本宪兵队当翻译。1942年3月,由友人王竹章介绍到大沽水上警察局当助理秘书。1943年11月,由转任天津米谷统制会警务部副部长的朱重民推荐,担任米谷统制会内勤。③

很多人参加伪政权时,还是会有顾虑,且要经历复杂的思想斗争。他们担心一旦成为汉奸,必然会面对舆论的压力,同时将来局势万一发生变动,殃及自身。一些人因关系人的多次劝说,碍于情面或其他因素,以及维持生活的需要,最终参加伪政权,也就势所当然了。

汉奸相互勾结的现象十分常见。任职伪天津市警察局的鲍馨远与徐树强就曾相互照应。徐树强的兄长徐树溥在天津县界大下庄子制造白面,鲍馨远拟往抄捕。徐树强送给鲍馨远2万元,请其帮忙,等徐树溥人赃俱已逃逸,始率队前往抄捕,毫无所获。鲍馨远和渔业公会会长陈静波相互利用。1942年1月,陈静波每月送鲍馨远500元,条件为如与渔业工人起冲突时由鲍派警弹压。鲍馨远还和下属共同敲诈分赃。1941年,伪天津市警察局第一分局侦察组长张汉臣要求戏园业公会、旅栈业公会每月各送500元,由鲍馨远与张汉臣均分。经警察局一分局局员刘云扬接洽,东兴房产公司、荣业房产公司每月送500元,土药公会送1 000元,名为津

---

① 天津市档案馆编:《日本在津侵略罪行档案史料选编》,天津人民出版社,2015年,第687页。
② 同上,第620页。
③ 同上,第712页。

贴办公费用,实则大部分被鲍馨远及刘云扬均分。①

天津汉奸之间不仅有合作,还会因争权夺利矛盾丛生。1931年,毕业于日本明治大学的刘绍琨,在天津投靠了日本特务头目茂川秀和。天津沦陷后,刘绍琨出任天津地方治安维持会秘书长,一心想总揽大权,要挟高凌霨听从他的摆布。北洋政府时期,高凌霨即担任多个要职,积累了丰富的官场经验。面对刘绍琨的挑战,高凌霨应付自如,有事直接找日本特务机关,使刘绍琨的秘书长一职形同虚设。刘绍琨与伪总务局长孙润宇明争暗斗也很激烈。刘绍琨主张各局送来的公文,应由秘书长批阅,然后再呈委员长过目。孙润宇则主张由总务局办理,两人争执不已。高凌霨为此事请示特务机关,经特务机关长长岭裁定,仿照日本行政机关的作法,秘书长是委员长的幕僚长,经办委员长的事务,各局公文则统由总务局办理。

因温世珍曾留学英国,精通英文,在北洋时期做过海关监督和交涉员。天津是租界集中地,处理与英法租界之间的外交事务是伪政权的一项重要工作。温世珍顺理成章地登上伪市长的宝座。温世珍担任市长后,与方若关系不睦。方若对温世珍非常轻视,常说温不过认识几个中下级的日本人,没有什么了不起。温世珍曾以考察为由赴日本访问,方若以首席参事资格代理伪市长三个月。代理期间,方若在《庸报》上发表施政方针,温世珍回津后大为不悦,认为方若是想取而代之,因此很长时间两人见面都不说话。②

潘毓桂任伪市长时,与下属关系不睦。高凌霨转任伪河北省

---

① 天津市档案馆编:《日本在津侵略罪行档案史料选编》,天津人民出版社,2015年,第802页。
② 张同礼:《我所知道的方若》,载中国人政治协商会议天津市委员会文史资料研究委员会编《天津文史资料选辑》第18辑,天津人民出版社,1982年,第201页。

长后,天津市长一职空缺。日本特务机关头目茂川秀和主张以警察局长刘玉书升任天津市长。此时传出任职伪北京市警察局的潘毓桂即将出任天津市长的消息,天津的汉奸议论纷纷。刘玉书授意警察换成便衣,冒充市民到街头散发传单,制造舆论,反对潘毓桂当市长。地方士绅李廷玉等人也极力反对。茂川秀和指使伪警察局督察长阎家琦组织了一伙人,到日本特务机关递交呈文表示反对潘毓桂。天津特务机关长仪我诚也不喜欢潘毓桂,便打电话给北京日本军部特务部长喜多诚一,表达天津官绅的意见,力阻潘毓桂来天津。日本军部对天津特务机关下达指示:对潘不得再持反对意见,不仅如此,还要表示欢迎。① 天津伪政权头目、日本特务机关反对潘毓桂到津任职,与其地方观念和利益有关。潘毓桂来自北京,到天津之后,对当地久已形成的政治格局势必产生一定冲击,这是天津官绅担忧之处。

潘毓桂到任不久就撤换了伪警察局督察长阎家琦、侦缉总队长吴宁靖和特别二区主任邵麟。潘毓桂出任市长前,阎家琦曾鼓动一批人上书反对,所以潘对阎怀恨在心。吴宁靖与潘毓桂的保镖贾少卿的义父陈友发有旧仇积怨,陈友发借刀杀人,怂恿潘撵走吴宁靖。②潘毓桂住在邵麟管辖的特二区,邵自恃有日本特务机关支持而不买潘的账,曾扣押过潘的家仆,很使他丢面子。潘毓桂把三人排挤走了,但日本人依然重用这些汉奸。阎家琦由伪天津市公署派往日本考察警政,吴宁靖调任塘大警察局长,邵麟升任唐山市警察局长。由此可见,日方对潘毓桂并不信任,且利用汉奸之间的矛盾,一方面将三人调离,给足了潘毓桂面子;另一方面又对三

---

①② 王仕任:《潘毓桂出任伪市长的前前后后》,载中国人民政治协商会议天津市委员会文史资料研究委员会编《沦陷时期的天津》,天津静海县印刷厂,1992年,第68页。

人予以提拔,表示信任。潘毓桂与伪警察局长周思靖也发生摩擦。周思靖原系日本翻译,是日本人安插进警察局的。周思靖对潘毓桂表面上甚为恭谨,后来潘发觉周的心目中只有日本主子,并不听从指挥,潘对此很不满意。因伪警察局监狱的一堵墙壁倒塌,险些酿成在押犯人越狱逃走,潘毓桂在报告中批示:"如此重大之事,该局长形同聋聩,何以自处"。① 后来日本人将周思靖调升徐州市市长。潘毓桂与新民会之间也闹矛盾。潘毓桂上任后,把地方辅治会逐渐控制在手,对成立新民会不感兴趣。1938年3月,新民会总会副会长张燕卿来津建立天津新民会。潘毓桂不但不担任会长,甚至不出席成立会,使张燕卿非常尴尬。天津新民会成立后,只有一块空招牌,直到温世珍上任,才正式组织新民会。在日本人看来,潘毓桂有点不大"驯服"。② 潘毓桂担任天津伪市长时间不长,即被温世珍取代。

(四)汉奸与日本之间的关系

其一,双方的关系。

天津汉奸与日本人的关系有远近亲疏之分。多数汉奸与日本人多是在工作、宴会上有一些互动,有私交的不多。财政局长张同亮平时和日本人除了宴会外,并无来往。③ 教育局长何庆元供职五年,一个日本人都没有交过。④ 姚一新称:"在私的方面一个朋友都

---

① 王仕任:《潘毓桂出任伪市长的前前后后》,载中国人民政治协商会议天津市委员会文史资料研究委员会编《沦陷时期的天津》,天津静海县印刷厂,1992年,第70页。
② 同上,第71页。
③ 天津市档案馆编:《日本在津侵略罪行档案史料选编》,天津人民出版社,2015年,第615页。
④ 同上,第612页。

没有,公的方面因职务关系当然有认识的"。① 倒是有些汉奸在任职过程中,与日本人产生一些矛盾,如方震甲等。汉奸与日本人的私交不多,可能和语言沟通障碍有关。

一些汉奸善于钻营,多方讨好日本人以获得提拔。伪天津统税局所得税课长师静言素与日寇北支派遣军司令部井上原中佐相识,经其推荐于1939年充任伪天津北支派遣军课长。② 梁瑷自1934年迄事变发生,在日本警察署充巡捕。与日人佐藤樱冈、大谷等相熟,他们也到其家吃过饭。③ 梁瑷后来升任日本领事馆警察署司法特务长。李星联在天津时常与警察局顾问田中、麻生、塘沽宪兵队长色川来往,他们都到其家中去过。④ 战前,有些汉奸即在日本驻华机构中任职,与日本人建立了密切的关系。1923年,王少卿担任日本警察署巡捕。1933年9月,调充日本警察署司法课特务。1937年10月,调任日本警察署高等特务课特务。1942年,任伪兴亚一区第一分局充一等局员,1944年任伪第十一分局特务组组长,1945年5月,调至第一分局(旧法租界)任一等局员。战后检察官指责王少卿"由巡捕而擢升至巡捕长,而高等特务课特务长,并见其平日善于媚外"。⑤ 徐树强与日本人的关系极为密切。徐树强出国之前,由日本籍朋友三木介绍认识林茂清中将,三木是林中将的亲戚。在日本留学期间,林茂清中将介绍上坪与之认识,上坪是林

---

① 天津市档案馆编:《日本在津侵略罪行档案史料选编》,天津人民出版社,2015年,第638页。
② 天津市地方法院及检察处:《函件收条河北天津地方法院缴纳诉讼存款之收款证》(1948年7月),天津市档案馆藏,44-2-289-242366。
③ 天津市档案馆编:《日本在津侵略罪行档案史料选编》,天津人民出版社,2015年,第749页。
④ 同上,第776页。
⑤ 同上,第823页。

中将的学生。后上坪被派遣到华北任职,林中将请上坪照应徐树强。① 1938年6月,徐树强经日本兵站总监部宪兵队长上坪推荐,充任嘱托。1939年4月,徐树强经上坪介绍担任伪天津市警察局秘书。日军占领天津之初,上坪将徐树强安排担任警察局秘书,负责核阅保安、特高两科稿件,有监视警局之意。由此可见,日本人对伪政权并不信任,利用与自己关系亲近的汉奸对之加以监视。日本人还安插有同学之谊的汉奸担任重要岗位。柴山兼四郎出任天津特务机关长后,安插士官学校的同期同学郑遐济任伪警察局长。

在天津汉奸群体中与日本关系最为密切的当属方若。清末,方若曾避难日本领事馆,担任日本领事馆主办的《天津日日新闻》社长,又娶领事馆职员之女为妻。方若还曾任日租界绅商公会会长。日本领事馆十分倚重方若,历届总领事如船津辰一郎、吉田茂、有田八郎、桑岛主计等到任时必到方宅拜访方若。② 日本军政人员来津调查,有关社会情况访问方若。方若与日本居留民团长臼井忠三关系最为密切,经常相互交换中日人民的社会动态,协商有关日租界治安问题。日本天津驻屯军司令官到任时,也先拜访方若,遇事由参谋与方若联系。日本天津驻屯军每逢日本国庆或天长节举行阅兵典礼,均请方若参加,而此项礼遇并非一般官员富绅所能享受。③ 媒体报道:"天津媚日最有历史的方药雨。方逆能得日方欢心的原因,是远在日本人天津圈划租借地的时候,把一部

---

① 天津市档案馆编:《日本在津侵略罪行档案史料选编》,天津人民出版社,2015年,第659页。
② 张同礼:《我所知道的方若》,载中国人政治协商会议天津市委员会文史资料研究委员会编《天津文史资料选辑》第18辑,天津人民出版社1982年,第198页。
③ 同上,第199页。

分私有的地皮,献与了敌人,所以他受过日皇的嘉奖。从前的日寇长官们,没有不对他另眼看待的。他创刊《每日新闻报》,为敌人作应声虫,鼓吹背叛祖国的言论"。① 虽然战后方若供称:"与特务机关雨宫巽及市府顾问丸茂籐平意见不合,常常争吵,被这两个人骂我为最不听话的老头"。② 这或许确有其事,但是就一些具体问题的争执,对其汉奸的定罪毫无影响。张同礼曾言道:"日本人把方若看成自家人,看温世珍不过是临时雇用的奴仆而已"。③ 给方若贴上卖国求荣的标签,应该不为过。

其二,双方的合作。

一些汉奸在维护日本殖民统治方面功劳颇大。陆一鹏向高田宪兵报告过关于国共两党的情报,并搜集共产党宣传品,有《小公报》《红旗壁报》各种传单。④ 1937年,陆一鹏和时苗抓捕了一名抗日保安队士兵冯某。1938年1月,在日租界德义楼,与日宪兵高田抓捕一个共产党宣传员夏墨毫,后送至北平。⑤ 王少卿负责调查日租界各政党团体活动的情形,以及报告一般经济状况,并监视日界内各种集会活动。他还办过几个共产党嫌疑的案子。⑥ 王少卿还协助日本人审讯荣常安。荣常安是中央调查统计局职员,于1940年7月17日在天津被日本警察署的特务逮捕。审讯时,王少卿用一个藤棒打,将其打昏过去,并说不该和日本人捣乱,应当做顺民。

---

① 哈公:《方药雨狱中画乌鸦》,《海风》1946年第23期,第2页。
② 天津市档案馆编:《日本在津侵略罪行档案史料选编》,天津人民出版社,2015年,第690页。
③ 同上,第200页。
④ 同上,第840页。
⑤ 同上,第842页。
⑥ 同上,第816页。

他逼荣常安把工作组织情形向日本人说出。① 台湾人苏东曾是日本驻津花园宪兵队翻译。1940年3月,他曾刑讯国民党特工张文贵等。②

1941年,国民党特工纵火焚烧日本宪兵队的仓库,被高长清发觉,率众扑灭。仓库内有军装、面粉、纸张、日用品等,皆赖以保全。为此池上队长下手谕,奖励其另加一个月饷金。③ 自1942年开始,高长清任宪兵队情报员,"供给情报与川端、山川、大久保、上田等,其中以供给与川端之情报较多"。④ 高长清还协助日本宪兵逮捕抗战人员。日本宪兵吉田自唐山到天津办案,逮捕八路军采买王小眼,将王暂押高长清家的地窖里一夜。1944年,高长清从南市清和大街小店内逮捕八路军采买王从善,将其暂押其家地窖下。审讯时王从善不肯招认,高长清给他灌凉水,用火筷烫。1943年,有持唐山日本部队身份证的国民党特工潜入天津市活动,高长清协助日本宪兵,当场击毙2人,逮捕4人。1944年3月,高长清还逮捕过国民党特工徐长海。徐长海负责向各学校宣传抗日,在天津市河北区复兴栈被捕。6月,逮捕抗日放火的特工李广义、苗秀生。⑤

其三,汉奸的消极抵制。

天津沦陷后,何庆元担任扶轮中学校长,遭到国民党特工的狙击。在接到伪教育局长的任命时,何庆元征求国民党天津教育负

---

① 天津市档案馆编:《日本在津侵略罪行档案史料选编》,天津人民出版社,2015年,第817页。
② 天津市地方法院及检察处:《函件收条河北天津地方法院缴纳诉讼存款之收款证》(1948年7月),天津市档案馆藏,44-2-289-242366。
③ 天津市档案馆编:《日本在津侵略罪行档案史料选编》,天津人民出版社,2015年,第828页。
④ 同上,第826页。
⑤ 同上,第827—828页。

责人张卓然的意见,并表示:"设法维持事变前之教育;极力维护旧教育人员。凡敌人所提议合于中国教育法令者推行之,不合者拒绝之,或延宕之"。何庆元拒绝及延宕日伪法令的具体事实为"拒绝检定教员,虽屡经敌人催促并未实行;拒绝检定私塾;延宕取消市教职员年终慰劳金,此系津市旧例,敌人屡提议取消,延宕未能施行;拒绝敌人教员在各校干涉校政;拒绝新民会以学生青少年团名义,利用学生迎送当时伪长官;延宕敌人所提议之学生勤劳奉公;拒绝检查各校图书馆书籍;宪兵常利用不良学生在各校充秘密侦探,扰害学生及教师,设法铲除之"。何庆元的幸运之处在于伪临时政府有令"一切法令除有碍邦交者外,均按旧法令施行"。① 这为何庆元延宕日伪政府的法令和政策提供借口,对于伪市府要求何庆元加入新民会一事,也一直拖延未加入。

沦陷时期,日军军用汽车在马路上横冲直撞,轧伤行人也毫不顾及。担任外事室主任的刘孟勋称:"目睹津市敌人横霸,殊觉痛心",遂向温世珍建议"日本人如此横行,我等岂能坐视不理",温世珍遂"向日军处理交涉,始允改善"。刘孟勋声称:"此类之事颇多,亦均一一努力与敌抗争,有的部分可以达到胜利,有的完全被敌拒绝"。② 日军曾以青年会与美国人有关系,一定要封,在刘孟勋的要求下,伪市长及警察局长与日本人交涉,结果未封。③ 刘孟勋所言非虚,但无法判断其在上述问题的解决过程中究竟起到多大作用。以查封青年会为例,当时日本之所以未封,与日本忌惮美国有很大关系。

---

① 天津市档案馆编:《日本在津侵略罪行档案史料选编》,天津人民出版社,2015年,第612页。
② 同上,第625页。
③ 同上,第628页。

方震甲也曾抵制过日本人的要求。在租界内有《小公报》《小益世报》登载不利于敌伪的新闻及抗日宣传文字。1938年1月,日本宪兵队逮捕约八九个报童,送地方检察处,方震甲对地方法院日籍顾问原宪治说:"依照中国法律,未满十四岁年龄者不负刑事法律责任,此辈报贩皆为未满十四岁之儿童,依照中国法律,危害民国者治罪,未闻有危害邻国者治罪,最好请您转送宪兵队不要乱抓人,此辈孩童本人当依照中国法律将其释放"。① 后方震甲将这些报童释放。另外,因一名被告妨害公务,法院传服务于日本宪兵队的曾和笙到庭,他凭借日寇势力蔑视法院,无理取闹,被方震甲扣押起来。方震甲派法警调查被告,并无妨害公务行为的证据。曾和笙被拘押后,日本宪兵队要求法院放人,方震甲予以拒绝,随后下过处分才放他回去。② 上述案件法院有案可查,并非虚构。

王锡文延宕过日伪筹建华北有价证券交易所的要求。沦陷时期,王锡文任金城银行经理、天津银行公会会长等职。1943年春,日本驻天津商务领事加藤和日本驻华大使馆金融课长三井与王锡文商议,在天津成立证券交易所。王锡文婉言谢绝日方的要求。1944年12月,华北经济总署指令天津、北京、济南、青岛四省市共同集资2 000万元,在天津组建华北有价证券交易所,以引导游资投向证券交易,减轻对黄金、棉纱、大布的投机压力,抑制物价上涨,以安定人心,实现维护统治之目的。王锡文被指定负责筹组华北有价证券交易所。鉴于伪经济总署指令下达,四省市都希望王锡文出面应付这一难题,汪时璟还不时来津催促,此时王锡文虽然

---

① 天津市档案馆编:《日本在津侵略罪行档案史料选编》,天津人民出版社,2015年,第780页。
② 同上,第781页。

顾虑重重,但不得不于1945年初开始筹备。交易所地址定在解放路金融一条街附近原六国饭店旧址,以1 200万元将全部房地产权、家具设备购买过来。选址确定后,自1945年3月开始招标改建。此时国际局势发生巨变,苏联红军攻克柏林,日军在太平洋战场屡屡败北,美军飞机不时对沦陷区进行侦察和轰炸。国际局势的变化使王锡文对筹办证券交易所一事十分消极,其他四省市此时也不愿过问,再加上原材料涨价,时常停工待料,难以如期完工。在汪时璟多次催促下,王锡文借口工程未完,无法开业,进而一再拖延,直至1945年8月15日日军宣布投降。①

汉奸中不乏出于自我保护或是民族意识,与国民党特工保持联系,为其提供掩护。何庆元任伪教育局长后,张卓然要求他"尽量抵制日方奴化教育方针、政策、措施,并随时转告我;保护教育人员,如有教育人员因抗日嫌疑被捕,设法营救;介绍几人到教育局及学校任职,如能接受,我报请教育部作为协助抗战人员予以备案"。②何庆元允诺,在任期间向国民党提供了一些敌伪教育方面的情报。张卓然对何庆元的工作较为满意,并将情况报告给教育部长陈立夫。后来此事被敌宪兵队侦知,何庆元于1944年3月20日被捕,4月11日转送北平敌军法会,在宪兵队狱中辞去教育局长一职。③

---

① 刘续亨:《我所知道的华北有价证券交易所》,载中国人民政治协商会议天津市委员会文史资料委员会编《天津文史资料选辑》2004年第4期,天津人民出版社,2005年,第33—35页。
② 张卓然:《天津沦陷后我在教育界的抗日活动》,载中国人民政治协商会议天津市委员会文史资料研究委员会编《天津文史资料选辑》第39辑,天津人民出版社,1987年,第90页。
③ 天津市档案馆编:《日本在津侵略罪行档案史料选编》,天津人民出版社,2015年,第612页。

商会会长刘静山曾掩护国民党地下工作人员。1939年8月，何专员、贺翊新授意刘静山去当商会会长，以便掩护地工人员。①贺翊新与王易门、李念周是亲戚，王易门、李念周和刘静山是最好的朋友。贺翊新在天津做地下工作时，所有工作人员赴上海均由刘静山的商号（华胜号、祥泰义、同和兴）出具声请，由商会发给证明。他们经费汇不来时，亦由刘静山接济联币4万元。②

（五）汉奸的两面性

1. 善举

其一，营救抗战人员。

1944年3月，因达文中学校长谭冠俊与重庆政府有联络，并送学生去大后方，被日本宪兵队逮捕，伪财政局长张同亮予以营救。此种事实已有谭冠俊本人具状在卷。③伪商会会长刘静山营救林墨农、王硕芬、郭宁然、郭慧彩、罗宗雄、罗宗英等七人脱险。林墨农是办小报做宣传的，王硕芬是抗团，郭宁然、郭慧彩等是给中央通情报。④刘孟勋掩护过国民党地下人员。1940年，军统特工张松涛从山西到天津，在刘孟勋家中住了一年多。虽刘孟勋并未直接协助抗战，但抗战人员在其家中居住，他未予检举，也算是做了一件有益抗战的好事。刘孟勋的朋友何汝基是国民党地下工作人员。何汝基被日军捕获后，刘孟勋费了很大的事才将其保释出来。何汝基的工作已失败被捕，刘孟勋虽然也不能算协助抗战，但在当

---

① 天津市档案馆编：《日本在津侵略罪行档案史料选编》，天津人民出版社，2015年，第623页。
② 同上，第621页。
③ 同上，第620页。
④ 同上，第624页。

时严峻的情形下,许多人不敢说话,他说话也很危险。①

天津抗团成员屡遭日军搜捕。军统局天津站行动组长裴级三被捕后叛变投敌,将抗团成员曾澈出卖,把所有抗团活动及联络地点告知日本宪兵队。日伪警察捕获张树林、陈肇基、刘清和、华道本,四人分别用两副手铐铐着。当日本宪兵上楼搜查时,具有爱国心的伪警察提供方便,放四人逃跑了。② 这些警察虽然在伪政府任职,但他们还是有爱国心、正义感的。

其二,协力抗战。

抗战后期,有些汉奸眼见日本殖民统治行将就木,转而积极参与国民党的地下工作。1945年初,在国民党特工李曜的反复劝说下,伪工务局长姚一新答应为国民党服务。姚一新联络伪警察局刘宝璋、朱学芳等人,企图逐渐培植势力,准备在中国军队反攻时由内呼应。8月15日,日本无条件投降,天津日军态度不明,伪市政府、伪警察局的地位举足轻重。国民党特工以日本驻军态度不明未便公开活动。姚一新奉命到伪市政府面见周迪平,并会见伪警察局长庆超,劝其知晓民族大义,向国民党投诚。在当时形势不明朗的情况下,姚一新在国民党特工与日伪政府之间起到了牵线搭桥作用。此外,姚一新还供给其叔姚祖光(河北省冀县书记长)以生活费,俾使充分活动。并给市党部李委员处供给情报。③

李鹏图也做过有益抗战的工作。他接济过工商学院及辅仁大

---

① 天津市档案馆编:《日本在津侵略罪行档案史料选编》,天津人民出版社,2015年,第634页。
② 张世一:《抗战期间天津的抗日杀奸团》,载中国人民政治协商会议天津市委员会文史资料研究委员会编《天津文史资料选辑》第39辑,天津人民出版社,1987年,第69页。
③ 天津市档案馆编:《日本在津侵略罪行档案史料选编》,天津人民出版社,2015年,第637页。

学的学生3万元,有魏宗华、李汝林、夏文彬、谷芳贤等有志之士,往内地由西安转赴昆明。李鹏图还掩护过国民党九十六军情报组长冲成有。冲成有在平津工作,在李鹏图家中居住,常穿着李的制服往返平津。豫湘桂战役前,李鹏图得到日军重要军事消息,即向其报告,由冲成有转报其司令部。还有中华铁血锄奸团李铁环在天津,李鹏图也予以掩护。① 协助抗战的汉奸和伪职人员不在少数。战后伪组织或其所属机关团体任职人员候选及任用限制办法第七条规定,"依本办法应受限制之人员在其任职期间内曾为协助抗战工作或有利于人民之行为或其职务系专门技术,经证明属实者,得由考铨机关斟酌情形分别缩短或免除其限制年限"。教育局局长郝任夫呈以所属主任科员康成等47员在任伪职期间,确对抗战工作人员时有联系,供给政务情报,并为有利于人民之行为等情,转属依法免除任用限制之年限。②

其三,维护民众利益。

汉奸成立伪政府理应予以道德谴责,但有政府总比无政府好,伪政府统治总比日本直接统治要好一些,至少在平民与日本侵略者之间有一个缓冲。伪政府恢复秩序有利于日本的殖民统治,但在一定程度上对民众也是有利的。天津沦陷后,中国军队走了,日本军队还没有进来,中国警察也不见了,天津成了"真空地带",于是出现了抢掠。几个暴民带头一抢,一些人也跟着趁火打劫,捡便宜。大经路择仁里一带,有的住户院中无人,给暴民可乘之机。昆

---

① 天津市档案馆编:《日本在津侵略罪行档案史料选编》,天津人民出版社,2015年,第688页。
② 考试院河北山东考铨处:《关于免除天津市教育局留用伪职员康成等任用限制年限给天津市政府函》(1948年5月3日),天津市档案馆藏,J0002-3-005753-058。

纬路上,这种人一帮一伙的,带着掠夺的财物往南走。① 随着伪政府建立,秩序逐步恢复,至少这种抢劫、偷盗行为得到控制。

汉奸维护民众利益是在无损日本利益前提下才能实现。温世珍在市长任内,有台湾人和韩国人强占民房事件,经温和柴山交涉均予制止并遣送回国。② 姚一新在力所能及的范围内为民争利。如日军要占地作飞机场,由多占交涉为少占,由无代价交涉为有代价,交涉为老百姓争取到了实际利益。日军在天津调查物资,征用自行车等,交涉后强征数量有所减少。③ 在伪市长潘毓桂任内,有一种学款拟予没收,经张同亮反对而得维持保全。日本人要统制天津市粪业,经张同亮竭力阻止而未实行,从事此行业者蒙受其利。④ 天津沦陷后,很多难民沦落街头,亟待救助。赵聘卿称:"天天饿死人很多,大街常见倒卧"。赵聘卿联络龚仙舟、吴秋舫、靳冀青、张坚伯、鲁润田等天津市各界人士组织急赈会,彼时粮价尚不甚贵,救活数万人之多。⑤ 伪政权办理的救济事业,对于暂时维持市民和难民生活起了一定作用。汉奸受到日本人的严密控制,决定了在维护民众利益方面的无力与无奈。1945年春,日军在天津强征自行车。长城公司到各家搜查,有就用汽车装走,后又到五金行去装货。邸玉堂找日本军部的野奇,试图对此有所限制。野奇说受军部命令,交涉毫无结果后找市府警局等交涉,又找联络部交

---

① 阿凤:《沦陷生活见闻录》,载中国人民政治协商会议天津市委员会文史资料研究委员会:《沦陷时期的天津》,天津静海县印刷厂,1992年,第215页。
② 天津市档案馆编:《日本在津侵略罪行档案史料选编》,天津人民出版社,2015年,第609页。
③ 同上,第637页。
④ 同上,第620页。
⑤ 同上,第649页。

涉，但仍照常拉，总共拉去有数千辆。① 面对日军的强征，为维护行业利益，邸玉堂使出浑身解数，仍交涉无果，最后只能顺从。

2. 作恶

其一，协助日本的侵略战争。很多汉奸都曾在报纸、广播中演讲，为日本的侵略战争、殖民统治摇旗呐喊。伪市长张仁蠡在报纸上号召"集国民物心总力完遂大东亚战争"。② 1944年4月，姚一新在《大天津月刊》上发表感想称："盟邦日本返还在华专管租界，真使中国民众无限感激，无限感奋"。③ 1939年7月，《庸报》刊载李鹏图的《兴亚纪念周感言》，其中有"中日提携、经济合作"之词。1942年3月，以《新加坡陷落》为题在电台广播，讲词中有"新秩序之最大障碍则为匪共，应切实协办灭共"。或许确如李鹏图所言"题目是经伪市府拟订好的，稿子也是由秘书做好，不过担当该职务关系为环境所迫而去演讲"。④ 此举客观上确实起到蛊惑人心的效果。1940年，张圭颖创办的《银线画报》刊登为敌宣传的文字和图画。张圭颖虽声称："日本报道部曾申斥该报不协力宣传，如不刊登，即不能存在"。⑤ 即使因受到日本的胁迫而不得不屈服，但宣传的恶果无法得到宽宥。李星联任职伪津海道尹公署宣传科期间，宣传增产及灭共。增产即促使农村产物增加，灭共是搜集各县匪区情报转报上级机关。李星联承认："增产间接的目的是为集中

---

① 天津市档案馆编：《日本在津侵略罪行档案史料选编》，天津人民出版社，2015年，第646页。
② 《集国民物心总力完遂大东亚战争，天津市长张仁蠡感言》，《新天津画报》1943年第12卷第8期。
③ 天津市档案馆编：《日本在津侵略罪行档案史料选编》，天津人民出版社，2015年，第641页。
④ 同上，第684页。
⑤ 同上，第720页。

食粮,以增强日军作战的力量"。①

日伪政权号召民众向日军献金、献铜铁,直接为日本的侵华战争提供资金、原料。在开展献金、献铜铁的运动中,上自伪政府的市长,下至普通民众,甚至幼稚园的孩童都要献金。伪市公署要求"所有本署及所属各机关公务员,凡薪给在51元以上者一律按原薪额三成为一次献金,并着财政局先行垫解,将来分别扣还"。市民以1人1元为最低额,"凡于本区居住或服务于本区界内者均得献纳"。伪市公署还规定:"各公私立学校,所有校长及教职员均应按照本俸,献纳1%。专科以上学生每人献纳1元,中等学生每人献纳5角,小学生及幼稚园学童每人献纳1角"。天津市民被迫献纳376 000余元。市商会、工厂联合会被迫缴纳献机金125万元;钱业、五金业同业公会缴纳献机金130万元;银行业同业公会缴纳献机金100万元。1941年12月至1944年2月,日军共搜刮铜60多万公斤,铁41万多公斤,锡纸15 000多张。天津伪政权以"军用"名义,强制征用自行车。1942年2月,温世珍一次就向日本特务机关献纳自行车398辆。② 在献铜铁运动中,温世珍不仅动员伪市公署全体人员努力捐献,并要求各局处办公室把铜铁物件全部收集起来,甚至办公桌上的铜墨盒、钢笔架也都悉数收去。全市机关、企业、住户的铜招牌、铁门窗、铜香炉、蜡台器物都被囊括而去。由于伪警察、保甲借机苛扰,后来又演至折价献铜的勒索,闹得人

---

① 天津市档案馆编:《日本在津侵略罪行档案史料选编》,天津人民出版社,2015年,第778页。
② 黎始初:《日本侵华时期的天津傀儡政权》,载中国人民政治协商会议天津市委员会文史资料研究委员会编《天津文史资料选辑》第39辑,天津人民出版社,1987年,第102页。

心惶惶,怨声载道。① 焦世卿言道:"向日军献金是被逼迫献出的"。② 焦世卿所言非虚,但这不能成为其脱罪的缘由。

有些汉奸搜集情报供给日军,并协助日本特务逮捕国共特工。沦陷时期,张鸿滨任日军广田部队翻译,在天津山西路检查口服务,借端诈取商民财物,并供给敌人情报。③ 七七事变后,王德春充任伪天津特高科长,后调升静海县长,在职期间敲诈商民,并供给敌人情报。④ 1942年10月,王德春会同薛铁铭、王鸿霖等伪警察局特务,协助日本特务,在天津市西北城角捕去国民党地下工作人员李文斋、王坦,继在茶店捕去隋润陶。同月又将赵怪、崔维疆、刘中和、徐明远、杜金荣等五人拘捕带局,用严刑审讯后,解往北平日寇军法会各判有期徒刑。⑤

其二,贪腐、敲诈。汉奸之中敲诈勒索商民的为数甚多。以鲍馨远和高长清为例,鲍馨远敲诈、勒索事实如下:1941年,伪天津警察局一分局侦察组长张汉臣向戏园业公会、旅栈业公会接洽,每月各送500元,由鲍馨远和张汉臣均分。1942年4月,天津海光寺宪兵队捕获十余家土药店老板,同顺昌的冯杏林送1万元,请托鲍馨远找池上放出。1941年,面食业公会送5 000元。1940年10—12月,土膏店公会每月送600元。经伪天津警察局一分局局员刘云扬接洽,自1940年11月东兴房产公司、荣业房产公司每月送500元,土药公会送1 000元,名为津贴办公费用,大部分由鲍馨远和刘

---

① 张同礼:《汉奸市长温世珍的丑行》,载中国人民政治协商会议天津市委员会文史资料研究委员会:《沦陷时期的天津》,天津静海县印刷厂,1992年,第82页。
② 天津市档案馆编:《日本在津侵略罪行档案史料选编》,天津人民出版社,2015年,第652页。
③④⑤ 天津市地方法院及检察处:《函件收条河北天津地方法院缴纳诉讼存款之收款证》(1948年7月),天津市档案馆藏,44-2-289-242366。

云扬均分"。这些仅是其记起来的,正如其所言"尚有此类之事,因年久事多记不清"。① 高长清敲诈、勒索商民事实如下:1945年,鬼市收买赃货的头目小五每月送5 000元。1945年,高长清向在西广开做牛皮生意的4家商户勒索万余元。赵义卿因八路军嫌疑被日本宪兵逮捕,经高长清说合放出,送3万元,类如此事凡三四起。法租界六号路有一棉纱庄,因储存棉纱担心高长清向日本宪兵举报,送2.5万元。② 除此而外,高长清还凭借日本势力欺压民众。市民张继和在永兴里三号的房子原为皮货商张信五租住。1943年夏,高长清偕同日本宪兵上田曹长将张信五撵走,并由其强租。双方并未签订租用合同,张继和畏其势,两年未敢收取租金。1944年,高长清拟接办张继和的北马路龙海浴馆,因未获允准而触怒高。高长清之弟高长有在日寇高山处当侍役,借检查私枪为名,屡次至张继处敲诈勒索。③

高长清与鲍馨远是敲诈、勒索商民的典型代表。其他汉奸也不同程度的有种种劣迹。高玉璞勾结伪警察局局长阎家琦巧立名目诈取钱财。高玉璞自七七事变后充当伪铁路局别动队队长,在天津西开南墙子内广场一带,向所有摊贩每日每摊暴敛10元。西广开广场共有摊贩3 700余处,每日敛洋37 000余元,并称所收之款除开支外,余作日本献金之用。④ 1941年,刘峻鸿、王学孔充任日本宪兵队岩内队长的特务,藉势将静海县大庄子村王姓男子

---

① 天津市档案馆编:《日本在津侵略罪行档案史料选编》,天津人民出版社,2015年,第802页。
② 同上,第828页。
③ 同上,第830页。
④ 天津市政府:《西广开摊贩呈控高玉璞仗日伪势力强敛地皮税》(1945年至1946年),天津市档案馆藏,2-2-1-36。

严刑拷打,诈得巨款,复行枪杀身死。又以赵齐庄姜保长、刘祥庄刘保长、应家庄崔保长通八路为名,严刑毒打,各敲诈数万元或数千元不等。① 刘庆祥不仅勒索民众,且打击报复曾得罪过自己的亲戚。刘庆祥恐吓唐祖光"说其有枪不献,说是日本要抓"。唐祖光害怕刘庆祥的势力就将枪交给他,同时刘庆祥还向唐祖光"索要 1 万元,结果得到 3 000 元"。② 刘庆祥与薛占文是姑侄关系,与王克明系表兄弟关系。全面抗战爆发前,刘庆祥充任警察,薛占文告过他。1940 年,刘庆祥将薛占文拉进宪兵队。后来的情况薛占文指控称:"说我不是好人,随后就打我,将我打了三个死,将我押到看守所。不多时将王克明又弄来,也将他打了几个死,用开水浇他的头,打完了也押起来"。③ 刘庆祥明显有借助敌伪势力报复他人的嫌疑。

其三,迫害同胞。天津沦陷后,李春贵充任日军清水部队特务,至日本投降为止。1944 年 4 月 4 日,李春贵因与大沽镇王学洲有隙,诬其为国民党地下工作人员,率日本宪兵前往逮捕未果,乃将其店内管账人赵志臣带走,迫令交出王学洲,屡施非刑,致保释后不久身死。又勾结日本宪兵没收冯相臣麦子 14 件。④ 范志平是伪天津特别市警察局外事警察,常在日本宪兵队出差,负责检查信

---

① 天津市地方法院及检察处:《函件收条河北天津地方法院缴纳诉讼存款之收款证》(1948 年 7 月),天津市档案馆藏,44-2-289-242366。
② 天津市档案馆编:《日本在津侵略罪行档案史料选编》,天津人民出版社,2015 年,第 774 页。
③ 同上,第 771 页。
④ 天津特别市政府:《财政局收到本会发交日军部捐赠赈款洋 33620 元收据一纸》(1937 年 9 月),天津市档案馆藏,1-3-2-254。

件,冀搜情报,在职期间凭借敌伪势力任意欺压民众。① 袁无为充任伪河北省塘大警察局第一科科长,率队拘捕国民党地下工作人员曹镇华,解由日本宪兵队酷刑致死。袁无为离职到天津后,任海光寺日本宪兵队情报员,陷害爱国志士冯贯一。②

其四,刺杀爱国志士。日伪特务对抵制日本侵略的爱国志士实施暗杀。不少爱国人士惨遭毒手,赵君达就是其中一位。实施暗杀的是何绍周、王金舫、魏文汉,三人均是天津日本宪兵队特务,在特一区静远里特务班服务,从事供给敌伪情报、消灭抗日志士的勾当。魏文汉于1938年,随同何绍周、王金舫,在天津旧伦敦道附近,将天津市私立耀华学校校长赵君达刺杀。英租界工部局警察当场将魏文汉、何绍周捕获,王金舫潜逃。后何绍周在狱中病故。太平洋战争爆发后,日军强占英租界后,将魏文汉释放。③战后经审讯,魏文汉供认:"打死赵君达是受李殿臣主使,许给三个人1万元伪联币的好处"。④

其五,征调妓女。汉奸的一大罪行是征调妓女慰劳日军。据乐户事务所主任干事刘静波供称:"1945年日军要妓女慰劳日军,要过两次。第一次全市出25人。乐户有一总会,九个分会,是由总会分派。第二次由防卫司令部慰安所办事处来办,王士海是所长"。⑤征调的妓女被送到东站慰劳会馆,会馆在东站项家胡同,日

---

① 天津市地方法院及检察处:《函件收条》(1946年8月),天津市档案馆藏,44-2-289-242363。
②③ 天津市地方法院及检察处:《函件收条河北天津地方法院缴纳诉讼存款之收款证》(1948年7月),天津市档案馆藏,44-2-289-242366。
④ 天津市档案馆编:《日本在津侵略罪行档案史料选编》,天津人民出版社,2015年,第876页。
⑤ 同上,第809页。

本军人随便去。征调的妓女不给钱管饭，每月1袋面，因为伙友及妓女家属没法生活，每月补助他们5万块钱，去了一个月全回来了。① 征调妓女之时，流弊百出。王士海领导的别动队办理征集妓女献纳日军时，在南市一带有良家妇女被强迫征发之情事，致社会舆论哗然，一般良民惴惴不安。②

王士海还以代谋职业为名，将女佣工介绍所30岁以下的妇女骗走，由华北交通株式会社调动车辆运到涿州、良乡、房山县等日军驻地，献给日军蹂躏取乐。王士海与天津乐户业同业公会理事长李万有勾结，强行抓掳妓女慰劳日军，曾几次把成批妓女送往日军营地。仅1943年12月1日一次就掳走137人，全部运往遵化县。③ 除此而外，日伪政权还征调妓女赴山东、河南等地慰劳日军。

其六，征发劳工。全面抗战时期，日伪征调劳工服务于日军的生产及军事设施建设。日军侵占华中后，徐州、连云港连接南北交通，成为军事重镇。日本成立港湾工程处，修码头、造船坞、筑营房、建仓库，急需大批劳工。1944年，王士海招募约300余人去连云港修铁路、码头。④ 王士海派出别动队到农村招募劳工，始则诱骗，继而胁迫，最后将青壮年强行绑掳，有如押解犯人一般，把一批

---

① 天津市档案馆编：《日本在津侵略罪行档案史料选编》，天津人民出版社，2015年，第810页。
② 王凯捷、杨厚：《日军在天津强征中国妇女充当慰安妇的档案资料》，载中国社会科学院近代史研究所近代史资料编辑部编《近代史资料》总94号，中国社会科学出版社，1998年，第9页。
③ 李树菜：《为虎作伥的青帮恶霸王士海》，载中国人民政治协商会议天津市委员会文史资料研究委员会编《沦陷时期的天津》，天津静海县印刷厂，1992年，第187页。
④ 天津市档案馆编：《日本在津侵略罪行档案史料选编》，天津人民出版社，2015年，第732页。

又一批的华工用闷罐车运往徐州、连云港。山东禹城人杨二虎来天津买菜籽，甫下火车便被王士海的别动队抓走。杨父闻讯，哀求王士海放回杨二虎，遭到蛮横刁难，气急之下精神失常。① 1942年8月，警察局郭奉孝抓捕苦工送大连王庄日军部队作工，共抓过四五次，每次十余人送保安科再转日军部队工作。② 汉奸将逮捕的抗日嫌疑人员充作劳工供敌驱使。1942年，高长清自南市德源饭店内抓来八路军4人，还有别的饭店抓过抗日嫌疑等共有十几人，都送出关外作劳工。③

战时，有些汉奸作恶多端。谢龙阁"强迫收买津市周边农民土地，招募华工赴东北，与陈坤元勾结私运烟土，供与日宪太田情报"。吴宁靖在侦缉队时"剥削商民；捕获国民党员牛绩庆，在天津望海楼教堂内经审讯后送日宪；以田树雨的《治新日报》曾印刷抗日文字，没收其财产；抓捕报贩送宪兵队，因他们贩卖《益世报》"。④ 死心塌地效忠日本的汉奸究竟占多大比例，很难判断，但确有不少汉奸一方面为日本的侵略张目，同时也在协助抗战。全面抗战爆发前，阎家琦任天津警察局第一分局局长。天津沦陷后，阎家琦应日本宪兵司令藤井大佐之命，出任伪天津市警察局第一分局长，旋调伪警察局督察长。1939年春赴日本考察，返津后任伪天津市警察局长。1941年，阎家琦组织天津献铜、献金、献机委员会并兼该会副委员长，负供给日军军用品原料之责，1944年5

---

① 李树棻：《为虎作伥的青帮恶霸王士海》，载中国人民政治协商会议天津市委员会文史资料研究委员会编《沦陷时期的天津》，天津静海县印刷厂，1992年，第188页。
② 天津市档案馆编：《日本在津侵略罪行档案史料选编》，天津人民出版社，2015年，第676页。
③ 同上，第828页。
④ 同上，第719页。

月,阎家琦在天津强迫征送妓女200口,送往河南慰劳日军,并征募劳工500名。① 阎家琦任职期间供给敌人情报,逮捕杀害地下工作人员,并设置物资检查站,严禁敌伪物资出口等,可谓罪行累累。1944年,阎家琦倒向国民党,军统局张建中与之联络,使其再操警权以便准备反攻实力,掩护青年,协助策反工作。后张建中与内地失去联络,无经济来源。阎家琦除协助进行工作外,按月接济生活费等。日本投降后,阎家琦在维持津市治安方面,做了一些工作。

从对天津汉奸群体的分析可知:1. 战时天津汉奸群体呈现复杂面相。除少数死心塌地为日本服务的汉奸外,不少人实际上是两面人,一方面为了维持生存需要,不得不替日伪政权工作。同时由于民族意识及固有道德观念的束缚,又为国共地下人员提供便利和保护。2. 天津汉奸有不少是受过教育,甚至有留学经历。那些有留学日本经历,与日本人关系密切或是懂日文的汉奸受到重用的几率较大。3. 汉奸投敌后心态是复杂的,由于受到社会舆论压力,汉奸会寻求自我的精神安慰,以抵消投敌后紧张不安的情绪。正是由于此种心态使得在面对国共抵抗力量的时候,他们往往处于游移的状态。

全面抗战时期,担任大小伪职者是一个数目不小的群体,但真正甘心附逆、卖国求荣者毕竟是少数,而内外不一、沉默顺从,时有协助日伪工作者则属多数,不能简单以汉奸论之。伪职群体在维护日本对沦陷区的统治方面起到了极为重要的作用。汉奸的行为理应受到道德谴责,但对伪职人员的认识应打

---

① 天津市地方法院及检察处:《函件收条》(1946年8月),天津市档案馆藏,44-2-289-242363。

破以往那种单一、片面的认知，须更加全面客观地看待这一群体的复杂面相。

战后，惩治汉奸是国民政府重树政治权威和政权合法性的有利契机。在舆论和现实需要的考量下，各级地方政府展开了检举、逮捕、审判汉奸的运动。检举使汉奸无处遁形，但也存在误会、挟私怨报复的问题。逮捕和关押汉奸中出现肃奸机关之间的矛盾，凸显国民政府各机关之间互动的欠缺。在天津汉奸审判过程中，存在判刑较轻、司法不公等问题，但不可过于苛求。战后初期，国民政府不会将审判汉奸放在一个重要位置。秩序的重建与经济的恢复、发展才是国民政府的急务。国共内战以及国统区经济的崩溃无疑对惩治汉奸产生重大影响。总体而言，天津地区的汉奸审判存在瑕疵，且与中共的惩治汉奸的迅速与果断相比，显然处于被动状态，但不可否的是，审判过程基本按照相关法律的要求进行。

在天津惩治汉奸进程中，作为级别最高的伪市长受到的惩处都比较重。周迪平经冀高院一分院二度审讯后，被判处"有期徒刑十二年，褫夺公权十年"。① 温世珍经冀高一分院判处死刑。② 1947年5月15日，冀高院判处张仁蠡无期徒刑。③ 潘毓桂首次被首都高等法院判处无期徒刑，声请更审后，第二度覆判，改处死刑。法官指出潘毓桂罪行：迭查证件，发觉你以很多国家资产贡献敌人，罪恶昭彰，特改判死刑。④ 不过，直至国民政府败退台

---

① 《汉奸案子》，上海《大公报》，1946年8月9日，第2版。
② 《军事巨奸杨揆一等三逆，昨在京执行枪决，齐逆燮元审讯终结死期不远，老牌汉奸殷汝耕定后日公审》，《申报》，1946年6月25日，第1版。
③ 《张仁蠡处无期徒刑，冀高院昨在平宣判》，天津《大公报》，1947年5月16日，第3版。
④ 《潘逆毓桂，改判死刑》，上海《大公报》，1948年3月19日，第2版。

湾,温世珍和潘毓桂的死刑都未执行。除伪市长外,其他被法院认定为有汉奸嫌疑的伪天津市政府的官员,被判处年数不一的有期徒刑或无期徒刑。

经过多部门的协作,天津市主要汉奸均已落网,但仍有不少汉奸逃亡各地,改名换姓,隐匿民间,导致无法对其进行审判。截至1947年4月,天津仍有统计在册的59名汉奸在逃。[①] 天津对汉奸的审判存在缓慢、判刑不重的现象。河北高院第一分院自1945年底开始审理汉奸案件,直至1948年还未审结完成,拖延2年之久,足见审奸之缓慢。从天津汉奸的判刑情况看,几乎没有死刑,即使有也一直未予执行。多数汉奸被判处刑期较短的有期徒刑。此种情况并非天津独有。1946年,山西"捕奸仅二三百起,漏网之汉奸为数极众,已捕之汉奸判刑群认太轻"。[②] 从司法行政部公布各省法院处理汉奸案件来看,截至1947年4月底止,就人数言,检察院经办汉奸案件,起诉22 742人,不起诉13 342人;审判方面,科刑10 818人,判决无罪3 880人,科刑之中判处死刑272人,无期徒刑731人,其余判处有期徒刑年限不等。[③] 从天津审奸的情况可以体察到国民政府惩治汉奸的基本态度。审判汉奸面临证据搜集难的问题,这就需要政府进行详细调查,但是沦陷八年,担任伪职的人数实在庞大,而战后国民政府各级政府面临纷繁复杂的政治局面,加之实行全面调查势必需要大量资金和人力,对国民政府而言显然是不切实际的。

此外,对于曾担任伪职人员的处置,天津市政府采取限制留用

[①]《在逃汉奸五十九名》,《益世报》,1947年4月5日,第2版。
[②]《山西汉奸漏网者多,逍遥法外并伪称抗战人员,已捕者判刑太轻激起公愤》,天津《大公报》,1946年10月16日,第4版。
[③]《各省处理汉奸案件统计》,《法学月刊》1947年第2期,第70页。

的举措。截至1946年8月底,天津市政府及各局处附属单位留用人员有案可稽者计荐任55人,委任1 166人,雇员200人,总计1 421人,约占全数1/3弱。① 市长张廷鄂认为"留用人员,均属优良安分,不只将伪组织时之公物文件保存无遗,且于接收后十个月过程中,勤劳奉公,协力接收工作,愿为得力"。据此,张廷鄂"将天津市留用之伪组织公务员经过,分电主席暨行政院,请淮免除其限制,以示体恤,而利公务"。② 接替张廷鄂任市长的杜建时对"市府留用旧有人员及后方派来人员合作无间"表示赞许。③ 行政院也认识到"沦陷地区收复后,因交通梗阻,参加复员公务员为数不多,致各机关于接收时,不免留用伪职人员"。④ 一般伪职人员在战后被限制留用,被国民政府认定为汉奸的伪职人员受到不同程度的惩处。

　　日本侵占天津后,采取的统治方式,既不像伪满洲国那样,由日本人担任伪政府的官职,进行赤裸裸的殖民统治,也没有像占领南京城那样,实施大屠杀的血腥暴行以震慑民众,使其甘当其统治下的顺民。因为日本在天津经营多年,具有一定的根基。天津又是中国北方的经济中心,日本企图将其建设为侵略华北乃至中国的战略后方基地,所以日本对天津的统治相对要"温和"得多。日军中将土桥一次曾说:"有关维持治安之各项工作,并非仅依靠日

---

① 天津市政府人事处处长张锡羊:《为报告府内留用伪职人员数量事致张市长的呈(附数目表一份)》(1946年8月31日),天津市档案馆藏,J0002-3-006042-008。
② 《政院令"伪职员"停职,张市长覆电请体恤,去年由渝来津者仅十人,留用职员优良安分颇为得力》,天津《大公报》,1946年8月23日,第5版。
③ 《复员一周年,市政府检讨工作,警察局督察长孙飞提建议,各局工作人员应该到市区偏僻部分去巡视下层社会的情形》,天津《大公报》,1946年10月4日,第5版。
④ 国府行政院长宋子文:《为查报留用伪职人员情形及其人数与籍贯事给天津市政府的训令》(1946年10月15日),天津市档案馆藏,J0002-3-005310-013。

本军自身的行使武力所能完成,只有通过中国政府各机关及民间团体的善意而积极的努力与协助,方能实现其目的"。① 日本在天津网罗汉奸、亲日派,扶植建立伪政权,利用宪兵队、特务机关实施严密的统治,同时在伪市政府中安插顾问,实施隐秘的控制。在日本思想、经济控制之下,伪政权与日军之间虽存在一些矛盾,但双方之间合作是主要的,其傀儡性质暴露无遗。

天津汉奸为数不少,其中不乏为了一己私利,甘心附逆,供敌驱使者。同时有不少是迫于环境,而不得不服务于日伪政权。一部分人在伪政府中任职,获得提拔重用,因职务高,在战后被定性为汉奸。不少被定性为汉奸的人其实并非罪大恶极,不过是为了生存不得不为日伪工作。多数汉奸会受到民族主义意识的影响,存在迷茫、求生、恐惧的复杂心态。不管怎样,汉奸协助日本实现对天津的统治,稳固了日军的后方,对抗战大业产生极为不利的影响,理应受到道德谴责。

伪政权在日本的操控下,建立和强化军警武装,实施高压统治。为控制基层社会,日伪政权先是设立地方辅治会,后又实施区制、保甲制,还利用普通民众组建保甲自卫团,协助其实施社会控制。客观而言,日伪政权既有维护和稳定社会秩序的一面,又有罪行昭彰的一面。天津日伪政权冀望于军警、保甲来控制基层社会,但它却成了基层社会的乱源。大量事实证明,对日伪政权破坏最烈的就是军警、保甲人员、自卫团等,这些人敲诈勒索商民,是伪政权丧失民心的主因。不可否认的是,多数伪职人员并没有勒索敲诈商民之举,但一定数量的保甲人员、警察存在此种行为足以引起

---

① 浙江省档案馆、中共浙江省委党史研究室编:《日军侵略浙江实录(1937—1945年)》,中共党史出版社,1995年,第133页。

民众的不满。日伪政权在保甲编制上投入了大量的人力和物力，为的是从基层汲取资源，支援日本的侵略战争。天津伪政权通过基层组织为日军提供了大量战争资源，同时也因基层人员的不作为而使保甲制并没有达到预期效果。

第三章 天津日伪政权的行政控制与困境

伪政权是在日本主导下建立，傀儡性质使其面临诸多难以克服的问题。这一政权缺乏民意基础，难以得到民众的真正拥护和支持。国共两党有组织的抵抗以及民众自发的反抗活动成为日伪政权的梦魇。日本不断扩大战争规模，在陷入中国战场泥潭之后，又与英美开战，导致中国沦陷区经济持续恶化，给伪政权的存续制造了严重困难。在应对统治困境方面，日伪政权缺少有效地防范措施和根本的解决政策，只能不断强化警察力量，进行治安强化运动，严厉镇压国共两党的反抗活动。伪政权由于自身力量不足，以及缺少民众的支持，其维稳的措施只是徒劳，最终都归于失败。

第一节 秩序重建与全面控制

美国社会学家爱德华·罗斯认为："对秩序统治最严峻的考验，发生在诸如战争状态"，此时"秩序似乎完全是国家和法律的创造物……那里对于控制的需要是最紧迫和持续的"。[①] 随着战争的

---

① [美]E. A. 罗斯著，秦志勇、毛永政译：《社会控制》，华夏出版社，1989年，第2页。

持续和规模的不断扩大,大量的物资被消耗在战场上,为获得补给以维持战争所需,日本不得不通过伪政权加大对沦陷区资源的汲取力度。战争的持续对沦陷区基层社会秩序造成巨大影响,日伪政权不得不强化社会控制来维系其统治。

天津沦陷后,中国军警撤离,天津出现了短暂的无政府状态,社会秩序一度陷入混乱状态。地方治安维持会在日本的主导下迅速组建,并在日军的协助下,很快恢复了天津的社会秩序,一定程度上顺应了市民需要社会安定的心理。在维持对天津统治上,加强警察力量是伪政权的不二选择。仅靠暴力手段无法实现政权的长治久安,为此在强力镇压抵抗力量的同时,日伪政权采取加强新闻检查、强化宣传、改善民生等重要措施,以图铲除抵抗力量生存的土壤。

一、重建秩序

因受抗战态势的影响,中国军队在天津并未与日军进行大规模战斗。中日军队在天津市区的战斗仅持续 1 天,造成市民重伤 3 人,轻伤 6 人,死亡 54 人(军人伤亡在外)。① 战斗时间虽短,受破坏的工厂达 53 家,损失 2 000 余万元。② 市民财产损失严重,亦涌现大批难民。阮士璋随同避难市民逃入租界,携带的两包财物全部丢失,内有经商货款 5 500 元,赤金镯 3 对,金锁片 4 件,金戒指 17 件,衣物 25 件。由河北及城内各处避难民众,经第二区进入英

---

① 中共天津市委党史研究室编:《天津市抗日战争时期人口伤亡和财产损失资料选编》,天津人民出版社,2015 年,第 55 页。
② 罗澍伟主编:《近代天津城市史》,中国社会科学出版社,1993 年,第 637—638 页.

法租界者约数万人。① 英租界工部局的报告中对此亦有反映,"居户因事变突然增多,旋时局虽趋平复,然多数避难住户仍居留本界"。②

中国军警撤离后,天津出现无政府状态。1937年7月30日,全城秩序混乱,治安无人负责,几个暴民带头一抢,一些人也跟着趁火打劫。大经路择仁里一带,有的住户院中无人,给暴民可乘之机。昆纬路上,这种人一帮一伙的,带着掠夺的财物往南走。③ 在新旧政权交替之际,短暂无秩序状态,给不法之徒以可乘之机。作为一个过渡性政权,天津市地方治安维持会应运而生,社会秩序逐步得到恢复。

天津沦陷之初,粮食供应紧张,价格上涨,玉米面每斤28枚铜圆,面粉定价每袋4.8元,而米面铺零售5.2—5.3元。天津地方治安维持会召集米面杂粮商开会,议定玉米每石最高定价6.3元,玉米面每斤26枚铜圆。上海运来兵船、炮车、牡丹、麦根四种牌号面粉,每袋售价4.8元,米面铺零售加以脚力等费售价5元。天津市面粉公司所制绿桃、绿蝠、绿斗、鹤鹿四种牌号面粉,每袋售价4.8元,米面铺零售为5.05元。自1937年9月9日,即暂以此为标准价格,不得再任意增价。地方治安维持会随时遴派商务人员分赴各处实地调查。④ 为抑制物价上涨,安定民生,天津市地方治安维

---

① 中共天津市委党史研究室编:《天津市抗日战争时期人口伤亡和财产损失资料选编》,天津人民出版社,2015年,第230页。
② 天津市档案馆编:《英租界档案》第11册,南开大学出版社,2015年,第4891页。
③ 阿凤:《沦陷生活见闻录》,载中国人民政治协商会议天津市委员会文史资料研究委员会编《沦陷时期的天津》,天津静海县印刷厂,1992年,第215页。
④ 天津市治安维持会物资调整委员会:《为规定米面暂行价目函请查照》(1937年9月10日),天津市档案馆藏,J0001-2-000090-001。

持会成立物资调整委员会。为掌握物资变动状况,该委员会制定天津市米面杂粮行情概况调查报告表,分发有关各业逐日填报,每一星期向治安维持会汇报。① 控制物价,保障市民的基本生活所需,有利于伪政权赢得民心,恢复社会秩序,稳固统治。

一个政权维持正常运转需要大量资金,税收是资金来源的重要渠道。天津市统税一直由南京财政部冀晋察绥区统税局天津分区管理所征收,此项纳税货品均在天津市制销,所有税款由市民负担。天津沦陷后,伪财政局接收天津分区管理所,在离职员工中遴选员工继续征收。地方治安维持会除要求财政局通知各商户完纳外,并布告商民一体知照。② 日伪政权征收的税捐包括房捐、宴席捐、娱乐捐、车捐、屠宰税、普通营业税等。1937 年税捐为 1 517 388 元,1938 年 5 072 571 元,1939 年 4 020 499 元,1940 年 5 522 009 元,1941 年 7 566 042 元,1942 年 11 124 577 元,1943 年 19 613 729 元,1944 年 57 833 054 元,1945 年 251 001 142 元。③ 从数据看,日伪政权征税数额逐年增加,反映出商民纳税负担加重,亦与经济形势恶化,货币贬值有关。天津市场上流通多种不同货币,既有国民政府发行的法币,也有伪满洲国和冀东伪政权发行的货币。统一货币势在必行。1938 年 3 月 10 日,伪中华民国临时政府组建中国联合准备银行,发行伪联银券,公布与法币等价流通,市场交易都须用联银券,银行、钱庄账目一律以联银券为本位币。伪联银天津

---

① 天津市治安维持会物资调整委员会:《为函送规定之本市米面杂粮行情概况调查表请查照》(1937 年 9 月 10 日),天津市档案馆藏,J0001 - 2 - 000090 - 003。
② 天津市治安维持会:《为本市统税业经饬由财政局接收代收除通知各商户完纳外布告周知》(1937 年 8 月 28 日),天津市档案馆藏,J0001 - 2 - 000073 - 005。
③ 《财政:天津市沦陷期伪组织历年地方税收数(自 1937 年 8 月至 1945 年 9 月)》,《天津市政统计月报》1946 年第 1 卷第 2 期。

分行与总行同时成立。在日伪当局的强制推行下，天津日占区市面流通的货币逐渐以伪联银券为主。中国政府设在英法租界的中央、中国和交通银行的分行，仍然收付法币，拒收伪币。至日本接管英租界后，这一局面才彻底改变。

随着日伪政权的建立，清除国民党时代的标帜与书籍成为新政权的重要任务。1937年11月，天津教育局派员参加京津治安维持联合会中小学教科用书审委会，并成立天津临时教科书审查委员会，删改教科书内容。伪天津特别市公署成立后，通令各校馆所"严加检查妨碍邦交及一切违禁书籍，扫数毁弃"。1938年6月22日，伪市公署再次要求各校，"所有党政时代一切标帜以及违禁书籍等物亟应重申前令，认真检查，一律消灭，以正观听"。① 伪市公署虽一再要求各社教机关和学校销毁违禁书籍，但并未达到预期效果，"国民党时代所发行宣传书籍、画片等类甚多，至今仍存在于各社会教育机关及各学校"。7月，伪市公署调查后发现，"市属各学校及各社教机关对于前项党徽标帜及违禁书籍等物，仍未消灭净尽"，据此指责"似此玩忽功令，殊属不成事体"，要求各校"立即查明，如尚存有党徽标帜，亟应销毁净尽，以期肃清"。②

1938年，伪天津特别市公署着手修改课本、地图，颁发反共校训。经伪教育部编审会重新编纂印行新版教科书，伪天津特别市公署通令各级学校一律采购新课本教读，不得沿用未经修正者，并饬教育局随时注意抽查取缔。为加强中日满三国关系，伪市公署决定"改用日本时间"，通令所属各级学校、社教机关，"对于授课办

---

① 天津特别市公署：《训令市立第十一小学校》（1938年6月22日），天津市档案馆藏，J0110-3-003508-007。
② 天津特别市公署：《训令市立第十一小学校》（1938年7月5日），天津市档案馆藏，J0110-3-003508-021。

公时间,一律改用新时间,以期入学儿童更兴亲日之感"。自 1939 年 1 月 1 日起,伪市公署不准各级学校再用旧版地图。为宣扬"新国家"教育意旨,革新学生思想,伪市公署印制"反共灭党,努力文化,拥护政府,复兴东亚"校训,分发各校张挂。① 有些学校以实际行动表达对日伪政权的不满。1938 年 9 月 23 日,教育局召集各中学校长、民教馆长及各市私立小学代表开会,指示"检查违禁书之性质及处理之方法,并饬转知各校,迅速开具清册,径送本局先行查核在案"。事隔经月,市立四十五小学校未呈报到局,教育局指责此行为"殊属非是",要求"务于 10 月 27 日以前即将此项清册送局,以凭查核办理,万勿再延"。② 各教育机关、学校在伪政权的压力下,相继处理了所谓"违禁书籍",并采用新教科书、新时间、新地图。英法租界内很多学校抵制伪政府的措施,到日本接管英租界后,才相继作出调整。

天津沦陷后,城市人口数量增长,住房问题随之出现。市民建房向须遵照定章办理,手续如有不合自难照准,因此往往多有未能及时建筑者。警察局提出,"在此积极救济房荒时期,自应斟酌情形,从宽办理"。1941 年 9 月 27 日,为提倡建筑民房,警察局公函工务、财政两局,"嗣后遇有边区乡民呈请添造小房屋,只要有该区保长、甲长负责担保,对于一切手续上可予以便利"。③ 此外,伪市公署还兴建民房,向市民廉价出租。外县贫民进入天津避难的为

---

① 中共天津市委党史研究室、天津市档案馆、天津市公安档案馆编:《日本帝国主义在天津的殖民统治》,天津人民出版社,1998 年,第 477—478 页。
② 天津特别市公署教育局:《致函市立四十五小学校》(1938 年 10 月 24 日),天津市档案馆藏,J0110-3-003759-083。
③ 日伪天津市警察局:《关于抄发市署各机关统一发表宣文稿暂行办法并严禁长警着制服出进娱乐场所等训令》(1941 年 6 月至 10 月),天津市档案馆藏,218-3-5-5219。

数甚多,初入天津的乡民"为群小诱惑,以致诈欺、拐骗、坏人名节等"屡有发生。伪市公署严令警察局"对于市区地痞流氓引诱良家妇女或有调戏拐骗情事,以及暗娼转子房等务应随时注意,或街谈巷议得诸传闻,或报纸刊登显然披露,均应严密侦查,一有发觉即予尽法惩治,而维风化"。①

二、强化治安

沦陷时期,天津没有伪军驻扎,治安由伪警察维持。保甲自卫团是为应对警察力量不足而设。

1. 警察与保甲自卫团

1939年,伪天津市警察局内部分秘书室、督察处,及总务、保安、司法、特务、家畜防疫等5科。警察局外部设9个警察署,3个特别警察署,署设署长1人,奉局长之命监督所属署员、巡官、长警,办理各区署公安事项。署之下为派出所,每所设警长1人,警士11人,负责界内交通、户籍、守望、巡逻等事务。设侦缉总队,置总队长1人,总队之下分5队,队置队长1人,侦缉士若干人,办理缉捕盗匪等。② 1939年3月,天津各区匪案,迭有发生。为预防起见,警察局除令饬侦缉队、各区署注意夜间秘密化装侦查外,加强全市警报、警铃联络。实施办法分官方、民方两部分。警局方面,官方警报联络即利用各警区电话,将警察局作中心,与侦缉队、各特区署、车巡队、警备队、各机关、各关系警宪等处为联络主干,再以各区署为中心,与各派出所作联络支系。如有匪警或特别事故

---

① 天津特别市公署秘书长兼行政委员会情报处参议陈啸峨:《情报三件理合填具事》(1939年6月16日),天津市档案馆藏,J0001-2-000015-006。
②《派出所勤务须知》(1939年2月),天津市档案馆藏,J0001-2-000005-001。

发生,不必经过警察总局,再转电市内各管区,每个警区与其他警区均可直接互通电话。住户方面,以各区署、派出所为中心,市民装设警铃,除各银行、银号、大公司、商店、长官住宅、富户须设单独警铃电线外,贫困市民可3户或5户为一联户,装设警铃。① 为及时掌握各处治安情形,警察局还大量设置义务报告员。李万年是南市乐户公会会长,南市一带乐户约300余家,人员极为复杂。李万有担任第一分局义务报告员,如有事故发生,报告后由警局派人前往维持治安。② 此类报告员在各分局均有设置,是警察局分布在全市的耳目,专为强化社会控制而设。

为加强治安,伪警察局会采取一些临时性举措。1939年4月,伪天津市警察局长郑遐济会同日本宪兵队,举行全市户口检查。各区官警均同时出动,在市内各重要市街、要巷、隘口严密设卡,检查行迹可疑之人。另由警察队、侦缉队、特高人员同宪兵队、第一区警察署组成检查队,挨户检查。每检查一处,首先施行局部戒严,然后挨户查询,其次继续检查城内及河北南市一带各娼窑客店。③ 郑遐济要求各区署,"对于该管境、偏僻街巷及市县接壤地方,须随时加派警察实施抽查,以防宵小伺机蠢动"。④ 治安检查虽是临时性的,却是警察局经常采取的措施。1941年5月27日,第三分局侦察组长姚宝年率同3名侦察员,在管界各娼窑、各娱乐场

---

① 《市警察局积极筹备警报网》,《新天津报》,1939年3月31日,第3版。
② 天津市档案馆编:《日本在津侵略罪行档案史料选编》,天津人民出版社,2015年,第803页。
③ 《市警察局严密治安,施行全市大检查》,《新天津报》,1939年4月21日,第3版。
④ 《应防宵小,加强东马路治安,两旁巷口栅栏一律关闭,各区署队官警不准请假》,《新天津报》,1939年4月24日,第3版。

所施行严厉检问及密查。① 为强化防卫力量，伪警察局会进行演习，以检验警察应急处置能力。1944年1月31日，警察局动员550人，实施演习，颇著成效。②

截至1944年，警察局外部分设市区12个分局，兴亚区3个分局，特管区1个分局，水上1个分局。各区共设派出所265处，检查所6处，水上分局设分驻所6处，巡逻队1队。消防队下设分队8处，督察总队下设中队3队，乐队1队，警察医院1处。官警配备方面，自局长以下内部各科处共设置官员508名，长警172名，夫役273名，总计953名。外部各分局队院共设置官员747名，长警6795名，夫役2183名，总计9705名。内外部官警夫役共有10658名。警备力量包括碉堡、炮垒及督察队各分队、各分局警士。③ 伪警察局设有警察队1总队，为地方武装部队。至1945年10月3日接收之日止，警察总队分为2个大队，每大队分3个中队，每中队分3小队，每小队分3班，每班15人，共计1028人，装备多系残毁武器。④ 可见，天津警察配备之庞大，津市处于日军和伪警察的军事管制之下。同时，天津警察数量虽然很多，但武器装备却多系残毁武器，说明日军对伪政权的警察武装有所防范。

伪警察局从人员配备、设施修建等方面采取多重措施加强对天津的控制。1944年，在社会治安上，天津警察局偏重于巩固防御

---

① 天津特别市政府：《警察局情报》(1941年)，天津市档案馆藏，1-2-1-19。
② 《天津特别市政府三十三年一月至六月份工作报告》(1944年)，天津市档案馆藏，J0001-2-000623-056。
③ 《天津特别市政府警察局报告书》(1944年)，天津市档案馆藏，J0001-2-000011-009。
④ 天津市政府警察局：《为报调查伪军史料情形致市长呈》(1947年3月2日)，天津市档案馆藏，J0002-3-002070-055。

设施,如筹设警备电话,组织灭共班,训练保甲自卫团,举行户口及居住证检查,修筑各边区碉堡38处,不时举行大检查及局部搜查,又举办攻防演习,加强民众自卫及实施防空演习,组织对空监视哨及射击班。① 伪警察局修建了大量的碉堡、炮垒,以增强防卫力量。碉堡、炮垒多分布在边区,边区一般处在市县(天津市与天津县)、省市(河北与天津)交界地区,一方面为防范中共领导的游击队,另一方面监视当地民众,维护地方治安。警察队各分队遍布市区各处,越是市中心驻守的警察数量越多,越偏僻的区域,驻守的警察人数相对较少。由于警察局的力量有限,不能完全控制基层社会,保甲自卫团应运而生。伪警察局编组9个保甲自卫团队,以协助警察维护社会治安。自组建后,伪警察局定期对保甲自卫团丁进行集中训练。各区公所对自卫团丁亦施以一定训练。1944年5月4日,第三区公所责成编练组派员,对第一期自卫团丁80人实施学、术两科的严格训练。6月3日,训练期满,按照考核成绩评定甲、乙等级,并颁发证书。②

1941年10月,伪市公署要求所有市内民众团体,在治安强化运动期间均由会员联合组成反共警防联合会,施以严格训练,协力确保市区治安。③ 1942年,伪市公署要求第六、七、八、九警察分局招募壮丁300名,以150名长期分驻冲要地方,每名每天发放给养1元,其余150名令其备勤不发给养。1942年8月,鉴于边区防务

---

① 《天津特别市政府警察局报告书》(1944年),天津市档案馆藏,J0001-2-000011-009。
② 天津特别市政府:《第三区公所呈为报自卫团丁训练情形》(1944年6月),天津市档案馆藏,1-2-1-654。
③ 天津特别市政府:《中日善邻常会事项》(1941年10月),天津市档案馆藏,1-2-1-722。

异常重要,伪市公署将在勤人数增至 200 名,并重新进行配置,其中第六分局 30 名,第七分局 10 名,第九分局 40 名,照旧驻守边区,将 120 名编为两队,改穿警察制服,分驻宜兴埠和丁字沽,对外仍以保甲自卫团名义行动,队长一职由警察局和警察队抽调 2 人负责统率督练,并将备勤人数改为 100 人。因物价上涨,勤务增加,伪市公署将在勤自卫团丁给养改为每月发放 40 元。① 从组建保甲自卫团、招募壮丁驻守冲要地点及边区,可见日伪政权试图发动民众参与到维护社会治安的活动之中,反映出维稳力量的不足,及社会治安问题的突出。

2. 冬防、夏防

日伪政权按照惯例,每年都会由警察局实施冬防、夏防,期间采取一系列维护治安的措施。每年夏防、冬防时间虽不尽一致,但大体上的时间范围相差不大。1944 年,警察局实施夏防为 7 月 5 日至 10 月 5 日,冬防自 12 月 1 日起至翌年 2 月 28 日止。在此期间,日伪政权会采取一些超常规的措施。伪警察局规定:"所属官员、长警除因重病或婚丧大故外,自 12 月 21 日起一律不准请假,其官警请领赴满旅行证者亦一律停发,以重勤务"。② 每年冬防、夏防期间,日伪政权采取的举措大同小异。1942 年,夏防自 6 月 26 日起至 10 月 26 日止。伪天津特别市警察局每一旬都会有工作报告,第一旬自 6 月 26 日至 30 日,从事的事务包括:强化勤务,预防匪共;强化警备实力;邻县联防之实施;重要地点之检查;组成灭共网之实施;奸民之检查;检举匪共嫌疑犯;保甲自卫团之训练;户口清

---

① 《本市保甲自卫团训练人数概况表》(1942 年),天津市档案馆藏,J0001-2-000009-006。
② 《天津特别市政府警察局三十三年度七至十二月份工作报告》(1945 年 1 月 26 日),天津市档案馆藏,J0001-2-000627-008。

查;增设防御工事。① 各旬从事的事务基本保持一致。

冬防与夏防期间,伪警察局实施的项目差异并不大,无非从事奸民检查、保甲训练、纪念日警戒、缉捕匪共、户口清查等项活动。日伪政权的冬防、夏防延续了战前国民党统治时期就已采取的措施。日伪政权虽能在此期间抓获一些所谓"反动嫌犯",但与其投入的巨大人力和物力相比,取得的成效实属有限。

3. 镇压抵抗力量

为维护天津市的治安,日本宪兵队及日伪人员严厉镇压国共特工。1939年11月19日,徐春澍因参加抗日工作,被日本宪兵队逮捕,判处有期徒刑5年。② 1940年7月17日,中统特工荣常安在天津被日本警察署逮捕,特务王少卿协助日本人审讯,用一个藤棒殴打荣常安,"逼着把工作组织情形向日本人说出"。③ 1944年,担任日本宪兵队情报员的高长清,逮捕八路军采买王从善,过堂时"不肯招认,给他灌凉水,用火筷烫"。④ 战前,李洪岳担任天津律师公会会长。天津沦陷后,李洪岳受命匿居租界,搜集情报。1945年3月14日,李洪岳被清水部队逮捕入狱,惨受非刑。⑤

---

① 天津特别市公署警察局:《为遵令依照规定夏防报告注意各要项造具本局夏防实施工作报告表呈请鉴核》(1942年9月21日),天津市档案馆藏,J0001-2-000542-003。
② 中共天津市委党史研究室编:《天津市抗日战争时期人口伤亡和财产损失资料选编》,天津人民出版社,2015年,第238页。
③ 讯问王少卿:《关于协助日人陷害同胞对证人荣常安的讯问笔录》(1946年2月25日),天津市档案馆编《日本在津侵略罪行档案史料选编》,天津人民出版社,2015年,第817页。
④ 讯问高长清:《关于担任日军特务及特高课组织等事的讯问笔录》(1946年2月28日),天津市档案馆编《日本在津侵略罪行档案史料选编》,天津人民出版社,2015年,第827页。
⑤ 中共天津市委党史研究室编:《天津市抗日战争时期人口伤亡和财产损失资料选编》,天津人民出版社,2015年,第250页。

不少抗日志士被逮捕后惨遭酷刑而死。崔彤祺曾参加抗日杀奸团及忠义救国军。1942年7月7日,崔彤祺被日本宪兵逮捕,遭受"灌凉水、坐电椅子、吊打、鞭拷"等酷刑。崔彤祺被关押四个多月后,获刑一年半。出狱后,因受刑过重,由心脏病转成肾脏炎,于1945年5月故去。① 沦陷时期,李克忠任三民主义青年团天津分团长,1945年2月27日被日军清水部队逮捕,解往北平侦讯又加严刑拷打,当致气绝身死。② 1940年,纪树仁参加军统,成为抗日杀奸团团员,11月在天津被捕,刑讯不屈,重伤殉职狱中。刘枫林于1937年参加抗战,担任冀北特派员公署冀鲁边区特遣队指挥官。1939年11月,刘枫林奉命由沪返津从事地下工作,不幸被捕获,遭受压杠子酷刑。后送入日本伤兵医院,每日被抽取血液,以补伤兵之血,渐致死于医院。③ 日本宪兵及伪职人员严刑拷打国共特工,杀鸡儆猴,威慑潜在抵抗力量。此举并未使国共人员退缩,八年沦陷期间,他们一直都在进行抵抗活动。

三、"思想战"的展开

宣传是一个社会"形成一般群众的特殊态度、意见和舆论"的重要工具。④ 宣传工作是现代国家的一项重要职责,愈来愈受到重视。对内而言,国家政策法令的推动和执行,有赖于一般民众的拥

---

① 王勇则:《碧血英魂:天津市忠烈祠抗日烈士研究(下)》,天津古籍出版社,2015年,第601页。
② 中共天津市委党史研究室编:《天津市抗日战争时期人口伤亡和财产损失资料选编》,天津人民出版社,2015年,第53页。
③ 王勇则:《碧血英魂:天津市忠烈祠抗日烈士研究(下)》,天津古籍出版社,2015年,第629—630页。
④ 朱启臻、张春明主编:《社会心理学原理及其应用》,中国社会出版社,2002年,第276页。

护。要获得民众的支持,首先须使其对国家政策法令有充分的了解,对国家的现实情态有透彻的认识。这就需要在宣传上对民众进行启迪和指导,以期获得真诚拥护。伪天津特别市公署认为"近数十年来,国人初受西方物质思想之麻醉,近为共产思想所蛊惑,人民数千年之中心思想动摇,致形成社会一切纷乱不安",补救之方"惟在强化思想战之宣传阵容,一面廓清悖谬思想之余棘,一面强化新民主义之中心思想,而促进东亚新秩序之建立,中心思想战之利器为宣传"。伪市公署提出应注意"由日常生活内灌输新民主义中心思想;藉娱乐机会强化新民主义中心思想;提倡组织各界观光团,并规定组织办法施行"。同时还要时常"举行座谈会,游艺会及广播宣讲"。①

1941年9月,伪天津特别市公署成立宣传处,负责全市宣传事务。宣传处设第一科和第二科,第一科设编译、联络、指导三股,第二科设公告、检查、审订三股。检查股负责"新闻纸、通信社底稿检查、审定,各种定期杂志底稿检查、审定,紧急文稿登报"等事项。审订股负责"电影、戏剧、歌曲审查、改进,广播、电影、戏剧事业及各种艺人监督改进,文艺、图籍、刊物及唱片审查扶助"等事项。宣传处规定:"市公署所属各机关之宣传文稿须送由宣传处审订发表,各机关不得径自办理"。② 伪市公署宣传处还制定"市公署及所属各机关统一发表宣传文稿暂行办法",规定:"市署及各机关无论合署与否,所有应行发表之宣传稿件均须送由宣传处审订后发表,各机关不得径自办理。市署及各机关宣传文稿发表标准,以能见

---

① 天津特别市政府:《关于情报、秘书长报告事项》(1939年5月),天津市档案馆藏,1-2-1-303。
② 天津特别市市长温世珍:《为本署宣传处及宣传会议组织规则暨开办经临各费概算等》(1941年5月25日),天津市档案馆藏,J0001-3-010136-004。

诸实行为基本原则。市署秘书处各科室对于应行发表之宣传文稿,应在文件稿纸边缘上加盖'拟付宣传'蓝戳,由核稿秘书于核稿时决定,再呈由秘书长作最后决定。市署内合署各局应行发表之宣传文稿,由主管科在文件稿纸边缘上加盖'拟付宣传'蓝戳,由各局秘书室呈由局长决定,再送请秘书长作最后决定。市署秘书处应行宣传之文稿由宣传处编撰后呈由秘书长、处长审订后发表。市署内合署各局应行宣传之文稿,由各局自行编撰后送由宣传处汇齐,呈由秘书长审订后发表。市署秘书处及合署各局应行发表之宣传文稿,如有时间性者应提前将发表之稿编出,随稿附呈,以资简捷。市署秘书处及合署各局关于宣传事项,应随时与宣传处联络。市署外各机关所有应行发表之宣传文稿,有重大性者应提前编出,送经宣传处审订后发表,其他普通稿件如捕盗、失慎、漏捐等事项,因地址距离及时间关系不及先行送至宣传处审订者,应由各该局长负责发表,但应于发表时将此项文稿补备两份,一份送宣传处第一科公告股,一份送第二科检查股,以备检查。警察局所属各分局,教育局所属各学校、各社教机关,卫生局所属各医院、卫生区事务所,财政局所属各税收机关,一切宣传文稿概由各该局负责汇齐转送,办法由各该局自行规定。各局处长必要时得独自接见记者,如需发表谈话应将谈话编成文稿,送经宣传处审查后刊布"。① 宣传处第二科检查股具体负责检查新闻通讯。1943 年 4 月 5—11 日,检查股具体的工作为,4 月 5 日,检查新闻、画报、通讯等 9 种 172 页,无删扣。4 月 6 日,检查新闻、通讯等 8 种 138 页,无删扣。4 月 7 日,检查新闻、画报、通讯 8 种 158 页,无删扣。4 月

---

① 日伪天津市警察局:《关于抄发市署各机关统一发表宣文稿暂行办法并严禁长警着制服出进娱乐场所等训令》(1941 年 6 月至 10 月),天津市档案馆藏,218 - 3 - 5 - 5219。

8日,检查新闻、画报、通讯9种182页,无删扣。4月10日,检查新闻、画报、杂志、通讯9种243页,《东亚晨报》删登1件又免登1件,《天声报》自动撤销1件。4月11日,检查新闻、画报、通讯9种145页,无删扣。① 1944年7—12月,戏曲送审剧本122个,电影送审台本26个。凡在本市发行或外埠在津行销书报杂志均由宣传处检问室负责检阅。检问室共检阅新闻10 926件,小样3 199件,杂志3 508件,出版物5 349件,(电台)广告3 095件,节目171件,新闻933件,讲演211件。其中禁载33件,免登10件,节删37件,缓登17件,删改19件,缓播1件。②

伪天津特别市公署官员在报刊上发表文章,为日本侵华政策和伪政权的统治摇旗呐喊。1939年7月7日,《庸报》刊载李鹏图的《兴亚纪念周感言》,表示要"中日提携、经济合作"。③ 1942年3月12日,以《新加坡陷落》为题在电台广播,表示"新秩序之最大障碍则为匪共,应切实协办灭共"。④ 报纸上的宣传文章主要面向阅报群体,而其中多数又是知识分子,普通市民因识字率较低,受到的影响有限。为增强宣传效力,1944年8月,宣传处及各区公所宣传员共同组织联合巡回宣传队,除随时到各处作巡回讲演外,并规定每星期二举行恳谈一次,以资共同研讨工作方法。为开展全面宣传工作,努力推进外围团体的活动指导,宣传处先后成立游艺宣

---

① 《宣传处第二科工作周报》(1943年4月),天津市档案馆藏,J0001-3-009399-002。
② 《宣传处三十三年七至十二月份工作报告》(1944年),天津市档案馆藏,J0001-2-000627-020。
③ 讯问李鹏图:《关于在报纸发表亲日言论的讯问补充笔录》(1946年4月12日),天津市档案馆编《日本在津侵略罪行档案史料选编》,天津人民出版社,2015年,第684页。
④ 讯问李鹏图:《关于在电台发表亲日言论的讯问笔录》(1946年4月14日),天津市档案馆编《日本在津侵略罪行档案史料选编》,天津人民出版社,2015年,第684页。

传协会、电影宣传协会、话剧宣传协会及华北新剧协会天津分会等团体,于协力宣传颇收效果。①

在重大节日期间进行广泛宣传,是伪天津特别市公署的一项重要策略。太平洋战争爆发后,日本国内和中国沦陷区的经济形势都出现急剧恶化的趋势。顺应经济形势的变化,此时伪市公署将宣传重点集中到"自肃节约"、"协力圣战"上。1942年春节前夕,陈啸戡在"电力节约宣传广播讲演稿"中,指出"我们华北民众对大东亚战争,除去精神上要呼应友邦,取得联系外,对于'节制消费',以减轻物力的消耗,这轻而易举,且于个人本身有莫大利益的事,当然是人人能做到的"。针对"除夕要守岁,彻夜不眠,正月初一或初二的午夜,必须要起来接财神,整夜燃着大度的电灯"的现象,陈啸戡建议"除夕那夜,比平日入眠的时间迟一二小时便入睡,既能表示守岁的意义,且可不伤身体,又能节省下许多无谓消耗。接财神改在正月初一或二日的破晓后举行,市民一定可以照办的"。② 春节期间,伪天津特别市公署宣扬太平洋战争发生后,"英美在太平洋的势力已经完全崩溃",在香港、缅甸沦陷后,"重庆政权依存外力的计划,因为英美在太平洋大败,已然是完全失败了,所以他的崩溃已成为注定的命运了"。③ 日伪政权还将春联作为向市民传递政治思想的工具。春联内容由伪市公署确定,如"岁序喜更新同心拥护新建设,风光自胜旧一致刷洗旧山河,国运维新灼灼光明全

---

① 《宣传处三十三年七至十二月份工作报告》(1944年),天津市档案馆藏,J0001-2-000627-020。
② 天津特别市政府:《关于市长秘书长春节元旦广播训词等》(1941年12月),天津市档案馆藏,1-2-1-753。
③ 天津特别市政府:《关于春节宣传事项》(1942年2月),天津市档案馆藏,1-2-1-812。

盛世,民情欢洽雍雍同盼太平春,鸟语花香又是阳春有道,家祥人寿欣逢新政光明,安乐无边国华光夏甸,太平有象国民畅春台,打倒西欧自由主义,展开东亚王道精神,圣业无疆保卫东亚,日军有道收复南洋,共祸消除万民受福,匪气灭绝四野腾欢,治国有方善邻有道,春光无限大地无私"。横批包括"精诚互助,复兴更始,居仁由义,履中蹈和,九域同春,复兴东亚,重建中华,反共有道,正义无边,进德修身,勤俭持家,四裔同春"。①

日伪政权确立了很多纪念日,比如自肃日、保卫东亚纪念日、灭共日、国府参战纪念日等。在这些纪念日中,伪天津特别市公署会举办各种活动,以增强宣传效果。每月15日是自肃日,8日是保卫东亚纪念日,11日是灭共日。1944年2月,在保卫东亚纪念日及参战纪念日期间,宣传处于8日在南马路第七民教馆前,9日在堤头村第四民教馆前,分别陈列纪念画牌展览2日,观众异常踊跃。② 1945年2月,在自肃日、保卫东亚纪念日、灭共日期间,伪市政府派员分赴冲要街巷及各娱乐场所,宣传、讲演各纪念日之意义,勉励各市民共体斯旨,协力迈进。③ 伪天津市公署还会举行宣传周活动。1943年3月7日至13日被确立为宣传周,期间以保卫东亚、国府参战及庆祝友邦陆军纪念日为中心,实施各项宣传活动,包括(一)在庆祝宣传周全市各机关、各团体、各学校、各商业住宅,于8日、9日、10日一律悬挂3天中日两国国旗。(二)在庆祝

---

① 天津特别市政府:《关于春节宣传事项》(1942年2月),天津市档案馆藏,1-2-1-812。

② 天津特别市政府:《保卫东亚国府参战纪念日扩大宣传》(1944年2月9日),天津市档案馆藏,J0001-2-000953-043。

③ 天津特别市第八区公所:《为函送本所三四年一月份工作实施报告由》(1945年2月9日),天津市档案馆藏,J0037-1-000114-002。

宣传周市署于东马路河北大经路、特三区万国桥附近扎搭3座花彩牌楼。(三)在庆祝宣传周于市署门前及万国桥宣传塔上各悬1面粉红色布幕,上书"庆祝友邦日本陆军纪念日"字样,此外准备4面同字样布幕分送特政区公署及日法意三租界悬挂。(四)在庆祝周拟具宣传标语及壁画,分发市区各处及各交通工具(电车、公共汽车、营业汽车、马车及人力车)上张贴,并送交各报于本周间刊登。(五)在庆祝宣传周,全市各商店8日、9日及10日一律用大张红纸分别书写"保卫东亚纪念日"、"参战纪念日"及"庆祝友邦陆军纪念日"等,粘贴玻璃窗上。(六)全市各戏院、各娱乐场所用大张纸分别书写"保卫"字样张贴台前,并在戏单上加印此项字样,至各杂耍艺人表演相声,加入庆祝同意其词稿,由宣传处准备。(七)全市各电影院将庆祝宣传标语分别放映玻璃板,并将此项标语加印于说明书上。(八)将新国民运动实施方案、广播日程酌加改定,增加计7日由市长兼总会长,8日由秘书长兼宣传处长,9日由方署长,10日由蓝局长,11日由阎局长,12日由屈会长,13日由于理事长,分别举行广播讲演。(九)全市各团体、学校、社教机关按日分别集合所属人员、学生或市民举行讲演。(十)按日举办各娱乐场所、各工厂及街头露天讲演。(十一)由巡回宣传队按日分赴各处表演话剧并演讲。(十二)全市各宗教团体按日举行祈祷,为解放东亚前线战士祈福。(十三)除9日遵令在市署举行纪念仪式外,并于当日上午10时在市署广场台集警察局车警队200名,自卫团500名,青少年团1000名,市署职员100名,由市长检阅后游行示威,由市区经租界至特一区兴亚街广场解散。(十四)市长兼总会长以代表170万市民资格,于10日携带慰问品赴军病院慰问。(十五)按日举办慰安民众临时诊疗班,分赴市区边远穷苦或各河船户麇集之处,施药、施诊或由巡回宣传队同行,以便表演话剧及宣讲纪念意义。(十六)7日,在东马路青年会举办新国民运动保健讲演学艺大会,即作为庆祝周间行事之一,会场有庆祝字样布置大会,主席致辞时申明庆祝意义。(十七)10日下午2时在中国大戏院举办"枢轴国交马荐艺能大会",以大会票款收入作为国防献金,其实施办法俟联络后,另定之。(十八)本市青少年团于10日在各该附近地区分别举行游行,如有乐队者应以乐队为前导,并应高持国旗及"庆祝友邦陆军纪念日"字样布幕,列队游行,于整齐严肃之中表示热烈庆祝之意。(十九)为提倡增产,发挥兵站基地职责,于11日召集工商农教各界及学生举行增产座谈会1次。(二十)为扩大时局宣传,于12日举办讲演电影大会。(二十一)将时局意义转达乡曲,于13日举办敬老会。(二十二)如友邦方面有举行驻军阅兵分列式之举,自应热烈参加,至参加办法另定。(二十三)于10日市署及所属各机关停稿1日,以示庆祝。① 伪市公署在纪念日的宣传项目相当丰富,实际取得的效果很难断定。1945年2月9日,是汪伪国民政府参战二周年纪念日,伪天津特别市第八区公所除通知区民悬挂国旗书帖、纪念标语,并派员自5日起至12日止,每日分赴各娱乐场所实施宣传讲演。2月9日,在华北戏院召集全体保甲长及区民举行纪念讲演会,由区长讲述参战意义,及大东亚战争爆发后日本收获赫赫战果与国民所负之使命。该区公所称"参加人员精神极为兴奋"。② 随着战局的不断恶化,沦陷区的经济形势急转直下,民众生活每况愈下,在此情况下,任何的宣讲和美化都是苍白无力的,更甚者很多宣传活动只是给民众

---

① 天津特别市政府:《保卫东亚参战日本陆军纪念日庆祝行事》(1943年3月),天津市档案馆藏,1-3-6-9372。
② 天津特别市第八区公所:《为函送本所三四年一月份工作实施报告由》(1945年2月9日),天津市档案馆藏,J0037-1-000114-002。

增添许多烦扰。

新闻检查属于新闻控制领域的一种手段,也是社会控制的一个重要方面。1937年8月,天津市地方治安维持会设立新闻管理所,负责"许可及停止新闻事业之经营,取缔不良之新闻,提倡正确之消息",并要求"经营新闻事业者(如通讯社、报馆、广播电台或其他等)均须在管理所登记,领取执照,始得发行营业。其在管理所成立之前设立者,应换领执照。所有危险恶劣之言论消息,均不得登载或传播"。① 新闻管理所成立之时,天津市有20余家报馆、通讯社,多组织简陋,石印、油印小报充满街市,经管理所勒令加入检查程序。外埠报纸、杂志及各种刊物来天津分销,亦须向管理所备案,始准在津市行销。广播电台讲演稿须逐次送所检阅。军政各项重要消息随时与北京日军报导部联络,以期正确实行。② 天津地方治安维持会制定"天津特别市出版刊物登记暂行办法"规定,"凡在天津市治安维持会管辖区域以内刊行之新闻纸、新闻通讯、杂志月刊及其他含有新闻记载之刊物,均应呈请登记。发行之刊物,在创刊前应具呈天津市新闻事业管理所,开具详细内容及组织办法并殷实保证。经管理所批准附发登记证后,始准发行。领证人之刊物,如有反逆宣传之揭载及违反本条例第五条之规定时,得由新闻事业管理所取消其发行权,并缴销登记证"。③ 1937年9月,天津市地方治安维持会设立新闻检查所,执掌新闻检查及宣传事宜,并要求各机关"应行宣传事件均可直接送由该所发表。对于记者

---

① 中共天津市委党史研究室、天津市档案馆、天津市公安档案馆编:《日本帝国主义在天津的殖民统治》,天津人民出版社,1998年,第497页。
② 同上,第500—501页。
③ 同上,第498页。

采访新闻,应由社会局宣传股通知各新闻记者,迳与该所接洽办理"。① 10月12日,天津市新闻事业管理所制定"关于军事报导的方针"规定,"关于军事消息之记载,应以新闻管理所及日本同盟社发表者为限。凡新闻管理所发表关于军事消息,各报均应编排于紧要新闻栏首。关于南京电之逆宣传,绝对禁止登载。日军前线迭获胜利,各报多以过去之旧消息揭载,足以淆惑听闻,此项消息禁止登载。各报揭载军事消息,应标明时日及来源"。② 日伪政权以"消弭谣言,安定人心"为由设立新闻事业管理所和新闻检查所,实际目的是为加强新闻管制,维护自身统治。

1938年8月,伪中华民国临时政府行政委员会以"京津两市大小各报馆及通信社不下数十家,其中言论正确,宗旨纯正者,固属不乏,而组织不良,毫无价值者亦所在多有,亟须加以统制,俾资整理",据此训令伪天津特别市公署"逐一调查现有各报馆及通讯社,其主办者何人,资本是否充实,并是否有逆产影射其间。如有股本不足,资力薄弱者,或饬令停办,或令其与宗旨相近之家合办,其有关系逆产者即予充公,庶期分别废存,齐一视听"。③ 经新闻事业管理所调查,有组织不健全者12家,于9月1日起,实行废刊。保留发行者,有大小报社6家,改组画报1家,另组通讯社1家,杂志1家,皆系资本充足,言论正确,毫无不良彩色掺杂其间。④

1939年10月11日,伪天津特别市公署警察局公布"查禁反动

---

① 天津特别市财政局:《维持会令关于检查新闻及宣传事统归新闻检查所办理》(1937年10月),天津市档案馆藏,55-2-3085。
② 中共天津市委党史研究室、天津市档案馆、天津市公安档案馆编:《日本帝国主义在天津的殖民统治》,天津人民出版社,1998年,第499页。
③ 同上,第500页。
④ 同上,第501页。

图书刊物暂行办法"规定,"反动图书刊物包括:有害邦交之言论或记事者,宣传共党理论或思想者,恶意抨击时政者,以不实记载有引起社会骚动之虞及人民心理之不安者,言论足以刺激或挑拨民众感情者。各印刷商店、书铺、书摊及书报贩卖人,得随时由警察局派员检查。前项检查人员,如查有迹近反动图书、刊物,应即全部扣留呈核,在尚未审定以前,并通知该管区、所制止其续印或售卖。所扣图书、刊物应由本局保安科及特务科详细审查,认为确有查禁之必要时签由局长呈报市长核定,分别没收或发还焚毁"。①1943年7月,伪市公署公布"天津市出版物检阅实施要领",规定"凡本市营业之书店、出版社及书报分销社,均须在本处呈请登记,但未经本市公署社会局许可领有营业执照之书店、出版社,或未经内务总署批准之报社、分销社,均不予以登记。未在本处登记之书店、出版社或书报分销社,其所出版或分销之出版物,一概不予检阅。凡本市出版书籍、杂志(书册、唱本在内),无论其为卖品或非卖品,均须事先将原稿径送本处出版物检阅室检阅,其私人出版者亦同"。②

1938年12月,伪天津特别市公署制定的"检查电影暂行规则"规定,"凡电影片,无论本国制或外国制,非依本规则经检查核准后,不得映演",不得核准放映"有碍中日满亲善,宣传共产党之悖谬主义,其他违警罚法所规定事项,违反事理人情,有悖人道"的电影片。由社会、警察、教育三局各派职员6人为检查员,组织影片戏曲检查员联席会办理检查电影事务。凡本国制或外国制电影

---

① 中共天津市委党史研究室、天津市档案馆、天津市公安档案馆编:《日本帝国主义在天津的殖民统治》,天津人民出版社,1998年,第502页。
② 同上,第507—508页。

片,应由持有人于影片入境或映演前,备具声请书及详细说明书各 6 份,由市署影片戏曲检查员联席会指定日期检查。① 1943 年 6 月 1 日,伪天津特别市公署实行"暂行戏曲电影审查实施要领",规定"凡在本市公演之戏曲电影,于公演前均须经宣传处审查。本要领所称戏曲,包含国剧、话剧、评戏、清唱、杂耍等,凡歌唱或表演者统属之。非经审查合格由宣传处发给公演许可证者,一概不得在本市公演。公演责任者(在戏园或电影公演者以负责经理人,在其他场所公演者以公演负责人),应于公演前填具公演许可申请书,呈送宣传处,以便审查"。戏曲、电影内容"有伤国体者,有违背政纲者,思想不纯正,有违反新中国之建设理念者,有污蔑政府当局之嫌疑者,有伤风化者,妨害公安者,提倡迷信神说者,有违背人道者,有诽谤个人名誉者"不得核准公演。情形轻微者,"得饬其修改删正后,许可公演"。② 一般而言,"绝对的新闻自由或传播自由是没有的,任何一个政府都是通过直接或间接的手段对传播自由实行不同程度的控制"。③ 日伪政权实行新闻、电影、戏曲检查,意在控制不同思想意识的传播,维护其统治,却并不符合社会控制中"须尊重人们的一些情感,如同情心、对正义的支持和对非正义的反对以及对自由的渴望等"。④ 作为日本扶植的傀儡,伪政权是非正义的一方,且不断严厉镇压民众的爱国活动,导致民心尽失,注

---

① 中共天津市委党史研究室、天津市档案馆、天津市公安档案馆编:《日本帝国主义在天津的殖民统治》,天津人民出版社,1998 年,第 513—514 页。
② 《天津特别市政府暂行戏曲电影审查实施要领》(1943 年 6 月 1 日),天津市档案馆藏,J0001 - 2 - 000664 - 069。
③ 柴志明、冯溪屏:《社会学原理》,浙江大学出版社,2005 年,第 248 页。
④ [美] E. A. 罗斯著,秦志勇、毛永政译:《社会控制》,华夏出版社,1989 年,第 302—312 页。

定其社会控制不会取得实际效果。

防共、反共是伪政权历来所鼓吹的口号与目标之一。1937年9月3日,天津成立防共民生自治总会,将宣传防共自治作为唯一要务。11月27日,该会委托天津县分会副会长董泽生组织防共民生自治会日刊社。① 为增强反共力量,1940年11月,伪天津市警察局增设5名灭共人员,各分局增设3名灭共人员,共增设44名。由警察局及各分局直接指挥,专任反共、灭共事务。② 1942年3月1日,伪警察局增设特务科第五股,专办灭共事宜。后因物价上涨,反共经费不足,警察局向伪市公署申请增加灭共专款。伪警察局指出:"1944年度机密费概算数额月支1 800元,值此物价高涨消费增高之际,上列数目实苦不足应付。拟按照需要情形,改为月支4 000元,计增支2 200元"。因"市库支绌,未便牵动年度概算,而事为灭共用费关系,尤较重要。惟有斟酌缓急拟将本局户籍训练班年度概算内列支经费改移支用"。③ 伪市公署对"灭共机密费由户籍训练班经费中支出"的请求予以照准。④

随着中共力量的不断增强,防共、反共遂成为日伪政权维护治安的重点工作。1940年5月1日,伪天津特别市公署指出"共党匪徒到处潜伏,乘机图逞扰地方,此等毒隐患亟待彻底肃清。查5月份内纪念日最诚恐彼辈利用纪念日期,造谣煽动,致酿罢工风潮及

---

① 天津防共民生自治总会:《为函达组织防共民生自治会日刊社拟于本月27日出刊由》(1937年11月26日),天津市档案馆藏,J0001-2-000124-001。
② 天津特别市公署警察局长:《为拟请增加灭共人员及月支经费等情致代理天津特别市方市长呈》(1940年11月6日),天津市档案馆藏,J0001-3-011544-001。
③ 天津特别市政府警察局:《关于拟增加三十三年度灭共机密费由户籍训练班经费中支出给张市长的呈》(1944年2月9日),天津市档案馆藏,J0001-3-007664-005。
④ 天津特别市政府:《关于同意增加三十三年度灭共机密费由户籍训练班经费中支出给警察局的指令》(1944年3月),天津市档案馆藏,J0001-3-007664-006。

其他种种不法行动,影响所及为害非浅",为此训令警察局"亟应振刷精神,督率所属随时密侦奸究,力保公安对于电灯、电话、自来水等工厂,娱乐场所以及繁盛重要处所,尤应特别注意,严加防范,不得稍有怠忽"。① 1942年4月,伪市公署担忧"不逞之徒往往藉纪念日造谣生事,扰乱治安",指令警察局"不容忽念,况值兹第四次治强运动期中,益应体会时机,振奋精神,严加防范"。② 每年重要的纪念日等活动期间,防共成为伪政权一再提起的重要事宜。日伪政权推动的治安强化运动将反共作为重要目标之一。1941年,第二次治安强化运动自7月7日起至9月8日止,伪天津特别市公署规定"各学校应于每日第一时间下班时举行'反共朝会',由师长作简明训话。各新民教育馆应于每日讲演开始时,由讲演员作简明反共讲话,自7月7日起实施至8月6日止,自应一体遵照"。③ 7月7日至8月6日,多数学校"反共朝会"活动尚未举行,即已放假。为此教育局要求各校举办的"反共朝会"在治安强化运动期满后"仍须继续办理,嘱为转饬市属各学校自开学之日起,一体遵照实行"。④

反共宣传是从思想上根除中共影响的重要手段,因此伪政权不遗余力地推行此项工作。1939年2月11日,适逢日本纪元二千六百零一年纪念,天津特别市教育分会要求"各校馆除仍作灭共讲

---

①② 天津特别市政府:《训令警察局为令饬彻底查缉暴徒严防共党乘机扰乱》(1939年4月至1942年4月),天津市档案馆藏,1-3-3-3275。
③ 天津特别市公署:《关于规定反共时间之办法内应办事项给市立第四十七小学校训令》(1941年8月1日),天津市档案馆藏,J0110-3-003497-033。
④ 天津特别市公署教育局:《为在第二次强化治安运动期间各校应在下班时举行反共朝会事给第三十七小学通知》(1941年7月13日),天津市档案馆藏,J0110-3-003791-085。

演外,同时兼作纪元节纪念讲演,以资庆祝"。① 为消除共产学说的影响,伪天津特别市公署特规定,"由1941年起,以每月11日为灭共日,实行一般灭共宣传工作。所有市属学校均于是日,由校长或教员召集学生各自举行讲演"。② 此后每月11日举行反共宣传活动成为定例。1943年4月11日,伪天津特别市公署会同新民会天津市总会开展宣传活动,除各学校、各民教馆举行灭共讲演,各报刊登灭共标语,各戏馆、工厂宣讲灭共意义,各电影院演映幻灯片等循例举办外,并由宣传处巡回宣传队分赴市区各处表演话剧,同时向观众作浅明讲演。此外,于下午五时三十分由财政局局长李鹏图以"新国民运动意义之阐述"为题作激励市民广播。③ 日伪政权试图将反共宣传常态化,并将其贯穿于民众的日常生活之中。1941年11月,日本特务机关要求"各商店来年日历须加印灭共标语,各商店如已印就,自属不成问题,但另版再印时须加印标语。现在无标语之日历,外流时须加检,至市内销售暂时未便禁止"。④ 社会局据此通知各印售日历的商店另版再印,须加印反共标语。防共、反共逐渐成为日伪政权重要的施政方针,这和中国战局关系密切。华北地区的国民党势力经过日本的军事打击之后,实力已经被严重削弱。此时期中共的力量得到极大的增强,成为日军及伪政权的心腹大患。日伪推行治安强化运动主要就是针对中共而

---

① 天津特别市教育分会:《为灭共宣传讲演报告表事致市立第三十七短期小学校等函》(1939年2月5日),天津市档案馆藏,J0110-3-003833-046。
② 天津特别市公署教育局:《为在灭共月组织学校教职员进行讲演事给第四十二短期小学的通知》(1941年2月17日),天津市档案馆藏,J0110-3-003791-041。
③ 天津市公署宣传处第二科检查股:《关于灭共日财政局长举行广播宣传的新闻稿》(1943年4月10日),天津市档案馆藏,J0001-3-009362-014。
④ 王文光:《关于印制日历经特务机关通知须加印灭共标语由本处提供标语社会局办理情况的报告》(1941年11月27日),天津市档案馆藏,J0001-2-000751-006。

采取的行动。沦陷区内中共势力逐渐发展壮大,中共游击队在天津郊区已经十分活跃,到处袭击日伪军,成为威胁天津日伪统治的主要力量,因此打击中共遂成为日伪政权重中之重的任务。

日伪政权控制天津的方式和手段多种多样,很难说取得了实际效果。战前屡遭日本人欺压的国人,民族与国家观念即已产生,并逐渐内化为自觉的意识。面对日伪政权的虚假、欺骗宣传,民众不难辨别出来。用"中日提携"、"协力圣战"等口号动员民众支持日本发动的侵略战争,很难得到民众的真心拥护。日本发动的侵略战争造成了巨大消耗,伪政权将其转嫁给民众,势必引发不满与抵制。只是在面对日伪的强权控制之时,多数民众出于自保,不得不选择沉默。

第二节 统治困境

日本操控傀儡政权,本意是通过"以华治华"的策略,在沦陷区建立起严密的殖民统治体系,最大限度地从中国沦陷区汲取战争资源。从天津日伪政权来看,它的触角虽以保甲制为基础延伸至城市基层社会,但因其政治基础十分脆弱,控制效果极为有限。由于日本发动的侵略战争的持续,沦陷区的经济状况不断趋向恶化,政权运转所需经费都难以为继,而且日伪政权赖以维持统治的警察、保甲人员存在大量徇私舞弊、敲诈勒索的情形,成为日伪政权续命的毒瘤。

面对日伪政权的统治,国共两党利用租界的特殊地位,积极开展抵抗活动,一方面进行各种破坏活动,削弱日伪政权的统治基础,此外还进行锄奸活动,以打击汉奸的嚣张气焰。民众出于多方面的原因,进行积极或消极的抵制活动,使日伪政权的各项政策措施得不到真正的贯彻落实。凡此种种,在多重因素的影响下日伪政权陷入统治困境。

一、经费短缺与政令不畅

鉴于经济形势恶化,政府经费紧张,伪天津特别市公署提出要裁汰冗员,但在推行过程中面临重重困难。1942年,对于伪市公署"切实调整人事"的训令,教育局表示"本局职员较各局为最少,除各科室额定人员外,全局虽尚有科员、办事员,以事务纷繁及本年加强事务,如识字运动、协助宣传、肃正思想、协助青少年团等,办理教职员廉价面收款、发面、分配事宜,办理义务教育、戏曲电影检查事宜,更厉行历次治安强化运动。种种临时工作,所有职员时感不敷分布,似无立须淘汰情事"。[①] 伪市公署所属各局都有自身利益的考量,人员数量多寡是一个部门地位的体现,因此裁汰人员不可能得到真正响应。除教育局外,其他各局也多以工作人员不足为由,婉拒裁员要求。伪市公署的冗员并未得到真正裁撤,经费紧张的状况也就无法得到有效改善。

伪天津市公署要求各学校"认真检查并一律消灭党政府时代一切标帜以及违禁书籍",结果却是"市属各学校和社教机关对于前项党徽标帜及违禁书籍等物,仍未消灭净尽",为此教育局要求各学校"立即查明,如尚存有党徽标帜亟应销毁净尽,以期肃清,所有违禁书籍等物亦应详细检查"。[②] 1938年9月23日,教育局指示各中学校长、民教馆长及各市私立小学代表,"检查违禁书性质及

---

① 天津特别市公署教育局:《为遵令呈复职局跳整机构汰裁人事意见请鉴核示遵由》(1942年10月),天津市档案馆藏,J0001-3-010847-045。
② 天津特别市公署:《训令市立第十一小学校》(1938年7月5日),天津市档案馆藏,J0110-3-003508-021。

处理方法,并饬转知各校迅速开具清册,径送本局先行查核"。事隔一个月,市立四十五小学校仍未呈报,教育局要求该校"务于 10 月 27 日以前,即将此项清册送局,以凭查核办理,万勿再延"。① 可见,伪市公署的政令无法得到有效贯彻,其对基层社会及下属机构的控制力有限,权威尚未完全树立。

二、公职人员玩忽职守与倒戈

作为日伪政权维护社会稳定的重要力量,警察的行为举止关系重大。伪警察勒索民众的情况时有发生。西头教场水上警察分所向来无公可办,勒索小民,索要几角或几元,停船每只 1 元。该分所警察竟私以渡人每人几角,且住房是租自百姓,硬行占了数年,不给房租,并以该所名义强行拉船,给钱就放,并以救生船名义,专救有钱人,每人 1 元至数元,没有钱不救。第九区南头窑警察分局扣留大船 10 余只,多日不放,有大船给几十元就放。②

警察擅离职守的情形十分普遍。1941 年 9 月 18 日,警察局督察处查报各分局警察犯过情形,下午 1 时,九分局检查班二等局员王会麟,在检查时未出勤。晚上 11 时 30 分查至该处,带班局员王会麟等仍未在场。九分局二纬路检查班二等警官王德成未在。警士白鹏贵于 12 时接班,王德成并未出勤。③ 警察懈怠成为伪政权统治不力的重要表现。由于案件频发,警察疲于应付,很多案件无

---

① 天津特别市公署教育局:《致函市立四十五小学校》(1938 年 10 月 24 日),天津市档案馆藏,J0110 - 3 - 003759 - 083。

② 日伪天津市警察局:《关于办理出入租界通行证禁止儿童游泳民众团体成立等训令》(1938 至 1942 年),天津市档案馆藏,218 - 3 - 6 - 7428。

③ 日伪天津市警察局:《关于抄发市署各机关统一发表宣文稿暂行办法并严禁长警着制服出进娱乐场所等训令》(1941 年 6 月至 10 月),天津市档案馆藏,218 - 3 - 5 - 5219。

法及时破获。天津市商会会长王竹林被狙击身亡,引起伪中华民国临时政府行政委员会委员长王克敏的震怒,指责"警察局事先疏于防范,事后未能依限破案",对相关责任人予以处分,"局长周思靖引咎辞职,侦缉队长徐树铭已撤职留任,特务科科长蓝振德解职他调"。① 1945年3月23日,大经中路派出所界内中原土膏店遭5名匪人抢劫。因无法破案,第八分局指责"员警事前既疏于防范,事后复缉捕未获,殊属有亏"。②

作为基层政权中坚力量的保甲人员玩忽职守的问题非常严重。自1941年6月起,各保书记生活费每月增加20元,月支50元。按照常理"待遇既已优渥,工作自应勤奋",实际情形是"各保书记仍有多数敷衍苟事或每日到班稍留即去,甚有竟日不到班者。各保长任其自由,不加考问"。保甲人员发生争端之事"时有所闻",多因"一时气愤积不能平,或因利害攸关,各不相让"。③ 保甲人员的不和对于保政的推进极为不利,但因其自身学识和管理水平的限制,往往因利益纠纷而产生争端。保甲长营私舞弊、贪腐等行为不胜枚举。抗战后期,为防范美军飞机的轰炸,伪天津特别市政府在全市特定区域内修筑了防空墙与防空壕。对于此类设施,警察与保甲人员竟敢私自毁坏。第七区四十五保保长李凤舞、四十六保保长刁雲洲与西关街地坛派出所警长刘鼎英,将用数千元

---

① 天津特别市政府:《公安局长及侦缉队长任免情况呈行政委员会为报商会会长王竹林在法租界被刺一案经过情形请交涉》(1938年12月),天津市档案馆藏,1-2-1-139。

② 天津特别市政府警察局:《为据第八分局呈管界钧和里八号中原土膏店被抢情形呈报鉴核由》(1945年4月10日),天津市档案馆藏,J0001-3-008121-031。

③ 日伪天津市警察局:《关于抄发市署各机关统一发表宣文稿暂行办法并严禁长警着制服出进娱乐场所等训令》(1941年6月至10月),天津市档案馆藏,218-3-5-5219。

建筑完成的防空壕私自垫平,并将砖木料等卖出及地皮所赁之钱,互相平分。①

相较警察与保甲人员的玩忽职守,日伪官员的倒戈对伪政权的打击更大。很多日伪官员出于多种因素的考量,成为国共地下工作人员。战前担任河北省立天津中学校长的何庆元留校任伪校长。1939年,何庆元被国民党天津市党部特工枪击。伤愈后,日本人拟将其委任为教育局长。何庆元找到国民党天津市战区教育督导员张卓然,征求其看法。张卓然要求他"尽量抵制日方奴化教育方针、政策、措施,并随时转告。保护教育人员,如有教育人员因抗日嫌疑被捕,设法营救。介绍几人到教育局及学校任职,如能接受,报请教育部作为协助抗战人员予以备案"。何庆元表示"完全可以"。张卓然介绍李陵甫任伪教育局总务科长,姚金绅任伪教育局秘书,刘师奇任小学校长,黄道任市立三中校长。②

有些伪职人员虽未加入国共地下组织,但却有营救国共被捕人员之举。伪商会会长刘静山营救林墨农、王硕芬、郭宁然、郭慧彩、罗宗雄、罗宗英等七人脱险。林墨农是办小报做宣传的,王硕芬是抗团,郭宁然、郭慧彩等是给中央通情报。③ 随着战局日趋明朗化,有些人眼见日本殖民统治行将就木,转而向国民党输诚。1945年初,国民党特工李曜策反伪天津市政府秘书长姚一新。由

---

① 天津特别市政府:《关于查办保甲长等舞弊案件卷》(1943年12月至1945年7月),天津市档案馆藏,1-3-7-11111。
② 张卓然:《天津沦陷后我在教育界的抗日活动》,载中国人民政治协商会议天津市委员会文史资料研究委员会编《天津文史资料选辑》第39辑,天津人民出版社,1987年,第90页。
③ 天津市档案馆编:《日本在津侵略罪行档案史料选编》,天津人民出版社,2015年,第624页。

其秘密联络伪警局干部刘宝璋、朱学芳等，企图培养实力。伪职人员中不乏同情国共地下工作人员的。抗团成员张树林、陈肇基、刘清和、华道本被逮捕后，由伪警察押着，四人分别用两副手铐铐着。当日宪警上楼搜查时，具有爱国心的伪警给予方便让四个人逃跑了。① 伪政权的官员或明或暗协助抗战，受到国家民族意识的驱动，更多则是为给自己留条后路。对伪政权而言，官员的倒戈是始料未及的。

三、国共的反抗

沦陷期间，国共的抵抗活动始终存在。英法租界存续期间，国共两党的特工针对敌伪的暗杀、破坏活动非常频繁。英法租界的存在给日伪政权造成极大困扰。租界是英法等国通过不平等条约窃取的中国领土，理应受到谴责。抗战时期，租界成为中国反日力量的庇护所，曾经的万恶渊薮之地对中国的抗战事业起到了一定的积极作用。国共特工暗杀日军及伪政权官员后，即逃亡英法租界，日伪军警对此束手无策。正如《新天津报》所言，"其庇护与援助抗日分子以及共产党游击队之种种事实，已不遑枚举"。② "有助纣为虐的英租界兴风作浪，甘为党共之助手，企图破坏东亚和平"。③

租界华人警察给国共特工提供了不少帮助。抗团设在树德学校的培训地点被日伪特务侦知。1940年1月，日本宪兵队赴树德

---

① 张世一：《抗战期间天津的抗日杀奸团》，载中国人民政治协商会议天津市委员会文史资料研究委员会编《天津文史资料选辑》第39辑，天津人民出版社，1987年，第69页。
② 《临时政府决贯彻要求》，《新天津报》，1939年6月27日，第2版。
③ 《市民之声——英租界是党共分子潜伏之巢穴》，《新天津报》，1939年6月24日，第3版。

学校逮捕抗团人员。英租界工部局警察得知消息,便开出警车故意响笛巡逻,先行报警。1940年6月,日伪特务逮捕抗团成员王宗钤,在法租界华人巡官掩护下得以逃脱。7月,王宗钤由英工部局范懿贞护送至北戴河,住在英租界警务处处长、英人谭礼士别墅内暂避。① 1940年6月,英日协定签署后,英租界逐渐失去掩护效能,国共地下人员的抵抗活动受到抑制。"因为××方面,受不了敌人的威胁,竟于代替敌人,破坏我们在租界内的工作。我们在双重压迫、艰苦的环境中,奋斗到今年,可是事实不能了,像工作地区的缩小,外界联络被阻碍,和工作同志不断的牺牲"。②"××方面"显然指的是英法租界当局。自英日协定签订后,以英法租界为依托的抗日活动逐渐消沉下去。

国民政府重视沦陷区的教育事业,派张卓然出任天津市战区教育督导员,负责"联系敌占区爱国的教育人员靠拢国民党政府,以各种形式推行抗日教育,抵制奴化教育;组织领导青年学生从事各种抗日爱国活动;举办学校或补习班,招收不愿上伪校的青少年"。③ 1939年春,继组建天津教育促进会之后,张卓然又组织成立天津青年读书会。读书会的主要活动是联系青年学生,介绍有关抗战救亡的书籍,宣传抗战建国纲领,抵制奴化教育,介绍青年学生到后方升学。读书会自1939年成立,到太平洋战争爆发,就

---

① 张世一:《抗战期间天津的抗日杀奸团》,载中国人民政治协商会议天津市委员会文史资料研究委员会编《天津文史资料选辑》第39辑,天津人民出版社,1987年,第70—72页。
② 张纬:《从天津到金华》,《火炬周刊》1941年第15期,第9页。
③ 张卓然:《天津沦陷后我在教育界的抗日活动》,载中国人民政治协商会议天津市委员会文史资料研究委员会编《天津文史资料选辑》第39辑,天津人民出版社,1987年,第74—75页。

停止了活动。三年中发展的会员约有 40 余人,介绍到后方升学的有 20 余人。①

国民党在天津的抗敌活动主要是通过抗日杀奸团进行的。军统局天津站特工曾澈于 1937 年冬,成立抗日杀奸团(也称抗日锄奸团,简称"抗团"),利用英法租界作为掩护,在天津十分活跃,极大地震撼了日伪政权的统治。抗团反日行动包括如下几种:

第一,放火。1941 年,国民党特工越墙进入日本宪兵队院中,自窗内投入库房燃烧物,意欲放火。② 正如时人所言"在春风中,怪火一次一次的爆发,大陆货栈法租界码头特一区、特三区,救火机时时忙得不了。怪火烧出瘾了,军需品汽油也成了火焰的食粮"。③ 此类活动多是由抗团成员实施,震撼了日伪政权的统治。第二,爆炸。《庸报》是日伪政权重要的喉舌,成为国民党特工袭击的目标。1938 年 5 月 6 日,法租界庸报馆内发生炸弹爆炸事件,虽然没有造成人员伤亡,但足以引起日伪恐慌。天津西站到北站有专为日本军人服务的公交车。抗团团员在两辆反向而行的公交车上安装了定时炸弹。一辆公交车在途中发生爆炸,炸伤六七个日本兵,另一枚炸弹在公交车抵达终点时爆炸。④ 第三,暗杀。王竹林、程锡庚等伪政府高官均遭暗杀。由于伪职人员接连遭暗杀身亡,"不少原

---

① 张卓然:《天津沦陷后我在教育界的抗日活动》,载中国人民政治协商会议天津市委员会文史资料研究委员会编《天津文史资料选辑》第 39 辑,天津人民出版社,1987 年,第 80 页。
② 天津市档案馆编:《日本在津侵略罪行档案史料选编》,天津人民出版社,2015 年,第 828 页。
③ 北方:《沦陷后的天津》,《华美》1938 年第 1 卷第 12 期,第 286 页。
④ 李瑞林:《抗日亲兄弟 肝胆献中华》,载王振良主编《九河寻真》,天津古籍出版社,2013 年,第 567 页。

北洋旧官僚都不敢出来为敌人做事了"。①

　　为因应时局变化,中共在天津进行了布局。天津沦陷后,中共天津市委根据刘少奇"城市工作要精干,由公开、半公开的活动转入秘密工作,埋头苦干,积蓄力量,留下一部分同志隐蔽下来,坚持地下斗争"的指示,留在天津坚持地下斗争的有姜思毅、李青、刘文桀、周彬、朱峥、阎国珍等数十名共产党员。在姚依林的领导下,中共创办了《抗日小报》和《风雨同舟》。此外,由中共党员阎国珍任总务的"女同学会"是一个颇具影响力的抗日团体。她们以组织读书会、歌咏会、话剧团等方式,进行抗日宣传和募款劳军。1938年,出版油印刊物《妇女》,宣讲救亡图存,激发抗日热情。② 1938年10月,中共天津市委撤销,河北省委迁往冀东地区。此后天津市内不在设中共的领导机关,由中共北方局和冀中、冀东、山东抗日根据地的城市工作部领导市内的对敌斗争,开展的抗日活动主要有,采取各种方式支援天津附近的抗日根据地,向根据地输送药品、文具纸张、小型机械、武器弹药等,将一批爱国青年转送各抗日根据地。中共在天津还采用隐蔽的方式,在工人、学生等群体中建立党的外围组织。

　　中共策反伪职人员的工作卓有成效。王维是曾任国民党天津市长王一民的侄子,从北平伪高等警官学校毕业后,通过伪天津市警察局长阎家琦的介绍,找了个警察局局员的职位。通过争取,王维思想转变,成为中共情报人员。王维活跃于平津地区日伪军警特以及上层社会,探听、搜集日伪军驻防活动和扫荡情况。五次治

---

① 张世一:《抗战期间天津的抗日杀奸团》,载中国人民政治协商会议天津市委员会文史资料研究委员会编《天津文史资料选辑》第39辑,天津人民出版社,1987年,第68页。
② 天津市地方志编修委员会办公室编著:《抗日烽火在天津》,天津人民出版社,2005年,第35—36页。

安强化运动中,天津市警察局每次都逮捕一批抗日志士和无辜民众。经调查,王维向伪警察局长阎家琦呈送一份报告,说明情况,请求无罪释放。阎家琦权衡利弊,眼见日本人就要完了,为了减轻自己的罪恶,同意王维的调查报告,释放了大批犯人。① 作为中国北方的经济中心,天津是各种物资的集散地。中共所需物资有不少是在天津购买密运至各根据地。1944 年 9 月 26 日,山东省剿共委员会报告称:"中共胶东渤海各军区所需弹药及一般军用物品,多由海路自天津方面运来。其密运方法系将弹药装于铁箱,拴连于民船底,坠入海水内,意图避免检查",为此该委员会请求"沿路有关军宪严密检查",伪华北政务委员会委员长王克敏要求天津市剿共委员会函请天津特别市政府"饬属查照办理"。② 由此可知,天津还是中共的物资供应地与转运地。

天津劳工协会是中共的外围组织。1939 年 9 月 18 日,伪警察局特高科的情报显示,天津劳工协会的领导人是徐正经,"住址无准地,临时对会员通知公事,由交通员贾恩第负责转达通知,贾恩第乃英工部局下级劳工职员。目下为今日(九·一八)东北事变纪念日,全体会员于此日对劳工一律大宣传,亦为纪念"。③ 为淆乱日伪视听,中共地下人员会特意制造谣言,扰乱天津社会秩序。伪警察局特高科称:"共产党更进行其之诡计,散布谣言,以便骚扰治安。谣言为 9 月 18 日,天津四郊潜伏游击队往市区内骚扰暴动。此谣

---

① 王律飞:《战斗在敌人心脏》,载中国人民政治协商会议天津市委员会文史资料委员会编《天津文史资料选辑》2001 年第 1 辑,天津人民出版社,2001 年 3 月,第 4—5 页。
② 华北剿共委员总会:《函为据报中共胶东渤海各军区密运弹药方法请饬属严密查缉》(1944 年 10 月),天津市档案馆藏,1-3-6-8350。
③ 日伪天津市警察局:《天津特别市公署警察局特高科报告书》(1939 年 9 月),天津市档案馆藏,218-1-1-1811。

言在租界中业已传过,一群灾后居民闻言莫不惊慌,有如大战之将临"。① 1939年9月13日,天津市区内铁路、日本租界、意大利租界、发现许多标语,大意为"已经联络妥当,定9月18日进攻天津,希民众以复国为念,届时予以相当便利之协助"。此事真伪不得而知,特高科却称:"经缜密调查来源中,复据可靠消息,共党确与八路军所属部队联络妥当,定9月18日,联合内外响应,进扰津市之治安"。②事实上,当时并未发生中共军队袭扰天津的事件。谣言的传播确实迷惑了日伪政权,使其如临大敌,惶惶不可终日。为扰乱沦陷区治安,国民党特工也制造各种谣言。1939年9月2日,据特高科称:"租界中居住反动分子近散布一种特殊谣言,希图扰乱民心,以便其中骚动。其谣言为水落石出四字,大意讲华北正在水灾中,日本方面因水灾关系,对于戒备必足不严。蒋介石将举全国之力量攻华北,至水落时蒋介石准在天津方面出现,故名水落石出。此谣言在英法租界内业已传遍,近一两日中,市内灾区亦有同样之谣言发现"。③谣言的制造与传播导致民心不稳,困扰着日伪政权。

四、民众的抵制

日军占领天津后,多数民众因无力改变现状,且慑于日军及伪政权的强权统治,不得不忍气吞声。一部分有血性、良知的民众不甘于被日伪统治,走上抵抗之路。

1. 创办报刊,宣传抗日

天津沦陷后,一些市民秘密出版抗日刊物,开展抗日活动。此类报刊有大报、小报、小报、日刊、周刊、半月刊、月刊,还有特刊和

---

①②③ 日伪天津市警察局:《天津特别市公署警察局特高科报告书》(1939年9月),天津市档案馆藏,218-1-1-1811。

号外,限于条件,多数是油印,少数是铅印或石印。1938年底,在天津出版发行的抗日报刊,能列出名称的有30多种。① 抗日刊物如雨后春笋般出现,形成了一股宣传抗日救国,揭露日军暴行的舆论氛围。这些报刊中有的由共产党人创办,有国民党人办的,也有民众团体创立,还有不少是由市民自发创办。日伪当局极为惶恐,采取多种手段企图消灭此类报刊。由于出版者的活动方式较为隐蔽,多数又是以英法租界为基地,因而抗战初期,抗日报刊一度比较活跃,在民众中产生一定影响。英租界被日军接管后,多数报刊销声匿迹。

2. 支援八路军

为表达爱国之情,有些人暗中支援活动于天津郊区的中共游击队。1939年9月15日,据伪警察局特高科调查,"此辈爱国分子中,已分别捐款,筹集美元之巨。目下因文安、大城等处,亦同时被水,灾情惨重。彼等在最近期内,拟在津购买各种食物及日用品等,雇船运送至文大一带,名义为赈济该地灾民,实际则为慰劳现在四郊各处活动中之第八路军,以示敬意"。② 天津作为日军重要的战略基地,驻有重兵守卫,为了确保天津的安全,日军对周边地区的扫荡也比较频繁,在此种情况下,中共游击队在天津郊区能坚持并获得发展,与民众的支持是分不开的。

3. 自发抵制

天津地区,以津南小站稻米质量最优。每年秋收季节,温世珍

---

① 乔多福:《抗战初期天津地下出版的抗日报刊》,载中国人民政治协商会议天津市委员会文史资料研究委员会编《天津文史资料选辑》第39辑,天津人民出版社,1987年,第52页。
② 日伪天津市警察局:《天津特别市公署警察局特高科报告书》(1939年9月),天津市档案馆藏,218-1-1-1811。

都会派伪商品检验局局长吴季光亲临小站,选择籽粒饱满、色泽纯正的小站稻50多万斤,装入特制的麻袋中,上边盖上"贡米"字样,运到东京供日本皇室享用。有一年,这批贡米集中到小站粮库待运,搬运工人偷偷用气管子把含有烈性农药液注入稻包内,然后用"探子"把一张骂帖捅进去,骂帖上写有:日本天皇,罪该万死,吃我稻米,小心毒死。此事惊动了日本军部,责令驻屯军司令香月清司立案侦破,并派赤穗津正气和井上垣少佐前来查办。温世珍派军警到小站逮捕稻农和搬运工人,关押在小站粮库内,严刑逼供。①因日军实施粮食统制,中国民众不能食用大米,而伪政权将优质大米供给日本皇室,引起民众普遍不满。农民此举是为了发泄对日本殖民统治及伪政权的不满,但也导致不少无辜民众受到"严刑逼供"。

4. 积极反抗

1923年,刘髯公创办《新天津报》。九・一八事变后,《新天津报》宣传抗日,歌颂抗日英雄马占山、蔡廷锴、蒋光鼐以及宋哲元的大刀队等事迹。沦陷后,刘髯公利用装设的私家电台,收听一些外国消息,继续出版,一则维持生活,二则可以赢得读者欢迎,但决不办给日寇做宣传的汉奸报。②刘髯公遭到日本人的忌恨,成为打击报复的对象。1937年8月3日,日本宪兵将刘髯公逮捕,其不堪重刑致死。

赵天麟于北洋大学法律系毕业后,赴美留学,获哈佛大学法学博士学位,回国后任教于北洋大学,1914年任校长。1934年,赵天

---

① 孙树芳:《津南地区的日军米谷统制协会》,载中国人民政治协商会议天津市委员会文史资料研究委员会编《沦陷时期的天津》,天津静海县印刷厂,1992年,第167页。
② 王哲夫:《宁死不屈的刘髯公》,载中国人民政治协商会议天津市委员会文史资料研究委员会编《沦陷时期的天津》,天津静海县印刷厂,1992年,第203页。

麟应聘到天津耀华学校任校长。天津沦陷后,日伪政权推行奴化教育,要求各校一律换用新教材。赵天麟利用耀华学校设在英租界的条件,拒绝使用奴化教材。每逢校庆、重要节日及全校的周会活动上,耀华学校仍悬挂中国国旗、唱中国国歌。耀华和南开师生基于爱国热忱,宣传抗日。被日军列入逮捕名单中的青年受到赵天麟的保护。有的青年要去大后方,赵天麟不但资助路费,还通过英租界工部局渠道向外输送。赵天麟种种"不驯服"的表现,惹恼了日本人。日军扬言耀华学校是抗日大本营,学校地下室藏有大量武器,要求进校查看。赵天麟对日军的无理要求予以严词拒绝。伪警察局派人来校视察,英租界工部局事先通知了赵天麟,但在视察人员中,有穿军服的日本宪兵,赵天麟拒绝他们入校,触怒了日本宪兵队,咒骂其侮辱"皇军"。① 1938 年 6 月 27 日,赵天麟被日伪特务暗杀。

　　日伪政权对天津的控制受到诸多挑战,尤其是国共两党的抵抗活动威胁着日伪政权的统治,鼓舞了沦陷区民众的抗敌斗争。日军及伪政权兴师动众,前后实施了五次治安强化运动。在恢复秩序、加强治安力量、严厉镇压国共反抗等方面大费心思。日伪政权采取的诸多措施并不像宣传的那样效果明显,伪市公署秘书长陈啸戡承认"强化治安运动没有什么反响,结果反与人民多麻烦"。② 即便受到日伪的残酷镇压,国共的抵抗始终没有停止,成为日伪统治的梦魇。1941 年 6 月 1 日,伪警察局第五分局长刘仲凯承认"本市各处近来时有抢案发生,匪徒多在逃逸,贻害地方,实非

---

① 赵智铨:《日特暗杀教育家赵天麟真相》,载中国人民政治协商会议天津市委员会文史资料研究委员会编《沦陷时期的天津》,天津静海县印刷厂,1992 年,第 199—200 页。
② 天津市档案馆编:《日本在津侵略罪行档案史料选编》,天津人民出版社,2015 年,第 787 页。

浅鲜"。① 在日伪政权统治下,社会治安混乱情形十分堪忧。

1941年12月,日军接管天津英租界后,"国民党系统的地下组织无法立足而撤离,因而在抗战中后期国民党在天津的抗日活动基本上就停止了"。② 抗战胜利后,一些国民党特工的陈述反映出此种情形,孙功自平津失守后,投身英商汇丰银行,并掩饰抗敌工作。在小白楼先农里等处做各种外围工作。太平洋战争爆发,英租界被日寇侵入,遂无立身之处。③ 虽如此,国共两党及民众的抵抗活动一直在延续,只是英租界被日军接管后,抵抗有所减弱。随着日本扩大战争规模,对沦陷区的掠夺加剧,加之经济形势不断恶化,民众生活水平呈现不断下降趋势,不满情绪逐渐增强,日伪政权赖以维系统治的经济、民意基础无法得到保障,尤其是日伪官员的倒戈,使伪政权的统治变得愈来愈脆弱。

---

① 天津特别市公署警察局第五分局分局长刘仲凯:《谨将1941年6月1日所得各方面情报一件理合填具事由表》(1941年6月1日),天津市档案馆藏,J0001-2-000018-022。
② 罗澍伟:《近代天津城市史》,中国社会科学出版社,1993年,第693页。
③ 中共天津市委党史研究室编:《天津市抗日战争时期人口伤亡和财产损失资料选编》,天津人民出版社,2015年,第242页。

第四章 天津日伪政权的经济建设

一个政权若想获得长期存续与发展,经济建设是必不可少的基础。为了获得财税收入,以维持政府运转,同时获得民众支持,以赢得执政的合法性,天津伪政权自成立后,在市政建设、发展工商业方面做了一些工作。沦陷初期,天津的工商业获得了一定的发展。需要指出的是,工商业的"繁荣"更多是因为经济发展的固有规律所致,而非伪政权之功。随着日军扩大战争规模,伪政权不断向民众汲取战争资源,以支持日军的侵略战争,沦陷区经济形势渐趋恶化。太平洋战争爆发后,天津由沦陷初期的虚假繁荣走出,经济趋于衰落。为应对经济形势的变动,日伪政权实行经济统制政策,并在此基础上实施配给制。天津的经济完全被纳入战时轨道,民众生活水平随着经济形势的恶化而不断下降。

第一节 工商业政策及实态

天津沦陷后,工商业受到战争冲击经历了一段消沉期。日伪政权的统治巩固之后,天津工商业逐渐得到恢复和发展。在此期间，日伪政权推出过一些促进工商业发展的措施。日本将天津视作沦陷区重要的经济中心和物资供应基地。从支持战争的角度，日本侵略者重视天津的经济建设，并鼓励资本进入天津，投资设厂。随着日本国内经济形势的恶化，资金出现短缺问题，日本开始利用中日合办的形式，吸收中国资本，开设工厂。在日本及伪政权的"重视"下，天津的工商业在沦陷初期获得一定发展。值得注意的是，此种发展是畸形的。工商业的"繁荣"并非日伪之功，而是战前经济运行的内在规律在持续起作用。

随着抗战的持续，尤其是1939年天津的洪灾之后，各种商品的价格不断上涨，民众生活大受波及，但尚可勉强维持。太平洋战争爆发后，日军的战线越拉越长，战争消耗愈来愈大，直接影响了天津经济社会的发展，民众生活受此影响而难以为继。为应对战时特殊环境，日伪政权改变以往对工商业放任自由的政策，开始实施统制政策。此项政策的实施，严重抑制了天津工商业发展和对外贸易的开展。低物价政策是日伪政权干预经济的一种手段，通过实行明码制、协定价格，限制工商业的盈利空间，以保证市民的生活。严禁商人囤积居奇，也是为了维护正常商业秩序。为了加强对工商业的控制，日伪政权要求各商号加入所属的各业公会。通过实行上述政策，日伪政权虽然加强了对经济的控制，一定程度上保障了基本民生需要，但由于违背工商业发展的基本规律，势必遭到工商业者的消极抵制。天津工商业发展还受制于社会治安环境、伪政权的不作为、献金献机运动、税收过重、物价上涨以及工业原料缺乏等因素，加之太平洋战争爆发后，国际环境急剧恶化，对外贸易受到极大限制，天津的工商业逐渐走向衰落。由"盛"而衰是沦陷时期天津工商业发展的必然趋势。

一、工商业政策

1. 低物价政策

天津沦陷初期,日伪政权并未对物价进行过多干预。由于经济形势逐步恶化,物价不断上涨,市民的基本生活受到严重影响。为维护社会安定,便于监督各商号任意定价售货的行为,伪市公署通令全市商号一律实行售货明码制。1942年4月,伪市公署釐定"天津特别市各商业实行明码制办法要纲",规定"各业商店应将所售货品价格分别门类,用明码数字标明于各物品之明显部分;各业商店所售货品不能将其价格标明于各货品之上者,应于各货品陈列处所标明单位及价格;依照天津特别市公署取缔暴利行为暂行规则第四条之规定,本要纲实行二周后,派本署社会局及警察局职员,在各商号营业时间内前往查询,于必要时各该商店应将其购入、售出物品之价格及售卖情况,据实填表报告;所派调查人员,均佩有本署发给之证章身份证明书,以资识别"。[①] 自1942年6月至9月,天津物资物价委员会事务局核定发表四批日用必需品的协定价格,第五批亦经审核竣事。6月24日,公布酒精、维士克酒、杂酒、米酢、打字机等四项协定价格及鸡卵自肃价格。[②] 9月30日,纺织制品、生丝、绢织物、人绢丝布、加工棉布等协定价格发表,定自10月1日起实行。[③] 此外,1942年9月,为防止商人在中秋节谋取暴利,任意抬高各种未经规定的日用必需品的协定价格,物资物价委员会事务局要求各业公会,"迅速自肃的协议规定各本业贩卖

[①]《津取缔暴利行为》,《新天津报》,1942年4月25日,第4版。
[②]《津五批协定价格,定自今日起实施》,《新天津报》,1942年9月24日,第4版。
[③]《津低物价政策积极推进,六批协定价格今日起实行》,《新天津报》,1942年10月1日,第4版。

物品合理价格，通饬各会员商号遵照售卖"。①

　　社会局长蓝振德认为："明码制实行，不但便于取缔暴利之工作，同时市民购物，免受不正当利润剥夺，并可促进不道德商人自省自觉之机会，及自肃自戒之决心"。② 事与愿违，不少商人违反低物价政策，以超出协定的价格售货。自1942年5月10日开始实行商号售货明码制后，社会局派员分赴市区及各租界密查，结果是"虽有一部大体遵令实践，其间有意拖延未即奉行者，为数尚多"。为此社会局要求市商会转饬各公会，"自即日起务必遵照前项办法要纲切实奉行，如仍因循不遵，一经查出，定予严惩，绝不姑宽"。③ 1942年7月，为明了协定价格及各商号实行明码制状况，伪市公署委派社会局第四科和警察局特务科人员，逐日分赴市区及租界各商号调查，查明未实行明码制或未完全实行明码制，及售货超过协定价格的商号59家。7月24日，伪市公署要求警察局分别传案，依照取缔暴利行为暂行规则之规定，予以罚办。④ 为加强对商户执行协定价格情况的监管，伪市公署要求对"意图观望者，或企图阳奉阴违者，民众均有举发必要"。⑤ 为使商民认识实行协定价格及明码制的必要性与意义，伪市公署自8月5日起举办宣传运动周，实施"粘贴标语，悬挂布幕，包货纸加盖标语戳，广播讲演，举办讲演会，建立标语台，放映玻璃板，发表新闻"等。⑥ 伪市公署实行低

---

① 《秋节临近，当局亟谋防止各项物价高抬》，《新天津报》，1942年9月11日，第4版。
② 蓝振德：《社会局推进第四次治强运动总报告》，《津津月刊》1942年第1卷第6期，第3页。
③ 《社会局再饬商会彻底实行明码制》，《新天津报》，1942年5月22日，第4版。
④ 《未实行明码制之各商号，已予传案罚办》，《新天津报》，1942年7月25日，第4版。
⑤ 《厉行低物价政策，当局期待全市民热烈协力》，《新天津报》，1942年7月27日，第4版。
⑥ 《推行协定价格及明码制宣传运动》，《新天津报》，1942年7月29日，第4版。

物价政策,是为应对物价不断上涨的状况,客观上有利于防止市民被过度盘剥。不过低物价政策违反商业运行规律,受到商人或明或暗的抵制亦在情理之中。自1942年6月日伪政权实施物价紧急对策后,一般物价暗盘横行,正当商店无所适从,物价上涨未尝受公定或协定价格影响。原因在于"物资不足,且因配给不圆滑所致;官方监督管理其效固大,然官吏对商业情形充分了解者极少"。①

2. 工商业管制

1939年10月,为加强对工商业的管制,避免囤积居奇、把持操纵、暗抬市价的行为,伪市公署要求所有各业商号一律加入本业公会,"凡未加入同业公会之煤商,均应一律限令迅即入会,否则取消其营业。至金融、粮食各行商亦照上开办法,凡未加入各该公会者,一律劝令加入,否则概予停止营业处分"。② 伪市公署"凡市区及各租界商号均应视营业之类别,分别加入各该本业之同业公会"的规定,是"予官厅管辖指导之便利",也就是实现对工商业的控制,并非如其所宣称的那样,此举是各业"谋本身营业之发展"。伪市公署的举措并未得到全面有效地实施。伪市公署屡次布告各商号限期加入本业公会,并一再展限,至1942年2月底止,期满决不再展,亦经二三年宽容期限,仍有抗不加入公会。③ 至1943年8月6日,日租界内各商号依法加入公会者固多,意存观望者亦在所难

---

① 天津市档案馆、天津市社会科学院历史研究所、天津市工商业联合会编:《天津商会档案汇编·第四辑(1937—1945)》,天津人民出版社,1997年,第1269页。
② 中共天津市委党史研究室、天津市档案馆、天津市公安档案馆编:《日本帝国主义在天津的殖民统治》,天津人民出版社,1998年,第354页。
③ 天津市档案馆、天津市社会科学院历史研究所、天津市工商业联合会编:《天津商会档案汇编·第四辑(1937—1945)》,天津人民出版社,1997年,第13页。

免。伪市公署致函日本驻津总领事,表示"为强化统制体制以谋商民福利,达到本市商业团体一元化起见,相应函请贵馆布告各商号,即于布告十日内迳赴天津市商会,办理加入本业同业公会手续"。① 日伪政权的一项举措拖延数年,仍未能得到有效遵行,足见其施政违背商民权益,遭受消极抵制。为加强对工厂的统制,1942年4月13日,伪市公署成立天津市工厂联合会,但加入者并不多,"在观望尚未入会者实居多数"。伪市公署通令"各业大小工厂尚未向该会登记者,统限自布告之日起一个月内,前往登记入会。倘仍故意观望,延不入会,一经查明,定予停止营业处分"。② 伪市公署对全市工商业的控制,主要通过市商会及各业公会加以实施。市商会及各公会因经费紧张,正常运转都成问题,更无力拓展业务。社会局长蓝振德承认:"各会员既不向公会交纳会费,各公会亦不向市商会交纳会费,使市商会及公会无法推行,成为一有名无实之机构,致影响一切会务之推进"。③ 经费短缺,导致"不能雇用优良之人才,所用之职员既无相当之学历,又乏经济方面之经验",职员中"有一人兼职三、四公会之多"。各会会长"竟有始终不理会务,会中事务全不明了,仅由会中秘书主持一切"。④ 由此可知,伪市公署对工商业的管控受到极大限制。

3. 严禁囤积居奇

为维护商业秩序,伪市公署严禁商民囤积居奇,公布施行"取

---

① 中共天津市委党史研究室、天津市档案馆、天津市公安档案馆编:《日本帝国主义在天津的殖民统治》,天津人民出版社,1998年,第357页。
② 同上,第356页。
③ 天津市档案馆、天津市社会科学院历史研究所、天津市工商业联合会编:《天津商会档案汇编·第四辑(1937—1945)》,天津人民出版社,1997年,第14页。
④ 同上,第15页。

缔暴利行为暂行规则",并制定密告箱,分悬市区各冲要地点,奖励市民举发。① 伪市公署规定:"凡非本业正式商人,一概不准经营业外物品之买卖,并关于其业内货品,亦不得操纵垄断,倘敢故违,即将全部货品没收,并处以货价十倍以下之罚金"。② 1941年4月2日,为严防各商号垄断居奇,操纵物价,并藉名歇业,暗中迁往租界,企图扰乱社会经济,特别第二区公署要求侦察组人员及户籍生警,随时严密调查检举,以凭惩处而遏奸风。③

伪政权的正常运转需要大量资金的支撑,工商业的发展与伪政权的财政收入密切相关。伪市公署采取一些鼓励工商业发展的措施,也就顺理成章了。太平洋战争爆发前,天津的工商业获得一定发展。中日合办的特殊会社,私人经营的工厂及普通公司、商店,急需各类擅长经营的商业人才。1940年9月,为适应此项需求,提倡职业教育起见,伪市公署要求教育局筹设1所初级商科职业学校,考取学生150名,于9月2日开学。④ 1941年,为促进工商业发展,伪教育局创办店员生徒养成班,分为募集生及委托生募集实习,与商店、工厂联络委托生训练,利用商店、工厂空闲时间,分为馆内、馆外二种。⑤ 日伪政权采取促进工商业发展的措施,是为

---

① 蓝振德:《社会局推进第四次治强运动总报告》,《津津月刊》1942年第1卷第6期,第3页。
② 中共天津市委党史研究室、天津市档案馆、天津市公安档案馆编:《日本帝国主义在天津的殖民统治》,天津人民出版社,1998年,第382页。
③ 天津特别市政府:《情报》(1941年),天津市档案馆藏,1-2-1-20。
④ 中共天津市委党史研究室、天津市档案馆、天津市公安档案馆编:《日本帝国主义在天津的殖民统治》,天津人民出版社,1998年,第116页。
⑤ 天津特别市政府:《新民会天津特别市事务局公函为请将三十年度施政方针函送过会》(1941年6月),天津市档案馆藏,1-2-1-485。

了配合日本侵略者的殖民统治,但客观上也促进了天津经济社会的发展。

二、工商业实态

天津沦陷后,日伪政权忙于镇压国共的抵抗活动,无暇顾及工商业的发展,采取放任政策。受战争波及,天津工商业领域出现不少变动。从对外贸易的视角看,天津为中国北方第一口岸,亦是水陆交通枢纽。在国内,天津的地位仅次于上海,是中国第二大港,是华北物产出口、转口的集散地。从商业视角看,此时的天津是一个商业大都市,华北商业集聚于此。战前,华北、西北、东北各省区的土产,凡输往国内外各地销售,或国内外的货品运往三地区销售,均以天津为承转枢纽。天津的纱布、颜料、五金、杂货、砂糖、纸烟、纸张、文具等商品,都以华北、西北为主要销售市场。华北和西北各省的重要土产如皮张、绒毛、蛋品大都运津销售。陕西、山西、河南、山东的棉花,潼关核桃仁、陈留花菜、甘青宁药材均集聚天津销售。全面抗战爆发后,平汉、津浦两条铁路运输不畅,陕西、山西、河南三省棉花、花菜、桃仁转由陇海路直运上海,西北药材亦因交通不便,运往上海销售,而天津商品,迫于路运困难,运往西北的数量日渐减少。① 此种状况持续时间不长,对天津的经济地位影响不大。

战前,天津纺织工业设备只占全国的6%,只能消化河北棉产,对山东、山西、陕西各地棉花,并无吸收之力。全面抗战爆发后,青岛日本纺织厂已有设备,精纺机614 000锭,捻丝机53 000锭,11 500余架,遭到严重破坏。中日军队在天津的战斗持续时间短,

---

① 杞人:《天津重要商业之荣枯(附表)》,《华北工商》1948年创刊号,第12页。

破坏较小,纺织工业设备得以完整保存。在青岛纺织工业能力下降的情况下,天津的地位相对提高,成为华北棉花最为重要的聚散地。除河北棉产外,华北其他省市亦纷至沓来,均集聚天津。1937至1938年,数量愈形增长,市场除消化、运销外,堆积棉花达50万担,造成空前未有之纪录。① 全面抗战爆发前后,天津不同省籍的商人群体地位发生变动。山西是天津与西北商品交易的中转地,因此山西商人在天津一直占据重要位置。战前,山东籍商人的商业地位已超越山西商人,成为天津重要的商业力量。全面抗战爆发后,天津与山西的交通受阻,导致西北货物不易输津,天津物资又遭日本人统制,难以运往西北,由此山西商人在天津的商业地位日趋没落。山东商人亦因日本人的经济统制,仅能勉强维持。天津籍商人的地位逐渐提高,优势显现。津籍商人在金融领域的影响力增强,为其资金周转提供了便利,也为这一群体地位的提升创造了条件。天津富裕群体对投资商业,日感兴趣,商人资本随之增厚,成为津籍商人占据优势的又一因素。至此,一般商业多为津籍商人控制,客籍商人虽力图扩张,但因日寇统制过严,均陷于经营困境。②

全面抗战爆发前,天津是中国北方地区的第一大埠,在对外贸易、转口贸易上首屈一指。天津沦陷后,为供应日本侵略战争所需的物资,日本当局鼓励其他国家将货物输入沦陷区,因此天津的进出口贸易尚具有一定规模。太平洋战争爆发后,中国沦陷区与英美等国的贸易往来完全中断,天津的外贸额急剧下降。除了与日本、朝鲜、伪满洲国等有贸易往来外,天津的外贸几近停顿。同时,

---

① 杞人:《天津重要商业之荣枯(附表)》,《华北工商》1948年创刊号,第13页。
② 同上,第12页。

天津与内地省市的贸易活动渐趋衰落。战前,天津是华北的贸易中心,工商业异常繁荣。日本占领天津后,天津四周交通不畅,一些原有的商业线路受阻,或转移他地,或逐渐衰落。①

天津沦陷后,工商业在经历短暂的萧条之后,随着日本投资的增加,以及日本人采取"中日合办"的方式吸引中国商人的投资,天津工商业逐渐恢复并获得一定的发展。日本人的投资在促进天津的虚假繁荣上发挥了作用。从表 6.1 可见,抗战初期,日本在华投资增长迅速,对天津投资的增长率远高于青岛和上海。

表 6.1 抗战初期日本在华经济投资② 单位:千日元

地区	1936 年	1938 年	增长额	增长率%
全国(关内)	993 478	1 709 366	715 888	72.1
华北	432 604	1 025 440	592 836	137.1
天津	89 393	423 549	334 156	374
青岛	200 000	225 000	25 000	13
上海	500 000	600 000	100 000	20

抗战中期,日本的投资在天津持续增长。1939 到 1942 年日资工厂由 54 家增加到 225 家,中日合资工厂由 2 家增加到 17 家,增速超过青岛和北平。日资工厂和中日合办工厂的资本额呈现大幅度增长的趋势。日本增加在华投资,尤其是加大对沦陷区中心城市经济的操控,是全面控制沦陷区的重要步骤。伴随日本投资的急剧膨胀,天津经济对日本的依赖程度逐步增强。

---

① 杞人:《天津重要商业之荣枯(附表)》,《华北工商》1948 年创刊号,第 12 页。
② 罗澍伟主编:《近代天津城市史》,中国社会科学出版社,1993 年,第 642 页。

表 6.2　1939、1942 年日本在天津、青岛、北平投资①　　单位:千元

		日资厂		中日合资厂		共计	
		厂数	资本额	厂数	资本额	厂数	资本额
1939 年	天津	54	94 520	2	4 000	56	98 520
	青岛	79	132 768	17	13 748	96	146 516
	北平	19	873	3	3 750	22	4 623
1942 年	天津	225	405 722	17	66 801	242	472 523
	青岛	151	494 923	12	17 312	163	512 223
	北平	89	42 058	6	6 784	95	48 842

太平洋战争爆发后,日本国内经济增长持续下降,对外投资陷入资金短缺的窘境。为解决资金缺乏的问题,日本增加"中日合办"企业,吸收中国资本。鼓励"中日合办"企业是日本在华投资的一个重要特点,日本制定了相应的工业投资原则:同日满经济关系密切的工业,以"中日合办"为原则;新建工业应为"中日合办"企业,企业中日本资本额应超过 50%;新设工业应加入日本资本及技术,日本掌握经营权。②中日合办企业操控在日本人手中,中国商人仅处于附属地位。日本重视对沦陷区中国资本的利用,并返还"军管理工厂",保证中国资本获得适当利益。一些中资企业出于对日军的恐惧和对利润的渴望,纷纷集资建厂。在日伪的威胁和拉拢之下,天津的中资工厂数量逐渐增加,增速远超青岛和北平。

---

①② 罗澍伟主编:《近代天津城市史》,中国社会科学出版社,1993 年,第 643 页。

表 6.3　天津、北平、青岛三市中国资本工厂①

	1939	1940	1941	1942	1942 比 1939 年增加%
天津	85	105	147	255	200
北平	44	55	65	98	122.7
青岛	48	66	83	127	164.6

战前,天津机器工业虽有一定的基础,但多数为小型工厂,设备极为简陋。天津沦陷后,日军积极发展军事工业,对相关工厂采取扶植政策,为其提供原料和技术,并建立一批新的工厂。抗战胜利时,天津已有 300 余家机械厂,其中日系资本的 75 家,包括机械部门 51 家,材料加工部门 16 家,汽车部门 8 家。日本政府极力限制机器类产品对外出口。为谋求更多利润,天津的日资企业设法从日本购入机器,但为数不多,而且多是日本工厂淘汰的机器。许多工厂的设备较为落后,与生产需要不完全配套,成为缺乏独立性的工厂。75 家日资机械工厂中,工作机械 200 台以上的有 3 家, 150 台以上的 1 家,50—100 台的 7 家,20—50 台的 17 家,其余 47 家都是 20 台以下的小型工厂,75 家工厂中工作机械共约 2 000 台,其中 30% 为日本造,其余大多为天津制,也有青岛、上海和英、美、德等国家的机械。②

天津工商业受到日本的严密控制,且实施的物资统制政策,日本商户可从中获得优先权,因此发展迅速,"由 1936 年的 1 555 户发展到 1940 年的 5 832 户"。③ 中国商户很难得到统制资源,无法与日本商户竞争,不少被迫停业或转营其他行业,正常的商业活动

---

① 罗澍伟主编:《近代天津城市史》,中国社会科学出版社,1993 年,第 644 页。
② 同上,第 647 页。
③ 同上,第 654 页。

受到极大抑制。战前,除纺织、毛织、烟草、制纸、电气等近代工厂外,天津的小工业色彩浓厚。近代性质的工厂多属外国资本经营,民族资本经营的近代化工厂仅有纺织、毛织、制粉等。天津沦陷后,工业发展态势并未改变,呈现出"以日本资本之近代工业与中国资本之小工业组织并立"的特点。日本资本的大量进入,使天津工业呈现畸形发展的态势。天津的日本资本都是基于战争长期化原则而进行投资,生产重点集中于重工业。① 天津日资企业发展迅速。全面抗战爆发前,天津日本商社仅50余家,1943年增至400家,总投资额达170 000 000元。日资工厂中228家投资额为102 850 000元,每个工厂平均451 000元。除纺织厂外,普通工厂每家平均亦在25万元以上,较诸中国民族资本企业之零碎,不可作同日而语。② 随着战争局势的不断恶化,日资工厂也受到波及。日本资本大多集中于纺织、制纸、制粉、烟草等领域,此类工业生产遭受材料供应困难的问题。1941年,各种工业操业率为47%,1942年更较萎缩,1943年之活动率将不堪设想。③

太平洋战争爆发后,为适应战时的特殊情形,日伪政权采取经济统制政策,导致天津工商业逐步走向衰落。从华北实业公司的遭遇可以观察天津工商业在日伪统制下所遭受的厄运。1924年,华北实业公司成立于天津,是中国民族资本在华北开办的较大企业,股东100多人,资本500万元,分皮毛业、农业、棉业、药品、医院五部,以皮毛业为主。天津沦陷后,公司尚能勉强支持。太平洋战争爆发后,公司只剩下20万元资本和10多个股东,业务只剩下药

---

① 竟容:《天津工业现状(附表)》,《中联银行月刊》1943年第6卷第3—4期,第240页。
② 同上,第244页。
③ 同上,第246页。

品、医院两部,逐渐弄得门面也没法支持。① 华北实业公司之所以会沦落到难以为继的境地,主要是无法得到日伪的统制资源。以织染业为例,日伪实行棉纱统制对织染业无异于釜底抽薪。天津织染业70%为棉织,棉织主要原料为棉纱,日伪统制棉纱,配给数量有限,大部分工厂均不得不缩减生产规模。有些工厂转移资金,购置房产及机器。与此同时,有2/3的手工业生产工具改为比较先进的机器,成为沦陷时期天津织染业发展的一个重要特征。手工业改为机器工业的原因在于当时购置机器较为容易,加之受日本工业技术的影响,及机器织成品在市场中的竞争力较强,落后的手工生产不得不急起直追,积极图谋改进。沦陷时期,天津的市场操纵在日本人手中,织染业的市场亦完全被侵占,因之销路日蹙,仅仅在偏僻荒凉的村落集市上,找一些购买力低的顾主。日本虽统制棉纱,麻丝及颜料却未加统制,不少棉织工厂转到麻丝织品的生产,使得一部分工业幸免于破产。② 橡胶业和炼油业受到统制政策的影响,多数工厂陷于停滞与破产的困境。天津有10多家橡胶厂,日本把生胶、棉纱、汽油等列为统制物资,加上日资橡胶厂的排挤,中国橡胶厂难以维持生产,陷入停产或半停产状态。因矿物油被日军列为军用品,禁止民间生产和贩运,天津的四五十家炼油工厂只剩3家,其余均被迫倒闭。③

在物资统制的情况下,伪天津市公署认为,"以有限之物资配给无限制之商号,殊觉供不应求,新商号如陆续申请开业而不加以

---

① 穆佑民:《商业凋零·市民痛苦:天津在铁蹄下》,《联合周报》1944年4月22日,第3版。
② 霍世奋:《天津织染工业之概况》,《河北省银行经济半月刊》1947年第3卷第8期,第23—24页。
③ 罗澍伟主编:《近代天津城市史》,中国社会科学出版社,1993年,第641页。

相当之限制,不但旧营业难以维持其原来之利润,且新商号因物资配给不足关系亦难以持久,长此以往,则新旧营业恐终同归于尽",为维持原有商号的营业,"对新申请开业者,除有特殊情形及环境认为确有必要者外,暂行停止收受新营业申请书"。① 因物资短缺,各商号无法得到充足配给,维持运转都大成问题。伪市公署限制成立新商号,虽然出此下策确是无奈之举,但直接导致商业发展的停滞。自1943年开始,为强化经济封锁,日伪政权颁布了一系列商业禁令。工商业者受到日伪政策的严重束缚,生存环境急剧恶化。前往天津办货的商人中,流行着一首诉苦的歌谣:"商人苦,商人难,办货好似游地狱,卖货好似请神仙"。② 1943年10月8日,伪市公署以"剿共经济对策,首在强化封锁,以防物资流入匪区",为此要求警察局"强化经济封锁,防止物资外流"。③ 日伪政权以"剿共"、"防共"为名,实行经济封锁,严禁物资外流,实际封堵了工商业发展的内外通道。禁止物资外运,等于放弃了原有的销售市场,造成产品积压,资金周转不灵,严重冲击了天津的工商业发展,且对民众日常生活造成不便。在天津工商业趋向萧条的形势下,日伪政权特许经营的土膏店,却获得迅速发展。在"寓禁于征"的政策下,谁想开一家土膏店,只需以五十元到伪税局买一张"开业执照",便可冠冕堂皇的正式营业,以致街头巷尾到处挂着"夜来香"、"手里香"等烟馆招牌。一些为各种愁苦弄得烦闷无聊的市民,便

---

① 天津市档案馆、天津市社会科学院历史研究所、天津市工商业联合会编:《天津商会档案汇编·第四辑(1937—1945)》,天津人民出版社,1997年,第16—17页。
② 穆佑民:《商业凋零·市民痛苦:天津在铁蹄下》,《联合周报》,1944年4月22日,第3版。
③ 中共天津市委党史研究室、天津市档案馆、天津市公安档案馆编:《日本帝国主义在天津的殖民统治》,天津人民出版社,1998年,第434页。

来到土膏店找寻一时的舒服。因此各土膏店里高朋满座,生意兴隆。① 在日伪统治下,民众处在压抑、焦虑之中,因此到各种娱乐场所寻求刺激。日伪也试图以精神麻醉的方式消磨中国民众的抵抗意识,土膏店便应运而生,并迅速获得发展。

为维护自身利益,工商业者消极抵制伪政权的政策。1939年7月31日,伪市公署要求警察局和商会,对已营业多年未领取营业执照的商号,一面取缔,一面劝告限期领取。到1942年7月,虽"一再布告展限,惟迄今多抗不遵行",伪市公署认为"此种商号实属玩视功令,有意规避纳税义务及破坏统制机构,殊堪痛恨"。② 为求生存,各商号甘冒被惩罚的风险仍坚持抵制日伪统制政策。此举实属无奈,为了避免被纳入统制体系,规避高额的捐税,不得不采取拖延战术。同时,商号的消极抵制,恰恰说明日伪的统制政策不得人心。

日本当局及伪政权的经济统制使得中国企业在原料供应、产品销售上面临诸多考验。很多中资企业为了存活下去,采取各种灵活的应对策略。有的企业放弃固有的生产转而从事其他行业,有的从事多种经营,以"拆东墙补西墙"的方式勉力维持,有的不得不依附于伪政权,以求获得政策优惠。从天津著名企业家宋棐卿艰难经营天津东亚毛麻纺织公司,可观察企业在日伪统制的夹缝中是如何生存的。1939年9月,欧战爆发后,英国限制澳毛出口,东亚公司原料的重要来源渠道断绝,导致生产原料匮乏,生产每况愈下。日伪政权屡次以调查为名,对东亚公司威胁刁难,企图以投

---

① 穆佑民:《商业凋零·市民痛苦:天津在铁蹄下》,《联合周报》,1944年4月22日,第3版。
② 天津市档案馆、天津市社会科学院历史研究所、天津市工商业联合会编:《天津商会档案汇编·第四辑(1937—1945)》,天津人民出版社,1997年,第13页。

资合营方式加以吞并。为了公司的存续,宋棐卿将曾在其父经营的德茂花栈工作过的日本人木原定光请来,帮助东亚公司打通日商三井、三菱等洋行的关系,以解决进口原料紧缺的问题,并在日本横滨正金银行建立往来账户。随着战局恶化,日本的处境愈发艰难,为解决物资短缺的问题,日军强征物资,勒令天津各工厂为其加工军需品,东亚公司接受了日军的麻袋加工订货。生产麻袋初期,宋棐卿与三井洋行订立契约,约定由三井洋行负责供应原料及包销。契约定好后呈报日军军部备案,日军军部主管此事的笠原少佐见有利可图,便以麻袋系军需品为由,提出由军部直接控制,遂派山本喜永与翻译王则民前往东亚公司商洽此事。王则民与东亚公司副经理陈锡三相识,见面后表示愿意为东亚公司出力。经王则民从中撮合,促成了陈锡三与笠原少佐的会面,经过商谈,双方达成合作协议。东亚公司看重王则民的关系,特聘任他担任顾问,月送车马费1 000元。①

在王则民的疏通下,东亚公司受到日军军部的关照,澳毛、印麻源源而来,原料不足的难题得以解决。同时,因青麻由日军统制,商民不得随意购买。宋棐卿、陈锡三贿赂日军军需司令前川少将,从而获得采购青麻的资格。东亚公司采购人员手持一八二零部队的公函,到华北沦陷区各地购买青麻,通行无阻。笠原等人直接控制东亚公司,使企图吞并东亚公司的三井洋行深为不满。1943年,三井洋行趁笠原、王则民等人去职之机,向日本宪兵队控告东亚公司行贿笠原。7月19日,日本宪兵逮捕宋棐卿、陈锡三,

---

① 李静山等:《宋棐卿与天津东亚企业公司》,载中国人民政治协商会议天津市委员会文史资料研究委员会编《天津文史资料选辑》第29辑,天津人民出版社,1984年,第99页。

解往北京日本宪兵司令部,声言要将东亚公司暂时闲置的纺毛机拆走充公。宋棐卿贿送了一批产品后,机器才得以保留。宪兵司令部派人前往东京传讯与此案有关的山本喜永,山本拒不出证,此案只好不了了之。1944年,日军控制的麻产改进统制会屡次通知东亚公司填报现存产品和原料,以便日军调用。因东亚公司拖延未报,日本宪兵于5月17日以"抗拒合作"为由,将负责业务的副经理王新三及会计、文牍、营业三部主任一同捕去。经送礼行贿,并以低价卖给麻产改进统制会一部分物资,王新三等人始得放还。[①]

沦陷时期,东亚毛麻纺织公司的经营策略并不是个例。为了能生存下去,身处沦陷区的中资企业不得不与日伪政权合作,为日军生产部分军需品,甚至不惜贿赂日本官员,如此才得以存活下来。这些企业与日本当局及伪政权的合作,不免有资敌的嫌疑,但在当时"求生"为第一要务的情境下,又有不得已而为之的无奈。

三、工商业发展困境

天津沦陷后,工商业获得一定发展。随着战争的推进,沦陷区经济逐步恶化,天津的工商业走向衰落。社会治安环境、伪政府不作为等均是导致工商业走向衰颓的重要因素。

首先,社会治安环境。1941年7月11日,天津特别市杂粮业同业公会会员兴隆栈员工王建策及巴本忠赴河坝办事,行至特三区天津映画馆门前,被朝鲜人驱使华人逮捕,用国际公司运输车载至大王庄仓库强迫服役。7月13日,肖炳山亦在上述地点被捕,用

---

① 李静山等:《宋棐卿与天津东亚企业公司》,载中国人民政治协商会议天津市委员会文史资料研究委员会编《天津文史资料选辑》第29辑,天津人民出版社,1984年,第100页。

汽车载至天津码头服役。杂粮业同业公会将情况告知市商会。经调查，天津市商会称"该公会所称各节，尚属实情，且近日发现上项同样情事，屡见不鲜，商人出外办公时存戒心，影响商业甚巨"。① 天津沦陷时期，商民被抓劳工的问题时有发生，此举虽不是政府行为，但易于引起社会恐慌，对工商业发展不无影响。

其次，伪政府不作为。天津市商民的营业执照由社会局主管办理。社会局办事效率极为低下，截至1944年6月，营业执照积压未办者约万余件，其中临时许可证换发正式执照7 000余件，增资迁移更换经理者870余件，兴亚区及特管区换照及新收声请书审核手续尚未完竣1 700余件，呈报歇业尚未批者300余件。② 社会局办理营业执照出现积压的问题，可能是由于"事繁人少"所致，同时难免有职员不作为，导致商民利益直接受损，商业发展受限。

第三，税收过重。受战争拖累，沦陷区的经济萎靡不振。为支持日本的侵略战争，伪政权不断增加税收。自1937年8月至1945年9月，伪天津特别市公署征收的地方税逐年增加。③ 1937年1 517 388元，1938年5 072 571元，1939年4 020 499元，1940年5 522 009元，1941年7 566 042元，1942年11 124 577元，1943年

---

① 津商会呈请市公署设法取缔朝鲜人随意抓捕商号同人服役及市公署批复(1941年7月16日、8月18日)，天津市档案馆、天津市社会科学院历史研究所、天津市工商业联合会编：《天津商会档案汇编·第四辑(1937—1945)》，天津人民出版社，1997年，第1381—1382页。
② 《天津特别市政府三十三年一月至六月份工作报告》(1944年)，天津市档案馆藏，J0001-2-000623-056。
③ 地方税包括：房捐、宴席捐、娱乐捐、车捐、屠宰税、普通营业税、盐捐、禁烟附加捐、铺捐及特种营业捐、牙行营业税、烟酒牌照税、船及码头捐、旅宿捐、清洁费、乐户妓捐、水窖捐、砖瓦捐、杂项税捐、官产收入等。

19 613 729 元,1944 年 57 833 054 元,1945 年 251 001 142 元。① 地方税额逐年增加,虽然存在因伪联银券贬值导致税额偏高的问题,但商民负担逐渐加重则是不争的事实,这严重抑制工商业者的资金积累和扩大再生产。

第四,献金。为支持日军的战争开支,日伪政权频繁开展献金运动。天津的工商业者面临巨大的献金压力。1944 年 9 月,杂粮米业两公会指出:"粮业统制以来,杂粮、米业市场业经先后休市,各会员商号均已无形停止营业,以致声请歇业及退会者比比皆是,其勉强支持亦不过苟延残喘而已"。面对市商会摊派的 12 万元献机费,两公会表示:"会员商号以往曾因业务关系各别加入,成为两重会员。在名义上虽属两业会员分别担任,在实质上则系双重负担。今次仅以业务停顿关系,对于两重负担,实感力不从心,似应尽量核减,以符公平合理之原则"。天津市商会回函称:"事关通案,碍难变更"。② 天津工厂联合会所属工厂只有 2 010 家,仅足 41 公会,开工者不足半数,承担献机费达 598 400 元。截至 1944 年 11 月 30 日,工厂联合会共募款 437 300 元,很难完成缴纳限额。该会向市商会陈诉承募献金、献机费困难情形,表示"及今声嘶力竭,差数尚多,纵怀当仁不让之心,不无心余力绌之感,请准予延期催缴实为公便"。③ 天津的工商业者均要缴纳数额不菲的献金、献机费,

---

① 《财政:天津市沦陷期伪组织历年地方税收数(自 1937 年 8 月至 1945 年 9 月)》,《天津市政统计月报》1946 年第 1 卷第 2 期。其中,1937 年所列系 8 月至 12 月数字;1945 年所列系 1 至 9 月数字。
② 天津市档案馆、天津市社会科学院历史研究所、天津市工商业联合会编:《天津商会档案汇编·第四辑(1937—1945)》,天津人民出版社,1997 年,第 1345—1346 页。
③ 同上,第 1353—1354 页。

因为经营环境的恶化,多数都无力承担,更无资金再去扩大生产规模。

第五,物价上涨。自 1939 年开始,天津的日常生活用品价格不断上涨。1942 年,粮食及其他日用品,年终较之岁初,竟激增二倍半以至三倍半之多。① 市民终日为了温饱而奔走,资金多用于购买生活必需品,其他商品的购买力直线下降,间接影响了工商业发展。海关总税务司在《民国 31 年海关中外贸易报告》中称:"1942 年本埠秩序,尚称安堵,惟商业及社会情形,则欠满意"。② 1942 年之后的情形更是一年更比一年差。

第六,原料缺乏,金融滞塞。工业原料是企业生产的命脉。伪市公署与日本当局联络,组设工厂联合会,意在酌盈剂虚,供求适应,"孰料事与愿违,努力经年,百无一当"。③ 工厂联合会成立后,仅于 1942 年 11 月得到苛性曹达的配给权,至 1944 年 3 月已经停止,其余酒精、漂白粉、石灰配给一、二次,亦未再度配给。烟草一项,自 1943 年 4 月由该会承办配给,至 1944 年 4 月亦告中断。其他原料配给毫无所得,以致因原料缺乏宣告歇业者屡见不鲜。④ 日伪政权实行工业原料配给,"由工业家领到配给原料者甚鲜,其中假借工厂之名欺蒙冒领者颇不乏人"。因"直接享有配给者只是少数,不能得到原料配给及采购许可者,相率趋于停工停业"。⑤ 冒领

---

①② 中国抗日战争史学会、中国人民抗日战争纪念馆编:《日本对华北经济的掠夺和统制——华北沦陷区经济资料选编》,北京出版社,1995 年,第 869 页。
③ 天津市档案馆、天津市社会科学院历史研究所、天津市工商业联合会编:《天津商会档案汇编·第四辑(1937—1945)》,天津人民出版社,1997 年,第 1298 页。
④ 同上,第 1310 页。
⑤ 同上,第 1300 页。

图利行为屡禁不止,使正常工业生产大受影响。天津的工业原料,由各种组合分别统收。机器漂染工厂同业会指出:"由组合配出时常有私刻图章,假造工厂名号,冒领该物品私自图利者,或经手人到各工厂盖申请书,必须先允许分给一部分货物,方肯配给者"。①伪联合准备银行天津分行在减低物价之下,紧缩游资,取缔囤积,对普通商号和工厂的贷款政策并无差别。对此,天津市商会委员李惠南指出"倘与普通商号放款一律待遇,必至工业资金无从流动,工业专家一筹莫展,更何增产之可言"。② 原料的缺乏,资金的紧张是制约工业发展的两大瓶颈。因受战争波及,工业发展的瓶颈问题始终无法解决。

第七,配给不公。工业原料的配给权力掌握在日本在津各大商店,因此日资工厂占有很大优势。伪市公署于1942年5月禁止再设胶皮工厂,所有原料皆由北京开发株式会社华北护膜需给协议会统制配给,青岛为80%,天津为20%,均限日资工厂。中国工厂虽经多次请求,且已实行配给,所得数量不足1%,与大工厂生产能力相差悬殊,长此以往势必歇业。中资工厂所有胶皮制品,以配给不圆滑,以致生产不能充裕,故对开发及民需上均有莫大影响。③

除受战争影响外,营商环境的逐步恶化,使天津的工商业在经历沦陷初期的短暂"繁荣"之后,陷入日趋衰落的境地。

---

① 天津市档案馆、天津市社会科学院历史研究所、天津市工商业联合会编:《天津商会档案汇编·第四辑(1937—1945)》,天津人民出版社,1997年,第1304页。
② 同上,第1299页。
③ 同上,第1301页。

第二节　经济统制与配给

沦陷时期，日本驻津当局和伪政权采取的最为重要的经济政策就是经济统制。经济统制是战时经济急剧恶化后，各国所采取的应对之策。重庆国民政府也实施了经济统制政策。日本当局及伪政权实施经济统制从侧面说明沦陷区经济的衰退，且与日本当局、伪政权借此实现对经济的控制，以保证战争需要有密切的关系。

一、经济统制

1. 工业统制

日本当局对华北经济统制的方针中，将企业划分为统制企业和自由企业两种，规定"统制企业要顺应日、满两国的产业计划，做出计划以符合日、满、华北一体的计划。自由企业努力谋求自由进出，依靠利用当地资本和与之合作。统制企业的范围包括重要矿产资源的开发和以此为原料的加工企业，主要交通、发电、送电、开发盐田和认为其他的必须要实行企业统制的事业。自由企业靠中国资本促进自由开发，材料和技术依靠帝国，而且对其经营要给予坚实的指导。统制企业和自由企业都要努力纠合当地土著资本"。① 日本还对与军事工业相关的产业实施统制。所谓自由企业多是一些轻工业。无论是统制企业还是自由企业，日本都充分利用中国资本，这与其国内经济形势恶化不无关系。利用中国资本

---

① 中国抗日战争史学会、中国人民抗日战争纪念馆编：《日本对华北经济的掠夺和统制——华北沦陷区经济资料选编》，北京出版社，1995年，第16—17页。

就是将其完全控制在日本人手中,为其发动的侵略战争服务。日本虽规定了统制企业的范畴,在实际操作中只要认为有必要控制的均加以统制。统制企业包括交通、通信、电气、矿业、制铁、棉纱布、面粉、火柴、香烟、陶器、砖瓦、洋灰、煤炭、火药、修理兵器设备及制造机器工厂、皮革、羊毛、棉花等。沦陷时期,天津的民族工业多数被强行划为统制企业,并主要由日本官方经营。沦陷初期,日军委托南满洲铁道公司下属的兴中公司及有关公司经营。自1938年10月,日本设立国策会社(又称华北开发株式会社)进行经营。日本侵略者只要认为有必要实行统制,就以"军事管理"、"委托经营"、"中日合办"、"租赁"、"购买"等方式予以控制。

战前,天津化工工业已有久大精盐厂、永利碱厂、中国有机颜料公司、久兴颜料化学厂、中国油漆颜料公司、东方油漆公司、永明油漆厂、北洋物品制造厂、利中酸厂等15家企业,拥有资本1 086万元,主要产品除纯碱、烧碱外,还有硫化氢、酚醛清漆、硫酸、硫化碱等。永利碱厂生产的"红三角"牌纯碱,荣获万国博览会金奖,享誉海内外。日本人在天津开办的12家化工厂,生产规模和产品远不及中国化工企业。天津沦陷后,日本人便以"军事管理"名义霸占了永利碱厂、利中酸厂,强行收购了中国油漆颜料公司,改称东亚油漆株式会社。天津著名实业家周学熙创办的启新洋灰公司和滦州矿务公司,被日本人以"军事管理"名义强占。① 此外,面粉、水泥、火柴、冶金、造纸、印刷等行业的部分企业也被日本人以各种名目强占。

自1935年后,日本开始逐步实施对天津冶金工业的控制,至

---

① 中共天津市委党史研究室、天津市档案馆、天津市公安档案馆编:《日本帝国主义在天津的殖民统治》,天津人民出版社,1998年,第19—20页。

太平洋战争爆发，日本人在天津投资兴办冶金工厂，贯彻实施日本政府所谓的自由开发政策。从 1941 年 12 月到日本投降，日本在华北的诸如日本法人株式会社、北支那开发株式会社、华北交通会社、华北重石矿业株式会社等企业，为了满足日军侵华战争的需要，在天津加速投资建厂，计划将天津建设成华北重要的工业基地，以缓解因战争消耗所导致的物资缺乏的状况。日本政府对天津冶金工厂的统制主要采取两种方式：一是军管，由侵华日军直接管理，如兴亚钢业株式会社；一是委任经营，系日本私营工商业者自行在天津开办工厂，控制权操纵在日本财团手中。这类工厂除生产军需品外，也生产一部分民用产品。

天津沦陷后，因日军对冶金材料的控制，加之交通受阻，运输困难，中资冶金工厂多陷于瘫痪状态。许多民营工厂被迫转营日用品和食品加工业，甚至停工倒闭。仅有 20 余家工厂勉强维持运营，但也受到日本人的控制，为日军生产军用物资。中资冶金工厂还面临捐献压力，仅天兴制铁所 1 家，被日军以捐献为名征用的钢铁达二三百吨之多。全面抗战爆发后，日军在华北地区推行经济统制政策。1940 年后，天津所有的钢铁企业均受日军管制，初步形成了冶炼、轧制、金属制品三个生产体系，生产能力有所提高，每年炼铁 2 000 余吨，炼钢 1 000 余吨，轧钢 15 000 余吨，拉丝约 5 200 余吨。1935 至 1945 年，日本在天津开办的冶金工厂有 14 家，形成炼铁、炼钢、轧钢、金属制品、耐火材料的生产能力。① 冶金工厂的设备绝大部分购自日本，技术由日本人操控，生产原料直接由驻华日军总部和日本驻华大使馆调拨。战争的破坏力与消耗超出想

---

① 张鹏：《天津冶金工业史略》，载中国人民政治协商会议天津市委员会文史资料研究委员会编《天津文史资料选辑》第 51 辑，天津人民出版社，1990 年，第 61 页。

象。天津的冶金工业受此波及,面临严峻的生存困境,日资工厂亦未能幸免。到1945年,多数日资工厂因原料、电力不足和中国工人的抵制,几乎都濒于倒闭。

染整工业遭受了与冶金工业类似的境遇。天津沦陷初期,染整工业尚能正常经营,由于东北资本转移到天津,新建了许多染整厂,使天津染整业的结构发生了变化,"东北帮"把持了天津染整工业。除原有的13家染整厂外,新开设28家,天津染整厂达到41家。随着染整厂数量的增多,设备的更新与增加,天津染整工业的生产能力得到大幅提升。天津41家染整厂,共有染槽383对,烘干机63台,拉宽机42台,丝光机38台,锅炉55台,其中7家有漂白设备。全部染整厂拥有的电动机马力数为1930匹马力。① 随着日本深陷侵华战争的泥潭,物资短缺问题日趋严重。日本当局及伪政权加紧在沦陷区搜刮物资,并对各种物资加强管制,实行限量配给。染整业的原料棉布和化工原料均被列入管制之列。染整厂所需的各种化工原料,已无法从国外进口,不得不使用劣质化工原料来维持生产,色布质量明显下降。自1940年5月起,天津伪政权对棉布实行配给。天津的染整厂均隶属于华北纤维协会天津支部,生产棉布的工厂称为"一部会员",染整厂被称为"二部会员",各家均不得自产自销,必须在纤维协会的监督之下,由"二部会员"代"一部会员"加工。各工厂因生产任务不足,经常停产,加之资金周转困难,日益陷入困境。1945年8月,天津染整厂中被迫转产的4家,出兑的9家,拆卖机器偿债的4家,其余尚存的24家,大多处于

---

① 石宗岩:《天津机器染整工业发展概述》,载中国人民政治协商会议天津市委员会文史资料研究委员会编《天津文史资料选辑》第29辑,天津人民出版社,1984年,第118页。

苟延残喘的状态。①

天津的其他工业如机械制造业、电力、纺织工业等，都无法逃脱受日本统制的命运。日本统制政策的实施，对天津工业的生存、发展是一个致命的打击。太平洋战争爆发后，企业生存环境更加严峻，所需原料的供应处于奇缺状态，到日本投降时能够存活下来已经属于万幸。

2. 金融统制

日本控制天津经济命脉的重要措施，就是统制金融财税。战前，天津金融机构无论是数量、资力，还是经营规模、业务辐射范围，都仅次于上海，居全国各大城市第二位，是中国北方的金融中心。至1934年，天津有中资银行29家，银号269家，典当88家，外国银行17家。中资银行、银号资本36 500万元，外商银行资本43 612万元。与此同时，外商保险机构新增100余家，中资保险公司发展到50余家。② 全面抗战爆发后，日本及伪政权建立起了庞大的金融体系，包括伪中国联合准备银行的设立、增设分支机构和伞下银行，组建日资金融机构，接收和统制中资银行和银号。太平洋战争爆发后，日伪又接收租界内的欧美系银行和国民政府下属的中国银行、交通银行。③

战前，天津的金融市场多种货币并存，除了占主要地位的法币

---

① 石宗岩：《天津机器染整工业发展概述》，载中国人民政治协商会议天津市委员会文史资料研究委员会编《天津文史资料选辑》第29辑，天津人民出版社，1984年，第118页。

② 天津市地方志编修委员会编：《天津通志·金融志》，天津社会科学院出版社，1995年，第4页。

③ 张利民、刘凤华：《抗战时期日本对天津的经济统制与掠夺》，社会科学文献出版社，2016年，第276页。

外,中国农工、大中、浙江兴业等银行及部分省立银行也发行货币,共约二三十种。天津沦陷后,伪天津特别市公署秉承日本人的意旨,极力排挤原有货币,占领金融市场,确立其货币的主导地位。1938年3月,伪中华民国临时政府成立中国联合准备银行,除在天津设立分行外,还在北马路设立办事处。为了便于港口建设和进出口业务上的金融往来,日伪又在塘沽组建分行。伪中国联合准备银行相继发布《关于以中国联合准备银行发行纸币作为国币之政府命令》《旧通货整理办法》等,开始整理回收天津金融市场流通的各种货币。《取缔扰乱金融办法》规定:"不准持有原法币,违者罚款,处以徒刑,宣布原法币贬价令,如1938年8月贬价10%,1939年2月贬价30%"。① 伪临时政府发表声明称:"一年内使'联银券'成为华北地区唯一合法的货币,宣布自'联银券'发行3个月起(自1938年6月起),禁止印有南方地名的法币在华北流通。自1939年6月起,禁止印有北方地名的法币在华北流通。与此同时,规定了以伪币代替法币充作官厅纳税、银行存款、汇兑、公共机关的收支及工资的支付"。② 1939年,伪中国联合准备银行相继发布《禁止以旧通货订立契约办法》和《禁止旧通货流通警察取缔实施办法》,彻底取缔一切与法币有关的经济活动。1942年4月25日,伪天津特别市公署公布《扰乱金融暂行治罪法》,规定"有扰乱金融行为者;所持或搬运非中国联合准备银行所发行之货币,使之流通或意图使之流通行为"的处"无期徒刑或十年以下,一月以上有期

---

① 孙德常、周祖常:《天津近代经济史》,天津社会科学院出版社,1990年,第273页。
② 中共天津市委党史研究室、天津市档案馆、天津市公安档案馆编:《日本帝国主义在天津的殖民统治》,天津人民出版社,1998年,第30页。

徒刑，或一万元以下，五百元以上之罚金"。①

伪临时政府除了试图统一华北地区的货币外，还通过汇兑业务实现对华北金融的统制。为了限制、打击以法币结算的贸易汇兑，日伪当局1940年开始实施汇兑分配调节与无汇兑进口、转进口的许可证制度，以切断法币与伪联银券的关系。1941年8月，伪华北政务委员会公布《华北汇兑管理规则》，确定伪中国联合准备银行在上海设立法币特别账户，天津等地以法币交易的进出口贸易和法币汇兑必须向该行申请，得到许可后，"按照一定市价，由本行供给汇兑资金。于是法币汇兑，完全置诸本行统制之下"。② 以天津为中心的华北对外贸易，除对东北的汇兑由满洲中央银行负责、对日汇兑由正金银行负责外，其他地区的汇兑业务一概由伪中国联合准备银行办理。华北对外贸易汇兑掌握在日系银行手中，同时伪中国联合准备银行也借机增强了实力。随着日本在华北经济领域实行统制政策，华北地区的资金流向演变为主要是日本政府国库金、对日汇兑资金、经济开发资金、农产品收购资金等与特殊机构相关的融资关系。

3. 物资统制

按照日伪的观点，物资统制目的"为确保国民经济运行，及国民生计安定，其要意在集中优秀生产之设备，及发挥高度生产能力，或强化配给制度，使其在战局之下的经济资材得以补给，故实

---

① 中共天津市委党史研究室、天津市档案馆、天津市公安档案馆编：《日本帝国主义在天津的殖民统治》，天津人民出版社，1998年，第363页。
② 中国联合准备银行：《民国三十年营业报告书》，《中联银行月刊》1942年第3卷第3期，第220—222页。

行物资储藏,物资增强,物资管理,期望物资不致缺乏"。① 实际上,物资统制政策是日伪适应战时特殊情形,加强对沦陷区经济的控制,服务于战争的需要。华北经济统制机构是华北物资物价处理委员会,附设食粮管理局及物资平衡资金运用委员会,华北各省市设有省市物资物价处理委员会,其任务包括"关于重要物资补充及其调节事项,关于重要物资适正价格之保持及物资平衡资金之运用事项,关于重要物资输出入、移出入之管理许可事项,关于重要物资收买、贩卖、存储、移动、交流、配给之管理许可事项"。华北物资物价处理委员会将主要的统制物资种类分为,第一类:食粮、麸、牲畜、肉类、鸡卵及其加工品、脂油及其原料、植物油及其原料。第二类,盐糖类、酱油、茶、罐头、酒类。第三类,棉花及其制品、兽毛及其制品、蔴及其制品。第四类,金属及其制品。第五类,生皮、皮革及其制品、橡皮及其制品、医药肥料品、火药及其原料、电石工业药品及化学品。第六类,煤炭、石油类、其他燃料。第七类,木材、合板、砖瓦、水泥、玻璃。第八类,火柴、蜡烛、纸及其制品、烟草、蓆草包。② 根据日本驻津富永部队和物资对策委员会的要求,伪天津市公署严格限制物资外运,在全市设立内线检查所6处,外线检查所11处,水上检查所6处,对运出物资进行检查。③ 在进行物资封锁,严防外流的同时,伪市公署详查天津市所存各种重要物资。调查期间,各种物资未经许可不准移动,对实际损耗要随时报告。另

---

① 冯亦吾:《华北物资统制对策之检讨:附表》,《国立北京大学法学院社会科学季刊》1943年第2卷第3期,第13页。
② 汤心仪:《一年来之物资统制》,《银行周报》1944年第28卷第3—4期,第26页。
③ 黎始初:《日本侵占天津期间的"治安强化运动"》,载中国人民政治协商会议天津委员会文史资料研究委员会编《天津文史资料选辑》第39辑,天津人民出版社,1987年,第117页。

外,还对各种日用品及其他重要物资的需要量进行了调查,以实行物资配给。经过翔实的调查之后,伪市公署制定了一系列管理、控制规则,如管理货栈业规则、实行主要物资的搬运、搬出许可制等,并对市民主要必需品及水电的使用量做了规定。为防止各种物资流入中共抗日根据地,伪天津市公署采取经济封锁的政策,妄图用"经济封锁"达到反共、剿共的目的。伪天津市警察局在市内各主要道路交叉口,设立固定的检查站,检查每天出入的各种物资。禁运的物品有:大米、面粉、煤、焦炭、黄金、铜、铁、钢材、铝丝、盐酸、棉布、青麻、牛皮、猪鬃、纸张、火柴等。[1]

日本实行物资统制,严禁自由经营和贩运,使工业原料和产品销售受到严格控制。在日本的主导下,伪华北政务委员会先后颁布多种物资取缔办法。伪天津市公署亦遵令颁布相应的物资取缔办法。太平洋战争爆发后,日本加强物资统制,对与军需、民用有关的金属、粮、棉、纱、布、皮、毛、烟草、火柴、化工原料、建筑材料等40余种主要物资实行统制。日本以物资统制为手段,在配给工业原料上,日本和中国工厂待遇不同,中国企业所需原料供应不足,一些企业被迫停工,甚至破产。太平洋战争爆发前,天津的染整业获得一定发展。1942年下半年,日伪当局实行棉布统制和配给,且因交通不畅,布的实销量有限,染整业开始陷入困境。自1942至1945年,有14家停工,其中3家开办后未开工即停工,其他也都处于半停工状态。染整业共32家,停工者占43.7%。[2] 在物资统制

---

[1] 黎始初:《日本侵华时期的天津傀儡政权》,载中国人民政治协商会议天津委员会文史资料研究委员会编《天津文史资料选编》第39辑,天津人民出版社,1987年,第101页。

[2] 中共天津市委党史研究室、天津市档案馆、天津市公安档案馆编:《日本帝国主义在天津的殖民统治》,天津人民出版社,1998年,第20—21页。

和配给制之下,中国企业备受限制,处境艰难。工业原料的配给权力掌握在日本在津各大商店,日资工厂占有很大优势。为防止生产过剩及维护旧有中日工厂,伪天津市公署于1942年5月禁止再设胶皮工厂,所有原料皆由北京开发株式会社华北护膜需给协议会统制配给,青岛为80%,天津为20%,均限日资工厂。中资工厂虽经多次请求,且已酌施实行配给,不过所得数量不足1%,与生产能力相差悬殊。中资工厂所有胶皮制品,以配给不圆滑,生产不能充裕,故对开发及民需上均有莫大之影响。①

4. 贸易统制

作为中国北方的经贸中心,天津对外贸易极为繁荣。天津与华北、西北、东北广大内陆腹地的贸易往来十分频繁。天津沦陷后,日本当局将天津的对外、对内贸易纳入其统制之下。为控制天津的进出口贸易,日本将在天津经营进出口贸易的日本洋行,按行业组成若干商品输出、输入组合,到1941年已增加至32个。日本还组设天津输出入配给组合联合会,后改称华北交易统制总会天津支部。这些组织对主要物资实施统制,禁止外商、华商自由经营,使天津的进出口贸易处在日本人的严密控制之下。1937年8月至1941年12月,天津海关名义上仍受由英国人担任总税务司的中国海关总税务司署的领导,但在伪市公署和日本驻津领事馆的压力下,日伪的影响力不断增强。1938年1月22日,日伪政权制定了新的税则,中国海关总税务司署同意将其作为"临时税则",导致商品进口税率大为降低,便利了日本商品的倾销。太平洋战争爆发后,日军占据天津海关。1942年11月16日,天津海关税务司

---

① 天津市档案馆、天津市社会科学院历史研究所、天津市工商业联合会编:《天津商会档案汇编·第四辑(1937—1945)》,天津人民出版社,1997年,第1301页。

宣布:"应海关总督的请求,华北地区边境的物物交换免征税款"。1944年2月,天津海关税务司又颁布新的进口商品关税率。新税则实施后,1944年的税收超过1943年的33%,为1 900万元。① 在经历沦陷初期的下降之后,天津的对外贸易逐步得到恢复和发展,天平洋战争爆发后,由于与英美等国贸易的断绝,而逐步走向衰落。

表6.4 1939—1942年天津进出口贸易各国所占百分比较表②

年份 类别 国别	1939年		1940年		1941年		1942年	
	进口	出口	进口	出口	进口	出口	进口	出口
日本	41.47	11.96	42.03	12.82	37.44	17.69	78.23	79.80
日本(朝鲜)	3.76	0.58	0.93	1.51	2.08	5.20	2.43	1.96
日本(台湾)	1.63	0.06	0.67	0.32	1.80	1.61	4.16	1.24
关东租借地	5.93	7.24	3.69	14.75	1.32	7.10	3.81	14.72
以上共计	52.79	19.84	47.32	29.40	42.64	31.60	88.63	97.72
英国	2.36	11.89	1.74	11.18	0.35	3.41	0.04	
美国	11.20	35.65	15.51	44.96	14.59	41.22	0.24	0.02
德国	5.69	15.45	3.23	1.60	1.06	10.27	2.27	1.34
澳洲	11.65	1.43	8.19	0.75	10.98	0.99	0.25	
旧荷属东印度	3.18	1.60	4.87	0.05	5.06	0.16	2.18	
香港	1.14	7.24	2.65	8.27	1.12	9.65	1.95	
其他各国	11.99	6.90	16.49	3.79	24.20	2.70	4.44	0.92

---

① 中共天津市委党史研究室、天津市档案馆、天津市公安档案馆编:《日本帝国主义在天津的殖民统治》,天津人民出版社,1998年,第25页。
② 中国抗日战争史学会、中国人民抗日战争纪念馆编:《日本对华北经济的掠夺和统制——华北沦陷区经济资料选编》,北京出版社,1995年,第871—872页。

由上表可知，自 1937 年之后，日本在天津的进出口贸易中占有最重要地位。1942 年之前，天津的进出口贸易中，英美等国家的额度仍占有一定比例。自太平洋战争爆发后，日本完全主导了天津的对外贸易。

战前，天津是西北、华北物资中转、出口的重要基地。全面抗战爆发后，原有的物资交流、贸易渠道中断，天津与西北、华北内陆腹地的交通受阻，贸易不畅，导致许多贸易行、店铺倒闭。为加强对物资的调控，伪天津市公署成立物资调整委员会、物资对策委员会。同时，伪市公署还对粮食、燃料、木材等严加统制，要求各店铺按时将货物品类、数量、存放地点报告给市公署，如需出市，必须经市公署批准，违反者处以罚金或拘留。① 战争使天津与西北、华北内陆地区原有的贸易路线受阻。伪政府对物资出入天津又严加限制，导致天津对内地的贸易趋于衰落。

5. 粮食统制

自 1939 年 8 月水灾发生后，天津粮食供应就处于紧张的状态。1941 年，为保证天津粮食的供应，日本当局实施米谷收买统制，时间定为 1941 年 9 月 15 日至 1942 年 8 月 31 日，收买地区为天津陆军特务机关控制区域，包括芦台地区（海河左岸地区的宁河县一带），军粮城地区（天津县宁河外，以海河左岸及金钟河为划分地区），小站地区及天津近郊地区，以天津县海河右岸划分的一带地方。其他地区为天津特务机关管区，且承认有出产米一千石（带皮米）以上地区（大城县、文安县、新镇县、任邱县、静海县、霸县、丰润县、兴隆县、河间县、迁安县、滦县、玉田县、昌黎县）。芦台地区由

---

① 中共天津市委党史研究室、天津市档案馆、天津市公安档案馆编：《日本帝国主义在天津的殖民统治》，天津人民出版社，1998 年，第 25 页。

三井物产负责收买,军粮城地区由三菱商事负责收买,小站地区由军粮城精谷会社负责收买,天津近郊地区由军粮城精粮会社负责收买。收买时,按照粮食的品种、等别、价格收买。收买如非当局所指定商号或该社收买人时,不得于各指定地区收买,且收买人需要天津特务机关的许可证明。由收买指定地区向其他地区搬出或搬入米谷时,需要天津陆军特务机关的许可。违反该统制时,日中两官宪规定处罚,并没收违反者的物件、米谷。① 收购米谷的特权掌握在日商手中,是日本控制天津的重要手段。1943年6月,伪天津市警察局规定:本市粮食,凡未经特许一律禁止运移出境。商民因事实上需要,有必须运移者,警察局为兼筹并顾,特订定粮食禁运期内许可运出暂行办法,"(一)凡中日民商或机关团体在本市食粮禁运期内确因自食自用必须运粮出境,应依本办法之规定申请许可,方准移动。(二)凡非以营利为目的,确无供给匪人情事者得申请许可。(三)申请许可运出食粮须填具申请书,取具殷实商保。(四)日本民商或机关团体申请运粮出境,须填具申请书经领事馆证明,始得许可。(五)根据申请书查核属实发给许可书限定日期,过期无效"。② 1943年7月,为实施粮食统制,伪华北政务委员会规定了各种主要粮食的最高公定价格。就华北各主要粮食产区,依照历来实际收获状况,测定每县该年的责任数量。在此责任数量以内为收买标准,分别配给廉价物资。同时该会还规定:"华北地区主要食粮,除采运社、合作社之合法收买及经食粮管理局特许者外,一概禁运出境,违者严惩不贷。其各地驻军及地方警宪并应

---

① 中共天津市委党史研究室、天津市档案馆、天津市公安档案馆编:《日本帝国主义在天津的殖民统治》,天津人民出版社,1998年,第391—392页。
② 日伪天津市警察局:《关于统制物资之训令及规定办法》(1943年),天津市档案馆藏,218-3-6-8065。

全力协助,借以助成政府统制食粮政策"。① 日伪政权限制、禁止粮食外运,并规定粮食的采购价格,以此实现对粮食的统制。

1943年7月,以天津日本总领事为委员长,由中日军、官、民共同组成天津米谷统制委员会,作为天津地区稻米生产和收购的统制机关。8月,日本驻津当局成立天津米谷统制会,受天津米谷统制委员会的指导监督,于北京设置事务所,在天津市、军粮城、咸水沽、小站、葛沽、芦台、昌黎设置支部,主要实施米谷生产指导、奖励及统制、收买事业等。1943年9月,"天津地区米谷统制要纲"规定,"天津米谷统制委员会为收买统制机关,天津米谷统制会为收买协力机关。收买地区为津海道、冀东道一带。由军粮城精谷株式会社于各地指定收买所,按照粮食种类、等别、价格收买。非指定收买商社之收买人,不得收买。收买必须具有天津米谷统制委员会许可证明。除米谷生产者及地主等持有米谷者或占有者,可将米谷运搬至最近之收买所外,其他一切米谷移动,均需要有天津米谷统制委员会输送许可"。② 1944年9月1日,天津米谷统制委员会制定的"1944年度米谷统制收买要领"规定,基于天津米谷统制委员会处理要纲,以天津米谷统制会为收买统制机关。米谷移动,要有天津米谷统制委员会许可证,但出产者搬入指定收买所时不在此限。对于违犯者,除严重处罚外,并没收违反物件、米谷。鉴于天津市、塘大地区流入中共控制区的物资甚多,日伪政权于市、县境及主要道路、河川等处,设立临时检问所,严格取缔粮食等物资的移动。对于米谷收买集积地及种米地带周边等主要地方,

---

① 中共天津市委党史研究室、天津市档案馆、天津市公安档案馆编:《日本帝国主义在天津的殖民统治》,天津人民出版社,1998年,第418页。
② 同上,第428—430页。

实施分驻游动警备。白河水上警察及华北交通警务段关于统制收买取缔,亦受协力。① 伪天津特别市政府对天津米谷统制委员会的统制收买事务予以配合。1944 年,天津米谷统制委员会在天津收购米谷及稻藁,请求伪天津特别市政府派警官、警士协助。伪市政府表示:"自应援助,予以便利"。②

日军除利用伪政权在天津大量掠夺粮食外,还在天津及其郊区一带大肆收购土地,建立供应军粮的基地,通过农业垄断组织控制粮食生产和购销。天津一带的农业垄断组织主要有两大系统:华北垦业公司和米谷统制协会。除了直接经营农场外,两个垄断组织控制了绝大部分其他日本集团和个人经营的农场。日本在天津总共设立了 120 个农场,掌控土地 61 450.8 公顷(921 763 亩)。③为解决农业劳动力问题,日本人强迫当地农民充当佃户。佃户除负担沉重的租税外,余粮由日军低价收购,充作军粮。

6. 经济统制的效果

日本在中国沦陷区实施经济统制政策,为日本掠夺沦陷区的各种物资创造了便利条件。因与绝大多数民众的利益相左,经济统制政策不可避免地遭到消极抵制。伪政权是经济统制政策的重要执行者,也是其大失民心的主因。1944 年,麻产改进统制会屡次通知天津东亚公司,填报现存产品和原料。东亚公司拖延未报,日本宪兵队以"抗拒合作"为由,将负责业务的副理王新三及会计、文

---

① 中国抗日战争史学会、中国人民抗日战争纪念馆编:《日本对华北经济的掠夺和统制——华北沦陷区经济资料选编》,北京出版社,1995 年,第 778—779 页。
② 中共天津市委党史研究室、天津市档案馆、天津市公安档案馆编:《日本帝国主义在天津的殖民统治》,天津人民出版社,1998 年,第 446 页。
③ 天津地方志编修委员会编《天津通志·土地管理志》,天津社会科学院出版社,2004 年,第 184 页。

脤、营业三部主任一同捕去。① 面对商民的抵制，日伪政权只有采取暴力手段加以应对。按照日伪政权的说法，"统制之意义乃在解除庶民痛苦"。恰恰相反，日伪政权实施物资统制之后，引起物价上涨，民众对此极表不满。北京市蔬菜于统制之前，既佳且多，价格又异常公道，但统制之后，售卖小贩稀少，价格高涨，如是人民怨声载道，咸感统制之苦。② 日伪政权希望通过统制物资，达到控制物价的目的，实际情况则是"今政府于物价平抑与物资统制，均已付诸实施，物价之剧烈波动未已，主要原因在于供求未能接近"。③ 物价难以抑制，主要原因在于供应不足，也就是生产不能满足需求，在此情况下，用物资统制的手段控制物价，显然是不现实的。

　　日伪政权实施粮食统制后，反而导致粮食需求的增加和价格的不断上涨。民众为牟利私运粮食成为常态，日伪警察局虽严格限制，仍屡禁不止。1940年1月15日，水上分局查获一艘货船，载有55袋玉米面，18袋洋面，8包蚕豆。货物并无其他机关许可，显系私运。5月，水上分局查获张泽忱、王金友等私运粮食出境，经签准各处罚金50元和80元。在刘士俊的船内查出11袋面粉，是运往河头与其亲家分食。④ 5月1日，船户毛世起装运米面190袋，所持天津物资对策委员会搬出许可书，系于4月16日起至是月30日止为有效期间。警察局认为，"领用搬出许可书，现已过期，擅自敢

---

① 李静山等：《宋棐卿与天津东亚企业公司》，载中国人民政治协商会议天津市委员会文史资料研究委员会编《天津文史资料选辑》第29辑，天津人民出版社，1984年。第100页。
② 《物资统制的注意点》，《政建》1942年第1卷第2期，第12页。
③ 殷锡琪：《统制物资与平抑物价》，《财政评论》1943年第9卷第1期，第42页。
④ 日伪天津市警察局：《孙少忠、陈墨林等违反统制案》（1940年1月至1940年8月），天津市档案馆藏，218-3-6-8342。

行装运,实有违反统制原则"。① 日伪政权实施粮食统制之后,天津商民甘冒违法的风险,也要向周边农民求购。天津市内的富商巨贾偷偷地向津南农民高价购买稻米。葛沽农民吕某,通过西泥沽吉林督军孟恩远的管家,结识了天津"八大家"之一"振德王家"的厨师,约定每月月初送稻谷2包,作价20块大洋。每次吕深夜动身,加以伪装,冒着生命危险,闯哨卡,送到王家。② 因为粮食运输有利可图,因此即使有日伪的禁令,民众仍然要以身犯险。

日伪政权虽然实施严格的金融统制、物资统制,但在高额利益的诱惑下,违反其规定者大有人在。伪天津警察局特务科经济股长李星联称:"检举过卖满洲票、朝鲜票、日本帝国票、美金,检举贩运私米者,统制物资如纸烟、布类、食粮、油类等禁止出境运至非沦陷区,每月约有20余件。聚兴、三阳、正阳、庆和、天物华等北门内一带金店,私开暗盘扰乱敌人金融"。③ 对于违反统制政策的民众,日伪政权仅是将其粮米或钞票没收,再将人释放。一些市民以公定价格购买商品,然后摆摊售卖,从中赚取差价。1943年10月,伪警察局在调查中发现,一般市民"时有轮流赴各处小卖店以公定价格购得纸烟,转行设摊以高价售卖吸户,借以从中渔利",更有市民"假借官厅名义冒充公务人员不循配卖规章,每赴小卖店施行多

---

① 日伪天津市警察局:《毛天才、苏仁玉等违反统制案》(1940年1月至1940年5月),天津市档案馆藏,218-3-6-8346。
② 孙树芳:《津南地区的日军米谷统制协会》,载中国人民政治协商会议天津市委员会文史资料研究委员会编《沦陷时期的天津》,天津静海县印刷厂,1992年10月,第162页。
③ 讯问李星联:《关于担任伪职内经办案件供给日军情报等事的讯问笔录》(1946年1月15日),天津市档案馆编《日本在津侵略罪行档案史料选编》,天津人民出版社,2015年,第776页。

购,甚而挥拳动武"。① 日伪政权的经济统制政策不得人心,明显违反经济运行的规律,因而遭到民众的消极抵制。

市民张显明的舅母在沦陷时期跑单帮,就是把天津的一些工业品带到外县换点粮食回来。据张显明称:"她到农村,就能联系到八路军的游击队。他们需要一些紧缺物资,比如火柴、食盐、药品什么的,就托我的舅妈从天津买一些给送去,他们就弄些粮食、鸡蛋给带回来。天津有化工原料,能做武器、炸药什么的,我舅妈也给他们办过"。② 天津市与周边地区的贸易存在互补的关系,尤其与中共控制区之间的经济互换,可以给商人带来可观的利润。日伪政权实施严厉的经济统制政策,仍无法吓阻商民,为了获得更多利润,他们不惜铤而走险。

二、配给

自天津沦陷后,华北屡遭灾害侵袭,加之国共两党的抵抗,日伪自华北农村汲取资源受限。欧战爆发后,由欧洲进口物资的渠道受阻。此时期因日货的输入,天津物资尚能维持供应。1940年后,日本实施物资输出统制。自美日关系转趋恶化,尤其是太平洋战争爆发后,无论是日本国内还是中国沦陷区都陷入物资短缺的困境。在此情况下,日伪政权实施物资统制和配给政策。

1. 粮食配给

自1942年6月开始,天津市实施粮食配给,由华北食粮平衡仓库天津支部提供粮食,交由米业公会、三津磨房业公会、杂粮业公

---

① 日伪天津市警察局:《关于统制物资之训令及规定办法》(1943年),天津市档案馆藏,218-3-6-8345。
② 张显明:《求生亲人,惨死刀下》,载郭文杰:《八年梦魇——抗战时期天津人的生活》,天津古籍出版社,2016年,第64页。

会负责办理。12月,日伪政权组建专门的配给机构——天津市食粮配给统制事务所,负责天津市的粮食配给。在社会局的指导下,各区相继成立配给事务所17处,负责办理各区配给,每月经费23 440元,由食粮配给统制事务所在配给粮食时,在粮食价款内抽拨,交由社会局发放。同时社会局将各区划分若干段,选定600家配卖店,并规定配卖店负责的户口数。1943年6月,为提高配给人员的业务水平,社会局分期调集各区负责配给的人员,实行训练1次。7月,配给机构再次变更,华北食粮平衡仓库天津支部停止配给,所有配给粮食统由天津市食粮管理分局提供。同时,特殊配给由天津市食粮管理分局办理,普通配给由统制事务所及社会局办理。1943年8月1日,伪天津特别市公署为使事权划一,将各区配给事务所归并各区区公所配给组,原有经费仍如数照拨,加入市政府的区经费之内统收统支。①

天津市粮食配给机构与办法为:"(一)华北物资物价处理委员会食粮管理局决定提供津市配给总量,通知天津分局。(二)食粮管理局天津分局根据总局提供量,分别通知社会局及天津市食粮配给统制事务所。(三)每月20日以前,各区公所造具各配卖店担当户口表,呈报社会局。(四)社会局根据各区呈报各配卖店担当户口表,编制全市各配卖店担当户口清册及人口统计表,分别通知三津磨房业同业公会及统制事务所。(五)统制事务所根据提供数量及全市户口人数统计表,决定市民个人应得配给数量及价格,并通知社会局。(六)统制事务所通知三津磨房公会,关于各配卖店担任配给粮食数量及应缴价款。(七)三津磨房公会通知各区配卖店担任配给数量及应缴价款数额。(八)各区配卖店接到通知后,

---

① 朱崇信:《天津市配给制度之检讨》,《市县行政研究》1944年第2卷第2期,第33页。

将应缴款项送交三津磨房公会收转。(九)三津磨房公会将款收齐后,汇送统制事务所。(十)统制事务所将款收到,转交食粮管理局天津分局,并领取提单。(十一)统制事务所凭提单将货提出,分别发文各区配卖店。(十二)社会局根据统制事务所决定市民个人配给量及价格,拟具配给计划并印发配给票,由各区公所具领填写。(十三)各区公所将配给票填齐,送交各区警察分局核对盖章后,送还区公所。(十四)各区公所配给票,经各警察分局核对盖章送还后,送交各配卖店,加盖商号戳记及地址图章,盖毕仍送还区公所。(十五)各区公所经填写、核对、盖章等一切手续完备后,分发各市民如期购领。(十六)各区市民于接到配给票后,按期赴指定各配卖店购领"。①

1942年6月11日,为推动配给政策的实施,伪天津特别市公署鼓励市民协助政府,希望"市民对于不需要的粮食,不要作无谓的声请,以省手续而利公众;各户所需要粮食不得有以少报多行为;各户配给所得粮食不得有转卖转让等情事;官厅所发配给票原则上不能补发市民,均应细心保存,如因特殊情形,遗失请求补发者须收手续费;住户发生异动时应即向保甲长报告,请求向异动声明书上记入异动事项,并订正配给票上记载之人口数及需要量;市民如向市内移动时,应将配给票提交原住区联保办事处,请求检查后加盖图章证明,然后再呈交移入区界联保办事处,请求换发新票;市民如向市外迁移时,必须将配给票呈由保长缴还各该区联保办事处;市民配给票只限在指定处所购买;市民故意违反当局指示

---

① 朱崇信:《天津市配给制度之检讨》,《市县行政研究》1944年第2卷第2期,第34页。

者当受停止配给之处分"。① 伪市公署对市民的要求,正说明配给制在实施过程中,存在诸多无法克服的问题。

2. 火柴配给

火柴配给分普通配给(配给市民)、特殊配给(配给各机关团体)、自由贩卖(配给各零售商)三种,由中华全国火柴产销联营社天津分社实施。自1943年5月起,普通配给和特殊配给由联营社天津分社移交社会局主办。普通配给按户计算,每户1包(10小盒),售价5角(公定价格)。11月,改为按口配给,每口3小盒。12月,改为每口2小盒,售价不变。特殊配给亦自1943年5月起分别配给各机关团体、学校公用,每月提供100箱,每箱720包。1944年,改为配给50箱。自由贩卖经销店组合事务由联营社天津分社主持办理,按月配给各小卖店,呈报伪天津特别市政府备案。

伪天津特别市政府社会局主办的火柴普通配给办法为:1. 由各区公所于每月20日以前,造具各该区担当户口统计表呈报社会局,社会局根据户口统计表绘制总表送交联营社,该社一方面依据表列户数,配备各区配卖店担当火柴数量,并编列清册及统计表呈报社会局,以凭拟具计划,通知各区公所,通知组合配给数量及应缴货款,由组合转知各配卖店于接到通知后,即赴组合缴纳货款。组合将款收齐后,一并汇交联营社领取火柴,转发各配卖店准备配卖。2. 社会局拟定配给计划后,即行印发配给票,经各区领讫填写后,送交各警察分局核对盖章缴还,由区公所转送各配卖店加盖商号戳记及地址图章,盖毕缴还。复经区公所详核无误后,分发市民,使市民按照指定配卖店,如期前往购领。各区公所于配给完

---

① 天津特别市政府:《关于物资统制配给事项》(1942年6月),天津市档案馆藏,1-2-1-721。

竣，将配给票收回，汇呈社会局查核。社会局主办的火柴特殊配给办法：1. 需要特殊配给火柴各机关，备文呈请社会局核发。经登记审核原请数量汇案签请市府核准后，再通知原请求机关来局领取配给票。2. 火柴特殊配给，每月原定为 100 单箱，1944 年因出品减少，改为 50 单箱，按月由联营社发交组合，以备需要各机关购领。3. 各机关于领到特殊配给票后，即可备价持票按月前往组合购领。组合配卖后，每月将配卖留底分呈社会局及联营社备查。自由贩卖（配给各零售商）由中华全国火柴产销联营社天津分社主办。①

3. 砂糖配给

砂糖配给自 1944 年 8 月开始举办，由社会局与日本方面联络认可后，责成天津市砂糖卸商组合按照全市户数提供，已举办两次，均按户配给。第一次组合提供红白砂糖 339 424 市斤，第二次提供红白砂糖 334 315 市斤，每户不分红白糖，一律按照 1 市斤配给。砂糖普通配给（由伪天津特别市政府社会局主办）办法：1. 各区公所于每月 20 日以前，造具各区户口统计表呈报社会局，局方根据户口统计表汇制总表送交砂糖卸商组合。该组合依据总表户数配备各区配卖店数量，编造清册呈报社会局，以凭拟定计划。同时，通知各配卖店担当砂糖数量及应缴货款。各配卖店于接到通知后，即行赴组合交款领货，准备配卖。2. 社会局根据组合呈报清册，拟定配给计划，印发配给票。各区领到配给票后，即行填写，填写完毕，送交警察分局核对盖章后，缴还区公所，由区公所转交各配卖店加盖商号戳记及地址图章。盖毕仍缴还区公所，经区公所

---

① 朱崇信：《天津市配给制度之检讨》，《市县行政研究》1944 年第 2 卷第 2 期，第 37—38 页。

复核无误后，分发市民以凭按照指定配卖店，前往购领。各商号、公会团体砂糖配给由天津市砂糖卸商组合主办。①

为促进配给制的顺利实施，各区公所根据实际情形采取相应的措施。1945年1月，第八区公所配给组制定了上半年度工作计划，其中包含：1. 改善配给手续。为求配给手续完善及办理迅速，拟召集各保配卖店及书记指示改善办法，对配给票填写务求迅速，人口务求确实，配给留底，限配卖完毕后二日送所。各配卖店在未配卖以前将担当户口数列单报所，以免错误。2. 清查配给户口。为求户口确实及配给圆滑，拟派各组职员分班协同保甲长、书记举行户口大清查，对机关团体、公共处所、娱乐场所、旅店流动户特别注意，凡外出多日托人代领者，一律将票缴回作废，以免冒领。3. 设置配给户口简明簿。为求各保户口与所内户口便于核对，拟令各保设置配给户口简明簿，遇有变动立将保内户口更正，随时报所，以为办理配给标准。4. 抽查各保户口。为求配给圆滑及户口详确，拟派员分赴各保协同保甲长抽查户口，对商号、公共处所尤为注意，是否有无冒领、重复配给之弊。5. 调查配卖店。为防止配卖店日久生弊，拟派员分赴各配卖店及保内居民调查，对配卖时有无弊端据实考察，以谋民众福利。② 因为配给制属于应对战时物资短缺，优先保证战争需要创设。战争的无限期延续使物资供应持续紧张，加之因城市人口变动及统计上的困难，配给制的实施不可能一帆风顺。

---

① 朱崇信：《天津市配给制度之检讨》，《市县行政研究》1944年第2卷第2期，第39页。
② 天津特别市第八区公所：《为函送本所三十四年上半年度工作计划请查照由》（1945年1月12日），天津市档案馆藏，J0037-1-000114-001。

4. 配给制实施的效果

天津日用品的配给因属于草创,存在诸多问题,"机构颇欠完善,故未能圆滑支配,指定之配卖店多寡悬殊,以致手续缺欠,有乖实施配给本旨,虽次第改善,仍未能收到圆满之成效"。有些日用品如肥皂配给举办一次后,即因原料缺乏未能赓续办理。① 办理配给面临诸多困难,其中之一就是"人口调查与统计是办理配给机关的一个棘手的问题"。② 物资短缺是配给制难以为继的最为重要的原因。战争的巨大消耗,使得物资优先供应日军。温世珍曾向天津日军防卫司令官本间雅晴表示:"中国人最喜欢吃棒子面,现在正当伟大圣战时期,我代表天津市民表示,愿意同甘共苦,把稻米留给日本人吃,以便早日完成皇军圣战目的"。1942年夏秋之交,粮食供应紧张,温世珍、蓝振德与天津粮食采运分社理事长斋藤茂一郎、顾问中山襄商议,把各军仓库、平衡仓库、小麦协会多年积存霉烂腐坏的小麦、杂粮及不堪供军马食用的饲料,共约数万吨,磨成混合面,配售给市民食用。这种混合面大约有50余种霉坏的杂粮和饲料。奸商还要掺入沙土,其味既酸且苦,难于下咽,吃后中毒致死者时有所闻。③ 战争的巨大消耗,工农业生产的持续恶化,日伪政权将优质的物资献给日本,供应日军需要,使得可供配给市民的仅剩一些质量低劣的物资了。

市民无法领到配给证,或是未能领取配给米面的情形比比皆

---

① 朱崇信:《天津市配给制度之检讨》,《市县行政研究》1944年第2卷第2期,第40页。
② 《编后记:配给的问题,是我们老百姓所着眼的事情……》,《国民杂志(北京)》1944年第4卷第10期,第64页。
③ 张同礼:《汉奸市长温世珍的丑行》,载中国人民政治协商会议天津市委员会文史资料研究委员会编《沦陷时期的天津》,天津静海县印刷厂,1992年10月,第83页。

是。化名"老陈"的市民"在米粮店门口,站立到一天又四小时二十分三十秒,结果不但没有领到配给证。而且连别人领大米的影子,却都没有看见,是不是这个粮店把大米存起来给了他们有关系的人,实在不得而知。我们只有看见一群一群的同志,都在米粮店门口,怨恨着,赞叹着,望眼欲穿"。① 市民沈子君致函《津津月刊》提到,"近来各米面铺门首,堆积购面民众,少则数百,多则逾千。甚至面铺今日六时开卖,购面之人于昨日晚饭后即往其门首站候者。拥挤情形,不堪言状"。② 1942 年 10 月,伪天津新民会事务科长不得不承认:"粮店门前,拥挤不堪,秩序凌乱。"12 月,伪天津市公署"只准市民吃'代用粮',限制交易所每日成交玉黍不得超过 100 包,红粱不得超过 57 包。指定配给粮店每日只准开 4 点钟(8—12 点)的门,每日每人只准买两块钱的玉黍,这样'配给'的结果,常使市民买不到粮食,不得不挨饿"。③

为了推进配给制的实行,防止舞弊情形,1943 年 5 月,伪市公署规定:"在此施行配给重要时期,倘发现负责配给人员或各配卖商店确有舞弊情事,务要详查确切,并署告人真确姓名与地址,迳呈市署,定于严查惩办,以儆劣顽。至告发者姓名,当保守秘密,倘或挟嫌妄告,一经查明,亦决不宽贷,已布告周知"。④ 虽有上项规定,事务所和配卖店的舞弊行为仍屡见不鲜。配给过程中,对户口

---

① 老陈:《有感必録:譬如这一次配给米面……》,《三六九画报》1942 年第 15 卷第 11 期,第 11 页。
②《市民来函解答》,《津津月刊》1942 年第 1 卷第 9 期,第 21 页。
③ 中国抗日战争史学会、中国人民抗日战争纪念馆编:《日本对华北经济的掠夺和统制——华北沦陷区经济资料选编》,北京出版社,1995 年,第 782 页。
④《告发办理配给人员舞弊,告诉人须署真实姓名》,《新天津画报》,1943 年 5 月 16 日,第 4826 号。

迁移者,各区十分注意。兴亚第二区规定,"关于户主迁居,凡在本区甲段移至乙段者,须持原有旧票来所申报,经户警证明,再换新票。至由界外迁来本区居住者,须由户主填具家族人口报告表,经户警证明,然后核发"。①

配给制实施之时,献纳铜铁运动在如火如荼地进行。因市民对献纳铜铁十分抵触,各区公所无法完成伪市政府交办的献纳数量,各区时有"假藉配给名义要挟市民献纳铜铁,征收区务费或防空费等情事,否则扣发其配给票,不予发给"。伪天津市政府曾通令禁止此种行为,但各区保甲方面,"仍难免有以上事情发生,以致市民啧有烦言"。② 将配给制与献纳铜铁进行捆绑,显然有违配给制的初衷。在实施配给过程中,保甲长营私舞弊的行为时有发生。1944年1月,第十区第二保书记李家声与第十分局塘沽路派出所陈名存,合谋扣留华德医院张荫贵、陈玉章、史长清、张兆祥、阎成仁等五户的配给票未发,取出分用。③ 市民则想方设法多领取配给物资。1945年1月,第八区公所在调查户口中,发现"惟于不满三十六个月之小人,间有声称已足三岁,希图领取配给"。④ 配给制实施的效果有限。配给制对市民的日常生活产生深刻的影响。

---

① 《兴亚第二区公所积极办配给》,《新天津画报》,1943年4月16日,第4796号。
② 《假借配给名义要挟市民:社会局严行禁止》,《新天津画报》,1943年12月25日,第5046号。
③ 天津特别市政府:《关于查办保甲长等舞弊案件卷》(1943年12月至1945年7月),天津市档案馆藏,1-3-7-11111。
④ 天津特别市第八区公所:《为函送本所三四年一月份工作实施报告由》(1945年2月9日),天津市档案馆藏,J0037-1-000114-002。

第三节　市政建设

市政建设是一个城市发展水平的重要标志。民国时期，天津作为中国北方首屈一指的大城市，在市政建设上走在北方城市的前列。天津沦陷后，日伪政权从维护和巩固自身统治出发，在市政建设方面做了一些工作。

一、公路网的构筑

1938年4月1日，伪临时政府设立建设总署，除负责水利、港口、都市、机场的建设外，主要掌握公路交通的规划和建设。伪建设总署在北京、济南、太原和天津四地设立了工程局，并在天津和北京设置建设工程局，以专管新市区的市政建设。伪天津工程局下设事务科、经理科、公路科、水利科、天津第一施工所、天津第二施工所、塘沽施工所、天津测候所，管辖范围大体为原冀东东部到山海关，南到沧州，东到塘沽，西到武清县以西，负责天津市、天津县、宁河县一部分城市工程的建设，以及天津郊区公路的规划和整修。1941年底，伪建设总署将天津建设工程局并入天津工程局。自1938年开始，日军开始大规模修筑公路，开辟了一些新的干线公路，且对已有干线公路进行了修缮，并利用原有地方道路大量修建由县城至城镇、由城镇至据点的农村"警备路"。自1938年开始，伪华北建设总署着手公路整备。天津地区以天津工程局为主，对境内国、省道干线公路进行了全面地整理和维修。公路的修建分为四种，即新建、改善、补修和维持。天津新建了一些干线公路，主要有五条（段），使原有以天津为中心向外辐射的公路路线增加了密度。由平津、津塘、津同、津喜、津保、津沧、津沽、津白、津盐等公路,构成天津向外辐射的路网。天津沦陷时期,尤其是 1938 至 1942 年,天津郊区及五县的广大农村地区,以县城为中心,在原来已有的县区道路基础上,进行了普遍的整修和改建,并开辟了一些新的公路。日伪政权称这些路为"警备路"。除了以天津为中心向外辐射的国、省干线公路外,据不完整的资料统计,在五个县内共新建和利用原有旧道整修的警备路 86 条,1 500 公里。① 公路网的建设与扩充,原本有为日军的军事行动提供便利的目的,但客观上也方便了市民的出行。

二、市区交通管理

天津电车由比利时商人经营。1927 年,全市共有 6 条电车线路,营运路线长度为 23.2 公里,轨道设备总长度为 134 953.15 米,运营车辆 162 辆,其中机车 77 辆,拖车 85 辆。② 此时有轨电车路线在天津市内已经形成交通网络。九·一八事变后,日本在天津的势力与日俱增。比商极力向日本示好,并不断将经营电车所获利润向国内输送,不仅不再增加车辆,连修车的材料也不再存储。天津沦陷后,比利时商人向日本献殷勤,替日本强行推销战时公债;深知日本对电车电灯公司早有觊觎之心,比方遂加紧抽回资金,设备一天比一天糟。太平洋战争爆发后,日本借口战时需要,向比商提出参与公司行政管理的要求。1943 年 8 月,日军接管比利时天津电车电灯公司,辞退了所有比利时职员,改名军管理天津

---

① 天津市市政工程局公路交通史编委会主编:《天津公路史略》第 1 册"建国前"部分,1984 年,第 208 页。
② 朱建斌:《天津的城市公共交通的演变》,载中国人民政治协商会议天津市委员会文史资料研究委员会编《天津文史资料选辑》第 46 辑,天津人民出版社,1989 年,第 150 页。

电车电灯公司。日本接管后的电车仍维持原有的几条路线运营,规模也无扩大,职工人数保持在1 000人以上。由于天津市的畸形繁荣,有轨电车的日运送乘客人数达到最高峰。电车工人不甘当亡国奴,用多种形式进行斗争和破坏。日本人眼看着客流量不小,但却收不到多少钱,车辆设备的破损程度较比商经营后期还遭,不少车辆经常趴窝停驶。①

战前,天津市内公共汽车由同兴公共汽车公司和公共客座汽车有限公司经营,各自有经营的路线、区域。天津沦陷后,日本人强制收购了天津仅有的两家公共汽车公司。1938年9月,日本人设立天津交通股份有限公司,并组设营业所。公司共有车辆111辆,半数以上是雪佛兰,其他为杂牌车辆,一种型号的多则二十几辆,少则10辆、8辆。后来为适应运营范围不断扩大的需要,该公司先后建设了4座车库。运营路线最多达11条,日平均运客33 600人次,全年收入257 000元,支出费用则高达833 600元,公司处于严重亏损状态。由于战争吃紧,汽油缺乏,日本人决定将全部汽车改成木炭发动机,坏车更加增多,最严重时,11条运营路线停驶7条。剩下的4条路线也是车配不齐,时断时续,勉强运营。② 1940年2月23日,天津交通股份有限公司给伪天津市公署上报的《交通公司业务状况》指出:"公司收入近来更以汇兑及其他关系,购置各项材料困难异常,又以物资之缺乏等故,目前虽力使运行次数减少及施行票价计酬等,但缘木求鱼殊为困难也。以各关系之热烈援助始得建立之都市交通整备基础,竟遭此致命打击,诚不胜

---

① 朱建斌:《天津的城市公共交通的演变》,载中国人民政治协商会议天津市委员会文史资料研究委员会编《天津文史资料选辑》第46辑,天津人民出版社,1989年,第152—153页。
② 同上,第155页。

遗憾之至也"。受制于经济下滑,物价上涨,公司营业状况无法得到好转。到1945年4月,营业路线长度已由1941年的40.4公里缩减到16.1公里。105辆汽车中能营业的只有70辆,在这70辆中真正出厂的仅25辆。①

随着汽车数量的增多,交通事故呈现上升趋势。1939年7月,交通事故以汽车肇事数为最多,肇事原因多由于汽车行驶速度过快。伪市长温世珍饬令警察局规定,"汽车速度每小时不得超过15英里"。②警察局釐订了10条限制汽车速度办法。天津市河流纷错,桥梁众多,为便于考察,警察局制定表格,要求各区署详细查填具报。1939年7月,因天津市交通日趋繁忙,又值雨季,各桥梁上交通亟应加以整理,为确保桥梁交通安全,警察局制定6项办法,"1.凡重要桥梁上之交通如金钢桥、金汤桥、金华桥等,应由各该管区署派专人负责整理。2.普通桥梁上之交通,应由附近岗警随时注意整理。3.桥梁上一律不许停放车辆及摆设摊贩。4.车辆通过桥梁,应减低速度并不得越车及并列行驶。5.行人及儿童不许在桥梁上停留及游嬉。6.桥梁各部分发现有损坏情形时,应随时报请修理以免危险"。③1940年,伪警察局举办交通安全周,向市民灌输一般交通常识。伪警察局称:"效果非常良好"。1941年,伪警察局决定再举办交通安全周一次或二次,以期市民皆明了指挥方式,交通事故得以减少,市民生命财产少受损失。④ 随着时间推移,

---

① 朱建斌:《天津的城市公共交通的演变》,载中国人民政治协商会议天津市委员会文史资料研究委员会编《天津文史资料选辑》第46辑,天津人民出版社,1989年,第156页。
②③ 天津特别市政府:《情报》(1939年7月),天津市档案馆藏,1-3-2-11。
④ 天津特别市政府:《新民会天津特别市事务局公函为请将三十年度施政方针函送过会》(1941年6月),天津市档案馆藏,1-2-1-485。

各分局管界交通安全指挥灯装设日久，多已残坏，于市容观瞻、交通指挥关系颇大。1944年，伪警察局将全市56处指挥灯彻底修理，共用修理费28 000余元。第一区劝业场附近交通颇为繁忙，为调整起见，增建交通安全线，确保人行道与车辆往返不致混乱，以保证交通安全。天津市重要桥梁和主要干路自第一区天津会馆起至北站止，有关军事运输，夜晚灯光过暗，危险实多，警察局与日本当局、华北电业公司、日本居留民团联络后，在金钢桥增设3盏路灯，金汤桥和新桥各增设2盏，马路共增补1 700盏。因市内所有交通伞自装置后迄未修理，于1944年12月择22处主要干路，加以油饰，并增设交通标帜12个。①

因市民建房、安设汽油泵等经常占用街道，不仅有碍市容市貌，且危及交通安全。为此，加强对占用街道行为的管理势在必行。1941年5月14日，伪天津特别市公署公布"管理市民占用街道暂行规则"，规定："市区内各街道除本署特别指定之地点外，不准任意占用妨碍交通"。对于安设汽油泵，要求："市民须绘具详图注明所在地点，呈请本署派员查勘审核可行后，方予照准。经本署核准后应遵照批限日期，呈缴应纳之刨路费，俟领到执照方可动工"。"公路宽不足六公尺，便道宽不足二公尺者；便道之一边其邻近地点已设有汽油泵；便道之对面已设有汽油泵者；交通繁冲之处不便停车者；附近有易于引火之物"等处所不得安设汽油泵。对于市民因建筑工程临时在街道上，堆卸物料支扎木架，伪市公署规定："须先绘具图样注明所在地点占用面积，并述明占用理由及日期，呈请本署派员查勘审核可行后，方予照准。呈经本署核准后应

---

① 《天津特别市政府警察局三十三年度七至十二月份工作报告》（1945年1月26日），天津市档案馆藏，J0001-2-000627-008。

遵照批限日期,呈缴应纳之占用费,俟领到执照方可动工。于占用终了时,应将该处扫除净尽以维观瞻。其占用街道费按月计算,每平方公尺每月收费国币 2 角,不及一平方公尺者按一平方公尺计算,其日期不足一月者亦以一月计之。并须于占用终了时将执照呈送本署缴销,如因故不能依限占用终了时,应于定限三日前声请展期,但应准展期一次且展期日数不得超过原限三分之一,并须按本规则第 27 条规定之收费办法补缴占道费,否则即按私行占用街道处罚。对于私行在街道上堆卸物料支扎木架,"经本署察觉者除令其补呈图样备查外,仍须照本规则第 27 条追缴费用,并照应纳之占道费按一倍至三倍处罚"。①

三、卫生管理

　　天津沦陷期间,伪警察局不仅承担维护社会治安的重任,在城市的各项管理事务中亦担当重要角色。从 1941 年 5－6 月第二分局的工作,可观察警察局在城市管理中的重要作用。1. 饬属取缔马路便道摊贩。界内各马路便道往往有设摊贩卖物品,于行人市容均有妨碍,亟宜取缔。1941 年 5 月 29 日,第二分局饬属对马路便道摊贩,严为取缔,随时查禁,以利行人而壮市容。2. 取缔清凉食物。初夏杂疫萌生之际,各种清凉食物上市销售,妨害卫生莫此为甚。5 月 31 日,第二分局饬属对清凉食物严行取缔,以重卫生而保人民健康。3. 遵令饬属办理畜犬登记。历年每逢三四月开始畜犬登记,以保人畜安全,饬属传知畜犬户速行登记,不得稍为疏忽。第二分局共登记 340 户,计犬 350 头,已办理完竣。4. 饬属传知商

---

① 天津特别市政府:《新民会天津特别市事务局公函为请将三十年度施政方针函送过会》(1941 年 6 月),天津市档案馆藏,1-2-1-485。

民平垫道路。6月6日,各街巷因水灾之后,多有坎坷不平之处,亟宜修垫以利交通,经饬属传知商民,对街巷不平之处,速为修垫,以利行人而壮市容。5. 饬属保护马路便道树木。各马路便道树木往往有无知居民为之损毁,为预防起见,6月4日,第二分局饬属传知商民对便道树木,务须加以保护,不得随意损毁,以资繁茂而重造林。6. 饬属严禁居民随地泼洒污水。天津市时有居民随地泼洒污水,殊于卫生有碍,6月10日,第二分局饬属对随地泼洒污水严加禁止,随时查视,以重清洁而利行人。① 城市正常运转与市容的维护需要相应的机构加以管理。沦陷时期,城市管理由伪警察局负责,虽存在不少瑕疵,至少胜过无人管理。

卫生事业是一个城市现代化发展的重要指标,关系市民的生活环境和健康,因此卫生事务管理成为市政建设的重要事项。抗战爆发后,天津的卫生事业受到一定波及。清洁队组织缩小,经费裁减大半,各队夫役人数锐减。战前即向例按户征收的清洁费停征。日伪政权稳固统治后,卫生事业开始受到重视。1938年,天津市清洁队夫役仅余450人,为增加清洁工作效率,以每日能将全市各街巷扫除为标准,增加夫役310名,以210名分配于原有各清洁分队,其余100名组织两个补充队,以一队巡回帮助各分队工作,以一队专备临时发生之紧急工作。② 1941年,伪市公署拨付的卫生经费有限,财政局参酌原征收办法及收费标准,向市民征收清洁费,并呈由市公署提交市政会议第四次临时会议议决通过,由1941

---

① 天津特别市政府:《警察局情报》(1941年),天津市档案馆藏,1-2-1-19。
② 卫生局:《天津特别市公署卫生局三四五月份行政工作报告》(1938年),天津市档案馆藏,J0001-2-000220-013。

年1月实行。① 各区公署根据伪市公署的要求和各自的实际情形，推动卫生事业的开展。1941年3月24日，特别第二区公署督饬所属官警，会同卫生局驻该区清洁队，举行全区清洁大扫除，凡大街小巷、公私厕所及各商住户积存垃圾尘秽一律清除，加洒石灰，至3月25日扫除竣事。区公署主任复查结果，以学堂胡同派出所管界成绩较佳，传令嘉奖。其他各所不予奖惩并转饬居民，嗣后务各设垃圾箱筐，不准随意倒秽，以期永保整洁而重卫生。1941年4月，特别第二区新货厂等处地沟，多半堵塞不通，区公署函请工务局派工人予以疏浚。区公署唯恐居民仍任意倾倒秽土再行堵塞，饬令保甲长等挨户通知禁止倾倒，并通饬各岗警注意查察，倘敢故犯即行带区罚办，以示惩戒而重卫生。② 清洁大扫除是伪市公署经常采用的运动式的治理方法。为启迪市民卫生知识，卫生局每年都会举办卫生运动。1938年4月25日，卫生局组织举行全市污物大扫除，由辅治会、各区、乡里伍长依照卫生组合规则挨户检查，又组织清洁检查组分别逐里抽查，共抽查20 041户，合于清洁标准者17 861户，不合标准者2 180户，已经劝导改善。③ 1941年春季，卫生局依照惯例举行卫生大扫除运动，"1. 施行宣传讲演。张贴标语国画散放传单，并举行各种讲演。2. 实施污物大扫除。3. 举行性病预防。在西马路第二民教馆开性病展览会，一面免费采验血液，在南市群英电影院举行性病讲演，参观民众77 800余人，参观妓女460余人，验血者350人，听讲市民1 000余人，听讲妓女800余人。

---

① 天津特别市政府：《新民会天津特别市事务局公函为请将三十年度施政方针函送过会》(1941年6月)，天津市档案馆藏，1-2-1-485。
② 天津特别市政府：《情报》(1941年)，天津市档案馆藏，1-2-1-20。
③ 卫生局：《天津特别市公署卫生局三四五月份行政工作报告》(1938年)，天津市档案馆藏，J0001-2-000220-013。

4.举办儿童健美比赛。分儿童健美比赛及乳儿健康审查两项,参加儿童120余名。5.推行灭蝇运动。分灭蛆、灭蝇两项,其捕蝇多者酌给奖品"。① 1941年6月2日,因"天旱燥热之际,正为疫疠潜滋复燃时期",为预防计,伪警察局第九分局由6月2日起实行清洁大扫除,凡商民住户室内外一律令打扫清洁。② 在卫生事业建设方面,日伪政权下了不少气力,取得一定成效,总体上天津市区保持了一定的清洁。因资金、人力有限,天津郊区的卫生环境尚未被注意到。

四、公共设施建设

天津沦陷后,市区人口增长迅速,市民住房问题随之出现。正如《新天津报》所称:"人口大量增加而房屋增数有限,自然是不敷应用。因而房价高涨,纠纷四起。但是根本上是不敷应用的,所以兴民房是今日十分需要的事"。③ 1940年,社会局制定建设平民住宅计划。《新天津报》报道称:"前议定之二道街民房建筑业由华通公司以177 590元中标,约于10月初正式兴工。津当局令饬财政局、工务局及社会局联合辅导之下,近更实行第二步计划,觅选适当地点,再扩筑平民住宅3 000间,俾调剂津市房间缺乏之困难。预计本年底可开始投标兴工,至明年夏季即可全部完成"。④ 实际上,"扩筑平民住宅3 000间"的报道有误,建筑平民住宅工程浩大,

---

① 天津特别市政府:《新民会天津特别市事务局公函为请将三十年度施政方针函送过会》(1941年6月),天津市档案馆藏,1-2-1-485。
② 天津特别市公署警察局第九分局长周锟:《谨将1941年6月2日所得各方面情报一件理合具是由表》(1941年6月2日),天津市档案馆藏,J0001-2-000017-020。
③ 长修:《舆论:兴筑民房问题》,《新天津报》,1940年9月29日,第3版。
④ 《建设新天津都市》,《新天津报》,1940年9月28日,第3版。

所需款项甚巨,因此并未如该报所称的那样顺利开建。1941年,社会局积极筹备并与多方联络,觅得第二、六、七、八、九分局界内五处私有地产。社会局拟会同财政局与土地所有者商讨地价,商定后即行筹款购用,然后按照地基面积陆续由工务局设计建筑房屋间数,拟先以建筑1 000间为标准,需款暂按每间400元计算,核计约40万元,将来由财政局向银行商洽借款垫办,以房租收入之数目作抵,分期摊还。① 伪市公署计划将"该项房屋廉价出租"。② 1941年6月,社会局以70万元筹备建筑平民住宅,地基已勘定,六、八两区正办理地皮收买及图式绘制事宜,短期内即可开工兴建,预期是项平民住宅完成后,可容纳5 000户居住。③ 至12月,伪市公署在市区内建筑小平房1 000间,计六区丁家花园184间,七区郭庄子元善里东635间,八区小刘庄黄家坟地后182间,业已先后竣工,将以廉价租与市民居住。伪市公署规定:"凡本市市民欲行租用者,速至社会局登记,俾便分配住用"。④ 自伪市公署布告及登报招租后,"前往社会局登记者,极形踊跃"。⑤ 1942年6月,工务局依照建设新天津计划,拟于河北北站宁园附近,建设大规模住宅千余所。《新天津报》称:"此项巨款及计划,现正由市当局进行中"。⑥ 伪市公署修筑平民住宅的初衷是好的,在一定程度上缓解了房荒的问题。不过,伪市公署修筑的住宅数量并不能适应天津

---

① 天津特别市政府:《新民会天津特别市事务局公函为请将三十年度施政方针函送过会》(1941年6月),天津市档案馆藏,1-2-1-485。
② 《建设新天津都市》,《新天津报》,1940年9月28日,第3版。
③ 《津市筹建平民住宅》,《新天津报》,1941年6月24日,第3版。
④ 《平民住宅已竣工,市民租用可往社会局登记》,《新天津报》,1941年12月4日,第3版。
⑤ 《津市署建筑平房,登记租用者极踊跃》,《新天津报》,1941年12月7日,第3版。
⑥ 《建设新天津,宁园附近将盖市民住宅》,《新天津报》,1942年6月13日,第4版。

人口激增的状况,无法从根本上解决市民租住房屋困难的问题。因伪市公署的财力捉襟见肘,尤其是随着太平洋战争的爆发,财政困难的局面更是雪上加霜,在此情况下,平民住宅的修筑计划也就束之高阁了。

公共设施的多少直接反映一个城市的现代化水平。伪市公署筹建公共设施,以便利市民的工作及生活。天津市人口稠密,公共游憩及儿童运动场所极为缺乏。夏季因无消夏之地,傍晚市民多沿马路两旁乘凉。1941年,伪市公署拟在南市庆善大街南口地带设立小花园,并函请卫生局积极运除污秽,工务局设计实施。另外,每年夏季,从事户外劳动的民众,如人力车夫等往来奔走,殊堪怜悯。以往由各慈善团体于要冲之所搭设凉棚数间,预备热茶及救急沙药十滴水等,作为贫苦劳动者临时休息所之用。1941年,伪市公署与各慈善团体联络筹设贫苦劳动者凉棚休息所,预定先设6处。① 天津市的公园、运动场等公共设施为数不少,但多数是在抗战爆发前即已建设完毕。伪市公署在建设城市公共设施上取得一定进展,但受资金短缺等因素影响,存在诸多不足之处。伪市公署在其施政方针中也承认:"津市繁荣,昔以英法租界为中心,形成偏枯之势。年来经市署多方设法,市区虽较为振兴,然一般公共设备,简陋过甚,殊不足与英法租界抗衡"。②

为了维护自身统治,日伪政权做了一些工作,以赢得民心。在市政建设上,日伪政权在公共交通、道路、卫生事业、公共设施等方面进行一定的建设。为了保证自身的财税收入,日伪政权鼓励工

---

① 天津特别市政府:《新民会天津特别市事务局公函为请将三十年度施政方针函送过会》(1941年6月),天津市档案馆藏,1-2-1-485。
② 中共天津市委党史研究室、天津市档案馆、天津市公安档案馆编:《日本帝国主义在天津的殖民统治》,天津人民出版社,1998年,第116页。

商业发展，但随着经济形势恶化，转而对工商业实施管制。为了保障市民的基本生活，维护市场秩序，日伪政权严禁囤积居奇。不可否认，天津沦陷初期，天津的工商业获得了一定发展，市民的生活水平有一定提升。随着日军不断扩大侵略战争，尤其是太平洋战争爆发后，沦陷区的经济形势逐步恶化。与之适应，伪政权在日本的操控下，实施了经济统制和配给政策。由此日本实现了对天津经济的完全控制。由于工农业生产能力的持续下降，商品供求失衡，经济统制政策违背了经济发展的客观规律。日本当局和伪政权的经济统制政策势必走向失败。配给制度是日本及伪政权对市民日常生活的直接干预，由于配给物资的不足，市民生活水平不断下降，对该项制度是敢怒不敢言。随着日本战败投降，经济统制与配给制走向终结。

第五章　天津伪政权与日军的"协作"

战时,日本在华直接或通过伪政权征募劳工、实行弛禁毒品政策、征调妓女等活动,从日军及伪政权在天津进行的上述活动即可从微观视角佐证日本的侵华罪行。

第一节　劳工征募

抗战时期,日本在中国强制征募大量劳工。关于日本征募劳工问题,学界已有不少研究成果。① 这些研究成果有些集中探讨某一特定区域的劳工问题,比如华北、华南。② 有些考证日本使用中

---

① 陈景彦:《二战期间在日本的中国劳工》,《历史研究》1998年第2期。
② 居之芬:《论日军强掳虐待华南强制劳工的罪行》,《民国档案》2010年第4期。居之芬:《抗战时期日本对华北沦陷区劳工的劫掠和摧残》,《中共党史研究》1994年第4期。孙玉玲、孙永安:《东北沦陷时期日伪的劳工政策及其后果》,《社会科学辑刊》2000年第5期。居之芬的《1933.9—1945.8日本对华北劳工统制掠夺史》,以华北沦陷区为主线,以劳务统制和掠夺为主干,从局部地区着手,带动全局,全面论述日本在华劳务统制和掠夺的全貌。

国强制劳工的人数、待遇等问题。① 有的则研究日本控制下的劳工组织的活动。② 有的探讨劳工征集对农村经济的影响。③ 从相关研究成果看,尚未对作为北方经济中心——天津劳工问题的研究,因此探讨天津劳工问题,可以窥探日本及伪政权在中国城市的劳工征募情况。

一、天津劳工赴满

(一) 华北劳工入满

华北地区劳工资源历来都以丰富著称。华北以小农经济为主,随着农村人口的不断增加和农业生产力的提高,大批农村剩余劳动力不得不外出务工。华北紧邻的东北地区人口稀少,资源丰富,且在日本殖民统治下进行的经济开发需要大量劳工,使得东北成为华北劳工的主要流向地。加之华北水旱灾害、兵祸频发,产生大量的剩余劳动力,这一群体向来是以输往东北地区为主。1934年,伪满洲国首次着手取缔所谓外国劳工。伪满劳动统制最初的目标为"强化日人满人的结合,恢复满洲治安,使国内大众生活趋于稳定,在国际收支上防止劳银向国外流出等"。据此伪满洲国对历来东北与内地之间的劳工自由移动采取限制措施。1935年,华北劳工移入伪满44万人,1936年36万人,1937

---

① 居之芬:《二次大战期间日本使用中国强制劳工人数初考》,《抗日战争研究》2001年第1期;《日本在华北"国策"企业矿山征用强制劳工人数与待遇考》,《世界历史》2003年第6期;《日本强掳华北劳工人数考》,《抗日战争研究》1995年第4期。
② 王强:《日军操纵的新民劳工协会的活动》,《外国问题研究》2015年第1期。
③ 王一江:《日伪统治时期劳工征集对东北农村经济的影响》,《黑龙江社会科学》2007年第6期。

年38万人。① 从三年的趋势看,华北劳工移入伪满的数量受到一定限制。九·一八事变后,国民政府对入满劳工也予以限制。1936年入满劳工数为358 122人,离满劳工数为366 761人,差额达到8 639人。② 自限制劳工入满到1937年抗战爆发的三年间,入满者总数是113万人,平均1年37.7万人;离满者总数是106万人,平均1年35.4万人。离满率为94%,残留率为6%。③ 与限制之前相比,数量明显减少。这反映出在中日纠纷和七七事变的直接影响下,归还者络绎不绝。

入满劳工的职业分布如表4.1,从表中可见,华北劳工入满后从事的职业集中在农业、矿业、制造业、商业、土木业、建筑业,与伪满洲国正在进行的经济开发事业是一致的。

表4.1 1936至1940年华北入满劳工职业分配表(1941年9月)④

年份 职业别	1936年	1937年	1938年	1939年	1940年
农业	57 218	50 103	28 073	92 825	189 353
矿业	9 580	13 802	34 543	120 646	127 538
制造业	130 207	89 415	121 829	192 956	267 421

---

① 《兴亚院华北联络部关于满洲劳务统制初期对入满华北劳工募集计划与实施情况报告》(节录)(1940年12月),居之芬、庄建平主编《日本掠夺华北强制劳工档案史料集(上)》,社会科学文献出版社,2003年,第100页。

② 中国抗日战争史学会、中国人民抗日战争纪念馆编:《日本对华北经济的掠夺和统制——华北沦陷区经济资料选编》,北京出版社,1995年,第1060页。

③ 《华北开发公司庶务部劳务室关于伪满洲国劳务统制初期对入满华北劳工的募集计划与实施情况报告》(节录),居之芬、庄建平主编《日本掠夺华北强制劳工档案史料集(上)》,社会科学文献出版社,2003年,第101页。

④ 中国抗日战争史学会、中国人民抗日战争纪念馆编:《日本对华北经济的掠夺和统制——华北沦陷区经济资料选编》,北京出版社,1995年,第1061页。

续表

年份 职业别	1936年	1937年	1938年	1939年	1940年
商业	23 888	31 898	60 652	72 968	99 879
土木业	42 203	48 164	103 389	226 726	308 393
建筑业	39 646	32 023	22 588	62 914	101 879
交通运输业	22 201	16 144	40 334	87 873	88 908
林业			195	1 321	1 825
渔业			831	1 023	1 765
其他	39 206	42 140	89 252	152 886	177 745
合计	364 149	323 689	501 686	1 012 148	1 364 706

全面抗战爆发后，华北各省相继沦陷，加之东北的经济建设急需大量劳工，伪满对华北劳工入满的限制有所放松。1937年之后，华北劳工入满人数呈现增长的趋势。1939年，华北地区实际输出劳工98万人，1940年136万人，1941年实际供给95万人。① 1940年，华北水旱灾害导致粮食减产，物价高涨，生活艰难，劳动阶级均思别谋出路。伪满当局鼓励工人举家迁往。② 自劳工由东北归返内地携款数额的限制解除后，归来劳工所携金额，较之以前大为增加。1941年10月归还劳工41 000人，其中在山海关方面持兑者约40 822名，平均数为90.2元，100元至200元者达11 076名，200元至500元者约1 830名，此种兑换状况，较之事变前每人平均45元，则有显著之增加。③ 虽如此，1940年之后，入满劳工数量呈现

---

① 居之芬译：《日本在华北的劳务统制》，载中国社会科学院近代史研究所近代史资料编辑部编《近代史资料》总98号，中国社会科学出版社，1999年12月，第103页。
② 《伪满在华北招募华工：已达八十万名》，《大美周报》，1940年5月19日，第4版。
③ 《由满返国华工携带金额之激增》，《中联银行月刊》1941年第2卷第6期，第225页。

减少的趋势。1942年需求量85万人,实际供出103万人,1943年需求量68万人,实际供给90万人。① 入满劳工之所以减少,是多种因素合力所致。

第一,华北粮食的丰收与农业劳力佣金的飞涨。华北劳工的名义工资上涨,伪满洲国劳工的工资显著下降。1942年和1943年华北地区农业丰收与各种物价高涨,使农业劳力的工资上涨,因此不用说去满洲做工的劳工,就连在华北的煤矿、重要产业的劳工也陆续返回了农业,华北自身也要为劳工的难题而烦恼。②

第二,华北产业开发。自1938年开始的"华北产业开发五年计划",到1940年,得以推进。与此相关,以往依靠附近半农半工兼作的劳力支撑的华北地区煤矿、交通、工业等各行业的劳工需求与供给的平衡,终于被打破了。③新京满洲劳务兴国会负责人声称:1941年入满劳工减少原因,甚为复杂,其最要者,则以华北资源积极开发,需用劳工为数甚巨,每日工资较前大增,劳工既有此项出路,就近谋生,自不肯舍近求远,再行出关。④

第三,伪满劳工死亡率高。1940年代,东北粮食已实行配给制度,对于工人不仅无法配给大米、白面,高粱、小米亦不能充分供给;棉布一项,尤为缺乏,衣食两项,均感困难。⑤因就劳过程中的管理方法,对卫生设备的玩忽职守而病死者,因不可抗拒的力量引起的地方病而死亡者,以及因食品不足而饿死者等,被相当夸大地进

---

①③ 居之芬译:《日本在华北的劳务统制》,载中国社会科学院近代史研究所近代史资料编辑部编《近代史资料》总98号,中国社会科学出版社,1999年12月,第103页。
② 同上,第104页。
④⑤《汪伪驻满大使廉隅关于1941年度入满华北劳工减少原因给外交部呈文》(1941年12月18日),居之芬、庄建平主编《日本掠夺华北强制劳工档案史料集(上)》,社会科学文献出版社,2003年,第203页。

行宣传。一般劳工对前来伪满怀有畏惧的心理,却是事实。①

第四,入满手续烦琐。1940年后,华北颁发良民证,未持有良民证者不准乘车。即使持有良民证,还必须持有旅行证明书。居住在偏僻农村的文盲劳工,对上述证件的办理,使他们产生难以忍受的痛苦。入满的办证手续过严,使他们怀有畏缩的心理。② 新京满洲劳务兴国会负责人指出:"出关入关搜检更严,来往极不自由,工人咸有戒心"。③

第五,气候与劳动期限的关系。华北与满洲的气候不同,全年都能干活,还没有严寒的威胁。由于工程量多,在北满相当多的工程中存在将劳工留置到冬季,使他们继续劳动的倾向,这是劳工讨厌入满的一个原因。④

除此而外,日本在招募劳工中存在诱骗的行为,如谎报做工地点,本来是送往边境、矿山、深山密林服苦役,却谎报地点很近,说是到大城市。谎报生活条件优越,劳动薪水高。招募人员讲到东北,住洋楼,吃大米洋面,一年能挣几百元钱。许诺来回给路费、安家费。招工工头谎称来去自由,发给路费,有时还当场发几块钱,但集中上车以后,劳工就失去自由,所发之钱也抵了工资。⑤ 汪伪

---

① 李秉刚、高嵩峰、权芳敏:《日本在东北奴役劳工调查研究》,社会科学文献出版社,2009年,第68页。
②④《满洲劳工协会关于1941年初赴满华北劳工激减原因的分析》(节录),居之芬、庄建平主编《日本掠夺华北强制劳工档案史料集(上)》,社会科学文献出版社,2003年,第200页。
③《汪伪驻满大使廉隅关于1941年度入满华北劳工减少原因给外交部呈文》(1941年12月18日),居之芬、庄建平主编《日本掠夺华北强制劳工档案史料集(上)》,社会科学文献出版社,2003年,第203页。
⑤ 中央档案馆、中国第二历史档案馆、河北省社会科学院编:《日本侵略华北罪行档案》(8)奴役劳工,河北人民出版社,2005年,第22页。

驻伪满通商代表林耕宇认为："满洲劳工多来自我国华北一带，每年数目均在一百万以上。其中分为无数组，每组自数千数百以至数十人不等。一组之中均有工头，通称之为把头，凡一组工人之饮食、居住、工资皆由工头管理。其人良莠不齐，往往发生卷款潜逃情事，甚至将工人入国证携去逃匿无踪，以致工人欲留不可，欲归不得。至管理方法，尤为腐败，同人道于牛马，视生命如草芥，黑暗情形，不胜枚举"。① 实际上，劳工入满数量减少最为重要的原因在于华北地区工资的提高，使得赴满务工的吸引力大为下降。以天津为例，农业劳力1942年1月工资为275元，11月221元。1943年6月工资为442元，12月工资为625元。② 天津地区的月工资远高于在伪满的月收入，劳工怎能再去更远的东北务工呢。

华北地区对劳工募集和使用采取统制政策。为完成华北产业开发计划，1940年，华北当局规定特定区域为对满蒙禁止招募劳工区。1941年，又将其更改为华北主要煤矿、主要城市及港湾周围10公里以内，为指定对满蒙禁止募集劳工区。因仅设立劳工募集禁止区，并不能使情况有太大的改善，劳工协会为了从根本上调整对劳动力的需求与供给，排除招募劳工时的无益竞争，提高募集效率，保护华北产业开发事业，从1942年起，针对满洲、蒙疆、华中等方面在华北地区的劳工募集工作，实施了划时期的劳工募集地区分配制。③ 1943年5月22日，伪华北政务委员会施行"华北管理劳

---

① 《汪伪驻满通商代表林耕宇关于入满华北劳工待遇恶劣给外交部的呈文》(1940年12月3日)，居之芬、庄建平主编《日本掠夺华北强制劳工档案史料集(上)》，社会科学文献出版社，2003年，第202页。

② 居之芬译：《日本在华北的劳务统制》，载中国社会科学院近代史研究所近代史资料编辑部编《近代史资料》总98号，中国社会科学出版社，1999年12月，第104页。

③ 同上，第107页。

工募集暂行要领"规定:"凡募集使用于华北境内之劳工超过50名以上时,募集主应依左列各项规定向华北劳工协会(以下称协会)本部或办事处申请(格式第一号),请求许可。1. 募集地与就劳地为协会之同一办事处管辖区内,而募集人数在1 000名以下时须向所辖办事处请求许可。2. 募集地与就劳地非在协会之同一办事处管辖区内,或募集地与就劳地虽在协会同一办事处管辖区内而募集员数超过1 000名时,须经募集地之该管办事处转呈协会本部请求许可。事业主因就劳地之变更,拟移动劳工100名以上于办事处管辖区域以外时,须申请现就劳地管辖办事处(格式第五号)请求许可"。① 华北日伪政权对募集劳工的限制,导致赴满劳工数量大为减少。

(二)天津劳工赴满

作为华北地区劳务的一元化统制机关,华北劳工协会于1941年7月8日,由伪华北政务委员会和华北开发公司各出资20万元,在统一了新民会、满洲劳工协会及其他在华北的劳务机关的基础上设立的中国财团法人,其事业费由伪华北政务委员会的补助金和自身的事业收入来筹措。它不是直接的劳工募集机关,而是华北地区一元化的劳工分配调整机关,是从事劳务管理和其他一切有关劳务统制、指导机关。其总部设在北京,在北京、天津、济南、徐州、保定、开封、青岛、芝罘、山海关9个城市设办事处,在其他14个中小城市设办事分处,在40个县设事务局,在东京设立事务局,在伪满洲国和其他地区派驻各自的办事员。1944年1月,经伪华北政务委员会修正公布的《华北劳工协会暂行条例》规定,协

---

① 天津市第二区公所:《募送爱护村劳工》(1943年6月),天津市档案馆藏,31-1-1-185。

会目的在于"保护华北地区内的劳动者,培养劳动力,圆满地向华北内外进行劳动力的供给、分配与交流,以期遂行劳动对策",并从事"对华北地区内劳动者的募集、供给、输送及其斡旋,对出国(境)劳动者的募集、配给、输送及其斡旋,对入国(境)劳动者的配给及其斡旋"。① 在北京、青岛、济南等主要地区,在劳工协会指导下设立了劳务协力会,配合劳工协会实施劳务统制。天津是在统一设置的分行业劳务统制会的基础上,于1944年10月1日组成天津地区劳务统制会,以期实现在日本领事馆指导下的劳务统制。为了在遭遇空袭和其他非常特殊灾害时的灾后恢复、防止劳动效率降低,在天津工业者之间组成了勤劳奉仕队,由各工场所保有的常佣工中一定数量的优秀工组成,以达到一旦有事,立即出动的目的。②

1938年9月,新民会天津都市指导部新民劳动协会成立,作为新民会天津都市指导部的处理劳动问题的机关,以指导、统制纷繁复杂的天津劳工界为目的。按照新民主义从事劳工的组织指导、职业斡旋等辅助劳工的生活福利事业。会长是伪天津特别市长温世珍,副会长为川岛铁太郎(满洲劳工协会天津支部长)。其组织机构分为调查对策部、组织指导部和职业介绍部,内分协会委员会、职业介绍委员会,在与前面三个部紧密联系和互相帮助下执行各项职务。调查对策部从事对劳工界情况的调查、研究、确定劳动政策;组织指导部依据劳动政策对劳动分会的组织指导;职业介绍部从事劳动力需给的调整、国内外招工的斡旋、劳动票的发给,对劳工移动进行整顿。1939年,该协会为满洲吉林的京城土木国际

---

① 中国抗日战争史学会、中国人民抗日战争纪念馆编:《日本对华北经济的掠夺和统制——华北沦陷区经济资料选编》,北京出版社,1995年,第1052页。
② 居之芬译:《日本在华北的劳务统制》,载中国社会科学院近代史研究所近代史资料编辑部编《近代史资料》总98号,中国社会科学出版社,1999年12月,第115页。

运输公司进行劳工募集,并承担了蒙疆土建业劳工的募集。由于向蒙疆供给的劳工,发生使用者未付工薪问题,解决起来相当困难。因而在1940年度,协会不再承担募集委托,劳工的募集改由业者实施。协会只对其进行监督,以及从事劳工的保护与入蒙劳工的查证工作。1939年6月,伪蒙疆政府同新民会就入蒙苦力募集斡旋事务签订了协议,做出了入蒙苦力不持有经由新民会发给的出国身份证明书(劳动票),不得进入蒙疆的决定。根据上述协定,协会担当了在现场的直接查证事务。7月,天津劳动力需求增加,入蒙苦力的募集被禁止,以此致力于缓解天津市内劳力不足的问题。8月20日,天津水灾发生后,至10月15日止,本间部队难民处理部职业斡旋班担任了难民的职业斡旋及入满、入蒙苦力的斡旋、输送工作。从8月25日至10月5日难民处理部解散为止,其工作内容:现场(当地)需要苦力的斡旋数1 097名,入满苦力募集斡旋数约600名,入蒙苦力募集斡旋数2 953名。①

1944年8月13日,伪华北政务委员会发出"密令","查战时重要劳力紧急动员亟待实施,关于劳工之募集应由各省市及特别区,速与当地关系机关及劳工协会妥洽办理……。兹将展示重要劳力紧急动员对策要纲及劳工动员供出计划表等件,令发该市府,仰遵照妥洽速办"。自1944年8月至1945年3月止,劳工动员供出计划中,天津为16 800人,其中对日供出4 400人,对满供出1 800人。② 1943年,南满铁道公司与华北交通公司关于斡旋招募工人

---

① 《新民会天津都市指导部新民劳动协会创立一周年事业报告书》(节录)(1939年11月17日),居之芬、庄建平主编《日本掠夺华北强制劳工档案史料集(上)》,社会科学文献出版社,2003年,第388页。
② 李秉刚、高嵩峰、权芳敏:《日本在东北奴役劳工调查研究》,社会科学文献出版社,2009年,第73页。

协定书中,计划在天津、北京、济南、开封等地招募 6 000 人,天津仅为 500 人,北京 1 050 人,济南 4 000 人。① 笔者根据掌握的资料认为,天津对满供出劳工数量有限,更多的是天津地区苦力自发赴满务工。天津工业发达,附近及华北的煤矿业的开发需要大量劳工,导致劳工赴满的数目极为有限。据华北劳工协会天津办事处统计,1942 年 5 月,入满工人共 2 万余人,其中普通证者,个人计 10 884 人,团体 6 680 人,随伴家族者 2 170 人,特别证者 221 人,赴蒙疆者 181 人。② 天津办事处的统计并不科学,因为领证的不一定是真正的劳工。华北劳工协会称:"最近发现正当出外工作之劳工内潜入不良分子,请求发证前往满洲关东州,其主要目的系为携出在华满洲国币及支票,或归还时不正让与劳工证,或利用华满物价比差关系,而为秘密输入,其人数激增,殊难漠视,为此分饬各办事处及分处强化检查阵容,对于不良分子发证之请求,查有可疑形迹,立即严厉拒绝"。赴满劳工声请者 26 115 名中被拒发证者竟达 11 584 人,占 44%,其余北京、沧县、山海关各处情形亦复相同。③ 天津劳工赴满人数有限,可归因于如下四点:

  首先,天津在赴满"禁止募集"的区域之内。1941 年 4 月 5 日,日本关东军与华北方面军在入满劳工的协议中规定,禁止募集地区包括"北京、天津、唐山、保定、石门、开封等都市的周边 10 公里;

---

① 天津市第二区公所:《募送爱护村劳工》(1943 年 6 月),天津市档案馆藏,31-1-1-185。
② 《国内经济:华工人满统计》,《中央经济月刊》1942 年第 2 卷第 7 期,第 94 页。
③ 天津市社会局:《劳工出国、境规程》(1942 年 8 月—1943 年 7 月),天津市档案馆藏,25-3-3-342。

青岛、秦皇岛、塘沽、连云港及这些港湾周边 10 公里"。① 1944 年 6 月 16 日,华北劳工协会天津办事处处长给伪天津特别市长函中提到"天津为华北产业中心,为确保劳力计,从来即系禁止招募劳工地区"。②

其次,天津工业发达,容纳大量劳工。华北煤矿等产业开发吸纳大量天津劳工。从华北劳工协会天津办事处的募集情况能窥探一斑。1944 年 12 月,该处累计对满洲募集许可数 244 700 人,募集实绩为 86 786 人,对蒙疆募集许可数 97 820 人,募集实绩为 27 049 人,对华中募集许可数 44 500 人,募集实绩为 25 815 人,华北境内募集许可数 194 293 人,募集实绩为 25 083 人。③ 实际募集数与募集许可数差距甚大,这足见在天津募集劳工之困难。此种情况和"天津劳工的工资与满洲劳工相较并不低"有关。④ 同时,天津日资纺织业蓬勃发展,使得所需要的男女职工存在招募难的问题,所以同业者之间争夺职工的竞争、工资的上涨正在加剧。⑤ 天津劳工在本地务工更为划算,不必舍近求远,非要去东北务工。

第三,天津劳工有限。1938 年,天津市的生产会社、纺绩会社

---

① 中央档案馆、中国第二历史档案馆、河北省社会科学院编:《日本侵略华北罪行档案》(8)奴役劳工,河北人民出版社,2005 年,第 367 页。
② 天津市第五区公所:《关于日本要劳工去日本长崎、青岛》(1944 年 7 月),天津市档案馆藏,34 - 327。
③ 天津特别市政府:《华北劳工协会天津办事处函送三十四年一、二月份合并业务概况报告》(1945 年 5 月),天津市档案馆藏,1 - 3 - 6 - 8262。
④ 可参照[日]吉田美之著,孟宪梅、萨殊利译:《满支劳工供求关系调查》,载中国社会科学院近代史研究所近代史资料编辑部编《近代史资料》总 108 号,中国社会科学出版社,2004 年 4 月,第 195 - 204 页。
⑤ [日]吉田美之著,孟宪梅、萨殊利译:《满支劳工供求关系调查》,载中国社会科学院近代史研究所近代史资料编辑部编《近代史资料》总 108 号,中国社会科学出版社,2004 年 4 月,第 191 页。

等得到快速发展。创业中的工厂也感到人手不足,要想完成当前已在建设之中的工厂,产生劳动力不足是必然的。① 1939年7月4日,鉴于天津地区的劳动力不足引起的工薪昂贵,新民劳动协会开始对市内各业者间使用劳工数量及工薪进行调查。② 天津产业劳工需求都无法得到满足,足见本地劳工数量有限。

第四,天津限制劳工输出。1942年1月,天津专门成立了天津地区劳力统制委员会,任务为"随着天津地区(天津特别市及冀东道、津海道、渤海道)劳力供给的不足,为抑制和调整劳力争夺及工薪的异常上涨,进行劳力的配给统制及工薪统制,以应对劳力不足的危急,期望事业的顺利进展"。③ 天津还设立了天津地区民间分行业劳动统制团体,同样有为"缓和劳力的紧缺程度"的目的,且规定"募集华人劳工50名以上及车马20辆以上者,须经由统制会向天津地区劳力统制委员会申请募集许可"。④ 凡此种种,天津劳工赴满务工的人数极为有限。

二、天津劳工供应

(一) 劳工供应计划

随着战局的不断恶化,日本打破劳工募集的限制,天津地区遂

---

① 《新民会天津都市指导部新民劳动协会成立及第一次委员会议录》(1938年10月19日),居之芬、庄建平主编《日本掠夺华北强制劳工档案史料集(上)》,社会科学文献出版社,2003年,第378页。
② 《新民会天津都市指导部新民劳动协会创立一周年事业报告书》(节录)(1939年11月17日),居之芬、庄建平主编《日本掠夺华北强制劳工档案史料集(上)》,社会科学文献出版社,2003年,第382页。
③ 居之芬、庄建平主编:《日本掠夺华北强制劳工档案史料集(下)》,社会科学文献出版社,2003年,第594页。
④ 同上,第595页。

成为日本征集劳工的区域。自天津募集的劳工去向有赴伪满的，有赴日本的，但绝大多数就劳于天津地区的日本工厂或军队。1944年，伪天津市政府设立劳工招募委员会，办理招募劳工事宜。惟对各方紧急强制征发，仍归警察局负责主办，不在限内。① 1944年3月13日，为促进华北生产力发展，关于重要产业平时应需工人和季节工人，以及因突发事故所需临时工人，树立确保计划，为决战阶段下绝对不可暂缓之举。华北劳工协会拟定"民国三十三年度华北境内重要产业所要劳工确保对策实施要领"指出："华北劳工行政以往均系偏重于对满蒙之供出工作，鉴于华北重要产业需要劳工日见增加，为谋加强华北重要产业增产，对于华北境内劳工资源讲求确保方策。该要领所列常时要员及季节要员确保，均系决战时期下通常措置，其临时要员确保乃为应付突发事故发生时之紧要措置。② 在都市浮游劳力强制征用问题上，"预定都市及征用人数：北京10 000，天津10 000，济南7 000，青岛3 000，计30 000人"。③

1944年6月，华北劳工协会天津办事处制定了"关于1944年度天津地区紧急所要劳工确保计划书"，计划天津地区紧急所要劳工确保"超重点产业及重要机关临时人员，开滦炭矿、华北矾土、日铁滦县矿山，以及日军、天津特别市、唐山、塘沽、华北交通及其他重要机关紧急临时人员供给；超重点产业季节人员事业者自主的募集，而在紧急时则据本计划供出；重要产业事业者自主的募集，

---

① 居之芬、庄建平主编：《日本掠夺华北强制劳工档案史料集（下）》，社会科学文献出版社，2003年，第758页。
②《日本在华北掠夺虐待强制劳工档案文献选》，载中国社会科学院近代史研究所近代史资料编辑部编《近代史资料》总105号，中国社会科学出版社，2003年3月，第119页。
③ 同上，第120—122页。

紧急时则据本计划供出"。计划书中，华北劳工协会天津办事处负责的天津地区内，天津特别市供出 15 000 人，武清县 1 500 人，静海县 1 500 人，天津县北部 1 000 人，共计 19 000 人。①

1944 年 6 月 10 日，为保证"1944 年度天津地区紧急所要劳工确保计划书"的实施，华北劳工协会天津办事处与伪天津市警察局商谈决定"劳工选定顺序之差别供出可能人数表务希正确，应按供出计划书作标准，天津市预定 15 000 名以上之希望。关于供出劳工之临时收容所协力选定及征用最低可收容 500 名之房屋，迄劳工送出日止所需食粮在协会虽已准备，至担当炊事调理者之选定尚祈协力处理。关于供出劳工编成、警备、输送等件尚祈协力处理。对于协助输送事务者之谢礼标准：警官一人一日宿食费 10 元，津贴 5 元，大车、汽车费用按实用数目支给"。② 天津办事处将"计划书"函送伪天津市政府，并请求予以协助。伪天津市政府召集各区长会议，决定"按照计划书应供出劳工 15 000 人"。据日本驻津当局斟酌地方情形，规定各区应供出人数，可参考表 4.2。

表 4.2　天津特别市各区劳工供出人数表③

区别	分局别	预定供出人数
第一区	第一分局，第十一分局	940,250
第二区	第二分局	1 180

---

① 中国社会科学院近代史研究所近代史资料编辑部编：《近代史资料》总 105 号，中国社会科学出版社，2003 年 3 月，第 132 页。
② 天津市第七区公所：《天津地区紧急劳工确保计划》(1944 年 6 月)，天津市档案馆藏，36 - 442。
③ 天津市第五区公所：《关于日本要劳工去日本长崎、青岛》(1944 年 7 月)，天津市档案馆藏，34 - 327。

续表

区别	分局别	预定供出人数
第三区	第三分局	1 430
第四区	第四分局	1 350
第五区	第五分局	570
第六区	第六分局,第十分局	1 460,720
第七区	第七分局,第十二分局	2 000,1 200
第八区	第八分局,第九分局	1 450,1 450
总计		15 000

伪天津市政府对各区供应劳工的比例作了规定,其后劳工的征调均按此比例分区进行。1944年11月,天津市紧急动员劳工1 000名中第一批300名,伪市政府决定分配动员人数,按照1944年天津地区紧急所要劳工15 000名之各区支配数目比例办理。嗣后再有动员并应以此项比例为准,所有各区动员劳工因系勤劳奉公,其所得工资不足维持家族生活,由各该区对动员劳工筹给津贴,限定每人每日不得超过30元。①

表4.3 各区人口、区务费及应派劳工百分率比照表②

区别	人口百分率	区务费百分率	应派劳工百分率
第一区	7%	21%	14%
第二区	9%	9%	9%

---

① 天津市第五区公所:《关于日本要劳工去日本长崎、青岛》(1944年7月),天津市档案馆藏,34-327。

② 天津特别市政府:《训令各区公所所属为规定各区人口区务费及应派劳工等百分率比照表令遵照》(1945年2月23日),天津市档案馆藏,1-3-6-8945。

续表

区别	人口百分率	区务费百分率	应派劳工百分率
第三区	9％	4％	6.5％
第四区	9％	3％	6％
第五区	4％	1％	2.5％
第六区	15％	18％	16.5％
第七区	21％	21％	21％
第八区	26％	23％	24.5％

附注：各区应派劳工百分率系由人口百分率及区务费百分率相加之半数求得。

(二）劳工征调

1944年9月27日，经伪天津市警察局与各区公所代表和各分局保安组长商讨，决定劳工供出及待遇办法、劳工家属补助费及摊款办法。劳工供出及待遇办法为："1. 各方需用劳工时以各区地方贫富情形，分等均摊人数供出，第一区占17％，第二区16％，第三区9％，第四区5％，第五区4％，第六区16％，第七区14％，第八区19％，但均以无业劳工为标准。2. 如长期供出劳工得由各保分期轮流次第担负。3. 就劳时如需要携带工具等物，亦由各区按分担人数分别担任。4. 供出劳工除个人应得工资外，由各保按其家属每日生活现状，酌给补助费，以资救济。5. 补助费由各保内殷商富户分等担任，将供出之款由各保收齐后，交由各区区款监理委员会掣给收据，办理保管、发给及公布等手续，并报市政府备案。6. 区款监理委员会由各区公正士绅组织，凡公务人员概不得加入。7. 各区公所对本区供出劳工或其家属发给证明，依区款监理委员会规定日期，凭证领取补助费。8. 劳工供出及护送由各警察分局协助"。① 1944年9月,伪警察局规定各区供应劳工的比例与1945年2月伪市政府的规定有所出入,可能是由于各区人口变动所致。

劳工家属补助费及摊款办法:"1. 劳工于就劳之日除应得工资外,依照现在生活现状,每日每人发给家属补助费30元。2. 此项补助费摊派由各区保内商号、住户分等摊出,极贫户免之。分摊数目暂定为,甲等由100元以上至500元,以大公司、大工厂、银行、银号、金店等为标准。乙等由50元以上至100元,以各大商号及各著名富户为标准。丙等由10元以上至50元,以普通商号及富户或领配给在10口以上者为标准。丁等由1元以上至10元,以小本营业或普通住户领配给在10口以下者为标准。3. 如长期需用劳工,各保内已按等摊过一次后,仍不敷开支,须继续摊派时由各保按第一次摊派次序,作第二次、第三次以上摊派,不可任意择派。4. 如供出劳工有固定期限,能预计需款数目,此可按各保内商号、住户核实计算作为一次摊派。5. 补助费经保长负责代收掣给收据,随时送交各区区款监督委员会暂为保管。此项收据由区款委员会预为印制,加盖区公所印信,编号存保备发。6. 各劳工家属持区公所所发证明,向区款监督委员会领取补助费。7. 各区区款监督委员会将所收补助费数目及开支存余详数核实公告,以资征信。8. 劳工停止供出后,补助费有盈余时存作下次招募劳工或其他公共事业之用"。②因受各区财政状况紧张的影响,劳工家属补助费并不能及时足额领取。摊款上,虽有详细规定,但在执行上仍有不少掣肘,比如家庭财产、人口等很难得到准确信息。

劳工工资由商民承担,各区公所均采取措施,以杜绝流弊。第

---

①② 天津市第三区公所:《劳工征集及待遇事项》(1945年1月),天津市档案馆藏,32-1-356。

六区公所拟具两联收据,格式下衔列有负责收款人、经手人、监督机关等字样,各保自行依式印制,由公所核验登记编号,并于骑缝处加盖公所戳记发还使用,并规定无论保甲任何人凡持据向商住户募款时,须将收据提交付款人,在两联上自行填注数目,分别加盖小章。收据除骑缝、监督机关、经手人衔下盖有公所戳记与经手人名章外,保长必须盖以名章,否则商住户可拒绝付给。关于收支状况,各保须备有专用簿记,随时逐项登录。区公所仅处于监督立场并不经手一切收支款项。区公所与各商住户认为有查核必要时,可以随时调取各保簿记查询。更按次呈报公所核销,并在各该保办公处门前公布,俾众周知。所有本区提供劳工征募工资办法通知各保确实遵照。由公所另行组织监察委员会,定期聘请本区元老、名流、士绅开会恳谈报告经过,并请即席公推代表随时参加有关地方摊款区务会议,监察各保收支情形。① 第一区公所以该款既系出自地方,收支情形自应力求公开。遂由各保长等自动集议,由各正副保长中公推委员7人,由委员中公推主任委员1人,副主任委员2人,暂行组织地方公款保管委员会,专司其事。②

招募劳工分日军和企业使用,一般由伪警察局负责,也有由个人负责的。1944年,伪天津市警察局7、8月份代募劳工,7月份代中兴炭矿招募。经饬分局依限招募745人,送由劳工协会点收,并派警护送至工作地点工作。8月受军部委嘱,每日招募劳工500名,亦经召集各分局及各区公所会商办法,由各保均摊人数供出劳工,由8月25日起每日派送军部工作。③ 王士海以义侠队名义为

---

①② 天津特别市政府:《训令各区公所为令将经办征募劳工情形具报查考》(1944年9月23日),天津市档案馆藏,1-3-6-8276。
③《天津特别市政府警察局三十三年度七至十二月份工作报告》(1945年1月26日),天津市档案馆藏,J0001-2-000627-008。

日本人招工。1944年,王士海招来族人及村民约300余人,去连云港修铁路、做码头,工人招工时乃以建设工作队名义(1944年6月至9月),工作两个半月回来。①

在天津,因军事目的而征调劳工早已有之。1941年7月,佐藤部队以"使用苦力不足,以致对于推行业务上感觉困难"为由,请伪天津市公署予以协助供给。伪天津市公署要求警察局以适当办法每日招募工人500名。② 这500人从事2个月的运输工作,工资待遇为"小苦力头1.3元,一等苦力0.9元,二等苦力0.85元,三等苦力0.8元。工作时间10小时,由8时至18时,超过每1小时增加工资1成。劳役困难或危险等工作或许增加工资3成以内",并"供给廉价面粉,每人每月1袋,每袋价9元"。③ 伪天津市警察局转令各分局积极招募,并派员会同新民会、特务机关与佐藤部队接洽。因物价高涨,生活程度太高,经议定对于工人待遇,酌予提高,将原定每日工头工价1.3元,增加为1.6元。工人原定每日每人0.9元,增加为1.1元,每日三餐由部队发给馒首,每人扣洋0.36元。温世珍又决定"每日每人发给家族扶助费0.4元"。7月30日,各分局募齐500名,当日即送交佐藤部队验收。④

随着战局恶化,侵华日军征调劳工愈发频繁,且劳工费用由以往日军发放变为各区支付。为协助日军一八零零部队修筑工事,

---

① 讯问王士海:《关于组织铁路义侠队协助日军运输等事的讯问笔录》(1945年12月),天津市档案馆《日本在津侵略罪行档案史料选编》,天津人民出版社,2015年,第732页。
② 居之芬、庄建平:《日本掠夺华北强制劳工档案史料集(下)》,社会科学文献出版社,2003年,第705页。
③ 同上,第706页。
④ 同上,第707页。

自1944年8月25日至9月21日止,第六区每日供出80名劳工。劳工工资多由各保长自行垫付或由商号筹借。后来第六区又征募劳工,协助日军修筑张贵庄机场工事。劳工募集是按各保住户贫富、地域大小征募,每保7名、8名不等,每日供出325名,每人日给工资30元或35元。9月,劳工费用由商住各户筹募,概由各保长负责募集。第六区共50保,供出325名,每日工资9 750元,每月工资292 500元,三个月工资87 7500元,内有工头二人每日工资35元。① 各区在供出劳工数目、每人日给工资数目、征收劳工费办法等方面存在较大差异。第一区由1944年8月25日至10月,供出两次,第一次55名,每名每日工资50元,工作10日。第二次因需用人数较多,开始为150名,继又续增至340名,由9月14日起预定工作3个月,因属长期性质,每人每日工资改为40元。② 因需要紧急,第一次供给劳工是临时召雇,款项亦系各保长等临时自行垫付。第二次劳工工作日期较长,需款甚巨,各保按照商住户情形,厘定甲乙丙三级征集工资。③

劳工费用摊派给商民,且次数频繁,导致拒纳情形颇多。1945年2月,第三区第二十五保瑞祥齐糕店和刘记杂货铺,拒绝缴纳第二次商户劳工费,保长郑树樵"经再三解释劝纳,彼等置若罔闻",故请求区长"鞫讯追缴,以儆效尤"。④ 3月15日,第二十五保泰隆印刷工厂经理赵泽民"抗不缴纳第一次商号劳工补助费"。⑤ 5月28日,二十五保同源煤厂经理姜忠义抗纳第三次商号劳工补助费,"言语激昂,口出不逊",并指责"此种收入纯为区公所鱼肉商民、济

---

①②③ 天津特别市政府:《训令各区公所为令将经办征募劳工情形具报查考》(1944年9月23日),天津市档案馆藏,1-3-6-8276。
④⑤ 天津市第三区公所:《拒纳劳工费事项》(1945年2月),天津市档案馆藏,32-1-355。

私肥己"。① 面对强权,商民的抵抗是微弱无力的。对于同源煤厂拒纳劳工补助费一事,5月30日,事务员武元泰将区款用途详为解释后,对姜忠义"语言失检情形,严加斥责"。姜忠义不得不承认错误,"因此次款额较第一、二次增加,同人不明真相,致言语失当",并保证"今后对于应纳公费决如数缴纳"。② 面对商民拒纳劳工费的情形,公务人员多是严加斥责,认为"言行实属思想不良,居心叵测,稍一姑宽,非但于保甲名誉有玷,更于区务推进时,亦有莫大之阻碍。上达区长,严惩追缴,以儆不法而杜效尤"。③ 民众拒纳劳工费实属无奈。1944年,天津经济形势已经严重恶化,工商业停滞不前,此时各种献纳费层出不穷,商民穷于应付,在此情况下民众与伪政权之间的矛盾不可避免地趋向激化。

各区公所在征缴劳工费之时,时常无法按时收齐。1945年1月,第七区积欠上年10、11、12月劳工费未清。④ 1945年6月16日,第三区公所开始征收第四次劳工补助费,而第三次劳工补助费还未征收完结。区公所限各保于三日内将第三次劳工补助费款收齐,连同收据存根一并扫数交区查收,以资清结。⑤ 1945年6月,第三区供给张贵庄和小孙庄劳工已增至130余名,每月共需支出劳工补助费30万元。各保对经收劳工补助费,"按期解缴者为数不少,而故意观望者亦不乏人",为此第三区公所要求各保"仰各保于文到五日内,依照所领收据款数火速收齐扫数缴区",并威胁"逾期不缴当即送交关系方面依法惩处"。⑥ 在无法收齐劳工费的情况下,第三区公所祭出"关系方面"(日军),其意在威胁恐吓民众,显系失

---

① ② ③ ⑤ ⑥ 天津市第三区公所:《拒纳劳工费事项》(1945年2月),天津市档案馆藏,32-1-355。

④ 居之芬、庄建平:《日本掠夺华北强制劳工档案史料集(下)》,社会科学文献出版社,2003年,第788页。

当之举。但在日本人的催逼之下，似乎又是无奈之举。在征收劳工费的问题上，有保甲长借以舞弊。有民众检举第三区第十四保保长殷捷"借收劳工费名义滥行发收据，强行敛款，收支若干，并未明白公布，显有舞弊行为"。①

除日伪劳工募集之外，天津市内抓捕劳工偶有发生。不过此举只是公司或个人行为，并不是伪政府所为。1941年7月11日，兴隆栈员工王建策和巴本忠，被朝鲜人驱使华人逮捕，用国际公司运输车载至大王庄仓库强迫服役。7月13日，肖炳山亦被用汽车载至天津码头服役。天津市商会对此不无忧虑，"近日发现上项同样情事，屡见不鲜，商人出外办公时存戒心，影响商业甚巨"。② 抓捕市民服劳役引起市民恐慌。8月10日，天津市民致函伪华北政务委员会，"刻下发生一种不明，连正式老买卖人一律齐抓，天津东门一品香经理被抓去，机关职员抓去者亦有，证明书无效，万民畏避，市面寥寥，均不敢出首"。③ 后经查实，此事系日军佐藤部队与国际公司所为。伪警察局长阎家琦"当即联络友邦关系机关与佐藤部队洽商妥协，对于该部队使用苦工，由本局另筹妥善办法"。阎家琦声称"此次招募之苦工，均系会同当地保甲人员劝导和平办理，毫无强制行为"。阎家琦否认了"东门一品香经理被人拉夫"一

---

① 天津特别市政府：《关于查办保甲长等舞弊案件卷》(1943年12月至1945年7月)，天津市档案馆藏，1-3-7-11111。
② 《津商会呈请市公署设法取缔朝鲜人随意抓捕商号同人服役及市公署批复》(1941年7月16日、8月18日)，天津市档案馆、天津市社会科学院历史研究所、天津市工商业联合会编《天津商会档案汇编·第四辑(1937—1945)》，天津人民出版社，1997年，第1381—1382页。
③ 居之芬、庄建平：《日本掠夺华北强制劳工档案史料集(下)》，社会科学文献出版社，2003年，第709页。

事,宣称"天津市各机关职员亦无被抓情事"。① 此事足能证明,天津市存在抓捕劳工的问题,民众对此极为反感。虽经警察局出面与日军协商,但并未根除。不少民众被抓而充作劳工。1942 年 7 月 7 日,天津市民尚文诚不知何故,被日本海光寺宪兵队宪兵三名,由家中捕至该队。后被送塘沽,转送日本国福岛县,又至北海道,流放各处作劳工,因劳成疾故去。② 1942 年,刘宝珍被日本人抓送山海关外做劳工。③ 1941 年,李凤岐在天津北门外被日本人抓去,装上汽车,送山海关外做劳工。④ 1943 年 7 月,天津市区再次出现抓捕劳工的问题。经伪市公署、警察局与日军驻津当局交涉,始悉为劳工协会及国际运输公司所为。后经交涉,该协会保证不再发生此种情形。日伪当局要求"各保长甲牌长等转传家喻户晓,不得自相惊扰。倘再遇有抓人行为,除劝止行人不得惊奔,各商号不准关门外,并将抓人者趋前扭获,当局决有正当保障"。⑤

有伪天津市警察局职员直接参与抓捕劳工。1946 年 3 月,曾任伪天津市警察局特务科科员的郭奉孝在接受讯问时,承认特务科第二股负责"'一般特高'事务,并为日部队招苦工"。1942 年 8 月,郭奉孝奉令"抓苦工送大连王庄日部队作工,共抓过四五次,每

---

① 居之芬、庄建平:《日本掠夺华北强制劳工档案史料集(下)》,社会科学文献出版社,2003 年,第 710 页。
② 中共天津市委党史研究室:《天津市抗日战争时期人口伤亡和财产损失资料选编》,天津人民出版社,2015 年,第 74 页。
③ 同上,第 73 页。
④ 同上,第 72 页。
⑤ 天津市第二区公所:《募送爱护村劳工》(1943 年 6 月),天津市档案馆藏,31-1-1-185。

次十余人送保安科再转日部队工作"。① 曾担任日军特务的高长清供称:"1942年,自南市德源饭店内抓来八路军四人,还有别的饭店抓过抗日嫌疑等共有十几人,都送出关外作劳工"。② 1944年6月16日,华北劳工协会天津办事处长致函伪天津特别市长,"如将数万浮游劳工之贵重劳力资源,加以利用。不只在大东亚战争完遂上可收战力增强之效。将来紧急场合拟于贵市在无妨碍范围内依行政的措置供给劳工并请予以协助"。③ 抓捕浮游劳力显然侵犯民众的人身自由之权。

为了给日军提供廉价劳动力,日伪政权推行勤劳奉仕活动。1945年1月,日军要求天津市各区防护团员及中等以上学校学生,实行勤劳服务。各区防护团员共1 000名,勤劳服务人数分配情况为1区156人,2区130人,3区130人,4区76人,5区40人,6区156人,7区156人,8区156人。勤劳服务日期60天,工作地点在一八二零部队货物厂,工作时间为上午九时半至下午五时半。待遇为日给国币11元,杂穀2斤。④ 1945年6月,第三区为四二零七部队每日供出13名,由防护团担当(一队奉仕5日,共60日为止),有队长监视作业。每日早八时半始,午后五时终。每点钟有15分钟休息(休息内许可吸烟,作业时不许),每周星期四休息一日,端

---

① 讯问郭奉孝:《关于为日本抓捕劳工等事的讯问笔录》(1946年3月26日),天津市档案馆《日本在津侵略罪行档案史料选编》,天津人民出版社,2015年,第676页。
② 讯问高长清:《关于担任日军特务及特高课组织等事的讯问笔录》(1946年2月28日),天津市档案馆《日本在津侵略罪行档案史料选编》,天津人民出版社,2015年,第828页。
③ 天津市第五区公所:《关于日本要劳工去日本长崎、青岛》(1944年7月),天津市档案馆藏,34-327。
④ 天津市第四区公所:《征募劳工和防护团勤劳服务队》(1945年2月),天津市档案馆藏,33-1-124。

午节休息一日。每日晨八时于金钢桥有部队自动车乘接。这种劳工没有工资,且以勤劳奉仕为名没有配给。① 伪天津市政府强迫中等以上学校的学生,利用暑假赴天津铁厂和日本一八二零部队实施勤劳作业。1944 年暑假,先后两次共有学生 6 600 余人参加了这一活动。② 勤劳奉仕几乎等同于免费劳动,参与人员必定会有不满情绪的流露。

除此而外,伪天津市政府还动员公务人员从事勤劳奉仕。1944 年 6 月,伪天津市政府制定"天津特别市政府公务员修建飞机场办法",要求"队员由科员级以下人员组成,其编制及员额分配为,第一队 30 人(秘书处 18 人,社会局 5 人,警察局 15 人),第二队 30 人(财政局 20 人,教育局 4 人,工务局 6 人),第三队 30 人(卫生局 10 人,经济局 15 人,宣传处 5 人),第四队 30 人(第一区公所 10 人,第二区公所 10 人,第三区公所 10 人),第五队 30 人(第四区公所 10 人,第五区公所 10 人,第六区公所 10 人),第六队 20 人(第七区公所 10 人,第八区公所 10 人),队员名单由各该机关拟定送交秘书处第四科,队长由防护团部附六人轮流担任"。③

劳工供给数量一般会参照地方情形。1944 年 12 月,第二区公所按照规定供出劳工 162 人,又须向第一八二零部队供出劳工 24 人。12 月 9 日,区公所举行区务会议例会,各保长、各监理区款委

---

① 天津市第三区公所:《供出劳工统计日报》(1945 年 2 月),天津市档案馆藏,32-1-357。
② 黎始初:《日本侵华时期的天津傀儡政权》,载中国人民政治协商会议天津市委员会文史资料研究委员会编《天津文史资料选辑》第 39 辑,天津人民出版社,1987 年,第 104 页。
③ 天津市第七区公所:《天津地区紧急劳工确保计划》(1944 年 6 月),天津市档案馆藏,36-442。

员参加专案讨论应如何摊供,由各保长公决以视各保地方情形及户口多少,按全区 25 保分为甲乙丙三级,甲等供出 11 人,乙等供出 9 人,丙等供出 6 人。① 各区征募劳工都会根据实际情况适度征集,随着日军对劳工需求量的增加,往往会加重摊派,从而超出承受能力。由此导致募集劳工所遭遇的阻力甚大。第四区劳工大多数均系客籍,一旦应募,其眷属在津举目无亲,"被募劳工眷属扶老携幼来保哭啼,所述困难情形惨不忍闻"。为此第四区区长赵均呈请"对于工人酌加工资及配给,以安其眷属,实为公便"。② 第四区招募劳工所遇到的困难具有一定的代表性。1944 年 10 月 6 日,第七区第 29 保保长以"地界贫户居多,商号殊少,关于筹划此项四名劳工,工资浩大,日期长久"为由,请求"准予减轻劳工 2 名,勉为负担"。③ 从劳工征调形式的多样化,劳工待遇的变化,征募过程中遇到的阻力,也能观察到日军及地方经济已经陷入困境。

(三) 劳工逃亡

劳工作为弱者,面对强权,只有采取逃亡等方式予以抵制。1941 年 12 月,佐藤部队近藤主计少尉称:"前此各分局代募之苦力,多有潜逃者,附送名单,嘱为查照"。④ 潜逃苦力名册显示,伪市公署代佣苦力逃走者,10 月 11 名,11 月 57 名。⑤ 对此伪天津市警

---

①② 天津特别市政府:《训令各区公所为令将经办征募劳工情形具报查考》(1944 年 9 月 23 日),天津市档案馆藏,1-3-6-8276。

③ 天津市第七区公所:《天津地区紧急劳工确保计划》(1944 年 6 月),天津市档案馆藏,36-442。

④ 居之芬、庄建平:《日本掠夺华北强制劳工档案史料集(下)》,社会科学文献出版社,2003 年,第 712 页。

⑤ 同上,第 713—715 页。

察局密令各分局"对于招募苦力,各须用劝募办法,不得强制为要"。① 由此可见,征募劳工多数都是强制性的,且强制征募是劳工逃亡的重要原因。劳工逃亡在抗战末期更加频繁。1944年10月15日,伪警察局十二分局送来劳工43名,七分局送来劳工36名,大仓组木村拒绝未用,因系局所抓来又无被服,难免逃走。当时内中有乐意干的只留七分局8名,当晚逃走7名,只有一名李长泰,后来逃走了。10月19日,十二分局送48名,七分局送36名,当晚逃走30余名。10月20日,两局合计送来64名,当日逃走5名。② 1944年12月15日,第三区公所派赴张贵庄、小孙庄劳工出勤人数102名,6人逃亡。12月16日出勤人数94名,3人逃亡。③ 1945年1月,服务于日军第一八二零部队的第三区劳工王根江、陈金富、杨仲照潜逃。伪天津市公署提出"保长负有连带责任,应将潜逃工人并连服装即日捕获送还"。④ 劳工逃亡问题同样存在于北京地区。1945年5月30日,北京特别市勤劳总队第七分队长李希广报称:职队各工人于5月30日夜三时许发觉有私自逃走情形,经调查后,共逃走66名。⑤

有的劳工在逃跑途中不幸身亡。1944年10月24日,第七区

---

① 居之芬、庄建平:《日本掠夺华北强制劳工档案史料集(下)》,社会科学文献出版社,2003年,第712页。
② 天津市第七区公所:《天津地区紧急劳工确保计划》(1944年10月),天津市档案馆藏,36-442。
③ 天津市第三区公所:《供出劳工统计日报》(1945年2月),天津市档案馆藏,32-1-357。
④ 天津市第三区公所:《劳工征集及待遇事项》(1945年1月),天津市档案馆藏,32-1-356。
⑤ 居之芬、庄建平:《日本掠夺华北强制劳工档案史料集(下)》,社会科学文献出版社,2003年,第831页。

募送的劳工宋鸿文在逃亡途中被电身死。从宋鸿文的经历亦可看出劳工募集过程中存在的问题。宋鸿文曾赴塘沽充当劳工两月。返津后,第七区七保保长招募,送赴张贵庄,工作10余日跑回。10月19日被募前往,以迄于死。① 宋鸿文已经有逃亡经历,而再次被募集充当劳工,可能和保甲长敷衍应付有关,也反映出征募劳工的困难。针对劳工逃亡问题,日军采取了一些预防措施。1945年4月,因募集的劳工"逃走之人太多",日军田中部队"不许可外出,家有人命之关系得有区做保许可外出三天"。② 在劳工就劳地周边,由警察分布岗位,使其"早晚无法走脱",但"于工作地点向开滦草地逃走,警察亦无妥善方法,只有多多注意"。③ 北京特别市筹募劳工委员会则要求"嗣后关于队员请假,必须严予限制,非有特殊事故或重大病症,不得轻易给假。其分队长或班长等更不得直接允准。至于休宿时间,亦应由总队长督促所属分队长及班长,随时周密考查,并分别按其业别、地址、商号名称备具详细队员名册,每日检点。遇有差异,即行立时报究,并将差异情形据实呈报,以凭稽考"。④

劳工就劳期间的生活状况可从第七区事务员张立德的报告中窥探一二。1944年10月,第七区劳工被派往张贵庄飞机场。张立

---

① 市警察局关于为日军修筑张贵庄机场的劳工因不堪折磨在逃亡中被日机场电网烧死的密报(1944年10月27日),中共天津市委党史研究室、天津市档案馆、天津市公安档案馆:《日本帝国主义在天津的殖民统治》,天津人民出版社,1998年,第535页。
② 天津市第三区公所:《劳工征集及待遇事项》(1945年1月),天津市档案馆藏,32-1-356。
③ 天津市第七区公所:《天津地区紧急劳工确保计划》(1944年10月),天津市档案馆藏,36-442。
④ 居之芬、庄建平:《日本掠夺华北强制劳工档案史料集(下)》,社会科学文献出版社,2003年,第832页。

德称:"大致足用三餐,开水均按时备妥,无一次误时,所有保送工人均安心工作,工人工资及菜金五日一领,由张监视发放"。劳工的生活环境实难恭维,"来场十日均在窝铺土地休息,用水实非易事,以致痛痒不能安眠。工作地点又远,往返数里,早间天方亮工人均到现地工作,晚间天黑方下工用饭,夜晚灯火只有黑油少许,亦非正规发放"。① 此种情况并非天津独有,北京征调的劳工亦面临类似的环境。1945年6月,服务于南苑机场的劳工分为内外两部。在外部工作者,每日八小时,日给工资、菜金共24元,行动亦甚自由。内部工作者约700余人,担任煎熬臭漆及搅和洋灰石碴工作,有600余人将眼目薰伤,或将腿部烫坏。每日工作时间竟超过10小时,行动限制甚严,颇不自由。监工者为日鲜人员,并有殴打工人情事。② 工作环境的恶劣是劳工逃亡的重要原因。

日本人对劳工时有虐待之举。日本昭和通商会社代理一八二零部队没收中国各种金属品,每卸货时必用许多中国苦力,多有毒打情形。1945年2月,1名临时工人于工作完出门时,被工头日人势井由腰中检出铜钱一二枚,势井将此工人捆于树上毒打。1945年7月,于永富等22人,自早9时至晚6时做工,中间不得食喝。月钱粮食八九两月份完全未发。③ 1944年,赵凤岐被强迫在河北日军工厂工作,屡次告退不准。10月23日,又行告退,致遭日人愤恨,当即枪杀毙命。据其母述称,"其子在特种作业工厂做工,因待

---

① 天津市第七区公所:《天津地区紧急劳工确保计划》(1944年10月),天津市档案馆藏,36-442。

② 居之芬、庄建平:《日本掠夺华北强制劳工档案史料集(下)》,社会科学文献出版社,2003年,第833页。

③ 国民党天津市警察局:《关于日人势井赖力虐待华工及乡田井、中井新盗卖物资等案卷》(1945年),天津市档案馆藏,219-1-3-4123。

遇太低,不能维其家计,故屡次告退不准。该厂管事人喜冈(日人)怀怒于心,适又与之告退,当时喜冈大怒,当即以枪杀之"。① 劳工逃亡固然有因民族意识的觉醒对日人不满,消极抵制的意思,但劳工工资的微薄,就劳环境的恶劣,管理的严苛等是劳工逃亡更为重要的原因。

勤劳奉仕活动中,民众采用"弱者武器",对强权加以抵制。天津市各区防护团员及中等以上学校学生赴日军一八二零部队勤劳服务。1945年1月,防护团总团长要求"务须依照规定员额严格实施",实际情形则是"各区防护团员遵期如数前往者固属不少,而未照规定员额派往者亦复甚多"。② 防护总团及各区提出应对勤劳奉仕未到人员加以惩处,以儆效尤。1月22日,天津防护总团训令第四区防护团,"不容再事因循,隐忍不办。为振肃团规,完成使命,拟通告所属如有对于勤劳奉仕退缩不前或抗令不到者,即以违抗公务论罪。如遇上项情事,准由各区团长列具名单,予以处分"。③ 第七区负责一八二零部队防护团勤劳奉仕任务,"常有藉词因事、因病不来参加者"。1月17日,第七区区长以"因为是军事工作",如有"托词不到者,除将该团员及其管理人列单,呈报到市府,请令饬警察局严格惩办外,并向军方联络报告实情"。④ 因勤劳奉仕没有工资回报,民众不积极参与也在情理之中。即使各区公所一再催促,甚至提出对不到者予以严惩,民众仍然拖延不予参加。

---

① 天津市第四区公所:《第四区公所日伪时期迫害市民罪行》(1946年5月),天津市档案馆藏,33-1-61。
②③ 天津市第四区公所:《征募劳工和防护团勤劳服务队》(1945年2月),天津市档案馆藏,33-1-124。
④ 居之芬、庄建平:《日本掠夺华北强制劳工档案史料集(下)》,社会科学文献出版社,2003年,第788页。

募集劳工时常引起纠纷。1944年10月,第三区第三保在办理募集兴修飞机场劳工之际,保长李少卿被果子铺铺掌陆万德殴打成伤。据陆万德供称:"因伊妻舅被募劳工是以代为不平,找保长家中理论,向其交涉,拟找一替工,一时言语不合,始行殴打保长"。第三区公所认为"陆竟敢妨害公务,殴伤保长,实属目无法纪,将陆送警第三分局羁押"。① 陆万德之举是对征募劳工不满所致,此类行为并不是个例。

劳工逃亡固然有因民族意识的觉醒对日人不满,消极抵制的意思,但劳工工资的微薄,工作环境的恶劣,管理的严苛等是劳工逃亡更为重要的原因。

(四)劳工募集的影响

在物价不断上涨的情况下,劳工费用摊派到民众身上,对其生活的维持造成极大困扰,也对地方经济社会的发展产生很大负面影响。1944年9月,第六区共50保,供出劳工325名,每日工资9750元,每月工资292 500元,三个月工资877 500元,内有工头2人每日工资35元。② 自1944年12月至1945年9月,第三区公所向区民征收劳工费4次,共收入洋2 766 572元。③ 劳工费用动辄数十上百万,成为各区无法承受的巨大负担。因人员被抽调担任劳工,各商号多出现缺乏人手的状况。1945年1月20日,第四区第三保商号荣发祥鞋铺呈称:"该号防护团员因故回籍,其商号现有人数皆不满4人,奈难服此义务,恳求销去名额"。聚兴膏店经

---

① 天津特别市政府:《第三区公所呈为报保长李少卿因募集劳工被陆万德殴伤情形》(1944年10月),天津市档案馆藏,1-3-6-8293。
② 天津特别市政府:《训令各区公所为令将经办征募劳工情形具报查考》(1944年9月23日),天津市档案馆藏,1-3-6-8276。
③ 天津市第三区公所:《拒纳劳工费事项》(1945年2月),天津市档案馆藏,32-1-355。

理表示,"敝号伙友宋福全充贵区防护团员,今已数月。该员声称忽于本月 14 日接家信因父病故,家中无人料理。拟请长假回里办理丧事。敝号伙友原有三人,一人司账,二人看灯。现宋福全已请长假,伙友只有二人,实不敷用。除急速雇人外,所有团员职务实无人替充"。① 劳工征调无疑对工商业发展产生极大影响,使本已衰落的地方经济雪上加霜。

根据抗战胜利后天津警察局的统计,从 1940 年至 1945 年 8 月,日伪政府从天津募集的劳工约为 73 374 人。据估算,1940 年每人每年损失 2 268 元,1941 年 2 496 元,1942 年 4 020 元,1943 年 14 562 元,1944 年 57 114 元,1945 年 1—8 月 393 664 元。据估计这些劳工共遭受苛待损失 34 596 232 572 元。② 估算出的数字仅是有卷可查的征调劳工所造成的损失,那些被征调在本市辖境服役的劳工,无记载的情况比比皆是,造成的损失无法估算。劳工补助费加在商民身上,对于工商业者的资本积累和扩大再生产,造成了很大的抑制。一般民众的经济状况本已捉襟见肘,此时又要负担额外的费用,生活势必受到波及。

三、天津是劳工的中转地

不少战俘是从天津运往东北充当劳工的。日军在天津设立集中营,又称天津俘虏收容所,是临时利用天津庆丰面粉公司改建。东、西、北面有围墙,院外周围设有铁丝网。天津集中营是在 1941 年中条山战役后设立。中条山战役中大批中国士兵被俘,运城、安

---

① 天津市第四区公所:《征募劳工和防护团勤劳服务队》(1945 年 2 月),天津市档案馆藏,33 - 1 - 124。
② 中国抗日战争史学会、中国人民抗日战争纪念馆:《日本对华北经济的掠夺和统制——华北沦陷区经济资料选编》,北京出版社,1995 年,第 1087 页。

邑、张店集中营无法容纳,日军便开始向临汾、太原、北平、天津等地转移。第一批俘虏 500 余人,于 1941 年 6 月 2 日进入天津俘虏收容所。收容所完全由日军管理,中队长一人任所长,下有翻译 3 人,小队长 3 人,士兵 30 余人,其中有医兵 2 人。日本军人住在南面居室,负责管理战俘和站岗。战俘进入收容所后,首先被分类和编班,校级军官为一类约 30 人,编一个班。尉级军官为一类,士兵为一类,分别编班,每 50 个人为一班,住进北面大仓库里。俘虏自己选出班长,负责整队和管理生活。5 天后,日军将俘虏班中有疾病和体弱的另编一班,身体强壮的 350 人押上火车,运往东北当劳工。在收容所大院内建成简易房屋,用苇席做墙,铁皮瓦做屋顶,屋内用木板钉了长通床铺,可容纳 1 000 多人。6 月中旬,第二批俘虏约 1 500 人,从河南新乡运来,经过分类、编班、检查身体,留下病弱的,把身体强壮的送上火车,运往东北。在两个多月的时间里,天津收容所"陆续送进 5 批战俘,共有 5 000 多人,经过体检、分类、编班,陆续送往东北当劳工 4 000 多人,折磨至死 500 多人。8 月底最后一批俘虏军官及家眷被送往日伪机关后,该集中营关闭"。①

为了弥补国内劳动力不足,日本政府从中国各地掳掠了近 4 万名劳工至日本。被掳掠至日本的中国劳工多是在 1942 年以后被抓捕的。日军第 59 师团长藤田茂证实:"1943 年为向日本国内输送劳工,决定用俘虏充当,但八路军情报灵通,捕捉他们极为困难。于是便偷袭村庄,不分青红皂白地将和平居民、无辜农民全部抓住,作为俘虏送往日本。作为劳工由山东被送往日本的中国人,

---

① 中央档案馆、中国第二历史档案馆、河北省社会科学院编:《日本侵略华北罪行档案》(7)集中营,河北人民出版社,2005 年,第 347—348 页。

就是这样通过59师团官兵之手进行的"。① 中国劳工的乘船港主要是塘沽和青岛,也有少数在上海、大连、连云港乘船者。

据日本政府称,华北劳工赴日后的待遇、生活十分优越。1943年2月,"华北劳工向日本供出要领"中规定"给予每月向家属汇款30元及支付饭费外,在归还时给予携带款150元(一年)的最优保障,并使用最高工资制度。供给华人劳务者普通饮食。在主要的粮食物品(小麦面粉、小米、玉蜀黎、高粱)及特殊嗜好品(胡麻油、花生油、蒜、白酒等)的津贴方面,由日本本土有关机关负责供应"。② 实际情形并非如此,日本政府和企业根本不把中国劳工当人看待。1944年9月25日,釜石警察署向日铁釜石所发出过如下通知,"汉民族不为感情所左右,愈是亲切相待会越发使其傲慢起来,因此不必亲切心或爱抚相待,宿舍坐着头上有3寸空余即可,中国人的观点认为洗浴是被征服者款待征服者的设备,所以不需要。到日本后,劳工住的多数是临时用木板搭成的简易房,没有窗户,四面透气,遮雨不挡风,夏天闷热,冬天寒冷。劳工住地大都有高高的围墙,有的还架有电网。多数门口有武装警卫站岗,未经批准或没日本人带领,不能随便出入。劳工吃饭很少见到大米、白面,多数吃的是稻米糠、玉米面、麸子面、豆饼面、橡子面、鱼骨粉、混合面。上工后每天三顿饭,每顿两三个小馒头(玉米面饼子),一碗稀汤,很少吃到青菜,更谈不上其他副食,多

---

① 陈景彦:《二战期间在日本的中国劳工》,载苏智良、荣维木、陈丽菲主编《日本侵华战争遗留问题和赔偿问题(上册)》,商务印书馆,2005年,第415页。
② 《华北劳工向日本供出要领》(1943年2月),中央档案馆、中国第二历史档案馆、河北省社会科学院编《日本侵略华北罪行档案》(8)奴役劳工,河北人民出版社,2005年,第395—396页。

数人只能吃到半饱"。① 在北海道作工的劳工,仅穿着斜纹布衫裤,一日两餐,每餐一碗杂有黄豆、山芋之饭,工作年余,竟未发分文工资。日本投降后,华工全体罢工,并与日警宪兵肉搏,捣毁银行、邮局。要求补发工资,才零零星星领得一部分。因日商出售物品给华工时,均将价格提高至 9 倍,所领存薪瞬刻即罄。返国华工,所带除衣着外,现金极少。有人仅美金一元,或日本表一支,且有带日元者,颇需救济。②

战争结束时,中国在日本工人总计 36 000 人,大多是在抗战期间被日军从中国各地所掳而迫订合同的劳工,有 9 000 工人从事开掘煤矿(大都于北海道一隅),3 800 工人开掘铁及其他矿产,12 000 人从事公共事业,5 500 工人被迫为船坞装卸货物,其他 700 人散布各大工厂。日本厚生省报告称:在日华工大率来自华北,系于 1944 年抵日,若干工人曾由华北劳工协会加以短期训练。③ 中国战俘和劳工归国均搭乘美舰与日船。据归国劳工称:中国战俘与劳胞的归国事务在日本上船时即无人照料,到塘沽下船时的招待也成问题。船抵塘沽,一批即有三二千人不等,前去招待者不过一二人。这些劳胞在途中有病的,有死的,即无人过问。到了塘沽为了候潮进口以及等车一类的事,有时一两天不得吃饭。去招待的人不能说英语,也不带翻译,以致美方不是找不到人,就是找到了

———————————————
① 中央档案馆、中国第二历史档案馆、河北省社会科学院编:《日本侵略华北罪行档案》(8)奴役劳工,河北人民出版社,2005 年,第 46 页。
②《我羁日劳工昨乘轮抵沪,会备受虐待身无长物,现衣食无着亟待救济》,上海《大公报》,1945 年 12 月 2 日,第 3 版。
③《国外消息:在日华工情形》,《金融周报》1945 年第 13 卷第 4 期,第 38 页。

也无法交代，形成有人输送，无人接收的现象。①

1945年11月底，塘沽港口运输司令刘雪松邀集天津市各机关团体，共同讨论招待战俘劳工事宜，美国海军亦有代表参加。美军代表首先陈述意见，"以为中国方面在日本既无组织，到塘沽亦无人接洽，使美方也大感困难"。中方有代表称："不论这些人的身份如何，站在国家的立场上，由美方运送归国之后，中国人必须去照料，从美军方面接过来。至于以后如何处置，那是另外一件事"。有代表阐述了不同意见，"这些战俘劳工不能受平等的待遇，劳工为敌人工作已经对不起国家，来津后应立即解散"。多数代表建议"派人到日本去，一面照料，一面调查战俘、劳胞"。②经商讨，决议组织战俘劳胞招待委员会，分为总务、招待、组训三组。总务组负责运送、检查；招待组担任照料；组训组办理介绍工作，改正思想等。关于尚未归国劳胞的管理与照料事宜，刘雪松电请何应钦转饬在日本的中方负责人妥为注意。1946年1月17日，何应钦电请侨务委员会转令派赴日本的杨永康到日后，与军令部派驻日本的参谋协商改善。③

作为主要责任方的日本协助解决中国劳工的归国问题。1945年10月6日，天津地区日本官兵善后联络部长内田银之助向中方表示："中国劳工31 601名，兹因战争完毕，于中国陆军总司令部及联合国最高司令部之谅解，向中国归还之事已准备妥善。现10月14日塘沽入港，预定日籍江之岛丸搭乘1 684名，10月17日入港，预定辰日丸搭乘1 500名，计概3 000名回中国"，并"请许可塘沽新

---

①②《招待返国战俘劳胞，美舰由日运回乏人照料，刘雪松邀各方组招待会》，天津《大公报》，1945年12月1日，第3版。

③《照料留日劳胞，刘雪松请当局转饬注意》，天津《大公报》，1946年1月18日，第3版。

港之使用;中国方面机关派遣须要人员设置办事处,统辖指导关于归还劳工一切;对于劳工登陆之时,欢迎宿泊、给予并休息等必要设施,请许可新港码头事务所及同仓库房舍即三井仓库之使用"。① 关于劳工携带货币的兑换问题,日方开始规定"华工携带货币之换算,日金一元合联银券50元,即连抵金为51倍"。② 1945年10月23日,日本当局接到联合国军最高司令部命令,对华人劳工回国携带资金的兑换事宜予以变更:"对于华工回国携带金,每人以日金一千元为限。与现地货币交换比率,日本元券、联银券一律保持一比一之兑换率。金钱兑换不在日本办理为原则,华工所带日金现款下船后一律遵照中国政府方面处理之。交换金限制(每一人日金一千元),若超过一千元以上款额,由日本政府完全负责,一律代为保管。规定虽如上项,但华工携带金可在可能范围内换为物品"。③ 第一、二批归国劳胞带回日金,一律按一比五十兑换。第三批返国劳胞一律带日钞一千元,到中国后一律按一比一兑换。美日政策的改变使得中国劳工携带的资金瞬间大幅贬值。

1945年10月17日,天津市政府成立返国劳胞招待管理处,设主任一人,由警察局副局长兼充,设总务、管理两组,各组设组长一人。管理处共有职员18名,除专任职员8名外,其余均系警察局派员兼充。返国劳胞到塘沽时,管理处派员迎接。1945年

---

① 《天津地区日本官兵善后联络部长内田银之助关于在日华工将回国请中方接收安置函》(1945年10月6日),居之芬、庄建平主编《日本掠夺华北强制劳工档案史料集(下)》,社会科学文献出版社,2003年,第951—952页。

② 居之芬、庄建平主编:《日本掠夺华北强制劳工档案史料集(下)》,社会科学文献出版社,2003年,第955页。

③ 《日本外务大臣奉东京联合国最高司令部令调整归国华工携带资金兑换比率电》(1945年10月23日),居之芬、庄建平主编《日本掠夺华北强制劳工档案史料集(下)》,社会科学文献出版社,2003年,第958页。

11月6日,第一批回国劳工1 662人,除大连工人因日方尚未将工资送来未能发给外,其余工资均发放竣事,并遵令将劳工全体解散。①

第一、二、三批劳胞按每人每日发放2斤面粉,并发给油、盐、菜及日用必需品等。第三批以后归国劳胞日渐增多,随到随散,即改发馒首,每人每日2斤。返国劳工给养问题,由日方拨来一号面粉2 221袋、高粱1 237袋,后来天津市政府拨发二号面粉2 500袋、三号面粉2 500袋,善后救济分署拨给面粉986袋。② 返国劳胞慰劳品,日方拨来棉衣32 000套,发给劳胞每名1套,截至第19批,尚存14770套。日方拨来纸烟160万支(即16万小盒),发给劳胞每名纸烟5小盒及作其他慰劳招待之用。日方拨来火柴32 000小盒,发给劳胞每名1小盒及作其他慰劳招待之用。③ 招待劳工的经费由多方筹措。市商会代向市民银行借来招待费300 000元,日方拨给招待费54 900 000元,拨来第一批工资14458744元,第二批工资24 000 000元,恒源纱厂慰劳费4 000元,交通部平津区天津分区接收委员会慰劳费20 000元,慈惠学校慰劳费9 400元,馒首变价107 520元,社会部拨给战俘加菜金150 000元,存款利息275637元,面袋变价1023100元,纸烟变价2 088 160元,火柴变价

---

① 《天津市警察局拟定归国华工安置办法之呈文》(1945年11月6日),居之芬、庄建平主编:《日本掠夺华北强制劳工档案史料集(下)》,社会科学文献出版社,2003年,第955页。

② 《天津市劳工招待管理处办理回国劳工经过情形报告书》(1946年4月),居之芬、庄建平主编《日本掠夺华北强制劳工档案史料集(下)》,社会科学文献出版社,2003年,第965页。

③ 同上,第966页。

139 800 元。① 在迎接、招待劳工过程中,管理处与劳工之间偶有纠纷。其中一次起因于第二、三批劳工不满意面粉质量,表示不吃黍米。第四、五批劳胞到达,第二日即行遣散。遣散时发给破烂棉衣1套、香烟5小盒、洋火1盒。劳胞招待管理处代表李业昌称:"他们不服从管理,把一切器物毁坏甚多"。②

管理处对劳工安置进行了周密的部署,按照"年富力强者挑兵;老弱者遣散,并发遣散费伪钞一万元;残废者送救济院;疾病者送市医院"。③ 各批返国劳工,经拣选战俘、壮丁编入国军或警察,其有病或残疾者,分别送入医院与救济机关收容,其余劳工遵令遣散,并发给回籍证明书,乘火车者可以免费,或有乘船归乡者,则由警察局向招商局接洽半价购票,以资救济。④ 天津市警察局副局长毛文佐称:"返国劳工人数,自10月18日起至12月16日,共13批22 370人。战俘占全数1/3,约7 000余人,其中九十四军收编2 900余人,警察局收编95人。劳工中因病送往医院26人,送救济机关66人。其余19 000余人,每人给予联币1万元,悉数遣散。劳工及战俘曾拒绝食用市府所拨给三号面粉,现已与救济总署接洽,请拨面粉4 000袋应用,已获淮2 000袋,余2 000袋俟以后斟酌情形办理"。⑤

"归国劳工因营养不足而失明者原有40人,最近已增至50

---

① 《天津市劳工招待管理处办理回国劳工经过情形报告书》(1946年4月),居之芬、庄建平主编《日本掠夺华北强制劳工档案史料集(下)》,社会科学文献出版社,2003年,第970—971页。
②④ 同上,第966页。
③ 《战俘劳胞招待委员会第一次会议记录》(1945年12月17日),居之芬、庄建平主编《日本掠夺华北强制劳工档案史料集(下)》,社会科学文献出版社,2003年,第961页。
⑤ 《返国劳胞招待管理处、警察局昨招待记者参观,总数二万二千余人多已遣散,现留者仅伪组织所派留学生》,天津《大公报》,1945年12月19日,第3版。

人"。善后救济总署冀热平津分署"除补助警察局归国劳胞管理所外,并将失明50人送往救济院,特请梁宝平大夫负责治疗,予以鱼肝油丸、鸡蛋及药品等"。① 对于疾病、残废者,招待管理处请防盲会和第六医院,于星期三、五、日各派医师到管理处诊治后,将患病者分送各医院治疗,残废者送往救济院及红十字会安插,每人发给慰劳金联币1万元,棉衣1套及纸烟等慰劳品。除交通情况许可,自愿回籍调养者外,第六医院病胞11名,在警察医院7名,由管理处每人每日供给2斤面粉。自1946年1月10日起,以上两院所住病胞每日各加给菜金联币1 000元,其残废劳胞在救济院51名,除由院方供给饭食外,自1945年12月16日至12月底,每人每日由管理处补助面粉半斤,自1946年1月1日起,改为每人每日1斤。在红十字会27名,自1945年12月30日起,每人每日由管理处补助面粉1斤。1945年底,由市政府发给所有住院及残废战俘劳胞每人慰劳金联币5 000元。至1946年1月12日起,由救济总署对救济院残废劳胞改给澳洲面粉,每人每日发给牛乳半磅,鸡子1个及滋补药品。② 归国劳胞得到了妥善救治。

1945年10月27日,国民政府电令天津市政府"据报告日轮三艘将载送华工回国万余人(大部分为其俘获之奸匪),应将粮食、住宿及看管办法妥为准备"。③ 国民政府对在日华工人数动态加以了解。自1943年起,移入日本之华工总数37 183名,除去自华中移

---

① 《面粉将公开发售,价格及机构尚在研究中,教职员及工人即可发放》,天津《大公报》,1946年1月5日,第3版。
② 《残疾战俘劳胞,关系方面发表安置经过》,天津《大公报》,1946年1月15日,第3版。
③ 《天津市政府抄发国民政府参军处情报一件请参照办理华工归国事件令及附件》(1945年10月27日),居之芬、庄建平主编《日本掠夺华北强制劳工档案史料集(下)》,社会科学文献出版社,2003年,第953页。

入 1487 名外,大部均系自华北移入,途中死亡 839 名。到达日本后,至 1945 年 8 月 15 日止,因疾病死亡 4 957 名,现有人数 31 601 名。① 因"返国劳工每月约有万人到津,如继续照办,则津市每月将增添万余无业闲人,其影响社会治安可以想见。况工人中多系无知之人,且杂有流氓窃匪,或自动卖身为敌工作,或因犯有刑事案件被罚苦工,如不早筹办法,隐患堪虞"。为此天津市警察局将"身体强健、知识健全、思想纯正者,准许拨入军队。身体健全者可拨归路局,充铁路、公路复员工人。由工务局及清洁队吸收一部分小工"。② 以上三项办法可以部分解决在津遣散工人去向问题。为减轻津市负担及维持治安,天津当局请何应钦总长指令日方冈村宁次,将运送华中劳工由青岛、上海等地返回,以免到津人数过多无法维持。③ 警察局调查认为"在塘沽入口的战俘劳胞内有 90％为共产分子",第十一战区塘沽港口运输司令部司令刘雪松提出"必须用政治宣传方法来应付他们,想个切实办法,使战俘劳胞知道祖国有这种招待,而受此感动不欲加入共产党"。④ 为掌握归国劳胞的思想动态,天津市警察局请市府转函天津市党部及三民主义青年团派员参加管理处,专为考核侨工思想,并请致函九十四军军

---

① 《天津市政府抄发国民政府参军处情报一件请参照办理华工归国事件令及附件》(1945 年 10 月 27 日),居之芬、庄建平主编《日本掠夺华北强制劳工档案史料集(下)》,社会科学文献出版社,2003 年,第 954 页。
② 《天津市警察局拟定归国华工安置办法之呈文》(1945 年 11 月 6 日),居之芬、庄建平主编《日本掠夺华北强制劳工档案史料集(下)》,社会科学文献出版社,2003 年,第 955 页。
③ 同上,第956 页。
④ 《战俘劳胞招待委员会第一次会议记录》(1945 年 12 月 17 日),居之芬、庄建平主编《日本掠夺华北强制劳工档案史料集(下)》,社会科学文献出版社,2003 年,第961页。

部,派军队驻北洋大学担任警卫。①

1946年6月底,天津市处理由日返国劳工总计22 832人,军方收编2954人,编为警察95人,送往医院26人,送救济机关66人,遣散19 691人。② 有些劳工加入地方武装。唐官屯驻防保安队队长杜健龙积极扩充武力,招收由日本遣回国劳工与战俘千余名。③ 自1945年10月18日至1946年3月11日,回国劳工19批,按美军通知人数计算,共为30 850人。因该数系在日本乘轮时大约数目,并不确实,且于塘沽下船时,有因家住附近或投往戚友,及不愿入管理处自动离去者甚多,是以实到管理处人数仅22 832名,编入九十四军一二一师者2954名,收编警察者95名,送往医院26名,送救济机关66名,遣散19 691名。死亡劳胞由日运回遗骨,先后共计1 561具,均由管理处保管。除刊登报端招领外,其有详细地址者,立即分别函达家属迅予领取。截至结束之日,除已领去99具,尚有1 462具,于结束后已移交警察医院妥为保管,俟交通恢复再行登报招领,于必要时则建立公墓,立碑埋葬。④ 死亡劳工中幸运的可以由家人领取骨灰,更多的则无人招领。死亡劳胞由日运回遗骨,先后共计1561具。实际死于日本的中国劳工当不止此

---

① 《天津市警察局拟定归国华工安置办法之呈文》(1945年11月6日),居之芬、庄建平主编《日本掠夺华北强制劳工档案史料集(下)》,社会科学文献出版社,2003年,第956页。

② 《本市处理由日返国劳工数(1946年6月底)》,《天津市政统计月报》1946年第1卷第1期。

③ 《胜利经年百业俱废,工商崩溃农村破产,唐官屯一年来之回顾》,天津《大公报》,1947年1月3日,第4版。

④ 《天津市劳工招待管理处办理回国劳工经过情形报告书》(1946年4月),居之芬、庄建平主编《日本掠夺华北强制劳工档案史料集(下)》,社会科学文献出版社,2003年,第967页。

数。从1943年至1945年,日本政府大肆掳掠中国无辜贫民和战俘,将其中近4万人强行押送至日本国内35个企业的135个场所。遭受日本监工皮鞭、木棒、刺刀的毒打和虐待,有6 800余名同胞含恨含冤惨死于异国他乡。①

抗战期间,日军征募了大量中国劳工,他们有的被送往东北、有的则远赴日本。不少劳工在就劳过程中,遭受虐待而死。因天津特殊的经济地位,日本始终未大规模征募劳工。天津劳工多是在当地被征派替日军修筑工事。日伪政权还推行"勤劳奉仕"活动,以适应日军急需劳工的状况。随着战局的不断恶化,日军征调天津劳工的次数愈发频繁,导致天津民众的不满与抵制,劳工逃亡随之出现。日伪政权替日军征募劳工,给天津的经济社会造成极为不利的影响。从日伪政权在天津强制征募劳工可见其罪恶昭彰的面目。

第二节　烟毒

日伪统治时期,日本在华北推行鸦片毒化政策。农村地区成为鸦片种植和生产的基地,对农村经济社会造成深刻影响。因毒品在城市中的泛滥,极大摧残了吸食毒品市民的身心健康,导致犯罪率上升,严重败坏社会风气。美国国务院曾指出:"1936年以后,全世界仅有一国之领袖仍鼓励鸦片与危险性药品之吸用,此即是日本是也。凡日军所到之处,鸦片之买卖均随之而来"。② 对抗战

---

① 《1943年至1945年赴日华工殉难者名单》(1995年8月15日),居之芬、庄建平主编《日本掠夺华北强制劳工档案史料集(下)》,社会科学文献出版社,2003年,第976页。
② 李淑娟:《日伪的鸦片毒化政策对东北农村社会的影响》,《抗日战争研究》2005年第1期。

时期日本在华烟毒问题的研究,有助于全面认识、剖析和揭露日本侵华的险恶用心。战前,日本人即以天津租界为依托,大量贩卖毒品。从相关资料看,天津沦陷时期,农民种植鸦片的数量极为有限,但日本侵略者推行烟毒政策,以获取战争所需经费,使天津成为各类毒品的重要消费之地,"1937年天津被占领后,使用麻醉品的人数明显上升"。①

一、烟毒泛滥

据日方报告,战前内蒙古年产鸦片约500万两,消耗在当地者不及产额之半,剩余的运往北平、天津及华北各地。西北的甘肃、宁夏和陕北等地出产的烟土,经过内蒙古输入华北的不在少数。抗战时期,日伪政权实施烟毒弛禁政策。伪中华民国临时政府自1938年6月1日起采取以下措施:1. 市内设烟馆140—150处,旅馆、妓院等作为营业,许可吸食鸦片。2. 对申请者收登记费。3. 未经批准而供人吸食鸦片者,课以30—150元罚款。4. 每户烟馆一个月收10元灯捐(营业税)。5. 对吸食鸦片发给"限期戒烟执照",征收手续费1元。② 弛禁政策导致"罂粟花的果实到处皆是,在山西省的平原中,山东省区域内,北平及天津近郊,自北平至保定沿铁路线地点,也播种着罂粟"。③ 蒙疆地区是天津鸦片重要的供应地。1938年,蒙疆的鸦片输出量为9 854 779两,价值43 821

---

① 张效林译:《远东国际军事法庭判决书》,上海交通大学出版社,2015年,第389页。
② [日]江口圭一著,杨光尘等译:《日本对中国的毒品战》,载中国社会科学院近代史研究所近代史资料编辑部编《近代史资料》总86号,中国社会科学出版社,1994年5月,第263页。
③ 南琛:《毒化了的华北》,《上海周报(上海1939)》1940年第2卷第26期,第663页。

175日元。输往京津 8 908 040 两,输向伪满洲国 946 793 两。① 1939年,伪蒙疆政权配给北京的鸦片 300 000 两,占配给总量的 34.6%;天津为 100 000 两,占配给总量的 11.5%。② 天津的鸦片消费量十分可观。1938年,天津市运入鸦片量 252 万两,运出量 3 万两,消费量 249 万两,无结存。③ 1938年 6月 21日,伪天津财政局成立稽征办事处,自 7月起开征"新捐",贩卖、吸食鸦片在天津合法化。因"鸦片价格奇昂,且又缺乏",从事海洛因买卖非常盛行。有烟瘾者多以海洛因代替。天津日租界内开设海洛因制造机关,是华北海洛因制造业的大本营。④

战前,天津日租界已是鸦片和毒品贸易的大本营。多数制毒工厂由热河、满洲及关东租借地移至天津和唐山一带,以天津为中心私运远东各地。日租界设立很多制毒工厂、烟馆。日本租界当局对此项营业不加以限制,使集中于租界内某一地段。甚至高等住宅区,日本或中国学校附近,亦莫不有此类制毒、贩毒场所。⑤ 天津日租界公开出售的普通毒品达 10 种。海洛因和香烟掺和抽吸;白面亦与香烟掺和抽吸;黄面与白面相似,但系供应深者吸食之用;甜丸亦称金丹,用烟管抽吸;快上快用烟管抽吸;纸卷用手掌搓成;黑膏将末括下与香烟掺和抽吸。还有鸦片、吗啡、高根。此外尚有大批日本专卖药品及调制药剂,含有吗啡、可待因、高根、鸦片。⑥

---

① [日]江口圭一著,杨光尘等译:《日本对中国的毒品战》,载中国社会科学院近代史研究所近代史资料编辑部编《近代史资料》总 86 号,中国社会科学出版社,1994 年 5 月,第 253 页。
② 同上,第 260 页。
③ 同上,第 264 页。
④ 南琛:《毒化了的华北》,《上海周报(上海1939)》1940 年第 2 卷第 26 期,第 664 页。
⑤ 《天津日租界与毒品贸易》,《四川禁烟月刊》1938 年六三纪念专号,第 8 页。
⑥ 同上,第 10 页。

日本关东厅的藤原铁太郎称:"天津的租界中贩卖鸦片及开设的烟馆为数甚多,其中尤以日本租界和法国租界为甚。日本警察署虽对之严加取缔,但私自犯禁者仍多,1921年被逮捕的鸦片犯有76人。据报道,在日本租界当时有烟馆70家,其他贩卖烟土者有100家,法租界有烟馆80家"。① 1937年,国际联盟鸦片咨询委员第22次会议,埃及代表拉塞尔·帕沙称:"天津的日本租界现在以世界制造海洛因及吸食鸦片的神经中枢而闻名。洋行以及用外国商会名义经营的鸦片和海洛因魔窟足足超过了千家以上。不仅如此,在旅馆及其他建筑物中,公开销售白色毒品的也有数百处。200家以上的海洛因工场分布在面积不足四平方英里的日本租界之中,超过1500人的日本技师和1万人以上的中国工人从事制造海洛因。此项事业利润极大,原料供应也属丰富"。② 1938年4月,《曼彻斯特观察报》报道:"在日本的老租界地天津的一条街中,大约一半的房屋都做着毒品的生意,除了不准卖给日本人外,毒品公开提供给经过这个街道的任何一个中国人和其他外国人"。③

天津日租界旭街一带设立了很多烟馆,如德义楼、新旅社、大北饭店、息游别墅等。沦陷后的平津地区"正当商业,日渐绝迹,而诱人堕落之娱乐场所,以及贩毒机关,则林立满市。居民受其毒害者,不知凡几"。④ 天津北马路和南市分布着大量烟馆。北马路的

---

① [日]江口圭一著,杨光尘等译:《日本对中国的毒品战》,载中国社会科学院近代史研究所近代史资料编辑部编《近代史资料》总86号,中国社会科学出版社,1994年5月,第237页。

② 同上,第245页。

③ [美]马丁·布斯著,任华丽译:《鸦片史》,海南出版社,1999年,第187页。

④ 《沦陷后的平津现状(上):毒化政策下的华北:天津日租界中一个出售赌具和烟具的店》,《东方画刊》1938年第1卷第8期。

北海楼是三十年的商场,现在几乎连一家正当营业全没有了,完全是土药店及土膏店。南市到处有鲜明的牌匾,有的还写着女子招待。为了营业便利,海洛因的销售商大多数迁移到南市三不管及西马路一带。凡是招牌上写着"洋行"的小门面,在城厢全能找出,有日人作护符,伪警那敢过问? 零售商并不是完全现款交易,只要你有物件,就可按照物件所值十分之二还给你,所以海洛因毒品的经营者,亦就等于典当铺。此外还有整批的毒品"洋行",全是设立在天津西关街。①

一位名叫陈蝶生的市民生动描述了土膏店里的情景,"看见土膏店里陈列满了像尸体般的瘾士们,在没有吸到口里时候,都哈欠连天,一声不响,十几口下去以后,便可以听见高谈阔论的腔调,即不是狂言,更不是谎语,只是睁着眼睛说梦话而已。夜深人静以后,一位位才活动出土膏店,溜向街头,蹲在地上吃着热腾腾的炸豆腐,也有的提着一包水果,回味着'饱枪饿斗'的滋味"。② 瘾君子中,"男女、老少、富贾、贫民皆有,数以万计的中国人身受其害,倾家荡产,潦倒街头,轻生丧命,屡见不鲜。天津警察及卫生队于冬季严寒之日,每晨均须自街道上移去吸食毒品者之尸体"。③ 1945 年,天津共有土膏店 180 余家,土药店 30 余家,每 5 日销售鸦片 4 万两,烟民约有 15 万之多。④ 国际联盟会议记录中提到:"紧接在著名的满洲及热河的魔窟和工场后面的是,天津日本租界成为中国本部(中国中央部)及世界的海洛因中心地。从这里开始,使包括中国民族在内的全世界其他各国人民身体销蚀和

---

① 柳东园:《北平通讯:毒化在平津》,《星岛周报(香港)》1939 年第 14 期。
② 陈蝶生:《土膏店里》,《三六九画报》1942 年第 15 卷第 4 期,第 11 页。
③ 《天津日租界与毒品贸易》,《四川禁烟月刊》1938 年六三纪念专号,第 11 页。
④ 马模贞:《中国禁毒史资料》,天津人民出版社,1998 年,第 1577 页。

堕落"。①

二、"寓禁于征"

　　1938年,日本侵略者主使伪中华民国临时政府在北平设立贩毒总机关——禁烟总局,名义为寓禁于征,实际是公开贩卖。禁烟总局购运大量烟土,配卖各烟馆,强迫青年人领取吸烟证,按月缴纳吸烟证费,每月由2元至数十元不等。各膏店按月缴纳营业照捐及烟具照费等。日伪在各市县设分局,还广设土膏店。伪天津禁烟分局直属禁烟总局,负责征收烟证照,各项费款。天津土膏业同业公会受伪天津禁烟分局指导监督,承转局令及同业请求事项。② 日伪政权在天津共设售吸场所280余家,引诱民众吸用烟毒,初步方法为:令烟毒售吸所领取吸烟毒证数百份派给烟民,并委令烟膏店人诱劝领取吸毒证能得永久配卖烟膏权益,持吸毒证者到任何地方均能享受权益等。一般无知烟民纷纷领取烟证竟达30余万张。种植运售及吸烟毒化比较战前大概增加8/10。③

　　伪天津市警察局以"近来开设土膏店日见增多,开灯供客彻夜嚣扰,其中最易隐匿匪类,长此以往漫无限制,殊足影响治安",为杜绝隐患,"分别令饬各分局于不碍观瞻,便利稽查范围以内,划定相当地点一处至三处,为准予开设土膏店区域,其选择标准以不邻

---

① [日]江口圭一著,杨光尘等译:《日本对中国的毒品战》,载中国社会科学院近代史研究所近代史资料编辑部编《近代史资料》总86号,中国社会科学出版社,1994年5月,第245页。
② 天津市政府:《关于查封毒化机关及烟毒焚毁接收敌伪烟毒》(1945年12月),天津市档案馆藏,2-3-2-804。
③ 第十九保:《关于搜集敌伪毒化罪行资料事》(1946年6月15日),天津市档案馆藏,J0032-1-000258-036。

近各机关、学校、文化团体以及工厂、车站、码头等处为原则,交通要道及繁盛街市尤不准设立,俾示限制"。伪天津市警察局还实施限制土膏店办法,"(一)凡在本市境内设立土膏店者,除遵照统税局规定外,均应遵照本办法办理。(二)开设土膏店者于呈经主管机关许可后,并应开具左列各项,呈经本局核准方得设立(店铺字号,铺长姓名,资本数目,开设地点,营业种类,许可证号数)。(三)开设土膏店地点应在本局指定区域内。(四)在本办法公布前业经开设土膏店等有左列情形之一者,得勒令迁移指定区域内(各机关、学校及文化团体等附近者,在交通要道及繁盛街市者,附设在公共场所及旅店内者,各工厂及车站码头附近者)。(五)各土膏店除在门首悬挂字号区分,不得张贴或散放含有引诱性广告传单等。(六)土膏店内往来人等应保持肃静,不得喧哗,不得有聚赌挟妓等行为。(七)土膏店内如发现有形迹可疑之人,应即密报附近警所办理。(八)违反本办法各规定者,得勒令停业或从重处罚"。① 伪天津特别市公署警察局划定各分局界内开设土膏店区域,第一分局:全家胡同1所,北马路北海楼3所,庆云后及慎德里口6所。第二分局:万德庄6所,张家胡同、西市大街7所。第三分局:侯家后1所,兴仁里3所,北开3所。第四分局:元纬路宝兴里1所,树德里4所,小刘庄6所。第五分局:新市场2所,人和里一带3所。第六分局:南华里张家房子3所,永安大街、保安大街4所。特一分局:花园路西头及下瓦房2所。特二分局:寿安街1所,瑞安街1所,永安街1所。特三分局:麟祥五条2所。② 据第七、第

---

① 天津特别市公署警察局:《为呈请拟订取缔土膏店办法及准许设立土膏店区域表各一份呈请鉴核示遵由》(1938年3月23日),天津市档案馆藏,J0001-3-011376-001。
② 天津特别市公署警察局:《划定各分局界内开设土膏店区域表》(1939年9月15日),天津市档案馆藏,J0001-3-002206-009。

八区警察署先后呈称"略以大直沽万太昌大街、关帝庙大街等处，有于公布取缔办法以前开设土膏店者，纷请免予迁移，以恤商艰。经核上列地点与取缔办法四条规定尚无违犯情事，拟请划为土膏店区域"。① 伪市公署表示"尚无不合，应准照办"。② 伪市公署对土膏店实施一定限制，是由于开设数量过多之后，民众产生不满情绪，并影响到了社会观瞻。在划定土膏店开设区域时，伪警察局会根据实际情形，照顾商人的利益。

1944年，伪天津市政府将兴亚三区改为第一区（旧法租界），华北禁烟总局核定该区筹设零售鸦片膏店办法，规定"（一）膏店设立区域应由天津禁烟局会同天津特别市政府划定公布。（二）膏店家数暂以50家为限。（三）天津市原定膏店标准家数为200家，现有186家。除添设14家外，其余应由市区旧有膏店呈请迁移。（四）新设或迁移膏店呈报资本额最低不得少于5万元，如请附设售吸所，设灯盏数最少须在10盏以上。（五）凡呈请在该区开设膏店者，须取具殷实商号两家连环铺保，经审核合格后始准设立。（六）膏店于划定区域内租赁营业房屋，应以独立门户为合格。（七）凡新设或迁移膏店呈报期限，应由天津禁烟局先行定期公布周知，一俟期限届满，并由该局将呈报新设或迁移日期、膏店名称、铺东及经理人姓名、资本额数、铺保字号、营业地点分别详予调查，加具意见造册，呈请禁烟总局核定"。③ 第一区（旧法租界）设立膏

---

① 天津特别市公署警察局：《为呈请划定土膏店区域呈请示遵由》（1938年7月5日），天津市档案馆藏，J0001-3-011376-003。

② 天津特别市公署：据呈拟增添划定土膏店区域应照准由，1938年7月15日，天津市档案馆藏，J0001-3-011376-004。

③ 天津禁烟局：《为奉令颁发津市第一区筹设零售鸦片膏店办法并拟定第一区膏店设立区域表函请查照见复》（1944年7月27日），天津市档案馆藏，J0001-3-007411-001。

店特定区域为"中经四路一带（旧第 24 号路），中经二路一带（旧第 30 号路），西开二经路一带（旧第 56 号路）"。① 在这些特定区域内，伪警察局设置固定的警察岗哨，要求所属警察署和派出所，对土药、土膏店要加以关注，加强巡逻，以防不测，使其免遭肖小不法之徒的滋扰。②

伪天津特别市公署实施土膏店试灯征捐办法，规定"（一）本市土膏店除准设试灯一盏外，至少以设灯三盏为度，每盏月收费十元，多设者按灯数增收。（二）土膏店欲设烟灯须先呈报财政局登记发给执照以资营业，否则一经查明，即予按章处罚，其灯捐执照有转让或借用情事者亦同。（三）土膏店灯数变更时，应随时报告财政局土药土膏特税处，以便变更登记而资稽查。（四）违背本办法规定者处 30 元以上 100 元以下罚金。（五）稽查灯捐平日由财政局土药土膏特税处稽查，携带稽查证随时调查报告。（六）定期抽查每月一次，由财政局特派专员临时发给，制定稽查灯捐执照，分赴各土膏店调查所报灯数是否相符，有无违章情事，如发现有违章情事，径行带局讯办。（七）前项定期稽查人员未经指派，持有稽查灯捐执照者不得自入土膏店调查灯捐，违者惩办"。③ 延雲土膏店迁移未报罚款 50 元，信义和货栈歇业未报罚款 50 元，共计 100 元。④ 土膏店

---

① 天津禁烟局：《为奉令颁发津市第一区筹设零售鸦片膏店办法并拟定第一区膏店设立区域表函请查照见复》（1944 年 7 月 27 日），天津市档案馆藏，J0001-3-007411-001。
② 孙慎言：《名征税，实放毒》，载中国人民政治协商会议天津市委员会文史资料研究委员会《沦陷时期的天津》，天津静海县印刷厂，1992 年，第 121 页。
③《天津特别市暂准土膏店试灯征捐办法》（1938 年），天津市档案馆藏，J0001-3-001161-013。
④ 财政局：《呈为报奉发警察局解延雲土膏店迁移未报及信义和货栈歇业未报等罚款 100 元业经照收库簿敬请鉴核备案由》（1940 年 3 月 18 日），天津市档案馆藏，J0001-3-003076-026。

既"零售土膏,在店内设置床位,备有烟灯烟具,供烟客吸食。每盏灯每月灯捐10元,开始每家以3盏灯为限,不准多设,为时不久,就取消限额,只要在每月初申报增减灯数,经核准纳捐后,即可供客使用,稽查员不时到土膏店核对灯数"。① 征收灯捐中,稽查员有种种舞弊行为。灯捐是按土膏店设置的烟灯数计算,最初土膏店为了逃避纳捐,率多匿报,于是每当华灯初上,土膏店烟客盈门之时,稽查员就去查点灯数,发现漏报,即行处罚。嗣后一些土膏店就与稽查员秘密串通,双方约定少报若干盏,把少交的捐款共同侵分。②

土药营业税与铺捐是伪市公署的两项重要收入。土药就是鸦片烟土,每1两征收0.07元。土药营业税由专人负责,稽征办法是专卖店到天津统税分局提运报验时征收,收讫后就在土药包装封口处加盖完税戳记,并不另开完税收据。这就给征税人员提供侵吞税款、中饱私囊的机会。如果以应征税款1/3被侵占估计,每月有近万元转入经办人和其庇护者的腰包。③稽征办事处的一般工作人员从开办的月份起,每月可从主任手里秘密地得到一笔和正常薪水数目相等的"奖金",大家称之为"一薪一酬"。个别得力人员的"奖金"超出薪金两三倍之多。④ 1944年10月,根据华北禁烟总局的安排,烟土销售改由华北土药业总公会直接配售给各地土膏店同业公会。由当月起,土药店全部歇业,每户发给零售鸦片人执照,准许转业改营零售。这项由地方财政征收六年之久的土药特种营业税即行停征。对鸦片零售的特种营业税捐,继续由地方当

---

①③ 曹大臣、朱庆葆:《刺刀下的毒祸——日本侵华期间的鸦片毒化活动》,福建人民出版社,2005年,第122页。
② 孙慎言:《名征税,实放毒》,载中国人民政治协商会议天津市委员会文史资料研究委员会编《沦陷时期的天津》,天津静海县印刷厂,1992年,第125页。
④ 同上,第124页。

局征收。①

开设土膏店除缴纳灯捐外,还需要缴纳铺捐。1938年2月,姜作民呈称:"拟在特二区寿安街十号开设和记号,经售贴花土药及兼售熟膏,资本100元。每月开灯3盏,纳税洋50元,业于11月16日奉冀察清查处发给执照,准予经售。恳请发给营业执照以资开业"。伪财政局表示:"该商经售土药系属特殊营业,虽经缴纳税洋50元,而对于本区铺捐似应照章完纳"。伪市公署指出:"凡在本市各警区及特别区内开设土膏店者,自应照章估等饬缴铺捐,以裕收入"。②因土膏店征收铺捐一事,尚无定章,伪财政局提出"本市各警区及特别区内开设土膏店者,拟请征收铺捐",伪市公署表示:"土膏店既为特许营业,对于地方捐税自应一律照纳,该局拟照章估等饬缴铺捐,事属可行应准照办,仰即遵照"。③根据土药、土膏店每月营业额,参酌经营规模,分成四个等级:"特等,每月营业流水额超过5 000元的,其超过部分,每1 000元加收捐款5元,捐款累进到每月纳捐50元为止。一等,每月营业流水额在4 000元以上不足5 000元的纳捐20元。二等,每月营业流水额在2 000元以上不足4 000元的纳捐15元。三等,每月营业流水额不足2 000元的纳捐10元"。④弛禁烟毒的政策为日伪政权带来了可观的

---

① 孙慎言:《名征税,实放毒》,载中国人民政治协商会议天津市委员会文史资料研究委员会编《沦陷时期的天津》,天津静海县印刷厂,1992年,第126页。
② 天津特别市公署财政局:《为呈请本市各警区及特别区内开设土膏店者拟请征收铺捐各缘由是否可行呈请示遵由》(1938年2月25日),天津市档案馆藏,J0001-3-001348-001。
③ 天津特别市公署:《据呈拟对于土膏店征收铺捐等情应准照办由》(1938年3月4日),天津市档案馆藏,J0001-3-001348-002。
④ 曹大臣、朱庆葆:《刺刀下的毒祸——日本侵华期间的鸦片毒化活动》,福建人民出版社,2005年,第121—122页。

收入。

日伪政权对各地开设土药店、土膏店等均有数量限制,随着时间推移,允准开设的数量逐渐增多,限制也就形同虚设了。1938年8月30日,伪临时政府统税公署规定,天津市区土店以30家为限,膏店以150家为限,所有现在已领照各商应饬一律报明统税局给照,日期依次核计,逾额者先予停止营业,以重限制而维公安。因天津领照开设土膏店已逾规定额数,遽予减少,不无困难。伪天津市公署请求统税公署,"以当时实有家数为限,嗣后不得增加"。该建议获得允准。此时天津市土药店共有30家,土膏店165家。① 后来开设土药店、土膏店的数量一再增加。1939年,统税公署规定天津市开设土药店以50家为限,土膏店以190家为限。伪天津特别市公署将上项规定通知警察局,要求其"凡不违划区限制在规定家数内一律保护,违者取缔"。② 虽有限制,实际开设的数量要远高于此。《新上海周报》报道,"以市区而言,只吸食之窟有270余家,其他制造与贩卖原料机关亦不下30家,且皆门庭若市,畅销无阻。当地为官,竟不敢稍加禁捕。故白面郎(津人称吸白面者)咸视此处为唯一安乐窝,趋之若鹜。闻其营业收入,稍大白面窝,每日约10万余元,小者亦4万许(伪联银券)。平均计之,则每日为其所吸收之金约有千余万"。③ 实际上,经营土膏店并非一定就能获利。1938年,天津统税分局发给张兆龙膏店执照,准予在特别一区福州路双顺里87号开设旭东膏店。因营业不振,以致年余亏累颇巨,

---

① 天津特别市公署警察局:《呈准统税公署以当时实有家数为限嗣后不得增加》(1938年12月6日),天津市档案馆藏,J0001-3-011376-009。
② 天津特别市政府:《情报》(1939年7月),天津市档案馆藏,1-3-2-11。
③ 曹大臣、朱庆葆:《刺刀下的毒祸——日本侵华期间的鸦片毒化活动》,福建人民出版社,2005年,第124页。

故在北马路北海楼内楼上觅房营业。① 日伪政权还凭借限额发照、审批权,牟取"外快"。所谓限额发照,是对申请营业登记的户数进行限制。每发出一份执照就等于授予一份特许权,一旦限额已满,持有执照者便奇货可居,如果中途不愿意继续经营,可以出让执照,收取转让费,打算经营此类特种营业的便要付出一定的代价,才可取得执照接替营业。② 办理执照颇费周折,需要事先找门路,同经办发照的人员形成默契,奉上一定数额的酬谢费,才能办理登记手续。据说办理一张执照,这种额外执照费需三五百元不等。③

在天津东站和北站,伪天津财政局稽征办事处各派 2 名驻站稽查员,稽查员佩带袖章,站在旅客出口处检查。这只是虚张声势,从开征特捐,始终没有真正地检查过,也从未查获过私运土药的案件。④ 日伪公职人员涉毒是无法查获私运烟土的重要原因。1941 年,塘沽运送烟土的张三麻子,常私带烟土三四百两。塘沽日本宪兵队翻译朱玉璞护送至船上,共运 2 次,每月津贴 200 元。塘沽镇长李玉山吸鸦片烟并从老家自带烟土,朱玉璞借机说他私运烟土,诈得 500 元。⑤ 1941 年底,伪天津市警察局第一分局长鲍馨远买 20 个烟土,每个重 100 两,价 2 000 元。1942 年 2—3 月,每个卖出 1 万元。徐树溥在天津县界大下庄子造白面,鲍馨远拟往抄捕。徐树强在 1939 年 11 月托鲍馨远帮忙,送 2 万元,等徐

---

① 日伪天津市警察局:《各区署关于各工厂娱乐场所调查及营业管理等件》(1939 年 9 月至 1940 年 11 月),天津市档案馆藏,218-3-5-4776。
② 曹大臣、朱庆葆:《刺刀下的毒祸——日本侵华期间的鸦片毒化活动》,福建人民出版社,2005 年,第 122 页。
③ 同上,第 123 页。
④ 同上,第 121 页。
⑤ 讯问朱玉璞:《关于贩运毒品等事的讯问补充笔录》(1946 年 3 月 24 日),天津市档案馆编《日本在津侵略罪行档案史料选编》,天津人民出版社,2015 年,第 714 页。

树溥人赃俱已逃逸,始率队前往抄捕,毫无所获。① 日本方面也默许甚至参与贩运烟土。谢龙阁因与日宪勾结,故公开走私包销烟土。②

三、"名禁实弛"

1940年,伪华北政务委员会禁烟总局颁行《华北禁烟分局组织暂行规程》规定,"于必要地方设禁烟分局,掌理该地域内禁烟事务。禁烟分局设局长一人,简任或荐任,综理该分局事务,局长有事故时由总局长指定代理。第三科掌理登记、发照、征收及烟具管理事项。第四科掌理验照、缉私及禁烟警察事项"。③ "禁烟分局办事细则"规定"第三科掌管:1.关于烟民登记及管理事项。2.关于烟商、烟具商登记及管理事项。3.关于栽种罂粟登记及管理事项。4.关于各项执照收据请领、核发及保管等事项。5.关于各项捐费征收事项。6.关于销毁证及改包查验发贴事项。7.关于生鸦片、鸦片烟膏、烟具等项发售价格查核事项。第四科掌管:1.关于烟商、烟民检查事项。2.关于私运、私售、私吸查缉事项。3.关于鸦片取缔、处罚及警戒事项。4.关于各项证照查验事项。关于各机关移送禁烟违章案件接收及处理事项。5.关于查缉人员指挥考核

---

① 讯问鲍馨远:《关于任伪职期间买卖毒品及敲诈商民等事的讯问笔录》(1946年2月12日),天津市档案馆编《日本在津侵略罪行档案史料选编》,天津人民出版社,2015年,第801页。
② 讯问张圭颖:《关于侦缉总队劣行等的讯问笔录》(1945年12月18日),天津市档案馆编《日本在津侵略罪行档案史料选编》,天津人民出版社,2015年,第719页。
③ 《华北禁烟分局组织暂行规程(1940年8月31日公布)》,《山西省公报》1940年第45期,第71页。

事项。6. 关于违章罚金提奖处理事项"。①

1940年12月30日,华北禁烟总局公布"吸烟执照发给办法",规定"吸烟执照由禁烟总局印制,发交各禁烟分局转发吸食鸦片人,其设有办事处地方由办事处向禁烟分局请领转发。年龄在50岁以上,曾有鸦片瘾者,年龄在30岁以上,因病吸食,一时未能戒绝,经医师证明确属救疗上所必要者,应缮具声请书,载明吸烟人姓名、性别、年龄、籍贯、住所、职业及每月吸食量,取具该管警察官署证明书,连同一寸半身相片二张及登记费,呈送该管禁烟分局或办事处声请登记,并领取吸烟执照,其年龄在30岁以上因病吸食者并应加具医师证明书。禁烟分局或办事处接受前二条声请书后,如经审查与定章相符应即核定其每月吸烟量及登记费、执照费数额,通知原声请人于五日内携带收支文凭证缴费领照,并详记于吸食鸦片人登记册"。②

1943年6月10日,日伪政权施行"华北禁烟暂行办法",规定"第一条,华北政务委员会为厉行禁烟,设禁烟总局,直隶于财务总署,综理禁烟事宜,并于各省市重要地点设禁烟局及禁烟办事处。第三条,凡属鸦片不得吸食,但有左列情形,已得吸食许可者,不在此限。年龄在50岁以上,已有鸦片烟瘾;年龄在30以上,因病吸食而为治疗上所必要者。第四条,鸦片及吸烟器具,并禁烟药,非经主管官署许可,不得输入或移入及输出或移出。第五条,鸦片制造由禁烟官署为之,但得暂由戒烟官署所指定者制造。吸烟器具及戒烟药制造,非经禁烟官署许可,不得为之。第六条,鸦片及吸烟器具,非经主

---

① 《财署:法规:华北禁烟总局所属禁烟分局办事细则(1941年7月18日呈奉华北政务委员会核准)》,《华北政务委员会公报》1941年第89—90期,第5—6页。
② 《吸烟执照发给办法——1940年12月30日财务总署华北禁烟总局公布》,《中华法令旬刊》1941年第2卷第6期,第4页。

管官署许可,不得搬运、买卖、授受所有或持有。第七条,无论何人不得制造、运输、买卖、授受所有或持有伪鸦片。第九条,不得以营利为目的供给他人以吸食鸦片场所或设备,但经主管官署许可零售鸦片人,不在此限。第十条,非经主管官署许可不得栽种罂粟,以制造鸦片代用品为目的者亦同。第十二条,经主管官署许可栽种罂粟人,应将其所产生鸦片卖与主管官署所指定之人"。① 第二十五条,华北禁烟总局对于栽种罂粟、吸食鸦片及鸦片与吸烟器具收买、贩卖、运输及戒烟药制造、贩卖、运输,得征收费用"。②

1940年10月1日,日伪政权公布施行"查获私土奖励规则"规定,"第一条,本规则所称私土系指违反禁烟暂行办法之鸦片,及所有者不明或所有者所在不明之鸦片而言。第二条,对于查获私土,或逮捕犯规者之禁烟官署,与其他官署之公务员,及报告私土或犯规者之人,依本规则给予奖励金。第三条,奖励金以没收私土变价及罚金总额中,扣除保管运搬及其他费用后余额支付。第五条,奖励金每月应由禁烟总局汇齐,从速支付"。奖金分配如下表:

表4.4　奖励金额分配表③

	分局处理		办事处处理		别机关查获	
	有报告人时	无报告人时	有报告人时	无报告人时	分局处理	办事处处理
国库	300	300	300	300	300	300
报告人	200		200			

---

① 《法规:华北禁烟暂行办法》,《天津特别市公署公报》1943年第217期,第7—8页。
② 同上,第10页。
③ 天津市警察局:《为呈复遵令调查敌伪毒化政策机构及搜集之资料分别列表连同本局接收卷内关于伪法令伪规定等件一并送请》(1946年6月17日),天津市档案馆藏,J0002-3-002070-072。

续表

	分局处理		办事处处理		别机关查获	
	有报告人时	无报告人时	有报告人时	无报告人时	分局处理	办事处处理
查获人	100	300	100	300		
总局	100	100	75	75	50	
分局补助办公费	100	100	50	50	50	
办事处补助办公费			50	50		50
分局奖励金	150	150	50	50	50	50
办事处奖励金			125	125		50
别机关					550	550
军警协助奖励金	50	50	50	50		
备考	若无军警协助时则作为奖励准备金					

1943年6月10日，日伪政权再次颁行"华北查获私土及私药奖励规则"，该规则与1940年10月颁布的"查获私土奖励规则"在内容上基本一致。8月31日，日伪施行的"华北禁烟缉私规则"规定，"第一条，禁烟官署员于发现认为有违反禁烟暂行办法者或违法鸦片及吸烟器时，应依本规则逮捕及扣押。禁烟官署员依前项规定而逮捕之人及扣押物件，得送交就近警察官署代为寄押或管收。前项物件如确定为违法时应移交附近禁烟官署。第二条，禁烟官署员发现无主鸦片及吸烟器时应扣押。第三条，前条及第八条第二款之物件由所辖禁烟官署长公示，在公示期间内无人承认其所有权时由主管官署没收。前项公示期间为十五日。第四条，禁烟官署员认为有违反禁烟暂行办法嫌疑时得搜索之，于必要时并得讯问嫌疑者或证人。第五条，禁烟官署员于搜索、扣押及逮捕时，须偕同当地警察官员为之证明，并应携带身份证明书，如有要求时应出示之。第六条，禁烟官署长认为有必要时得使禁烟官署

员携带武器。第七条,禁烟官署员为搜索、讯问、扣押及逮捕如认为有必要时,得请求警察官员或军队援助。第八条,警察官员、宪兵队员、海关官员、盐务官员及税务官员于执行职务时,发现认为有违反禁烟暂行办法者或违法鸦片及吸烟器时,又发现无主鸦片及吸烟器时,准用第一条及第二条规定。前项物件中其无主鸦片及吸烟器应即送交附近禁烟官署"。①

为厉行戒除烟毒,伪天津特别市公署告诫所属职员务各束身自爱,力图振拔,其已染有烟毒嗜好者限自1943年3月至5月3个月内自动戒净,期满之后由各主管长官严密考查,倘仍有烟毒或戒除未尽者立即交付调验,如系确未屏除,即当予以惩处,以资儆惕。由市公署组织调验委员会负责办理调验事宜。② 虽有如此规定,公务人员的戒毒事宜并未如预期那样顺利。1943年,伪华北政务委员会教育总署制定"第一次促进华北新建设实施方案",咨请天津特别市公署查照办理,其中第七项规定"限令各级公务人员戒绝烟毒嗜好"。伪教育总署指出:"际此地方多事,建设开始,倘各级公务人员染有烟毒嗜好,非特精神萎靡不能振作,且为贪污之渐,阻碍吏治莫此为甚。为刷新人事调整公务计,如有烟毒嗜好者应请责成所属各主管机关查明,统限10月31日前一律戒绝。如嗜好过深戒绝无望应即予以撤换不得稍涉瞻徇,倘逾期经人告发确有烟毒嗜好者,该主管长官亦须同受严重处分",并表示"即希贵公署妥

---

① 天津市警察局:《为呈复遵令调查敌伪毒化政策机构及搜集之资料分别列表连同本局接收卷内关于伪法令伪规定等件一并送请》(1946年6月17日),天津市档案馆藏,J0002-3-002070-072。
② 天津特别市公署:《为厉行戒除烟毒一案前经规定之自动戒除期限行将届满特由署组织调验委员会以便届期实施令仰知照由》(1943年5月10日),天津市档案馆藏,J0001-2-000938-001。

订切实推行办法，认真办理"。伪天津市公署表示要"切实推行"，拟订八条公务员戒除烟毒实施办法，并附戒除志愿书、证明书及保证书等格式通饬遵行。"1. 本办法系根据内务总署呈准第一次促进华北新建设方案咨文办理。2. 凡本署暨附属机关各公务员染有烟毒嗜好者，限于文到三日内向各该局处主管长官自动声明，并立具戒除志愿书（附志愿书格式）呈报。3. 凡有烟毒嗜好者自立志愿书后，于10月31日以前应自动戒除，并须取得医师戒除证明书（须在本署注册医师，否则无效，证明书附格式）并保证书（附保证书格式）呈报。4. 凡有烟毒嗜好隐匿不报者，一经查出或被检举，经查属实者立即免职，并处分该管长官。5. 如在期限内不能戒除者，即属戒绝无望应立予免职。6. 凡不自行声明而被检举者，应立即送调验所隔离调验，并由本署化验，检查调验期间七日，如检查确实有烟毒嗜好希图隐匿者，除依法惩处外，更须照缴住院化验各费，以示惩戒"。①

天津特别市公务员戒除烟毒保证书

为出具保证书事今有　（机关）（职）前因有烟毒嗜好 现经医师　确于　月　日将烟毒完全戒除属实并无虚伪，以后如有烟毒嗜好情事，本人愿负法律责任，特此出具保证书以资证明。谨呈（某某长官）

具报证书人　住址　籍贯　职业

中华民国三十二年十月　日

---

① 天津特别市公署：《准内务总署咨为第一次促进华北新建设实施方案第七项规定限令各级公务员戒绝烟毒一案请查照认真办理等经拟定公务员戒除烟毒实施办法等通饬遵行抄发原件令仰遵照认真办理》（1943年10月14日），天津市档案馆藏，J0001-2-000938-004。

天津特别市公务员戒除烟毒志愿书

　　天津特别市公署　（机关）（职）　前因染有烟毒嗜好,今当华北新建设之际志愿遵照规定期限于10月三十一日以前将烟毒戒除,倘至期不能戒除时甘愿受相当处分,特具志愿书为证谨呈(主管长官)

具志愿书人
中华民国三十二年十月　日

天津特别市公务员戒除烟毒医师证明书①

　　为出证明事今有　（机关）（职）经本医师　将烟毒于月　日完全戒除所具属实,特此证明。

立证明书医师　医师住址　内务总署注册总数　本市公署注册号数

中华民国三十二年十月　日

　　伪华北政务委员会虽然颁布了相关法规,实际上并非"禁烟"而是将烟毒予以控制。就伪天津市公署而言,仅是要求公务人员限期戒毒,并未对普通市民予以限制。一位姓唐的禁烟局官员称"为了'禁烟'问题,我曾碰到很多困难。自'禁令'颁布后,也曾认真执行过一时期,但我感到自己没有能力把管辖区内的鸦片田都铲除掉。我自己不能跑到每一城、县去,亲自下乡去拔除田中的罂粟,假使我开口命令知县去禁止农民们种烟,那么他便谎报说,在他的县内早已没有人在种罂粟了,其实他那里到处都是罂粟花,要是我派遣差役下乡去调查,那么反给他们机会去向农民们敲诈,因

---

① 天津特别市公署:《准内务总署咨为第一次促进华北新建设实施方案第七项规定限令各级公务员戒绝烟毒一案请查照认真办理等经拟定公务员戒除烟毒实施办法等通饬遵行抄发原件令仰遵照认真办理》(1943年10月14日),天津市档案馆藏,J0001-2-000938-004。

此'禁烟令'在我管辖区内,无异'一纸空文'。然而我又不能答应他们种鸦片,因为这与'禁令'是矛盾的,要是认真'禁烟',又得不到效果。我也曾多方面的讨论过这问题,但总得不到结果"。① 正如有论者所言:"所谓'寓禁于征',即等于'寓征于禁',事实上确是假了禁的名义,而实行征敛钱财,那儿再有工夫去谈到'禁'字? 对于毒如蛇蝎,祸若洪水,而为人民公敌的鸦片,却没有人能够注意到的。观乎目前土药店遍地林立,触目惊心。凡此情形,就'自肃'的立场说起,不知应该作何解释"。②

四、战后烟毒调查

1946 年 3 月 5 日,国民政府内政部要求天津市政府搜集日寇毒化政策罪行资料,详查"1. 敌伪制运售烟毒机构名称、烟毒来源、倾销方法、年销数量、胁迫人民种烟方法、亩数及吸用烟毒人数等详细情形。2. 我方损失情形及数字。3. 敌伪各级主持毒化罪犯姓名、略历、现居地点及其罪行事实"。5 月 18 日,天津市政府根据内政部的指令,要求警察局搜集"1. 敌伪毒化政策及实施毒化情形。2. 敌伪胁迫人民种烟方法、种植亩数及其产量。3. 敌伪制造烟毒机构名称、数目、原料来源、出品种类、名称及其数量。4. 敌伪贩运烟毒往来路线、倾销方法及其数量。5. 敌伪所设及胁迫人民设立烟毒售吸场所数目。6. 敌伪诱逼人民吸用烟毒方法及现有烟民人数。7. 境内收复区种植运售吸烟毒情形与战前比较。8. 敌伪敛收烟毒税款方法及税收数字。9. 敌伪各级主要毒化罪犯姓

---

① 南琛:《毒化了的华北》,《上海周报(上海1939)》1940 年第 2 卷第 26 期,第 663 页。
② 寒君:《由于土药店之林立谈到华北禁烟问题——"寓禁于征"与"寓征于禁"》,《吾友》1942 年第 2 卷第 20 期,第 8—9 页。

名、略历、现居地点及其罪行事实。10. 我方所受损害情形及各项损失数字。11. 敌伪实施毒化之各项证据,敌伪布告、法令、规章、函电、讲演报告、决议案、图表传单、凭照等,毒化机构厂地等照片图样等,罪犯之诉状、供词、判决书等,以及被害人、见证人或低级公务人员报告切结等。12. 查封敌伪毒化机关办理情形及查封烟毒种类、数量"。①

经调查,大致可知沦陷时期各分局管界内烟膏店的基本情况。第二分局界内售卖生熟鸦片烟商店17家,每家每月约可销售烟膏百余两,每两约值法币千元,每日约有二三十人吸烟,每家原为土膏店,后改为吸售所,每家均有牌照费,系属戒烟局管辖。②第三分局界内设有土膏店7处,吸毒烟民约1 967人。第四分局界内售卖生熟鸦片烟商店设有土膏店4家,贩运者无倾销方法,由伪禁烟局每月配给膏店4家,各30两、33两不等。敌伪提倡人民吸烟发给登记证,向禁烟局登记约1 214人,胜利后经检举已戒32人,未戒者9人。以膏店销售数量约每两10 000元,30两合30万元,4家8年累计约损失1 152万元。第五分局界内设有土膏店2家,每人发给吸烟证,配给烟土等项较市价低,以期吸者增加。吸食烟民508人之多,吸毒者较战前增加9/10。按烟民508人计算,每月需900两,每两按3 000元计算,每月损失270万元。第六分局界内设有土膏店14家,均约设7年之久,每家每日平均最少有吸食者100人,共1 400人。每人按现在物价计算,约损失烟费法币3 000元,每月为126 000 000元,一年为1 512 000 000元,七年共约损失烟费10 584 000 000元。吸食烟毒的民众不能生产,如按每人每日损

---

①② 国民党天津市警察局:《各分局调查日伪毒化政策资料和有关制贩毒贩各册等训令》(1946年),天津市档案馆藏,219-1-3-5354。

失生产收入法币 3 000 元计算,七年之久共约损失 10 584 000 000 元。敌人宣传吸烟毒民众非抗日分子,因之为避免杀害或为掩护抗日,多数吸食。敌人投降后自动戒除,现在烟民完全肃清。第七分局南市一带,敌伪指定为烟馆区,烟馆林立,市民随便吸食为害最巨,设立烟馆 71 家,烟民约 8 000 余名,运售吸烟情形较战前增加。第八分局界内由伪天津禁烟分局准许设有烟馆 48 处,此外尚有日敌纵容庇护下朝鲜人白面馆 8 家。烟馆所售鸦片均由禁烟局配给。至于白面则由日人庇护的部队秘密武装运销,行政机关无权过问。为诱逼人民吸用毒品,日伪政权发给吸烟证,廉价配卖并予以保障。现在已戒及未戒清烟民共 3 000 余名。第九分局设土膏店 3 处,有烟民 313 名。第十分局、水上分局并无烟馆。① 1946 年 7 月 31 日,天津市警察局长李汉元在呈文中称:"各区烟民贫富不等,以致吸食烟毒有多寡之别,是以估计种种损失未能划一,实难依据填注。为便于注明起见,兹将各分局估计数目平均核计,以每人每日吸烟二钱计,七年共吸 504 两,每两以 6 000 元作价,约损失 300 余万元,以同等数目作为生产损失,其余为医药费,以此估计,每人共约损失 700 余万元"。②

1945 年 12 月 16 日,为根除敌伪毒化政策,提振收复区人心起见,行政院要求各省市政府将"所接收敌伪烟毒应一律公开焚毁",在执行焚毁时规定了严密的监察办法,"1. 收复区敌伪烟毒接收处理,以各该省市政府为主管机关,当地最高军事机关、监察使、党团部、参议会为监察机关,其他机关团体、学校为参加机关。2. 收复

---

① 国民党天津市警察局:《各分局调查日伪毒化政策资料和有关制贩毒各册等训令》(1946 年),天津市档案馆藏,219-1-3-5354。
② 中共天津市委党史研究室编:《天津市抗日战争时期人口伤亡和财产损失资料选编》,天津人民出版社,2015 年,第 79 页。

区敌伪烟毒无论由何种机关初步接收,均应由省市政府会同监察及参加机关共同接收,签章封存保管。并造具烟毒数量及其附属物清册,连同接收情形报由内政部转请行政院核定,再定期焚毁。3. 各省市政府于奉准焚毁烟毒,应定期先行公告,并采用各种方式扩大宣传。4. 焚毁烟毒时,应由各该省市政府首长邀集各机关首长,并召集民众举行焚烟大会,当场检查烟毒,公开焚毁,将经过情形制成笔录填入报告表,报由内政部转呈行政院查核。5. 集中接收焚毁,省市确有困难时,得由各该省市长官指定适当地点集中办理,但焚毁时该省市长官应亲自到场主持。6. 接收焚毁各机关长官均应亲自主持,因故不能出席得派重要人员代表,但各种记录表册应自行签名,以重责任"。1946年1月,天津市政府没收烟土1348.5两,料子159.5两,海洛因1小包,烟膏86两,烟灰7.4两,烟斗2946件,烟枪247件。① 天津市长张廷鄂、副市长杜建时奉蒋介石手令,于1946年元旦将所有接收毒品当众焚毁。1946年1月1日,在国民党天津特别市党部主任委员时子周和天津警备司令牟廷芳的监督下,天津市政府在财政局前广场将没收的烟毒全部销毁。②

第三节　征募慰安妇

1932年3月,日军在上海开设军队慰安所。抗战爆发后,日军开始大量设置军队慰安所,遍布沦陷区各大中城市,天津、北京、青岛、济南、石家庄、太原、张家口、临汾、大同、保定、阳泉、山海关、塘

---

①② 天津市政府:《关于查封毒化机关及烟毒焚毁接收敌伪烟毒》(1945年12月),天津市档案馆藏,2-3-2-804。

沽、沧州、秦皇岛、榆次、唐山、丰台、定县、德州等华北地区的城市均有设立。慰安妇多来自日本、朝鲜和中国,"在前线地区,日本军队多数情况下都是征集中国妇女作慰安妇。越往小地方走,日本慰安妇的人数越少,而中国慰安妇则到处可见"。① 在日军设置慰安妇的问题上,伪政权不敢过问。民众无法靠近这些罪孽之地,更无从深入了解。因此"市政档案"、"商业档案"、"社会档案"以及人们的思想档案中就很少有较为明确的记录。② 沦陷时期,日军通过伪天津市警察局数次征调妓女慰劳前线士兵。同时,日军在天津市内也设立了慰安所。

一、慰安所的设置

1932年1月28日,为策应伪满洲国的建立,日军在上海制造第一次淞沪事变。驻扎上海的日本士兵军纪松弛,强奸事件偶有发生。为防止此类事件的发生,日军设立为士兵提供性服务的场所。1949年,曾担任上海派遣军副参谋长的冈村宁次接受采访时说:"昭和七年(1932)上海事变时,发生了两三起官兵强奸驻地妇女的事件,作为派遣军副参谋长的我,在经过调查后,我只有仿效海军已经实行的征召妓女慰军的做法。事实证明,当从本土征募而来的慰劳妇团到达时起,便不再发生强奸的事情"。③ 全面抗战爆发后,日军强奸中国妇女的事件时有发生。1938年4月,陆军省兵务司在给华北、华中方面军参谋长的《关于招募军队慰安妇的文

---

① 李秦:《新发现的日军强征中国妇女充当军妓史料析》,载中国社会科学院近代史研究所近代史资料编辑部编《近代史资料》总85号,中国社会科学出版社,1994年5月,第217页。
② 张子峰:《侵华日军战犯手记文档揭秘》,中国青年出版社,2007年,第82页。
③ 苏智良:《日军性奴隶——中国"慰安妇"真相》,人民出版社,2000年,第9页。

件》中,命令各部队设立慰安所,提出"各部队慰安所要在卫生方面严加管理,不要疏忽"。9月3日,陆军省决议追加"将校军官以下的慰安设施,拟按以下规模设置:华北100所,华中140所,华南40所,南方100所,南海10所,库页岛10所,共400所"。① 1939年4月5日,华北方面军司令部提出,必须尽量设立军人的慰安设施。7月,日本华北警务部对华北和内蒙古的慰安妇和艺伎作过一个调查,人数共为8931人。② 虽无资料可循,但据推测,随着战争形势的演进,日军在华北地区设置的慰安所数量定会有所增加。

日军推行慰安妇制度,第一,是为了维护军纪,稳定军队、安定军心,增强战斗力。1939年5月27日,在一份日军"请开设特殊慰安所事"的函件中提到,"该村无'特殊慰安所'之设备,兹考查吾人之性的心理状况,结果,将来对良家妇女恐发生奸淫暴行或杀人行为,此乃双方不幸事也。为防止上述事故,并保护良家妇女安居乐业起见,希加明察,以适当方法开设为盼"。③ 第二,预防性病蔓延。日军企图通过设置慰安所,对慰安妇实行严格的体检,以减少甚或杜绝官兵中性病的蔓延。第三,治安与防谍。华北方面军参谋长指出:"治安恢复工作进展缓慢主要原因自是在于后方担任维持治安的兵力不足,但在另一方面,军人及军队对居民的不法行为招惹居民的怨恨,激起反抗意识,并成为共产抗日系分子煽动民众借口。这对于治安工作有极重大的恶劣影响。根据各种情报显示,激起如此强烈的反日意识的原因,是由于日本军人在各地的强奸事件已全面的传播开来,酿成令人料想不到的严重的反日情节"。

---

① 苏智良:《日军性奴隶——中国"慰安妇"真相》,人民出版社,2000年,第24页。
② 同上,第30页。
③ 金城译:《特殊慰安所》,《精忠导报》1939年第2号,第21页。

为此除了"严厉管制军人个人的行为以外,要尽速设置慰安设施,以根绝因为未有是项设施而有非故意犯禁者之情事发生,此为当前之急务"。① 日军高层还有防谍的考虑。日军在中国各地作战,与当地民众接触,尤其是与娼妓接触,容易暴露日军兵力、作战动向等机密,妓女有可能将日军的情报转送给中国军队。

慰安所可分为五种类型。第一种是日军经营管理的慰安所,专供日军官兵使用。苏智良认为"日军直接经营的慰安所是慰安所类型中最普遍的形式之一。其主营单位上至方面军、师团、旅团,下至联队、大队甚至警备队或小队"。② 第二种是日侨经营,多为日军委托日侨设立,数量不在少数,为军人、军属提供服务的"军督民办"式慰安所。军队主管机构具有监督、指导之权,如规定营业细则、时间、费用等。第三种是由日军指定、专供日军官兵使用的民间妓院形态的慰安所。日军选定妓院后,便指派军官或宪兵去妓院负责指导,提供避孕套、避孕药,定期对慰安妇进行体检,将其改造成适合官兵的慰安所。除了日本官兵可以使用外,一般的日本人也可以进去。这类慰安所在上海、武汉、北平等大城市较多。第四种是日军或民间经营的流动式慰安所。因慰安妇人数不能满足日军官兵的需要,或有些占领地处于前线,或限于条件不能设立慰安所,日军便利用汽车、火车、轮船甚至马车等组织流动慰安所,将慰安妇送到日军急需的前线。河北石家庄到顺德的铁路线上,日军曾设立过流动的慰安列车,前后有装甲车守卫。第五种是日军指使伪政权或胁迫中国的娼业老鸨开设的慰安所,主要集

---

① 《华北方面军参谋长对有关军人军队之对居民行为提出关注》(防3-1,1938/06/27),王学新编译《台日官方档案慰安妇史料汇编》,台湾省文献委员会,2001年,第74页。
② 苏智良:《日军性奴隶——中国"慰安妇"真相》,人民出版社,2000年,第47—49页。

中于城市。①

慰安所普遍建立后,日军明确规定:严禁不使用避孕套的官兵与慰安妇性交。避孕套成为军队必备的军需品。华北方面军规定,禁止酒后性交,进入慰安妇的房间要首先确认慰安妇体检合格证书,除使用避孕套外,还须使用预防性病的"星秘膏",甚至详细到性交前先在阴茎上涂抹少量药膏,再戴上避孕套,并在避孕套的外面再涂上药膏。性交后要立即排尿,清洗消毒。②河北的日军慰安所有来自日本、朝鲜、中国的慰安妇。日本人慰安妇主要供日军将校军官使用,朝鲜人和中国人慰安妇供给下级军官和士兵使用。价钱上,以大坂屋为例,"日本慰安妇大约是5—8元左右,因人而异。朝鲜慰安妇一律为一次2.5元,中国慰安妇为2元左右"。③针对慰安妇,有一套体检制度。因每天接待人数众多,不戴套的蛮横士兵、军官一旦将性病传染慰安妇,则立即停止接待。

慰安妇由日本、朝鲜及中国妇女构成。在"忠于天皇"、"服务前线"的名义和"高酬优待"、"报效国家"的诱惑下,不少日本年轻妇女成为"慰安妇",随军服务。她们所在的"慰安妇"营业所,随着日军对中国的全面侵略分布于一些城镇乡村,尤其是上海、南京、广州等大中城市。1937年底,塘沽料理店营业者有"内地人五名,朝鲜人54名,由于本地是通往华北的关卡,日人往来频繁,加上因事变爆发,移防的日军部队多来光顾,以致营业极为兴盛。管理方面,每月实施一次营业监查,每星期五由地方关闸医生对从业妇女

---

① 苏智良:《日军性奴隶——中国"慰安妇"真相》,人民出版社,2000年,第49—53页。
② 同上,第68页。
③ 何吉、管宁:《日军强逼中国妇女为"慰安妇"资料摘编》,《抗日战争研究》1993年第4期。

实施健康诊断,检查有无传染性疾病及性病"。①

　　日军掳掠妇女充当慰安妇的方式可分为四种。第一,使用暴力强行掳掠当地妇女。1940年,日军侵入山西省方山县扫荡,设立据点后,即要求伪政权征召"花姑娘"。伪政权将人数摊派到各村,要求有姑娘的交姑娘,没姑娘的交大洋。② 第二,设圈套,引诱妇女。常见的是以招聘女招待、洗衣妇等名义进行诱骗。日军在上海的大街小巷张贴招工启事,"某公司为扩充业务起见,拟添聘女职员数位,凡年龄在16岁以上、25岁以下,略识文字者,均可应聘,尚能粗通国语或日语者更佳,月薪50元,有意者请至某处面洽"。③第三,征用妓女。在大城市,日军时常征用妓女充当慰安妇。上海、南京、武汉、广州和天津等地,都有不少妓女被强征为慰安妇。这类慰安妇,有的没有报酬,即使有也少得可怜。④ 第四,以间谍名义逮捕的中国妇女,八路军游击队和正规军的女兵。那些有特务嫌疑的女人和在八路军中受过教育的女兵,"是不可能让其进入一般的慰安所的,都送到华北、华中一带最前线地区的两三千个分遣队据点里去了。那是日本或朝鲜慰安妇无法到达的情况恶劣的地区。这些据点四周都建有围墙,盖有炮楼,每个炮楼由一个小队左右的士兵进行守备。那些被俘虏来的妇女就是被送到这些据点里去了"。⑤

---

① 《塘沽特种营业及特种妇女之管理情形》(外27,1937/12/14),王学新编译:《台日官方档案慰安妇史料汇编》,台湾省文献委员会,2001年,第180页。
② 苏智良:《日军性奴隶——中国"慰安妇"真相》,人民出版社,2000年,第81页。
③ 同上,第84页。
④ 同上,第91页。
⑤ 何吉、管宁:《日军强逼中国妇女为"慰安妇"资料摘编》,《抗日战争研究》1993年第4期。

二、征募妓女

天津被日军视为重要的战略后方基地。为有效控制天津，日军严格约束士兵的行为，"有一天，闯入民家的日本兵们被身穿便服的日本兵制止并被带走了，后来听说，穿便服的日本兵是宪兵"。日本士兵强奸中国妇女的事件仍偶有发生。据市民王瑞玲称："有时日军不守规定，闯入一般民家，当着家属的面侵犯妇女，住在翠柏村村口的良家女子也被闯进来的日本兵强奸了。她的丈夫虽是位新闻记者，但谁也不敢做任何抵抗"。① 在秩序相对稳定的天津，中国妇女仍逃脱不了日本士兵的魔爪。沦陷时期，天津妓院众多，集中分布在侯家后、南市、三不管、租界区等地。日本士兵不时光顾妓院。"日军为了嫖妓经常来这里。穿着军装带着枪，两三个人一起来。这样的日本兵到妓院嫖妓，强奸了妓女也不给钱，妓院的老板和杂役也束手无策"。② 太平洋战争爆发后，日军在战场上的优势逐渐丧失。在中国战场，日军虽仍具有战略优势，但此时不仅要面对与国民党军队的正规战，中共领导的敌后抗日武装成为日军的心腹大患，使其穷于应付。日本士兵的疲劳作战，心态的变化，导致强奸事件层出不穷。为此，日军通过伪政权在都市征发妓女到前线充当慰安妇。天津伪政权就强制征调不少妓女赴各地慰劳日军。

1. 天津慰安所征募妓女

日军在天津设立东站会馆、二区槐荫里"军人俱乐部"、日租界神户馆等机构，直接为日本士兵提供性服务。1945 年 4 月，为鼓舞

---

①② 中央档案馆、中国第二历史档案馆、河北省社会科学院编：《日本侵略华北罪行档案》(9)性暴力，河北人民出版社，2005 年，第 265 页。

军队士气,天津日军防卫司令部指示王士海建立直属日军的慰安所——东站会馆。这是一所东洋式厅房,四周布有高压电网,并有警卫严加把守。6月1日,日军设立防卫司令部慰安所办事处,由王士海主持。王士海在防卫司令部的支持下成立"别动队",独自承担向东站会馆提供慰安妇等任务。别动队由流氓、地痞组成,负责逮捕妓女,根据贿赂数目的多少,或释放或诱拐良家妇女,强制送入东站会馆。天津市民陷入极度惶惶不安之中。伪天津特别市警察局特务科指出:"王士海领导下之别动队(即天津防卫司令部慰安所),迩来办理征集妓女献纳于盟邦驻津部队。每批二、三十名,以三星期为期,于征集之际,流弊百出。凡被征者,能出以相当代价者,亦可收回。而近更变本加厉,在南市一带有良家妇女被强迫征发情事,致社会舆论哗然,一般良民惴惴不安。缘别动队工作人员,以前在侦缉各队服务者居多,肆意横行,妨害社会安全,影响地方繁荣"。①

1945年7月1日,日军防卫司令部慰安所办事处取消,慰军事务交由各乐户总、分会轮流负责办理,伪天津市警察局进行监督。7月5日,伪警察局派股长来仲威会同防卫司令部参谋高森、乐户代表刘春和等前往东站会馆监收。原承办人王士海派代表王墨林交代清楚,天津乐户联合会会长刘春和接办东站会馆事务。日军要求10日必须开张,为此乐户联合会四处招募妓女。1945年4月,面价每斤30元,雇用妓女每名须2—3万元。1945年7月,面价每斤120元,高涨3倍,雇用妓女每名至少5万元。乐户联合会

---

① 《天津特别市警察局特务科关于日军天津防卫司令部强征中国妇女充做军妓之情报》(1945年7月3日),王凯捷、杨厚编《日军在天津强征中国妇女充当慰安妇的档案资料》,载中国社会科学院近代史研究所近代史资料编辑部编《近代史资料》总94号,中国社会科学出版社,1998年,第9页。

集议决定,每名暂给5万元。此次招募妓女25名,每名5万元,共125万元,仍按前例由全市妓女匀担。二等妓女共约1400名,每名匀担550元(合约77万元);上三等妓女共约550名,每名匀担400元(合约22万元);下三等妓女共约750名,每名匀担250元(合约187500元);四、五等妓女共约500名,每名匀担150元(合约75000元)。乐户公会负担东站会馆内一切雇用人等经常费用。① 战后,高玉璞和刘静波供述,东站慰劳会馆"着日本军人随便去",这批妓女"不给钱管饭,每月一袋面,因为伙友及妓女家属没法生活,每月补助他们5万块钱,去了一个月全回来了"。②

1945年7月27日,防卫司令部参谋高森、德本文官,乐户联合会会长刘春和与13位分会会长,警察局保安科第五科股长来仲威,在南市的乐户公会召开了"慰安座谈会"。高森首先训示道:"为防止莽撞者进入东站会馆,在门上挂'星'印的木制招牌,并写上天津防卫司令部军用设施东站会馆的字样为宜。刘春和可以继续承担工作重任,不宜推荐他人代替。如果工作实在忙得脱不开身时,各分会长或干事可以代理,并希望警察局经常出力协助。东站会馆的经费,由各分会分担。定量供应物资仍按以前的规定付给妓女。妓女每月必须轮换。妓女每人每月的亲属特别补贴为5万元。如果身体健康、性格稳重、品格容貌俱佳者,本人希望继续

---

① 《天津乐户联合会会长刘春和等就接办东站会馆妓女慰军待遇办法给天津特别市政府警察局的呈文》(1945年7月),王凯捷、杨厚编《日军在天津强征中国妇女充当慰安妇的档案资料》,载中国社会科学院近代史研究所近代史资料编辑部编《近代史资料》总94号,中国社会科学出版社,1998年,第10—11页。
② 《关于为日军征募慰安妇等事对高玉璞及证人刘静波的侦讯笔录》(1946年2月28日),天津市档案馆编《日本在津侵略罪行档案史料选编》,天津人民出版社,2015年,第810页。

该项工作的可以批准。其待遇与新采用者相同"。高森特别强调要"严守军事秘密,自本日起停止向警察局提交每日报告"。①

第二区槐荫里一号军人俱乐部是日军的另一处军队慰安所。因资料的缺乏,该处慰安所的情况无法确知,可通过参照广东中山军人俱乐部加以了解。中山军人俱乐部分为二个,第一军人俱乐部为食堂,第二军人俱乐部为慰安所。部队副官统辖、监督、指导军人俱乐部业务。部队附属医官负责军人俱乐部卫生设施、卫生设施办理状况、家人及卖春妇、佣人保健、调理、菜肴等相关卫生业务。部队附属主计官担任有关军人俱乐部经理业务。第二军人俱乐部规定"不准在第二军人俱乐部内饮食,费用须先支付,原则上不允许将妓女带出场"。同时规定"欲于规定时间以外使用者,不穿着规定服装者,带有浓厚酒气者,有带给别人麻烦之虞者"禁止使用第二军人俱乐部。使用军人俱乐部者以军人、军属为限,并要求使用者"听见或目睹营业主、妓女、设施等或其他有关军人俱乐部不当情形时,应通报部队副官"。② 第二军人俱乐部根据身份差异对使用时间有明确规定。兵使用时间自9.00至15.30,下士官及军属自16.00至20.00,军官及准士官自20.00以后至营业时间内。第二军人俱乐部对费用规定也十分详细。兵嫖娼30分钟6元,1小时9元。下士官嫖娼30分钟9元,1小时2元。军官、准士官、军属嫖娼30分钟2元,1小时17元,后半夜40元,过整夜则由

---

① 中央档案馆、中国第二历史档案馆、河北省社会科学院编:《日本侵略华北罪行档案》(9)性暴力,河北人民出版社,2005年。
② 王学新编译:《台日官方档案慰安妇史料汇编》,台湾省文献委员会,2001年,第276—278页。

后半夜包租金再加上至凌晨 12 点的费用。费用以储备券支付。①

征调妓女是槐荫里一号军人俱乐部慰安妇的来源之一。1945 年 4 月 11 日,天津日军防卫司令部通知伪市警察局,"应选派妓女 100 名,交由军医验选 20 名,集合第二区槐阴里一号军人俱乐部,担任慰劳工作"。伪警察局当即"令第一、六、七、八、九、十一、十二等分局转饬各乐户分会,负责选送 100 名妓女,定于 4 月 20 日送往警察医院,作初次检验"。4 月 25 日,仍送该医院作第二次检验,"请病假妓女 7 名,实到妓女 93 名。先后经军部儿玉大尉、出崎军医官、警察医院院长等依次检验,合格者 34 名"。4 月 28 日,将验准妓女 34 名(内有刘□□一名因病未到),在警察医院集合,由防卫司令部德本文官派车接赴第十一分局界内秋山街同仁会妇人医院作第三次检验。复验结果,"合格者 20 名。至下午七时将验准妓女 20 名,随同德本文官送往天津第二区槐阴里一号军人俱乐部,交由该管理人木村点收"。② 由此可见,日军十分重视对征调妓女的体检。

槐荫里一号军人俱乐部设日用品廉卖所,各妓女可任意选购。同时选派监督李长富,厨役白英连,夫役李长荣、安绍春在俱乐部服务。为便于管理,俱乐部要求妓女遵守管理规则。"妓女家属可自由探望,每月 8 日及 20 日定为公休日,可以自由出入。其他日期,必须经木村许可方得外出"。待遇方面,"每妓每月由

---

① 王学新编译:《台日官方档案慰安妇史料汇编》,台湾省文献委员会,2001 年,第 278 页。
② 《天津特别市警察局关于选派妓女劳军给市政府的呈文》(1945 年 5 月 3 日),王凯捷、杨厚编《日军在天津强征中国妇女充当慰安妇的档案资料》,载中国社会科学院近代史研究所近代史资料编辑部编《近代史资料》总 94 号,中国社会科学出版社,1998 年,第 6—7 页。

军部发给白面1袋。有家族者,每日另给小米4斤"。妓女家族方面,"以军方待遇不足维持全家生活,要求特别津贴,已由各乐户分会拟定,每妓一次津贴2万元,计40万元"。此种款项"拟请依照上次代偿押账办法,由全市各乐户分会按照等级及妓女人数平均匀摊"。①

日军征调妓女充当慰安妇,由伪天津市警察局负责。在接到天津日军防卫司令部征派妓女的任务后,伪警察局将具体征调工作交给乐户公会。日军非常重视慰安妇的身体状况,对征调的妓女进行数次体检,以保证身体健康,且无性病。征调的妓女费用由乐户公会负担,乐户公会将其转嫁到所属的妓女身上。由此可见,妓女作为最底层始终是被剥夺的对象。

2. 征募妓女赴河南、山东

战后,伪天津市警察局局长阎家琦供称:"中原作战后,敌人说郑州一带的妓女都跑光了,惟恐军队欺辱良家妇女,才决定在开封、郑州、济南、天津、青岛五地征集妓女千名劳军。天津应摊200名,经他力争结果,只送去80名"。② 阎家琦有为自己开脱的嫌疑,通过档案资料可知,"送去80名"并非阎家琦的争取,而是由于日军十分重视妓女的体检,不合格的予以淘汰,290名中体检合格的仅有86名。虽如此阎家琦却将征调妓女赴河南慰劳的背景述说

---

① 《天津特别市警察局关于选派妓女劳军给市政府的呈文》(1945年5月3日),王凯捷、杨厚编《日军在天津强征中国妇女充当慰安妇的档案资料》,载中国社会科学院近代史研究所近代史资料编辑部编《近代史资料》总94号,中国社会科学出版社,1998年,第7页。

② 《阎逆家琦立正在法庭上百般推诿滔滔不绝,对于起诉书所列罪状不是与他无关,便反而于国家民族有利,旁听者盈门围窗且听他狡辩》,天津《大公报》,1946年11月16日,第5版。

清楚了,即豫湘桂战役后,为防止日军强奸中国妇女,征调五地妓女慰劳。

1944年5月30日,天津日军防卫司令部通知伪市警察局,"本市妓女应赴河南150名慰劳军士,1月为期,凡有押账暨有领家者均即取消,皆为自由身,从速办理。三二日即当起行"。伪警察局保安科"召集乐户联合会转饬各分会负责劝遣,自愿前往者共290口"。经警察医院及防卫司令部所派出崎军医官先后检验,除有性病者外,"共计无病妓女86口,及妓女家属11名,由乐户联合会派职员2名,差役5名,负责随同前往。86名妓女使用押账共计47000元"。防卫司令部"派中井进曹长率兵10名,载重车4辆,于6月4日下午4时由警察医院出发"。临行时,"有妓女刘□□突患急性肠胃病未能同往,并由伪警察局派10名警察沿途护送。至5时由东站登车赴北京转河南"。① 6月15日,因病回到天津的妓女8口,逃亡妓女42口、残留郾城妓女36口。8名妓女中,"内有叶□□一口,是1944年3月由苏州被拐来天津为娼,现不欲回班营业,由伪警察局警法科依法办理。其余7口,分别回归各班继续营业。残留郾城妓女名单内李□□、张□□2口,并非天津所送妓女。又张□□一口,已列逃亡名单,似系重复。又漏列赵□□、张□□、贾□□3口。想系因各地所送人数甚多,以致舛错。北支派遣甲第一八零零部队来员,声称上次劝遣妓女内有赵□□1口,在郑州被火车挂钩压伤,现在北京

---

① 《天津特别市警察局为劝遣妓女赴河南慰劳经过情形给市政府的呈文》(1944年6月8日),王凯捷、杨厚编《日军在天津强征中国妇女充当慰安妇的档案资料》,载中国社会科学院近代史研究所近代史资料编辑部编《近代史资料》总94号,中国社会科学出版社,1998年,第2页。

陆军第二病院疗养中"。① 6月4日，自天津征调的妓女出发赴河南，在当地未到10天，就有8人生病，42人逃亡，可见当地环境恶劣，妓女受到严重虐待。如此多的人选择逃亡与其被强迫有密切关系。伪警察局和乐户公会所谓"自愿前往者共290口"的说辞站不住脚。

1944年6月28日，伪天津市警察局颁布"劝遣河南妓女押账代偿办法"规定，"此次代偿押账专指劝遣河南妓女押账而言；代偿押账以总会（南市）及各总分会为单位，由各总分会负责办理；凡在某一分会劝遣妓女，其押账数目总数，即由某一分会所属各妓馆掌班平均摊派，并不许向妓女私自凑数，但已劝遣妓女所属妓馆，毋庸摊派；其有未设妓馆，单独在旅馆、饭店营业妓女，以各该同一分会旅馆或饭店妓女平均摊派；摊派时，应由该管警察分局派员会同办理，以昭慎重；摊派数目应公平办理，并造具清册，呈奉核定后方得收款。收款时应由各分会出具收据，加盖经手人名章，警察分局派员协同办理，名章附钤于后；在未偿付押账以前，应由各分会调查明确；收集款项代偿押账时，应取具受领人商保领结，并检同字据呈警察局备查。"②该办法虽明确"押账数目之总数由妓馆掌班平均摊派，不许向妓女私自凑数"，实际费用都是由妓女负担。

1945年7月28日，天津日军防卫司令部要求伪警察局办理选

---

① 《天津特别市警察局就劝遣赴河南慰安妇押账代偿办法及数目给天津特别市政府呈文》（1944年6月29日），王凯捷、杨厚编《日军在天津强征中国妇女充当慰安妇的档案资料》，载中国社会科学院近代史研究所近代史资料编辑部编《近代史资料》总94号，中国社会科学出版社，1998年，第4页。

② 《劝遣河南妓女押账代偿办法》（1944年6月28日），王凯捷、杨厚编《日军在天津强征中国妇女充当慰安妇的档案资料》，载中国社会科学院近代史研究所近代史资料编辑部编《近代史资料》总94号，中国社会科学出版社，1998年，第3—4页。

送妓女赴山东慰军。慰军地点在山东省莒县第一四三七部队。慰军人数25名,以身体健康、姿容秀丽为合格。期限为3个月,自8月1日至10月末。日军防卫司令部高森副官指出:"此次选送妓女赴鲁慰军,系为协力大东亚全面圣战成功,不能拘于某一地区,希望速办"。伪警察局指派来仲威负责征派妓女。7月29日,来仲威在乐户总会召集总、分会长刘春和等16人,商讨募集办法,决定"天津市妓女全数为2 763人,以每100人饬选送1人,共计为25人"。乐户公会决定每一妓女家族特别津贴仍照前例,每月给予5万元,3个月共计15万元。唯道路遥远,拟一次付清。8月1日,在同仁会妇人病院健康检验。① 此次征调妓女赴山东慰劳,日军待遇为"妓女每人每月无料配给白面1袋,家族(以5人为限)每人每月配给杂粮60斤,每斤1元(均在天津配给);妓女本人食宿衣饰、化妆品、日用品、医药等均由军方无料配给。花代:士兵每次10元,初级官20元,高级官30元,每次以一点钟为限。旅费由军方负担"。② 乐户总、分会所送妓女,计有张□□等36人,经同仁会妇人病院院长荒木一郎检验结果,录取张凤英等24名。由军方发给每人2袋白面,2名监督亦各发给2袋白面,并于8月2日交由佐藤中尉率领,自天津东站起程赴莒县。③ 这批选送的妓女服务期未

---

① 《来仲威为选送妓女去山东慰劳日军给警察局长的报告》(1945年7月31日),王凯捷、杨厚:《日军在天津强征中国妇女充当慰安妇的档案资料》,载中国社会科学院近代史研究所近代史资料编辑部编:《近代史资料》总94号,中国社会科学出版社,1998年,第11—12页。

② 同上,第12页。

③ 《天津特别市警察局为办理选送妓女赴山东慰军经过情形给市政府的呈文》(1945年8月7日),王凯捷、杨厚编《日军在天津强征中国妇女充当慰安妇的档案资料》,载中国社会科学院近代史研究所近代史资料编辑部编《近代史资料》总94号,中国社会科学出版社,1998年,第13页。

满,日军即已战败投降,最后解散了事。

除此而外,日军还征调妓女赴唐山慰军。天津日本宪兵队通知伪警察局,选送 15 名美貌妓女,限 1 星期内送往唐山市,担任慰劳工作。第一、十一、十二等分局先后遵令送到妓女尹□□等 40 名,于 1944 年 9 月 22 日、23 日,经警察医院派医师分别检验,合格者尹□□等 17 名。9 月 24 日,天津及唐山宪兵队长及诹访部少尉复验,均尚合格。因唐山妓舍尚未落成,不能按时赴唐。各妓女暂回本室照旧营业,听候召集再行办理。①

汉奸征集妓女充当慰安妇时,常以补贴制为由敲诈妓院。描写天津征调妓女充慰安妇的小说《粉墨筝琶》记载:"他们去到各娼室,单拣最红最出名的妓女指名征集,但是若暗地送一笔贿赂,就可以免役,结果还是拿不出钱的穷妓女倒运。总共征集了四十人,他们倒得了几百份贿赂"。② 王士海向全市老妈店(即女佣工介绍所,昔日为饥寒所迫的农村妇女来津为人做佣工或乳母,投靠此处,由它向雇主推荐)以代谋职业为名,将 30 岁以下的妇女骗走,由华北交通株式会社调动车辆运到涿州、良乡、房山县等地日军营房,献给"皇军"蹂躏取乐。王士海与天津乐户业同业公会理事长李万有勾结,督率义侠队人马,强行抓掳妓女慰劳日军,曾几次把成批妓女送往日军营地。仅 1943 年 12 月 1 日一次就掳走 137 人,全部运往遵化县。有 100 人乘的两辆卡车在途中触发地雷,全部

---

① 《天津特别市警察局就办理选送妓女赴唐山市慰劳经过情形给市政府之呈文》(1944 年 10 月 7 日),王凯捷、杨厚编《日军在天津强征中国妇女充当慰安妇的档案资料》,载中国社会科学院近代史研究所近代史资料编辑部编《近代史资料》总 94 号,中国社会科学出版社,1998 年,第 5 页。
② 张元卿:《侵华日军强征慰安妇的文学证言——以〈粉墨筝琶〉为例》,载王振良主编《九河寻真》,天津古籍出版社,2013 年,第 159 页。

被炸死。其余37人,有的原属病躯,因沿途倍受折磨,到了遵化,即行身亡,尸体被拖出喂狗,未死的倍遭侵略军蹂躏,最后生还者只有一人。① 妓女的情形可能并非如此悲惨,但受到虐待则是事实。

天津强征妓女充当慰安妇的最高指挥者是天津日军防卫司令部,下设慰安所,或称"军人俱乐部"。天津日军征集慰安妇的对象主要是从业妓女,也有良家妇女被强征的情况。征集工作一是由王士海领导的别动队以天津日军防卫司令部慰安所的名义,强行征集;一是由日军防卫司令部通过伪警察局和妓院组织——乐户总会、分会"劝集"。慰安妇的"劝集"经过三个阶段:1.日军防卫司令部向伪警察局下令,命令选派妓女担任慰安工作。2.伪警察局转令各分局、乐户分会进行摊派、征集,并进行初选。3.初选者经过两次身体检查和淘汰,由防卫司令部日本军官最后确定并送往"军人俱乐部",交管理人点收。纵观慰安妇征集的全过程,可以看到,它完全是在日军操纵、控制下的有计划、有组织的行动。②

李秦认为"在天津,最迟于1944年夏,日军即有强征军妓的行动,而且强征行动波及良家妇女,致使市面动荡,人心惶恐,甚至引起伪政府的担忧"。实际上,1943年,王士海即有为日军征募妓女充当慰安妇的行动。日军慰安所对被征者实行轮换制度,"每批二三十名,以三星期为期"。若依此推算,一年中就约有350名至520名天津妇女遭到日军"名正言顺"的摧残。抗战末期,为鼓舞士气,日军加强了对军队的"慰安"工作。在日本宣布投降的十数天前,

---

① 李树荣:《为虎作伥的青帮恶霸王士海》,载中国人民政治协商会议天津市委员会文史资料研究委员会编《沦陷时期的天津》,天津静海县印刷厂,1992年,第187页。
② 李秦:《新发现的日军强征中国妇女充当军妓史料析》,载中国社会科学院近代史研究所近代史资料编辑部编《近代史资料》总85号,中国社会科学出版社,1994年5月,第218页。

天津日军防卫司令部命令伪天津市政府,迅速征集25名军妓赴山东莒县"慰劳"日军1437部队。从为慰安妇提供"待遇"的变化,侧面反映出日军的窘困和仓皇。以前每人每月两袋白面竟减去一半;有家庭者"每日小米4斤"也改为每人每月有偿配给杂粮60斤(以5人为限),每斤1-2元。虽然增加了"花代",每次士兵10元、初级官20元、高级官30元,但这仅是文字上的规定,能否兑现或在多大程度上兑现都难以证实。①

3. 征募者的辩解

战后,曾替日军征募妓女的窑主或乐户公会人员纷纷对自己的行为进行辩解。窑主杨草亭在接受检察官讯问时称:"献纳妓女就是慰劳日军,当时各妓院都必须分摊钱,分摊的金额相当大。我们不出钱就必须雇佣妓女,如果不出钱(警察局)就会乱抓人(妓女),总之备受敲诈。所以开妓院的人没有办法,不得不出钱"。②杨草亭的说辞明显存在漏洞,各妓院是要分摊钱,但是最终却是摊派到妓女身上。献纳妓女对妓院营业造成不利影响,窑主对此必定也是不满的。1944年四五月间,伪天津市警察局传令乐户公会会长到局听命,因会长在家养病,由文书周谦代往,到局后伪科长言及奉天津日军防卫司令部命令,征集妓女150名,前往河南慰劳日军,限次日交齐。周谦陈述妓女困苦情形,并家属无人维持生活,请体恤免征。伪科长不允,周谦请宽限而退。各乐户代表商议后,周谦再次到伪警局请求免征,伪科长严加申斥,并迫令次日集

---

① 李秦:《新发现的日军强征中国妇女充当军妓史料析》,载中国社会科学院近代史研究所近代史资料编辑部编《近代史资料》总85号,中国社会科学出版社,1994年5月,第219—220页。
② 中央档案馆、中国第二历史档案馆、河北省社会科学院编:《日本侵略华北罪行档案》(9)性暴力,河北人民出版社,2005年,第263页。

中警察医院出发。因此妓女逃匿,乐户闭门,届时无妓女送往,伪科长及日人派警士多人至娼窑,强行抓捕80名妓女,由伪警局送至天津日本防卫司令部点名后上火车南下。2月后该妓女始得放回。① 天津乐户公会意识到征募妓女的困难性,向警察局提出免征,但得到的却是训斥。由此可见,乐户公会也是迫不得已参与征募。客观而言,伪天津市警察局从事征募也是出于无奈,因为毕竟是在日本侵略者的卵翼之下,面对主子的淫威不得不屈服。关于征募妓女赴河南一事,阎家琦曾辩解道:"天津应摊二百名,经他力争结果,只送去八十名。"他还说"这全是为保持良家妇女的贞操"。② 阎家琦的说辞明显有为自己开脱的嫌疑,但是在当时的历史情境下,征募妓女或许是较为可行的办法了。否则日军的强奸暴行可能会不断蔓延。反过来,对这些征募为慰安妇的妓女而言,显然又是不公平的。

三、妓女的抵制与逃亡

毫无疑问,妓女充当慰安妇是被迫的。乐户联合会会长李万有、义侠队队长王士海抓捕妓女慰劳日军。对于慰安妇的抓捕、关押,《粉墨筝琵》中有较详细的描述:"哪知到了夜里两点多钟,自己正睡着,外面有人敲门。我开门一看,竟拥进来许多官人,说我的案犯了。我问是什么案,他们说到了局里自然明白。我没法抵抗,只可跟着走。谁想没到什么警局,一直被送到这里。我看见许多

---

① 中共天津市委党史研究室编:《天津市抗日战争时期人口伤亡和财产损失资料选编》,天津人民出版社,2015年,第75页。
② 《阎逆家琦立正在法庭上,百般推诿滔滔不绝,对于起诉书所列罪状不是与他无关便反而于国家民族有利,旁听者盈门围窗且听他狡辩》,天津《大公报》,1946年11月16日,第5版。

年轻女子,有几个认识的,全是吃我们这行饭的。细一打听,才知道是被捉来作慰劳队,要送到外省去伺候日本兵。我直似掉下万丈深坑,恨不得立刻死了。无奈要死不得死,要逃逃不了"。① 原妓女林某某当时在福原班当妓女,据她说"每天都怕抓住,到处躲藏,提心吊胆"。林某某隐藏屋顶上还是被逮捕,"先是被关在丹桂后的一家妓院,后来从各地抓来的妓女们一起被运到贾家大桥的义侠队,被集中关禁到一间大房子里,在那里被监视起来。和我一起被关押的人不少于100人"。从林某某的经历来看,妓女充当慰安妇虽有一定报酬,但是出于多方面因素,她们极不情愿,面对强征之时选择躲避,可见在面对强权时的无力与无奈。妓女们被集中"关禁"到一地,更显示征调的强制性。从日伪政权留下的档案材料中,妓女及其家族均能得到报酬。从妓女们的控诉来看,有些并未拿到酬劳。原妓女王某某称:"虽然他们说在漯河卖身3个月后就给钱,但结果一分钱也没给,只好卖掉自己的东西,一边讨饭一边返回天津"。② 山东潍县的慰安妇有类似的经历。这些慰安妇的服务期限尚未结束,日本就投降了。日本士兵一句"你们走吧",就将这批慰安妇打发了。原妓女黄某某称"一分钱也没给我们"。③

　　从妓女的陈述中能了解到,运送妓女赴就劳地的情形。被征调至河南的妓女在天津北站乘坐火车。送至车站运走之时,妓女家属离别之情,痛哭之状,惨不忍睹。④ 原妓女王某某称:"途中只

----

① 刘云若:《粉墨筝琶》,百花文艺出版社,1987年,第386页。
② 中央档案馆、中国第二历史档案馆、河北省社会科学院编:《日本侵略华北罪行档案》(9)性暴力,河北人民出版社,2005年,第257页。
③ 同上,第260页。
④ 同上,第21页。

吃了两顿饭"。① 原妓女刘某称:"在北站乘火车至石门之间,仅仅发给我们一个盒饭"。② 这些妓女就劳地分布在多处,有的去往漯河,有的分配至开封。被征调至山东潍县充当慰安妇的妓女黄某某称:"被带往东站,因为不知道将被带往何处,姑娘们都哇哇大哭。后来又被送上密封的货车"。③

有些妓女不屈服于命运捉弄,选择逃跑。原妓女林某某称:"在去厕所时,有一人随时监视着我,在给了那个监视人两个金戒指和一些钱以后放我逃了出来"。后来再次被警察局逮捕后,"在被押往警察医院的途中,在给了那个特务一些钱后,又放我逃了"。④ 与林某某有类似经历的不在少数。原妓女刘某被伪警察局逮捕,被拘留在警察医院约7天,之后被塞入汽车,强制送往河南开封。刘某是幸运的,在送往开封的途中,她寻机逃出,卖掉身上的衣服,一路逃回到天津。有些妓女就没有那样幸运了。据刘某称"从警察医院前往北站的途中,一个妓女试图逃亡,从汽车上跳下摔死"。⑤

多数妓女是被强迫征调或是抓捕,有些则是先诱骗后强迫。原妓女黄某某称:"事务所的人来了,说带我去检查。一位叫大香的妓女也一起去了"。检查结束时,日本宪兵队特务、窑主李耀林对其说,"没有必要回去了。这里吃香的喝辣的,到了那边会比这里更好"。⑥ 妓女在被征调充当慰安妇后,多是心情抑郁,但又是无奈的。黄某某和大香是被征调至山东潍县充当慰安妇。黄某某

---

①④ 中央档案馆、中国第二历史档案馆、河北省社会科学院编:《日本侵略华北罪行档案》(9)性暴力,河北人民出版社,2005年,第257页。
②⑤ 同上,第256页。
③ 同上,第260页。
⑥ 同上,第259页。

称:"因为不知道将被带往何处,姑娘们都哇哇大哭。后来又被送上密封的货车,那时我们除了听天由命,别无他法"。① 这些妓女并不能掌控命运,只能听天由命。有些妓女因为被强迫慰劳发生意外,命运被改变。原妓女赵某某称:"如果李万有不抓我作为慰安品提供给日军,我的腿也许就不会被火车轧断,现在我变成了独腿残废,每天都痛苦不堪"。② 据记载"第一次送往河南途中,当路经北京时,一名妓女因无法忍受虐待,伺机逃跑时被日军杀害。被送往山东的妓女老四,途中因病行走困难,被乐户联合会的狗腿子推下悬崖摔死。妓女李某某被欺骗去为日军慰安,遭受残酷的折磨,吐血患病至今没痊愈"。③ 刘云若在《粉墨筝琶》中提到"妓女也是人类,也有家庭,竟使远离乡井,抛了骨肉,去到不可知的地方,饱受异国敌人的兽欲。直如踏入死路,难望生还,这真是人间最惨的事"。④

这些妓女到达目的地之后的境遇可谓悲惨至极,从妓女黄某某的叙述中可以窥见一二。黄某某在内的 24 人被监禁在屋子里,在屋里赤身裸体跪着等待分配纸牌,随时供日本兵奸淫享乐。饮食方面"每天只给吃洋葱汤和小米饭"。这些慰安妇"被日本兵强奸一次就发一个纸牌,每人每天至少要拿到 20 枚纸牌"。据黄某某称:"手里总是有 20 枚到 30 枚纸牌"。这些妓女在那里被强迫度

---

① 中央档案馆、中国第二历史档案馆、河北省社会科学院编:《日本侵略华北罪行档案》(9)性暴力,河北人民出版社,2005 年,第 260 页。
② 同上,第 257 页。
③ 同上,第 263 页。
④ 刘云若:《粉墨筝琶》,百花文艺出版社,1987 年,第 357—358 页。

过108天的非人生活。①

日本学者秦郁彦认为,随军护士的死亡率是4.2%,由此推定慰安妇有九成以上的生还比率。② 苏智良认为这是片面的,"首先,秦先生完全忽视了慰安妇与随军护士的本质区别,即慰安妇是军队的性奴隶。其次,慰安妇中最多数量的是中国妇女,她们在日军的眼里并无多大的价值,其死亡率是相当高的。同样,性奴隶中的朝鲜、东南亚各地妇女也处在饥饿、奴役甚至死亡的威胁,其死亡率也是非常高的。有75%左右的慰安妇,在战争中被日军虐待而死,能够幸存下来的慰安妇只有25%左右"。③ 在前线服务的慰安妇死亡率确实很高,但是集中在城市等地的慰安妇死亡率相对较小。从天津征募的妓女充当慰安妇的情况而言,首先,此举是日军犯下的重要罪行之一,对妓女的身心造成了很大伤害。妓女们采取逃跑、贿赂等方式逃避征募。其次,妓女的征募是被强迫的,且幕后主使是日军防卫司令部。从天津的征募来看,天津日军防卫司令部向伪警察局下令,命令选派妓女担任慰安工作;伪警察局转令各分局、乐户分会进行摊派、征集,并进行初选;初选者再经过两次身体检查和淘汰,最后由防卫司令部日本军官确定并送往"军人俱乐部"或河南、山东,交管理人点收。由此可知,它完全是在日军操纵、控制下的有计划、有组织的行动。第三,客观而言,这些被征募的妓女作出巨大牺牲,同时对前线日军强奸暴行的发生起到一定抑制作用。

日伪政权在协助日军稳固统治上作用较大。为了满足日军的

---

① 中央档案馆、中国第二历史档案馆、河北省社会科学院编:《日本侵略华北罪行档案》(9)性暴力,河北人民出版社,2005年,第260页。
② 秦郁彦、千田夏光:《从慰安妇到"君之代"》,日本《论座》杂志1999年第9期。
③ 苏智良:《日军性奴隶——中国"慰安妇"真相》,人民出版社,2000年,第101页。

战争需要,日伪政权积极为日军募集劳工、强制征派妓女,推行烟毒政策。募集劳工与征调妓女都是由日军主导,具体实施则由日伪政权负责。因天津重要的经济地位,日军在天津并未大规模征派劳工。随着战争形势的恶化,日军在天津才开始征募劳工,但征募的劳工更多是为天津地区的日军修筑工事。从表面上看,募集的劳工可从伪政府或日军那里获得一定的报酬,似乎是一种交易活动,实则是日伪政权在天津各区强制摊派劳工数额,初期日军尚能支付一些报酬,后来,这些劳工所得报酬完全由各区公所向民众摊派。由于是强征以及就劳条件的恶劣,劳工逃亡问题十分严重。征募劳工对天津经济社会产生很大的负面影响。强征妓女同征募劳工有类似的地方。虽然妓女能获得一定报酬,但由于并非是妓女自愿,因此妓女对此有不满情绪,逃亡也就不可避免。妓女开始也可从日军那里得到一些报酬,但后来征调妓女的费用主要就由乐户公会负担,乐户公会将这些费用全部转嫁到全市妓女的身上。在推行烟毒问题上,日伪政权推行弛禁政策,实际是纵容烟毒的流行。后来虽然采取禁毒的政策,实际则是"名禁实弛"。日伪政权通过推行烟毒政策,获得大量税收资金,从而支援了日本的侵略战争。富有正义感的日本学者江口圭一指出:"日本的鸦片政策是日本国家的犯罪,它表明了日本对中国的战争是多么肮脏。这种国家犯罪是兴亚院与傀儡政权及军方的有关机关直接导演的"。① 除了募集劳工、烟毒、征调慰安妇之外,日伪政权还积极协助日本的侵略战争,贪腐、敲诈市民,迫害同胞,刺杀爱国志士。日伪政权的恶行可谓是罄竹难书。

战后日本国内对侵略战争的罪责问题,一直存在两种不同理

---

① 吕天石、肖红松:《沦陷时期天津烟毒问题探析》,《抗日战争研究》2016 年第 4 期。

念认识的分歧。一种是反省战争责任，揭露日本对外发动侵略战争的罪行；一种是极力掩盖战争罪责，鼓吹大东亚战争的合理性，否认侵华罪行，拒绝反省、道歉。通过充分挖掘史料驳斥不承认侵略战争的观点，是历史研究者的重要职责之一，尊重客观史实，坦然面对一个民族、国家丑恶的过去，是现代人文明的标志。从日本及伪政权在天津的所作所为看，任何否认日本侵华罪行的言行都是站不住脚的。

第六章 天津日伪政权与英租界的关系
——以 1939 年英日冲突为例

抗战初期,日本对租界的政策是"目前为避免与第三国发生纠纷,暂不插手租界"。① 随着时间的推移,国共两党利用英法租界为掩护,进行抗日活动,逐渐威胁到日伪政权的统治,"暂不插手"的政策随之发生改变。自抗战开始后,隐匿于外国租界之下的国共反日事件频发。伪维新政府成立一年以来,因上海英法租界当局包庇,致维新政府所属官吏被暴徒戕害者,200 余人之多。② 1938 年 4 月 12 日,日本当局希望第三国"急速通告在黄河、扬子江间第三国人所有财产之位置及标帜。使党军万勿接近第三国人,万勿使党军滥用第三国国旗"。③ 1938 年 5 月 4 日,华北日军发表声明,"严禁外人庇护党军,凡敌对者决不予宽容"。④ 日本以"倘援助党府,香港必危"委婉之辞警告英国,对法国亦极力指摘经越南输送

---

① 日本防卫厅战史室编、天津市政协编译组译:《华北治安战(上)》,天津人民出版社,1982 年,第 57 页。
② 季啸风、沈友益主编:《中华民国史史料外编——前日本末次研究所情报资料(中文部分)》第 67 册,广西师范大学出版社,1996 年,第 110 页。
③ 同上,第 35 页。
④ 同上,第 146 页。

武器,表示欲爆击滇越铁道。① 在天津英法租界、上海的公共租界内,很多新闻杂志利用租界的特殊地位进行反日宣传。1939年4月12日,日本驻沪领事要求公共租界当局"关于治安维持,有具体化之成立谅解,且必须互相协同,以严重取缔租界内新闻杂志",租界工部局佛兰克林(Franklin)"对此深为谅解,当将承诺之旨答复,此后并就共同取缔事件,极力帮同办理"。② 4月14日,日本驻沪总领事先后向英美驻沪总领事面交外交文书,"要求严重取缔英美各国籍之新闻杂志"。③

鉴于此,日本对在华外国租界的态度悄然发生改变。1939年5月,《东京朝日新闻》就租界问题发表看法,"租界问题解决方式有三:第一策为由中国新政权收回租界。第二策为改订土地章程,使即应新事态。第三策为租界构成照现状,列国协力于新事态发展。因列国并租界当局认识不足,第三策归于失败。在日本至诉诸第二策,此方策如不得列国同意,势之所趋或遂不得不诉诸第一策"。④ 很明显,日本是通过新闻界表达处理租界的意见,以向英法等国施压。日本的政治人物亦就租界问题向外界表达观点。日本外务省河相情报部长表示:"鼓浪屿、上海、天津等公共或单独租界性质,不过为中国主权受关系国行政的限制而已。租界决非领土,因此中国主权并未丧失,在其范围内主权,陷于不活动状态,其土地虽在各国行政圈内,而主权并未消灭。现在战争状态下,占领地域内之中国主权,既在日本支配下,则无论任何租界,亦在日本支

---

① 季啸风、沈友益主编:《中华民国史史料外编——前日本末次研究所情报资料(中文部分)》第66册,广西师范大学出版社,1996年,第366页。
② 同上,第147页。
③ 同上,第157页。
④ 同上,第189页。

配下乃当然者。中国在租界出以武力的行动时,日本对此加以排除,因无足怪也。抗日恐怖行为,排日文书宣传等为现在情势下中国军事行动之一部,甚为明了。要而言之,则日本直接以军力排击此等抗日势力,乃当然之处置,不许外国容喙干涉"。① 在天津,国共特工利用租界不断制造袭击日伪要人的事件,先后发生王竹林与程锡庚遇刺案件。日军以程锡庚遇刺案为借口,开始封锁英法租界,至此日本与英国的关系发生重大变化。日伪政权与英租界的关系根本上是英日两国关系的反映,日伪政权并未得到英国的承认,因此在重大外交问题的处置上,日本代替伪政权与英国进行谈判。当然日伪政权与英租界因同处一地,相互之间不可避免地会有一些接触,双方的关系经历了一定的演变。

第一节 日伪政权与英租界的互动

天津沦陷后,日本建立的傀儡政权随即成立,日伪政权与英法租界当局之间的交涉即已开始。双方之间既有唇枪舌剑,也有互动合作。

日军攻击天津时,英租界与第一区交界毗连各路口,英工部局均安设铁丝电网及障碍物。海大道交界处设置铁门,东面一扇侵入第一区管界范围之内。1937年9月,经区公署主任曹槱与英租界当局的"严重交涉",各路口铁丝电网及障碍物全部撤去,仅余海大道交界路口铁门一处,及海河路铁丝网一段尚未拆除。至10月1日,英租界当局将东面侵入特区管界铁门一扇撤去,仅余洋灰门

---

① 季啸风、沈友益主编:《中华民国史史料外编——前日本末次研究所情报资料(中文部分)》第67册,广西师范大学出版社,1996年,第188页。

柱2支。① 1937年秋,英商赛马时,英租界工部局在马场道附近加派华捕流动岗十余处,停赛后并未撤除,至1939年3月仍有华捕岗位四处。伪市公署指出:"马场圈马路系属中国辖境,贵租界工部局在该处派设岗警,实属侵损中国主权",提出"请贵总领事顾念双方友谊素笃,希即转饬工部局将派在该处岗警一律撤除,由本市警察局派警保护"。② 接函后,英国驻津总领馆训令英租界工部局"撤除派警",同时希望"天津特别市公署确保英国工部局维持该路及路上所立电灯杆线等不发生任何困难"。③ 对于英国当局"允即撤除"的表态,伪天津市长表示:"是徵睦谊,嗣后该道由本公署派警设岗守卫,及保护附近居留之贵国侨民生命财产一节,本市长职责所在,自当负责办理"。④

面对日本及伪政权的重重压力,英法租界当局在很多关涉抗日活动的取缔、抗日教材的更换等问题上不得不做出妥协。1937年9月28日,因"英法租界内出售小型报章,记载谣言,眩惑人心,颇与治安有关",天津市治安维持会请英法租界当局"予以协力取缔,以正观瞻"。10月2日,法国领事回函称:"关于反对公安一切行动,本领事未待贵会通知即在法租界禁止,随函附送布告一纸,其日期可使贵委员长对于此事安心。贵委员长所提报纸一节,不甚明显。自7月事变以来,在法租界内就本领事所知之报纸只系

---

① 天津特别市政府:《特一区呈为报与英租界交界路口电线电网障碍拆除情形等由》(1937年9月),天津市档案馆藏,1-3-2-65。
② 天津特别市公署:《为请撤除马场道地界巡捕致英国驻津总领事官公函》(1939年3月10日),天津市档案馆藏,J0001-3-012433-016。
③ 天津英国总领事馆:《为撤除马场道巡警并请确保该路段电杆电线安全等致天津特别市公署函(附外文)》(1939年3月13日),天津市档案馆藏,J0001-3-012433-017。
④ 天津特别市公署:《为马场道派警已撤出及令案办理维护电杆电线等事致英国驻天津总领事官函》(1939年3月16日),天津市档案馆藏,J0001-3-012433-018。

反对中央政府之宣传,诚属妄举或并可为纠纷原因。贵委员长所谓或指此项宣传而言,如以必要可请由本领事对于此项宣传加以相当取缔,所有对方宣传隐密流行之新眷写物,并非在法租界刊行,本领事曾经禁止,故本领事仅守中立,对于任何政治团体在法租界内为活动根据者,加以反对,因其均非妥适,于必要时将予以制止"。法国租界当局的布告颁发时间为1937年8月13日,早于天津市治安维持会的来函。该布告主旨为"所有一切政治煽动及一切公私会议均行正式严加禁止。凡有妨害公安行为与态度者立即送交中国公安局,如房东与重要租户庇护避难人民,或住户之煽动分子不将其所在或其非举报告法国当局,则以从犯论,应与罪犯一律处罚。倘视为必需即将段内完全腾清并将居民驱逐中国地内,所有界内居民应与法国当局连带负责,望该居民人等对于法国当局加以信任,并与合作,以便制止一切煽惑"。10月6日,英工部局警务处处长邓尼士(Dunnis)回函称:"最近六七星期以来,敝处对于此类不良报纸之小贩取缔綦严,拘捕罚办者甚多,所售报纸亦被没收焚毁。良以当此时局,此等报纸每易发生不良影响,激起仇视之心,敝局自不能任其在界内存在"。① 英法租界工部局出于自身利益的考量,在取缔抗日活动,维护界内治安方面竭尽全力。1939年,英租界警务处的报告称:"中日事变状态依然影响所及无所不至,尤于本界警政为甚。警务处对于保持严守中立态度暨取缔界内抗日行动已竭力办理,所有无捐照小报,概已禁止。举凡查有抗日行动人氏咸经缉捕拘押,本租界各处不分昼夜并有特派检查队执行搜查侦缉妨碍地方治安分子,凡于本界住户安居乐业有

---

① 天津特别市政府:《函各领事工部局为租界内出售之小报记载谣言眩惑人心请取缔》(1937年9月),天津市档案馆藏,1-3-2-133。

所裨益诸端,警务处已尽力将事"。① 自天津沦陷后,英法租界内各级学校仍采用抗日、排日性质的教科书。日本驻津总领事向租界当局提出抗议,要求予以取缔。英国租界当局通知界内各级学校,嗣后不得再行采用排日、抗日一类的教科书籍。②

租界当局从现实利益的角度出发,在不少牵涉中国利益的问题上,向日伪政权让步。英法租界当局将国民政府交通部电话局移交日伪政权即是实例之一。天津沦陷后,天津电话局总局及三局在英租界,四局在意租界,日伪政权并未控制。日人势力圈内的电话网与租界的并不接线通话,纯为两个机构,日伪无法干涉。日伪当局多次企图接管电话局,遭到中国工作人员的坚决抵制。局长张子奇称:"两年多来,敌人对话局千方百计,威逼利诱,绑架惨杀,无所不用其极"。同时受到"某领事不合理的劝导。你们政府力量,愈离愈远,似不应冒偌大的危险再事抗拒。今日事实政府业已产生,为减除租界困难计,话局已到移交事实政府时期"。③ 此处"某领事"显然是英国驻津领事,可见英国驻津当局的态度。1939年,英法意三国领事及租界工部局对张子奇婉辞劝诱,要求其将话局自动交给各领事,由各租界工部局组织特别委员会保管。在日方的威胁之下,1940年9月30日,英法意租界当局与日方签订协议,将交通部天津电话局及英法意租界电话管理权,移交日方。中国外交部指责"天津英法意等租界工部局此项举动,系属违法,不独有损我国权益,违反合同义务,亦且有背接受委托代为保管之责",并声明"上述电话局移交,不能发生法律上之效力,我政府仍

---

① 天津市档案馆编:《英租界档案》第11册,南开大学出版社,2015年,第5095页。
② 《津英法租界各校决排除不良教材》,《新天津报》,1939年2月26日,第8版。
③ 润一:《访问天津电话张局长归来》,《抗战与交通》1940年第38期,第736—737页。

保留关于本案所有一切权利"。①

　　日伪政权与英法租界当局虽有互动,但因英国并未承认伪政权,双方同处津市,难免在交往中产生一些纠纷。1939年4月,伪天津特别市公署外事处发现英租界内发行一种"反动日刊",言论悖谬。外事处派员与英租界工部局警务处交涉,请其严予取缔。伪市公署要求英租界当局"言行相顾,实行禁绝该项反动刊物,万勿以书面答复为满足"。②从日伪当局的函件中足以看出对租界当局的不信任与不满。1938年5月,英租界工部局交通视察麦根西(Mckenzie)致函伪市公署,"1938年5月3日,有贵公署1235号汽车在达文波路279号门前,将喇叭继续为不必要按动,有违交通规则,请查照予以注意"。伪市公署表示:"本公署汽车捐牌并无此项号码,是日亦无至达文波路者,即请改询河北省公署等机关,以资辨明"。③ 1940年6月2日,天津市社会局第1037号汽车在英租界孟买道由东向西开行,司机在英国医院附近陆续不断使用喇叭,英工部局交通督察指出,"此项行动妨害本局交通规则第18条",并要求社会局"严加注意"。社会局"已严饬各车司机注意"。④ 在日伪政权与英法租界当局的交涉中,这种看似很小的问题频繁发生。此类事件虽不能对双方关系产生太大影响,但足以说明彼此间的

---

① 《天津电话局事,我向英法意严重抗议,不承认移交为合法,保留该案一切权利》,香港《大公报》,1940年10月4日,第3版。
② 《市长为正确民众思想,交涉取缔反动性刊物,希英租界当局认真协力》,《新天津报》,1939年5月7日,第3版。
③ 天津特别市公署:《关于查本署汽车捐牌并无1235号码请改询河北省公署机关致英国工部局的函》(1938年5月27日),天津市档案馆藏,J0001-3-001028-002。
④ 英工部局交通督察:《关于社会局1037号汽车在英租界英国医院附近连续不断使用喇叭此行为违反教育规则请严加注意的函》(1940年6月5日),天津市档案馆藏,J0001-3-001028-003。

第六章　天津日伪政权与英租界的关系——以1939年英日冲突为例　　339

芥蒂,也能反映出双方关系的现状与走向。

日伪政权官员的接连被暗杀是双方关系恶化的重要原因。1938年12月28日,天津市商会会长王竹林在法租界被狙击殒命。案件发生后,伪天津特别市公署函请法总领事馆"饬租界当局限期缉凶就获,引渡法办,并请克日答复在案。迄今将届两月,凶犯尚未就获,未接答复,致令凶犯在逃,实觉不无遗憾"。伪市公署还致函英租界当局,要求"对于界内居住要人,予以负责保护,并希望协助取缔反动分子,勿使丛生意外,以维治安而敦睦友谊"。① 1939年3月1日,伪市公署再次致函英租界当局,指出"1939年1月,本署据调查报告,有反动分子范东升来津秘密工作。贵租界内39号路三益里7号设有无线电机,业经调查真确,范某闻风远遁。查获无线电机一架,现已解送引渡,事实俱在。查有电波来往,按电流考查,多在英法两租界内。最近两租界内复屡次丛生重大杀伤案件,更见贵总领事对于界内潜伏扰害治安分子,未予认真严厉取缔,已甚显明。贵总领事历次表示至未能实践,正有事实可证",并要求其"饬属彻底肃清,并随时严加取缔,勿使其有所凭借,良善徒增危险痛苦"。② 3月11日,英国驻津总领事回称:"市长函称英国租界内有关,已采取一切可能方式维持租界治安"。关于王竹林被刺于法租界案,"此事当由法租界当局负责,但以余个人认识,认为法界警察当局已作有效努力侦缉,但无论如何英界警察当协力法警共同缉凶,并尽力供给法警一切侦缉材料"。关于英界39号路三益里七号有秘密放送无线电一事,"余曾作详细之检讨市府来

---

① 天津特别市公署:《为保护租界内要人及取缔反动分子等致英国驻津领事官公函》(1939年2月24日),天津市档案馆藏,J0001-3-012431-002。
② 天津特别市公署:《为肃清反动分子严缉戕杀王会长逃犯归案致英国驻津总领事官公函》(1939年3月1日),天津市档案馆藏,J0001-3-012431-001。

函,认为完全错误。据原函谓有刘东林及其家眷在去年初起,即赁居该处,查该房并无分租别人,范东生亲族亦未住该处,且范氏名姓于刘氏家族中亦不认识,无线电放送机于该处亦未见,其他疑点亦未发现"。关于共同防止取缔英界中反动抗日分子一事,"本租界中对于有不法行为及危害日人生命之事,已筹划取缔与防范,且近日英工部局中已大为加强警察实力,用以保护租界内安全。现已组成两巡查车、武装齐全警士巡缉于英界中。余信英界中人民安全保障,与在中国及英国皆同,凡谓与此相反者,是皆嫉恨此问题之事实"。① 双方之间的意见分歧足以说明彼此芥蒂甚深。

日伪政权对来往天津的英国舰船一向予以密切监视。1938年9月12日,一艘英国兵舰由塘沽来津,伪市公署要求警察局"饬属注意该舰行动,并于来津时具报",指出:"该舰既由塘沽来津,海上警察局何以不报,应由该局转饬声复"。② 对于英国舰船来津及离津的情况,警察局除报告伪市公署外,还要告知日军驻津当局。海上警察局驻大沽口第一巡艇队长李兆英报告称:"9月20日下午二时有英国军舰一艘进口,现停泊塘沽太古码头。该舰有官兵80余员名,装备大炮三门"。警察局除"通知友邦及令饬该局注意该舰行动,随时具报"。③ 对英国舰船的监视主要由海上警察局负责。1939年6月,局长李福林要求属下"对于英法军舰及商轮进口、出口及一切行动,尤须特加注意并随时派舰出海侦查,如有发现务必

---

① 驻津英国领事馆:《关于对王竹林被刺提出抗议的答复(附日文)》(1939年3月11日),天津市档案馆藏,J0001-3-012431-005。
② 市公署:《关于英国兵舰来津情况的指令》(1938年9月12日),天津市档案馆藏,J0001-3-000797-008。
③ 警察局:《关于海上警察局报英国军舰二艘进入情况的呈》(1938年9月26日),天津市档案馆藏,J0001-3-000797-005。

立即报告"。① 从查阅的档案资料看,日伪海上警察局对英舰的监视十分严密,只要有英国舰船出入天津,就有相关的报告呈递给伪市公署和日军驻津当局。

第二节 日军对英租界的两次封锁

抗战初期,日本对租界的政策是"为避免与第三国发生纠纷,暂不插手租界"。② 随着形势的变化,日本"暂不插手"的政策悄然发生改变。1938年12月4日,日本驻津当局与英法租界当局会谈时,提出"日方应在英法租界内有警察权,中国银行存银应交日方保管,英法租界应承认华北准备银行纸币"。12月16日,日文《上海日报》称:"当局决定以渐进办法,清理租界问题"。③ 该报因有日方背景,极有可能是经授意发表,意在向外界阐明,日方已经考虑采用"渐进办法"对租界加以限制了。日本的政治人物亦就租界问题向外界传递信息。日本外务省河相情报部长将上海、天津等地租界的性质,确定为"不过为中国主权受关系国行政的限制而已"。战争状态下,"占领地域内之中国主权,既在日本支配下,则无论任何租界,亦在日本支配下"。④ 某种程度上,日本政客的观点代表了日方对租界的态度。

---

① 天津特别市海上警察局局长李福林:《所得各方面情报一件理合填具事由》(1939年6月24日),天津市档案馆藏,J0001-2-000015-045。
② 日本防卫厅战史室编、天津市政协编译组译:《华北治安战(上)》,天津人民出版社,1982年,第57页。
③《津两租界陷孤立,X侨及官吏突然撤退,界内商业已完全停顿》,香港《大公报》,1938年12月18日,第3版。
④ 季啸风、沈友益:《中华民国史史料外编——前日本末次研究所情报资料(中文部分)》第67册,广西师范大学出版社,1996年,第188页。

由于租界在华的特殊地位，日伪行政权和日本军事力量均不能延伸至英法租界，天津沦陷后，租界成为抗日策源地。鉴于此，1938年12月18日，天津日军防卫司令部开始对英法租界实施第一次封锁，"每日下午六时至翌晨六时为戒严时，凡在戒严时间欲入英法租界者，一律须有通行证。日军每晚在法国桥布防，搜查往来中外人民"。① 通行证由伪警察局负责向市民分发。对于核发通行证一事，伪市公署要求伪警察局"详拟办法，于便利一般安善良民之中，仍注重考核限制之意，以杜冒滥而免流弊"。② 伪警察局特拟具"核发出入英法租界通行证办法"，严格规定通行证的发放条件和程序。通行证的使用意在限制国共人员出入租界。国共特工并未等而视之，而是积极活动以获取通行证。1939年1月4日，伪警察局密报，"党府反动分子拟对本局所发通行证设法领取，并以党府反动派中面生无可猜疑分子，作为领取通行证之人"，局长周思靖提醒"发给通行证负责人员注意"。③ 封锁给民众出入租界造成极大不便。中医公会会长陈曾源不无抱怨，"属会同人每日赴各租界诊病，至检查地界，行人太多，异常拥挤，检查既过，而原乘之车仍不得过，颇感困难"。④ 通行证数量有限，普通市民很难领到。伪警察局承认"通行证额数极少，限制甚严，请领人须居住华界而在英法租界开有大商店，或居住华界而在英法租界各大机关充高

---

① 《津租界恶化，X伪竟采取强硬手段，图压迫租界当局让步》，香港《大公报》，1938年12月19日，第3版。
②④ 天津特别市政府：《警察局关于印制出入英法租界通行证各种表件等的呈文和该署的训令》(1939年3月)，天津市档案馆藏，1-3-7-11259。
③ 日伪天津市警察局：《关于办理出入租界通行证禁止儿童游泳民众团体成立等训令》(1938年至1942年)，天津市档案馆藏，218-3-6-7428。

级职员者方为合格"。①

日军封锁英法租界本是为制止所谓暴力事件,但暗杀事件并未因封锁而有所减少。1938年12月28日,天津市商会会长王竹林在法租界遭袭身亡。伪天津市长潘毓桂指责英法租界当局,"对于界内潜伏扰害治安分子,未予认真严厉取缔"。② 英法驻津总领事异常愤怒,抗议日军封锁,日本总领事以"英法租界为抗日分子之巢穴",表示会"彻底取缔,严行检查"。③ 日军从1938年末起,开始限制通往英法租界的交通,1939年2月解除。日方虽采取各种防范措施,但天津的社会治安终未好转。

1939年4月9日,伪联银天津分行经理程锡庚在英租界遇刺身亡,成为日军对英法租界实施第二次封锁的借口。6月13日,天津日军防卫司令本间晴雅宣布,"自次日起封锁租界,对于进出租界的人士、车辆、船舶均实行检查"。同时要求"英方放弃支持蒋介石政权的政策,不得庇护英租界的抗日分子,不再支持法币和阻碍联银券的流通"。④ 6月14日,除在指定通行英法租界路线外,其余各路口任何人一律不准通行。指定路线通行时间及车辆种类:万国桥,通行时间上午六时至晚十二时,载客载重汽车、马车、自行车等(往返);山口街,上午六时至晚十时,自行车(由法租界至日租界);旭街,上午六时至晚十时,载客汽车、自行车(往返);芙蓉街,

---

① 日伪天津市警察局:《关于办理出入租界通行证禁止儿童游泳民众团体成立等训令》(1938年至1942年),天津市档案馆藏,218-3-6-7428。
②《市署函英法当局务获戕击王竹林之凶犯》,《新天津报》,1939年3月3日,第3版。
③《津×对两租界压迫手段愈强烈,外籍居民痛苦不堪,英法领抗议无结果》,香港《大公报》,1938年12月22日,第3版。
④《大日本军天津防卫司令官布告》(1939年6月13日)、《在天津日本军事当局谈》(1939年6月13日),《现代史资料(13)·日中战争(5)》,みすず书房1973年版,第200-202页。

上午六时至晚十时,自行车(由日租界至法租界);英国马场道,上午六时至晚十时,载客载重汽车、马车、自行车(往返);□□,上午六时至晚十时,载客汽车(由特一区至英租界);中街,自上午六时至晚十时,自行车(由英租界至特一区)。① 封锁给民众留下深刻印象。亲历者高景云称:"那时的检查口可复杂了。他们搭两个席棚子,男的走这边,女的走那边,这个门进,那边门出,在席棚子里搜腰"。② 封锁由日军主导,伪警察予以协助。日军在伪警察局第六分局佟楼桥设置检问所,由分局派24名官警协助。③

日军的检查主要针对英国公民,除严加询问,遍身搜查外,并查验证明文件。普遍的规矩是按先后顺序,依次轮到,日军士兵常把英国人从队伍中拉出赶到末尾,有的轮到了,却不搜查,先搜查站在他后面的人。④ 沿海河运往租界的粮食,常被巡逻的日军轮船截回。英租界工部局主席狄巴(Deba)称:"日本河道封锁,业已证明完全生效"。⑤ 为强化封锁,日军在英法租界正面张设铁丝网电线,自6月19日下午一时起,通以电流。⑥ 通行时间与路线予以更为严格的限制,"通行许可时间从午前六时至晚十时,改为至晚八时半止,缩短一个半小时;山口街道禁止通行;旭街禁止由日本租

---

① 《英法租界今日起实行封锁》,《新天津报》,1939年6月14日,第3版。
② 高景云:《津城闹水,百姓遭灾》,载郭文杰《八年梦魇——抗战时期天津人的生活》,天津古籍出版社,2016年,第6页。
③ 天津特别市政府:《电华北政务委员会为报天津英法租界解除检问地方安谧情形》(1940年6月),天津市档案馆藏,1-2-1-458。
④ 韬奋:《日寇在天津的横行》,《全民抗战》1939年第76期,第1090页。
⑤ 召君:《日本封锁天津英租界》,《东方杂志》1939年第36卷第14号,第90页。
⑥ 《加强封锁阵,租界全正面铁丝网,昨午后起均通电流》,《东亚晨报》,1939年6月20日,第2版。

界赴法租界"。① 天津爆发洪灾时,封锁依然如故,"日本人的电网没用了,在原来的铁丝网上面又做了一层"。② 封锁租界并非禁止一切物资输入,而是加以严格限制。对于"此次盘问检查损害第三国权益,更行禁止搬入粮食"的指责,日军回应称:"关于搬运粮食,固竭其所能,以谋便利"。③ 日军封锁是有选择的,为诱使劳工退出租界,对由租界出境劳工检查较为放松。④ 为显示所谓仁爱之心,日军当局允许贫民迁出租界,要求检查人员倘遇贫民迁移时,务须予以便利。⑤

封锁导致租界内物价上涨,与租界外的日常生活品价格形成鲜明对比,促使商民通过各种方式将物资运入租界以赚取差价。高景云称:"租界的菜价高,进不去菜车。晚上就偷偷地往那边运白菜,有的时候干脆往那边扔菜,里边的接过来,上租界卖去"。⑥ 李希闵也有类似的回忆,"拿棍捅,东西装在纸盒子或拿草编的蒲包里,然后系上,捅过去,那边的人先不能出来接,捅过去就在那搁着,晚上再去拿。再有就是现在的拉萨道和四平道交口,那地方可以'偷'送东西。法国警察受老百姓的委托,在那接东西"。⑦《东亚晨报》报道称,"封锁英法租界,青菜突然暴涨,不晓事理之中国商

---

① 季啸风、沈友益:《中华民国史史料外编——前日本末次研究所情报资料(中文部分)》第92册,广西师范大学出版社,1996年,第354页。
② 高景云:《津城闹水,百姓遭灾》,载郭文杰《八年梦魇——抗战时期天津人的生活》,天津古籍出版社,2016年,第4页。
③《杉山最高指挥官谈日本无收回租界意》,《东亚晨报》,1939年6月20日,第2版。
④ 莘:《时评:天津事件的推演》,《时事半月刊》1939年第2卷第15—16期,第4页。
⑤《租界劳工,市署谋救济办法》,《新天津报》,1939年6月21日,第3版。
⑥ 高景云:《津城闹水,百姓遭灾》,载郭文杰《八年梦魇——抗战时期天津人的生活》,天津古籍出版社,2016年,第7页。
⑦ 李希闵:《亲眼见证,日本投降》,载郭文杰《八年梦魇——抗战时期天津人的生活》,天津古籍出版社,2016年,第149页。

贩,设法向租界内搬入青菜"。① 日军对法租界封锁较为宽松,从海河对岸意大利租界获得食品并无困难,因而能够向英租界提供一定数量的食品。② 日军封锁固然严密,但在各种力量的协作下,租界尚能维持基本运转。

日军第二次封锁英法租界时间之久,出乎各方预计。日军自1939年6月14日开始对英法租界实施封锁,至1940年6月20日解除,为时一年零六日。③ 英日在诸多方面存在不可调和的矛盾,冲突迟早会发生,程锡庚遇刺案只是为日本提供了一个借口。日军封锁英租界不只是为了引渡四个刺程嫌犯,而是要改变因侵华战争崩塌的列强在华旧秩序。封锁并非完全隔绝,只是限制通行。民众没有坐以待毙,而是积极开展自救。他们通过各种方式往租界内运入物资,从而保证了租界勉强维持运转。

第三节 英日冲突及各方应对

英日冲突的导火索是程锡庚遇刺案。1939年4月9日,伪中国联合准备银行天津分行经理程锡庚在英租界大光明影院观剧时,遭狙击殒命。伪临时政府向英法租界工部局提出四项要求,"将狙击程氏犯人引渡,与禁止法币流通。更将租界内中国各银行的现银引渡,并协力于临时政府通货政策,以及租界内中国银行钱

---

① 《津市蔬菜商贩不入英界》,《东亚晨报》,1939年6月19日,第2版。
② 中国社会科学院近代史研究所译:《顾维钧回忆录》第三分册,中华书局,1985年,第479页。
③ 日伪天津市警察局:《各分局呈为解除英法租界封锁保安巡逻取缔及春节戒备等卷》(1940年1月至1940年11月),天津市档案馆藏,218-3-5-5098。

庄管理。为关于临时政府政策,有反对宣传言动者弹压取缔也"。①1939年6月25日,王克敏到天津,就伪临时政府"对于英法租界当局四项要求之意义,加以阐明",并表示"将来有任何困难,亦须坚持到底,以期贯彻政府之既定方针"。② 7月初,伪临时政府向英法当局提出5项要求,"租界内恐怖及共产分子,应立即引渡于临时政府;于临时政府通货政策应加协力,更应与临时政府协力禁止租界内流通旧法币,且协同搬出现银;于租界内中国方面银行钱庄及商店公司加以检查取缔,应加协助;与临时政府政策违反设施、言论、行动、出版物等,应严重取缔;为确保履行以上四项及期待今后取缔实效起见,在租界内应协同取缔"。③ 伪临时政府并未获得英法等国的承认,因此对其声明与要求,英法租界当局均未作出回应。英日冲突意味着英租界当局与日伪政权之间关系的恶化。程锡庚案成为日伪政权与英租界当局关系的转折点,之前双方虽有矛盾,但尚能协商解决,而此案发生后,双方可以说是剑拔弩张。

一、伪政权的策应

1. 抗议与声援

程锡庚遇刺身亡后,伪临时政府要求英租界工部局"将狙击程氏犯人引渡,禁止法币流通;租界内中国各银行现银引渡,协力临时政府通货政策;关于临时政府政策,有反对宣传言动者弹压取缔"。④ 1939年6月25日,王克敏到天津,要求"将来有任何困难,

---

① 《临时政府决贯彻要求》,《新天津报》,1939年6月27日,第2版。
② 《租界短评》,《新天津报》,1939年6月29日,第3版。
③ 《临时政府发重大声明》,《新天津报》,1939年7月3日,第2版。
④ 《临时政府决贯彻要求》,《新天津报》,1939年6月27日,第2版。

亦须坚持到底,以期贯彻政府之既定方针"。① 英法租界当局未对伪临时政府的要求作出回应。为呼应伪临时政府,伪天津市长温世珍抗议英国驻津总领事,"发生当众刺杀高级官吏案件,足证不法分子在英租界横行无忌更甚于前"。② 当英方捕获 4 名暗杀嫌犯后,伪天津市公署催促"从速引渡,以惩凶顽而保治安"。当引渡受挫,温世珍指责英租界工部局"不认识新东亚大势,抹杀新中国实质,一味固执其旧观念与策略,不断对新中国作种种梗阻"。③ 为表示对日本的支持,1939 年 7 月 15 日,温世珍致电日本政府各部主要长官,"敬希发挥新秩序精神,作划时代之折冲"。④

2. 安定民心

6 月 14 日,伪市公署发布公告,要求"市民行动须特加检束,勿故相惊扰,以妨碍公安,不得轻率出入英法租界,以加重在勤友军劳苦"。⑤ 粮食为民生必需之品,伪市公署禁止商人"囤积操纵及高抬价格"行为,要求警察局"严密调查,倘有故违,定予严惩"。⑥ 针对"各同业公会多有通告各商涨价,如理发、澡堂等均较前高昂"的情形,6 月 17 日,伪市公署要求各同业公会,"一律撤销通告,恢复原价,以防弊端"。⑦

---

① 《租界短评》,《新天津报》,1939 年 6 月 29 日,第 3 版。
② 季啸风、沈友益:《中华民国史史料外编——前日本末次研究所情报资料(中文部分)》第 67 册,广西师范大学出版社,1996 年,第 150 页。
③ 中共天津市委党史研究室、天津市档案馆、天津市公安档案馆:《日本帝国主义在天津的殖民统治》,天津人民出版社,1998 年,第 320—321 页。
④ 天津特别市政府:《情报》(1939 年 7 月),天津市档案馆藏,1-3-2-11。
⑤ 天津特别市公署:《布告市民于日军当局施行检查时期行动务各特加检束》(1939 年 6 月),天津市档案馆藏,J0001-2-000015-005。
⑥ 《隔绝租界交通,严禁粮商囤积》,《新天津报》,1939 年 6 月 18 日,第 3 版。
⑦ 《本市各同业公会通告,各业商号涨价》,《新天津报》,1939 年 6 月 18 日,第 3 版。

3. 反英运动

日伪政权成立天津市反英最高委员会,7月25日,召集各同业公会举行会议,决定"尽量从事实践反英工作宣传工作；各同业公会领导所属会员参加不买卖英货同盟；组织纠查队；劝告与英人作事或交易会员立即辞职,并不与其交易；劝告会员及各界人士不准买卖英制纸烟"。① 7月27日,天津市商会要求各商号"所有现存英货,应由各同业公会从速照表查填,送交登记。另规定单独出售办法,不得再行私购英货。已批定期货,迅即解除契约,由本会函知之日起,不得再行续订英国货物"。② 实际情形是"据实填报者固不乏人,但惑于私利未能切实履行者亦复不少"。③ 为维护自身经济利益,不少商民并未响应日伪政权"不买卖英货"的号召。

在日伪政权的操控下,各社会团体实施诸多反英举措。6月26日,华北新民同义道德协会要求会员"均不得居住租界,如有原住于英租界内者,限期设法一律搬出"。④ 7月21日,天津新民旅栈业分会通过八项反英要案。天津中华海员协会筹组反英会,通过五项反英议案。各社会团体、民众的反英活动似乎开展的热火朝天,其实不过是虚张声势。反英运动表面上由日伪政权主导、策划,实际幕后的操纵者是日本人。6月26日、7月3日,天津陆军特务机关要求社会局,"嘱令商业团体对反英应有表示,即由商会组织反英大会,并领导各同业公会亦各有反英运动之表示,必须切实

---

①③ 天津特别市政府:《情报》(1939年7月),天津市档案馆藏,1-3-2-11。
② 天津市档案馆、天津市社会科学院历史研究所、天津市工商业联合会:《天津商会档案汇编·第四辑(1937—1945)》,天津人民出版社,1997年,第1418页。
④《同义道德会通电决彻底反英》,《新天津报》,1939年6月27日,第3版。

去做,倘有思想行动上表示不纯实者,各该负责人应受精神上之痛苦"。①

从经济层面而言,与英法断绝关系,对与英法租界有密切商业往来的人或团体势必造成巨大冲击,用政治动员方式推动反英显然不现实。1939年6月20日,新民会天津都市指导部公函天津商会,"本部所属旅栈业分会昨召开反英演讲大会,据关系方面传说,贵会对全体旅栈业此举似表不满"。此项指责令天津市商会"良深诧异,不胜引为遗憾",并予以反驳,"传闻之言,原无损于本会正大之旨,诚恐蜚语流传,致滋误会"。② 反英运动波及正常的商业活动,无论是商会还是商户有所不满甚或出现消极抵制不足为奇。

4. 鼓励商民迁出租界

1939年6月7日,伪市公署要求所属各机关职员,"凡居住英法两租界者,限令两日内,一律迁出,如有故违,决予处分"。③ 6月23日,伪市公署通告各社会团体成员,"凡在英租界住居者,自应一律迁出,以示团结"。伪市公署还呼吁租界内的中国商民迁出,表示"在勤友军,必能与政府协力,对迁出者,谋无上之便利",并保证"政府与友军对于识时爱国商人,必然奖誉保护之不暇"。④

自封锁后,租界工商业陷入孤立状态。伪天津特别市公署通告英法界内各工厂,"应即认清现势,权衡利害,速行迁出,以免自

---

① 天津市档案馆、天津市社会科学院历史研究所、天津市工商业联合会:《天津商会档案汇编·第四辑(1937—1945)》,天津人民出版社,1997年,第1416页。
② 同上,第1413—1414页。
③《市公署训令公务员迁出租界》,《新天津报》,1939年6月8日,第3版。
④ 中共天津市委党史研究室、天津市档案馆、天津市公安档案馆:《日本帝国主义在天津的殖民统治》,天津人民出版社,1998年,第322—323页。

误"。① 日伪政权还呼吁教育界人士脱离租界。《新天津报》发表"告英租界各校同仁",提出"一定给诸位有力的后盾,相信绝对可以获得政府当局的同情,而给诸位设法安插地位"。② 日伪政权专门成立天津市教育界反英委员会,"拟从事救济事业,凡租界内教育界人员,因迁出租界以致失业者均可设法予以安插,或施以相当救济"。③ 对于长期在租界居住、经商的民众,通过一纸命令就让其迁出,显然不现实。伪市公署各机关职员"遵令迁出者固属甚多,然阳奉阴违意存观望者,仍复不少"。④ 日伪当局虽作出保证,但能否落实颇令人怀疑,这是民众甚至是伪职人员裹足不迁的重要原因。

5. 禁入租界献艺

英法租界娱乐场所较华界为多,市民乐于前往娱乐,促进了租界繁荣。封锁租界后,日伪政权筹划适当对策,抵制租界娱乐活动。1939年6月30日,伪市公署通告天津市梨园公会及京津游艺员协会,"在租界问题未解决前,一律不准应约赴租界内献艺,如有意存观望者,定予严行处分"。英日东京会谈开始后,伪市公署再次通令"对于各种影片及一切伶人运进租界者,严行禁止"。⑤

6. 不买卖英货

1939年7月27日,为强化与英国断绝交易,彻底根绝英货起见,天津市商会要求"各商号所有现存英货,应由各该同业公会从速照表查填,送交本会登记,另由本会规定单独出售办法,不得再行私购英货。其已批定之期货,迅即解除契约,并由本会函知之日

---

①③⑤ 天津特别市政府:《情报》(1939年7月),天津市档案馆藏,1-3-2-11。
② 《告英租界各校同仁》,《新天津报》,1939年7月8日,第3版。
④ 《市公署训令公务员迁出租界》,《新天津报》,1939年6月8日,第3版。

起,不得再行续订英国货物,以示不买卖英国货物决心,藉促英国反省"。① 实际情形是"据实填报者固不乏人,但惑于私利未能切实履行者亦复不少"。② 在经济利益面前,不少商民并未真正响应日伪政权"不买卖英货"的号召。

7. 不与英方合作

中国内河航运公会是华北唯一的航运团体。1939年7月25日,该公会通告各会员一律拒运英货。② 天津英人开设的洋行及公司均聘有大批华籍职员。日伪政权采取劝说方式,并用威胁利诱的手段,使其脱离英国机构。7月28日,天津市反英最高运委会发表"警告济安自来水公司同胞书",盼大家自动离职,与国人合作反英,争取最后胜利。该会对义华洋行华人亦发出警告书,劝其对英实行断绝屠宰交易,以免将来受惩。④ 不少居住在华界的英租界工部局警察收到了无标记的恐吓信。信中威胁称,如果不辞职的话,他们及其家庭成员会遭到不测。⑤ 此类行为必是由日伪或日方人员操作。

二、日本的谋略

在沦陷区,有关第三国的活动和权益问题上,日军虽使第三国的活动受到制约,但仍然阻碍着日军作战行动及当地政策的执行。中国政府利用第三国进行反日活动,特别是各国的租界,成了争执

---

① 天津市档案馆、天津市社会科学院历史研究所、天津市工商业联合会编:《天津商会档案汇编·第四辑(1937—1945)》,天津人民出版社,1997年,第1418页。
②③④ 天津特别市政府:《情报》(1939年7月),天津市档案馆藏,1-3-2-11。
⑤ British Documents On Foreign Affairs:Reports And Papers From The Foreign Office Confidential Print,Part Ⅱ, Series E Asia, 1914—1939, Volume48 China, June1939—December 1939. University Publications Of America,P32.

的中心。在上海和鼓浪屿（厦门）公共租界中，经常发生针对日伪的暴力事件。程锡庚被刺身亡后，日本要求英国引渡刺杀程锡庚的嫌犯，6月6日，英国以证据不足为由，拒绝引渡四名嫌犯，但提出移交两名无关该案的嫌疑犯。① 天津英法租界位于中国北方，美国在此的利益相对较小，因此封锁天津英法租界，是日本当局为了减少国际压力而选定的突破口。在封锁英租界前后，为向英国施压，日本采取了诸多强硬措施。

1. 策动各地声援

封锁英租界后，日本策动沦陷区各级伪政权，向伪天津市公署表示支持之意。石门市长马鹤俦致电温世珍，表示"愿作后盾力求胜利，以示建设东亚新秩序之精神"。② 伪青岛特别市公署表示，"此次津市英租界当局支援党共，密纳匪徒，破坏东亚和平，扰乱华北秩序，诚为社会蠹贼，人类公敌"。③ 日本政府还策动日本各地声援天津当局。日本群马县政府致电温世珍，表示"阁下与各位之辛劳殊深感谢，祈向排击英国敌性逆行不动国策遂进"。④

2. 隔绝租界经济

为了显示日本居留民与政府之间的一致立场，日本当局要求其断绝与英租界的经济往来。日方各业者自动抵制英租界交易，

---

① British Documents On Foreign Affairs: Reports And Papers From The Foreign Office Confidential Print, Part Ⅱ, Series E Asia, 1914—1939, Volume48 China, June1939—December 1939. University Publications Of America, P31.
② 石门:《关于支持温市长反英的电》(1939年6月17日)，天津市档案馆藏，J0001-3-003417-005。
③ 青岛特别市公署:《关于支持政府反英电》(1939年6月18日)，天津市档案馆藏，J0001-3-003417-009。
④ 日本群马县:《关于支持温市长排击英国的电》(1939年7月)，天津市档案馆藏，J0001-003416-015。

拒绝向英租界运入棉花、棉线、棉布、皮革及其制品、兽毛。随着租界问题日益恶化，各商工公会亦有自行禁止其商品运入。除商品抵制之外，考虑租界内金融绝缘起见，正金银行天津支行自6月9日起已不接受英租界内银号、钱铺支付的支票。①

3. 向英国施压

日军封锁英法租界后，英国舆论和政要提出对日本实施经济制裁。天津日军防卫司令以"倘无美国协力参加，万难有何实效"，表示"虽或其果然对日加以经济封锁，亦毫不足恐"。② 表面上，日方不在意英国的经济报复。实际上，日本外相听取了贸易省的研究报告，并就该问题与之保持密切联络。③ 英租界工部局数次向日方提出会面要求，天津日军防卫司令"每次均予严词拒绝"。④ 日本军方向英方声言，"倘仍不彻底反省，决不惜牺牲一切，予以长期检查，或延长至一二年亦所不免"。⑤ 英国提出"以缓和封锁天津租界，为加入东京会议前提条件"时，日本给出"至盘问检查，不以东京会谈开会而稍弛缓"的回复。⑥ 日军未因即将开始的东京会谈而放松封锁，反而愈加严格。天津日军决定自7月1日或2日起，强化租界盘问检查。⑦ 日本向英国表示强硬态度的目的是向其施压，以便在谈判中赢得有利地位。对日军的行动，日本政府表示"始终支持督励驻外当局之措置"。⑧

---

① 《津租界问题险恶化，日商决与经济绝缘》，《新天津报》，1939年6月11日，第3版。
②④ 《畅谈租界问题》，《新天津报》，1939年6月18日，第2版。
③ 日本外务省调查部：《日本外交文書デジタルコレクション（日中戦争）》第4册，日本国际协会发行，2011年，第2513页。
⑤ 《租界封锁，不惜延长一二十年》，《新天津报》，1939年6月18日，第3版。
⑥ 《不因东京会谈而稍弛检问》，《东亚晨报》，1939年7月6日，第2版。
⑦ 《因英人手段狡猾，交涉前途难乐观》，《东亚晨报》，1939年6月30日，第2版。
⑧ 《日本五相会议支持驻外当局措置》，《新天津报》，1939年6月17日，第2版。

日本驻华领事表达对英强硬态度。日本驻北京公使加藤指出,"英国如不放弃本来之老狯术策,披沥诚意,则日英会谈成果不能有所期待"。驻津领事田中指责"天津英租界之现地英当局态度,自隔绝以来,毫无变化",警告"如不放弃抗日敌性,隔绝或将续行强化至一年二年"。① 日方反英宣传日渐严重。6月19日,日本特务向英租界中国巡捕散发传单,威胁"如不辞去租界巡捕职务,则对彼等及其家属采取某种行动"。② 正如时人所言,"日本的反英运动,实比较过去任何一次来得普遍、凶恶、毒辣"。③ 日本开展反英运动有多重目的,一方面消除英国在中国民众中的影响。另外,民众的反日情绪不可能随着日军占领而消除,"日方欲借此而改变反日情绪"。④

受美国废弃美日商约影响,英国拖延谈判,引起日本不满。天津日军当局指责英方"故意谋东京会谈之迁延,以便会谈于自国立场有利展开"。⑤ 天津日军代表□□部队长对外声称,"如再不能举行会谈,则决意离东京回归现地"。⑥ 日本政府指责英方"坐视迁延",威胁"惟有打破东京交涉,令现地代表归还,将日英会谈移于天津现地而已"。⑦ 为向英国施压,日本故技重施。7月31日,日本政府鼓动十数万东京市民示威游行,至英国驻日大使馆前,示以

---

① 《田中谈话》,《新天津报》,1939年7月2日,第2版。
② 召君:《日本封锁天津英租界》,《东方杂志》1939年第36卷第14号,第90页。
③ 高叔康:《日本的反英运动》,《民意周刊(汉口)》1939年第81期,第6页。
④ 《由"反英运动"谈到非法压制华文报》,《战时记者》1939年第1期,第91页。
⑤ 《津日军当局斥英骑墙政策,注视美方态度故意迁延会谈》,《东亚晨报》,1939年8月10日,第2版。
⑥ 《日现地代表将离日回津,对英态度表示遗憾》,《东亚晨报》,1939年8月10日,第2版。
⑦ 《东京会谈搁浅,日提二次警告》,《东亚晨报》,1939年8月11日,第2版。

"日本断难退却妥协"的意志。① 8月4日,天津500名市民在特三区举行反英示威游行,袭击英人商店、太古洋行。英国领事要求日方"设法取缔"。日本领事答称,"关于华人暴动事件,尚未接有详报"。② 此事件足以看出,因谈判拖延不决,日本的愤怒之情。

4. 孤立英国

日本及伪政权对英法的认识近乎一致,"利用中日交绥,施行以黄制黄之毒策,源源接济蒋政权,使事变延长不结"。③ 日本对英法都不满,因英国在华影响力更大,法国对华外交政策一直追随英国。日本将英国视作主要敌人,指责其"操纵事变而不惜以全中国人民为牺牲"。④ 日军虽同时封锁英法租界,却差异化对待两租界,与严密封锁英租界相比,对法租界的封锁相对宽松。日本军方宣称,"此次严重隔绝之措施以英租界为目标,法租界因与英租界毗连而遭波及,诚属不得已"。⑤ 封锁导致法租界"青菜、肉类、牛乳等缺乏,有日甚一日之倾向",法租界工部局请日方许可运入蔬菜,得到允准。⑥ 日方在报告中提到,"法租界蔬菜及猪肉,依据需求多少搬入",相较而言,英租界的日常食品"供应缺乏,法租界比之情况甚好"。⑦ 日本非常在意美国在天津租界问题上的态度,外务省专

---

① 《东京第二次反英大会》,《新天津报》,1939年8月1日,第2版。
② 《津民众反英游行义愤填膺》,《东亚晨报》,1939年8月5日,第2版。
③ 季啸风、沈友益:《中华民国史史料外编——前日本末次研究所情报资料(中文部分)》第67册,广西师范大学出版社,1996年,第110页。
④ 同上,第118页。
⑤ 《租界封锁,不惜延长一二十年》,《新天津报》,1939年6月18日,第3版。
⑥ 《法租界当局感激日方好意,运送蔬菜入界救济缺乏》,《东亚晨报》,1939年6月20日,第2版。
⑦ 日本外务省调查部:《日本外交文書デジタルコレクション(日中戦争)》第4册,日本国际协会发行,2011年,第2523页。

门撰写观察报告。日本给予在津美国人良好待遇,如日本海军不检查美国商船,天津美侨可以自由行动。①

日本的政策并非要收回租界,华北派遣军最高指挥官杉山元表达了"固无收回租界之意",希望中外民众"不得不望姑忍一时"。② 天津日军防卫司令官向"第三国人及租界内良善华人"保证,"决于可能的范围中,使不便减少"。③ 日本政府亦阐明"保护第三国人生命财产并权益尊重之方针,毫不变更"。④ 为获得国际舆论的支持,日本军方数次表示,"目睹租界居民 15 万余众,遭受百物腾贵,菜蔬缺乏之影响,实不胜同情之至"。⑤ 日军对英国人的限制则十分严格。日方虽宣称,"限制食品供应,虐待和侮辱英国公民并非日本政府的目的",英国外交大臣哈利法克斯予以反驳,"日方正在继续敌对行动"。⑥ 日军此举是在贯彻孤立英国的策略。正如时人所言:"日本仿学了德意在欧施用的离间民主国的策略。美国的反日态度较之英国尤见积极,但日本对英和对美的态度却完全不同"。⑦

三、英国的应对之策

欧洲舆论界对日军封锁英租界颇感震惊。1939 年 6 月 15 日,

---

① 高叔康:《日本的反英运动》,《民意周刊(汉口)》1939 年第 81 期,第 6—7 页。
② 《杉山最高指挥官谈日本无收回租界意》,《东亚晨报》,1939 年 6 月 20 日,第 2 版。
③ 《畅谈租界问题》,《新天津报》,1939 年 6 月 18 日,第 2 版。
④ 《日本五相会议支持驻外当局措置》,《新天津报》,1939 年 6 月 17 日,第 2 版。
⑤ 《租界封锁,不惜延长一二十年》,《新天津报》,1939 年 6 月 18 日,第 3 版。
⑥ British Documents On Foreign Affairs: *Reports And Papers From The Foreign Office Confidential Print*, Part Ⅱ, Series E Asia, 1914—1939, Volume48 China, June1939—December 1939. University Publications Of America,P33.
⑦ 方曙:《沦陷区的反英运动》,《民族公论》1939 年第 2 卷第 2 期,第 158 页。

很多英法报纸在头版用大字标题予以报道,认为"这是一起严重的事件"。① 英国舆论群情激昂,呼吁对日采取强硬措施。有英国议员建议:"以经济的报复而威胁,否则如对天津问题让步,是即失掉英国在远东之权利"。② 英国政府有意传递制裁日本的舆论,以便向日本施压。首相张伯伦(Chamberlain)在下议院暗示,除非日本解除封锁,否则对日本进行经济报复。③ 日本驻伦敦的报纸认为英国会报复日本,"商务部传称,已对具体案有所着手检讨"。④ 在新闻媒体的推波助澜下,英国社会形成对日经济制裁的舆论声浪。有英国报纸保持冷静,《纪事报》建议"不可实行对日经济封锁"。⑤

英日争执焦点开始集中在刺程四嫌犯引渡问题上,英国政府主张"组建一个由英日美三方构成的独立委员会调查此事件"。随着事态发展,日本已不再将引渡四名嫌犯作为解除封锁的条件,而是要求英国"在建设东亚新秩序上与日本合作"。6月17日,英国向日本传递"考虑采取积极措施,保护英国在华利益"的信息。⑥ 面对国内舆论压力,6月19日,哈利法克斯(Halifax)召见日本驻英大使,抗议"日军对英国公民增加的检查措施",认为组建"一个独立调查委员会的建议是合理的,希望日本政府采纳"。日本大使不赞同"组建调查委员会的建议,因为引入第三方的做法将事态扩大

---

①③ 中国社会科学院近代史研究所译:《顾维钧回忆录》第三分册,中华书局,1985年,第476—477页。
② 《津日当局强硬决意》,《新天津报》,1939年6月30日,第2版。
④ 《租界问题或将重大变化》,《新天津报》,1939年6月16日,第2版。
⑤ 《英报纸评论对日封锁乃不可能之事》,《东亚晨报》,1939年6月27日,第2版。
⑥ British Documents On Foreign Affairs: Reports And Papers From The Foreign Office Confidential Print, Part Ⅱ, Series E Asia, 1914—1939, Volume48 China, June1939—December 1939. University Publications Of America, P20-21.

第六章 天津日伪政权与英租界的关系——以 1939 年英日冲突为例　　359

化了,且将使处理地方事件变得更加棘手"。① 6 月 23 日,哈利法克斯(Halifax)向日本大使表明"不希望恶化当前形势"的态度。同时要求日方"立刻改变对英国臣民人身侮辱或歧视的指令"。②

英国驻津当局多次抗议日军封锁。日军搜查英国国民,而其他国家的国民免于检查。6 月 15 日,英国驻津总领事贾米森(Jamieson)要求日方"立刻采取行动,确保此类搜查不再发生"。③ 翌日,贾米森(Jamieson)抗议日方,"禁止物资,尤其禁止食料运入租界,颇不便利"。④ 6 月 21 日,贾米森(Jamieson)就日军"限制和歧视英国国民,扣留并强行登上英国轮船,给英租界工部局警察恐吓信,妨碍食品供应"等,向日方再提抗议。日方回以"英国公民对日本哨兵采取不友好态度",对于食品供应,"表示不会干预"。⑤ 对于英方抗议,日本的回应明显是在敷衍。为缓和英日紧张关系,英租界当局对租界内国共特工加以限制。《东亚晨报》称:"河北、山东两省以下华北各地蠢动之败残匪人,已顿见不能再活动,此盖因日本当局检问检索结果"。⑥ 该报的说法虽不无夸张,但租界封锁确实使国共的抵抗活动受到极大抑制。

英国各界多主张对日强硬,亦有不同声音。英国驻日大使克

---

① British Documents On Foreign Affairs:Reports And Papers From The Foreign Office Confidential Print,Part Ⅱ,Series E Asia,1914—1939,Volume48 China,June1939—December 1939. University Publications Of America,P25.
② Ibid.,P33－34.
③ Ibid.,P15.
④ 《驻津日总领事一蹴英方抗议》,《东亚晨报》,1939 年 6 月 17 日,第 2 版。
⑤ British Documents On Foreign Affairs:Reports And Papers From The Foreign Office Confidential Print,Part Ⅱ,Series E Asia,1914—1939,Volume48 China,June1939—December 1939. University Publications Of America,P32.
⑥ 《华北各地党军残部压制于封锁阵下》,《东亚晨报》,1939 年 6 月 21 日,第 2 版。

莱琪(Craigie)与驻津总领事主张对日适当妥协。克莱琪(Craigie)警告"英日两国有陷入长期冲突的危险",建议"天津的四名嫌犯应尽快引渡,严守中立是必要的",且"应准备与日本政府讨论所有涉及天津事件的问题"。① 英国驻津总领事贾米森(Jamieson)希望"与现当局开直接折冲而收圆满之解决"。② 从维护英国利益的角度,贾米森(Jamieson)和克莱琪(Craigie)认为只有向日本作适度妥协,方能最大限度地保证英国权益。克莱琪(Craigie)向日方提出谈判建议,并提示日本外务大臣,"如果要价太高,谈判将会自动归于失败"。对于日方"禁止援蒋"要求,克莱琪(Craigie)保证,"谈判中总的政策会提到此点",表示"想解决天津事件,一个更为严格的中立构想将是必要的"。6月23日,日本外务大臣同意谈判建议,要求英方"放弃一直以来的援蒋政策,以便与日方的对华政策相向而行"。对此克莱琪(Craigie)"很高兴",表示"关注到日方提及的观点"。③

从现实国家利益出发,无论是英国首相还是外交大臣在表达强硬的同时,也不忘为英日关系转圜预留空间。在"设置共同委员会"的问题上,哈利法克斯(Halifax)并未过于坚持,"日本不接受这一建议,则必须寻求其他解决之道"。④ 为营造良好会谈氛围,首相

---

① British Documents On Foreign Affairs:Reports And Papers From The Foreign Office Confidential Print,Part Ⅱ,Series E Asia,1914—1939,Volume48 China,June1939—December 1939. University Publications Of America,P21-22.

②《英领希望和平》,《新天津报》,1939年6月16日,第2版。

③ British Documents On Foreign Affairs:Reports And Papers From The Foreign Office Confidential Print,Part Ⅱ,Series E Asia,1914—1939,Volume48 China,June1939—December 1939. University Publications Of America,P35-37.

④ Ibid.,P29.

张伯伦于 6 月 28 日要求英租界当局"今后当于自主之下保持中立"。① 以往英国人常因封锁与日方产生纠纷,东京会谈前,对于检查,"不似从前之不逊,虚构广播宣传亦已中止"。② 日方认为"英国当东京会谈之前,巧妙使用表里二面手段,企图使会议于自己有利展开"。③ 英方约束英国人的举措,是向日本示好,为会谈做好准备。在欧洲局势不断恶化的现实面前,英国须防范德国,没有力量再去对付日本。英国外交常务次官贾德干(Cadogan)对此有明确说明,"英国政府不能贸然分散欧洲的海军力量,从而削弱保证欧战胜利的攻击力量"。当顾维钧建议对日进行经济报复时,贾德干(Cadogan)认为"如果没有美国合作的保证,就不易使用这一手段"。④

为安抚国民政府,英国驻华外交官就英日谈判与之保持沟通。1939 年 7 月 18 日,英国大使馆驻渝办事处代表裨德本(Benedict)会晤杭立武,请其"将重庆方面对于英日谈判意见告彼",杭立武提出,"对英根本政策虽仍不致变更,但亦不能谓如何放心"。7 月 24 日,裨德本访问杭立武,就英日谈判,指出"英国政府不致对大问题有所让步",并询问"如何可使中国当局不致过虑",杭立武答以"倘所公布仍属含糊,则应由英国政府向我国作具体之表示"。7 月 25 日,英国将英日谈判公布原则送达中方。裨德本(Benedict)询问对

---

① 《东京交涉商定大纲,细则仍归现地折冲,英首相前日在下院说明,今后租界决当保持中立》,《东亚晨报》,1939 年 6 月 30 日,第 2 版。
② 《国人陆续迁出租界,共产分子停止活动》,《东亚晨报》,1939 年 7 月 14 日,第 2 版。
③ 《津现地英当局又施狡计,减少对日之直接摩擦,导东京会谈于己有利》,《东亚晨报》,1939 年 7 月 10 日,第 2 版。
④ 中国社会科学院近代史研究所译:《顾维钧回忆录》第三分册,中华书局,1985 年,第 495—496 页。

此原则的意见,杭立武提出"希望能照昨谈办法请卡尔(Carl)大使再向英政府建议,另予我国以明确之保证"。英国驻华大使卡尔(Carl)亦深恐"此项原则或使中方相当失望,已建议英政府予以确实之保证"。裨德本两次向杭立武说明,英国驻华使馆认为英日商定原则丝毫不变更以前情形,即"战争"与"中立"两名词均避免引用。① 7月28日,国民政府收到英国政府对中国政策不变更保证文电。

日军封锁租界后,英国游说美国,希望获得支持。美国助理国务卿韦尔斯(Wells)认为,"天津问题仍然是英国与日本间的地方问题,其中根本不牵涉美国利益,而英国领事却不必要地过分强调了重要性"。② 基于此,美国政府"尚无考虑与英国协同动作之事"。③ 东京会谈自1939年7月15日开始,有关原则问题于7月22日达成协议。随之美国宣布废除美日商约,英国提出"禁止法币流通和移交现银意味着英国政策的根本改变,并且对第三国也有深刻影响,因而不能同意"。④ 8月21日,会谈破裂。英国明显是在借助国际势力,谋求在会谈中于己有利地位。二战爆发后,英国政府鉴及国际情势,对日英关系,提出改善希望。⑤ 顾维钧极为忧虑,"担心战

---

① 中国第二历史档案馆:《中华民国史档案资料汇编》5辑2编外交(1册),江苏古籍出版社,1997年,第567—569页。
② 中国社会科学院近代史研究所译:《顾维钧回忆录》第三分册,中华书局,1985年,第485页。
③ 《美对津案希望,由现地作稳和解决》,《东亚晨报》,1939年6月20日,第2版。
④ 日本防卫厅战史室编、天津市政协编译组译:《华北治安战(上)》,天津人民出版社,1982年,第197页。
⑤ 《英将考虑对日妥协案》,《新天津报》,1939年10月27日,第2版。

争对英、法的远东政策产生不利于中国的影响"。① 欧洲政局的演变对英国的远东政策的变化起到促动作用。英日东京谈判虽然暂归失败,但双方的外交接触一直在持续。

四、美法等国的态度

抗战爆发后,日本虽一再表示"第三国的权利将会得到尊重",但美国对此不无忧虑。② 日本侵华与美国的"门户开放"政策相左,美国政府深表不满。因国内孤立主义盛行,起初日军封锁英法租界,美国政府并未在意。国务卿赫尔（Hull）声言,"美国政府认此事件为地方问题,委诸驻外当局之折冲,而无干预之意",③同时表示,"关注的是在更广泛层面,事态发展的性质和意义,以及日本在中国其他地区的言行"。④ 美国驻法代办威尔逊（Wilson）不赞成英国对日本实施经济制裁,"如果英国要求美国政府事先同意对日本采取经济行动,以全面保卫外国在中国的权益,美国政府将不会同意"。⑤ 美国对天津租界问题并不热心,法国外长博内推测,"美国在天津没有租界,所以就不能像在上海那样坚决地同英法合作"。⑥从美国政治人物的言论看,他们认为此事与美国关系不大,根本无

---

① 中国社会科学院近代史研究所译：《顾维钧回忆录》第四分册,中华书局,1985年,第16页。
② United States Department of State/Foreign relations of the United States diplomatic papers,1939. The Far East(1939),p352.
③《美了解问题之本质,抱持静观态度》,《东亚晨报》,1939年6月17日,第2版。
④ British Documents On Foreign Affairs:Reports And Papers From The Foreign Office Confidential Print, Part II, Series E Asia, 1914—1939, Volume48 China, June1939—December 1939. University Publications Of America,P24.
⑤ 中国社会科学院近代史研究所译：《顾维钧回忆录》第三分册,中华书局,1985年,第477页。
⑥ 同上,第501页。

意干预,而是采取静观其变的策略。

东京会谈从1939年7月15日开始,有关原则问题于7月22日达成协议。英日谈判取得初步进展,使美国对日本的态度发生变化。7月26日,美国外交部照会日本大使馆,声明废止一九一一年美日商约,六个月后失效。① 王世杰认为"此事可予日本及日英东京谈判一打击"。② 果不其然,英国对日态度发生骤变,东京谈判很快陷入僵局。随着日本在华势力的扩张,美国对日态度发生微妙变化。10月28日,罗斯福(Roosevelt)指示驻日大使格鲁(Gru)向日本政府表明,"美国要求并希望日本改变其远东政策"。③ 1940年1月26日,美日商约正式废止,美国政府"未允续订"。④ 罗斯福(Roosevelt)告知来访的蒋介石特使颜惠庆和驻美大使胡适,"废除和日本的通商条约,不仅是为了警告日本,也是告诫英国和法国不能出卖中国"。⑤ 美国政府通过废约,希图牵制日英会谈。顾维钧和法国驻中国参赞认为,废除商约意在对外传递"美国不愿向日本屈服,并愿支持英国"的信息。⑥ 在国际外交关系中,美国始终不愿意两大强国过于接近,以推行平衡外交战略。汪伪国民政府成立后,美国不予承认,并声明"美国政府当然继续承认受到绝大多数中国

---

① 曹伯言:《胡适日记全编(7)》(1938—1949),安徽教育出版社,2001年,第257页。
② 王世杰:《王世杰日记手稿本(1939年1月—1940年12月)》第二册,中央研究院近代史研究所,1990年,第122页。
③⑤ 中国社会科学院近代史研究所译:《顾维钧回忆录》第四分册,中华书局,1985年,第144页。
④ 王世杰:《王世杰日记手稿本(1939年1月—1940年12月)》第二册,中央研究院近代史研究所,1990年,第218页。
⑥ 中国社会科学院近代史研究所译:《顾维钧回忆录》第四分册,中华书局,1985年,第515页。

人民的支持和爱戴的国民政府为中国的唯一合法政府"。① 英日谈判的进展,使美国深感英日关系的改善,对自身不利,遂改变冷眼旁观的态度,转而支持中国,向英日施压。

抗战爆发后,法国援助国民政府,引起日本不满,不断对法施压。自广州陷落后,法国"倾向严守中立,对日表示好意,且希望事变得急速解决"。② 1938 年 11 月,法国政府禁止国民政府的汽车进入法属越南。国民政府认为此举"实较日本所要求者更进一层"。③ 因法国对华态度的转变,日法关系相较英日关系要好得多。

日军封锁法租界之前,日本驻法代办通知法国外交部,"日本打算在天津采取一些限制性的措施",并解释封锁法租界的实情,"由于法国租界与英国租界比邻,有必要同时封锁法国租界"。日本驻津当局向法租界当局宣称,"这个问题仍然是英国同日本之间的地方事件问题"。④ 法租界虽被封锁,但法租界工部局与日方保持沟通与合作。法日租界连接的万国桥、旭街、芙蓉街,法工部局巡捕与日方协力整理通行民众。⑤ 法租界工部局表达理解日军举动之意,"于今次之隔绝问题,为大日本帝国军事当局公正的措置"。⑥

---

① 中国社会科学院近代史研究所译:《顾维钧回忆录》第四分册,中华书局,1985 年,第 235 页。
② 季啸风、沈友益:《中华民国史史料外编——前日本末次研究所情报资料(中文部分)》第 66 册,广西师范大学出版社,1996 年,第 366 页。
③ 同上,第 470 页。
④ 中国社会科学院近代史研究所译:《顾维钧回忆录》第三分册,中华书局,1985 年,第 479 页。
⑤《法租界当局力持镇静态度,与日方协力整理街道交通,反映英人之焦躁不宁》,《东亚晨报》,1939 年 6 月 17 日,第 2 版。
⑥《英立场益行陷于孤立》,《新天津报》,1939 年 6 月 18 日,第 2 版。

由于法日关系的微妙,当顾维钧劝说英法合作对付日本时,法国外交部秘书长莱热认为,"法国政府没有必要采取任何步骤来表示与英国政府的团结一致"。① 外交部长博内态度有所不同,"如果英国由于天津事件决定对日本采取经济制裁,法国政府将会采取一致行动,以示与英国的政治团结"。② 法国政要的表态一定程度上是在应付中国外交官,因为封锁租界并未对其利益产生重大影响,这使得法国没有理由与日本闹僵。许多法国政要认为,天津危机可能是终将爆发的欧洲战争序曲。法国外长明白"日本的行动是在与德国和意大利的共谋下进行的,而天津的局势与欧洲的局势密切相关"。③ 自天津局势紧张以来,法国就将美国的参与和合作视为对付日本的重要一环,"英国和法国在远东所采取的任何行动,除非有美国的合作保证,否则都不会有效"。④ 面对日本的进逼,作为长期盟友,博内向英国保证合作之意,"法国政府愿意与英国一致行动",并向其建议"美国的合作是必要的"。⑤ 法国担心英国政府改变中国政策,要求"对涉及在华利益的事务上与之保持沟通"。⑥ 法国之所以向英国表示合作意愿,主要是因为担忧英国对华政策的改变影响法国利益。

二战爆发后,法国的态度发生微妙变化。外交部亚洲司副司

---

① 中国社会科学院近代史研究所译:《顾维钧回忆录》第三分册,中华书局,1985年,第479页。
② 同上,第486页。
③ 同上,第485页。
④ 同上,第480页。
⑤ 同上,第484页。
⑥ British Documents On Foreign Affairs:Reports And Papers From The Foreign Office Confidential Print,Part Ⅱ,Series E Asia,1914—1939,Volume48 China,June1939—December 1939. University Publications Of America,P35.

长肖维尔推论说,"鉴于国际形势,法国和英国最终将交出他们的租界"。① 正是基于现实考量,在天津租界问题上,法国与日本保持友好态度。为安抚国民政府,法国驻华大使向其说明:"在日本军领地,与日本方面及新政权方面谋取协调,在现实事态,实属不得已"。② 法国的策略是不得罪任何一方,以图维护在华利益。

五、国民政府的举措

面对日军封锁英法租界,国民政府并未等闲视之。6月14日,中国外长警告英法美等国,"若一味放任,使其得以凭借暴力遂其目的,则将来各国在日军占领区内之权利,前途实极不堪设想"。③ 6月15日,蒋介石约徐永昌研判其结果,认为"英美现属一致,敌对美已有顾忌,对英恐是虎头蛇尾了事"。④ 实际结果出乎蒋介石意料。蒋介石重视美国的态度,希望其对日强硬。6月17日,蒋介石要求胡适正告美政府,"对敌封锁天津英租界事不可认为局部问题,应有严正之表示,以断绝敌威胁恫吓之妄念"。⑤ 同日,国民政府外交部请美国政府"劝英国勿轻让步"。⑥ 6月21日,蒋介石向英美提议"续开九国公约会议,商定共同维护九国公约办法,并以

---

① 中国社会科学院近代史研究所译:《顾维钧回忆录》第四分册,中华书局,1985年,第76页。
② 《法国对远东方针,不与英苟同,对日本及新政权谋取协同,驻华大使曾向党府表示》,《东亚晨报》,1939年7月5日,第2版。
③ 召君:《日本封锁天津英租界》,《东方杂志》1939年第36卷第14号,第87页。
④ 徐永昌:《徐永昌日记》第5册,中央研究院近代史研究所,1991年,第78页。
⑤ 张世瑛:《蒋中正总统档案:事略稿本42补编》,国史馆印行2015年版,第848页。
⑥ 王世杰:《王世杰日记手稿本(1939年1月—1940年12月)》第二册,中央研究院近代史研究所,1990年,第101页。

解决津英租界案"。①

中国外交官积极活动,向英国陈明国民政府的态度,同时争取美国参与到对日斗争中。6月16日,驻法大使顾维钧会见美国驻巴黎代办威尔逊(Wilson),"希望美国政府支持英国,并显示出对日本形成了联合阵线"。② 6月20日,驻英大使郭泰祺拜访哈利法克斯(Halifax),陈明"中国政府将天津事件视作他们自己正在战斗的一部分,并且时刻准备以任何方式与英国政府合作"。哈利法克斯(Halifax)承诺,"将会把天津事件的进一步重要发展情况通告郭泰祺"。③ 为防止英国与日本妥协,郭泰祺正告英国,"要是日本坚持英国在政策方面作更大的让步,英国就不能屈服"。④ 6月27日,顾维钧拜会英国外交常务次官贾德干(Cadogan),建议英方对日采取经济报复措施,认为此举"将对日本的态度产生有益的作用"。⑤

很多中外人士认为日军封锁英法租界有国际背景。顾维钧认为,"柏林——罗马轴心要日本在远东制造一种紧张局势,以便牵制英国在欧洲的行动自由"。法国外长博内也认为,"日本的行动是在与德国和意大利的共谋下进行的,而天津的局势是与欧洲的

---

① 王世杰:《王世杰日记手稿本(1939年1月—1940年12月)》第二册,中央研究院近代史研究所,1990年,第103页。
② 中国社会科学院近代史研究所译:《顾维钧回忆录》第三分册,中华书局,1985年,第477页。
③ British Documents On Foreign Affairs: Reports And Papers From The Foreign Office Confidential Print, Part Ⅱ, Series E Asia, 1914—1939, Volume48 China, June1939—December 1939. University Publications Of America, P28-29.
④ 中国社会科学院近代史研究所译:《顾维钧回忆录》第三分册,中华书局,1985年,第481页。
⑤ 同上,第495—496页。

局势密切相关的"。① 日军封锁英法租界,与德意两国并无多大关系。日本只是为了自身利益,不可能考虑到欧洲局势。只不过事件发生正是欧洲局势紧张之时,使不少政治人物将两者联系在一起。顾维钧利用此点共识积极斡旋法国政府,"希望法国政府能与英国合作"。② 7月5日,顾维钧会见法国外长博内,"希望法国政府向英国政府施加影响,并强调在即将来临的东京会议上对日本采取强硬政策的必要性"。③ 不管效果如何,中国外交官在英法美等国的说服工作值得称道。

英法意德四国在捷克斯洛伐克代表缺席的情况下签订《慕尼黑协定》,将苏台德地区割让给德国,此事被称为"慕尼黑阴谋",对世界局势产生深远影响。英日谈判后,国民政府担忧英国政府"始终不脱现实主义外交之冷淡态度,对于中国事变,亦将行使故技"。④ 英国将英日谈判经过随时通知美法政府,胡适致电国民政府提出,"亦可以最诚恳负责态度要求英国随时将谈判经过通知我国"。⑤ 1939年7月29日,杭立武致电英国驻华大使卡尔(Carl),提出"甚盼关于天津地方事件谈判,遇重大问题,传达我方,我方自当负严守秘密之责"。⑥ 英日达成初步协定后,引起中国各界不满。

---

① 中国社会科学院近代史研究所译:《顾维钧回忆录》第三分册,中华书局,1985年,第485页。
② 同上,第479页。
③ 同上,第501页。
④ 季啸风、沈友益:《中华民国史史料外编——前日本末次研究所情报资料(中文部分)》第67册,广西师范大学出版社,1996年,第119页。
⑤ 曹伯言:《胡适日记全编(7)》(1938—1949),安徽教育出版社,2001年,第256页。
⑥ 中国第二历史档案馆:《中华民国史档案资料汇编》5辑2编外交(1册),江苏古籍出版社,1997年,第570页。

7月29日,中共中央提出"集中力量打击张伯伦的投降政策"。① 顾维钧不无失望,"不管英国的意图如何,它的这一行动只会鼓励在中国的日本人和欧洲的侵略势力"。② 蒋介石亦很愤怒,"任何协定如不得中国政府之承诺,无论在法律上、事实上均丝毫不能生效"。③ 为维护中英关系大局,国民政府外交部要求郭泰祺评论这项协定的基调为,"竭力压制不满情绪"。④ 从初步协定来看,似乎仅是原则上的规定,对中国损害不大。正如美国驻法大使蒲立德(Bullitt)所言,"协定中的几乎每一句话,双方都可以根据自己的见解加以解释"。⑤

欧洲局势的恶化困扰着中国领导人,他们担心"大不列颠和法国可能被迫与日本达成某种理解;这些民主国家可能放弃在沦陷地区的殖民地和租界;他们甚至被日本强迫而不得不关闭运输中国物资和军火的印度——支那和缅甸公路"。⑥ 7月27日,蒋介石致函罗斯福,请求"对日实施经济报复,望本年之内美国能采取切实行动。万一欧战爆发,希望美国能设法拉住英法,使不与日本妥协"。⑦ 国民政府甚至建议授权美国远东海军总司令与英

---

① 中央档案馆:《中共中央文件选集》第十二册,中共中央党校出版社,1991年,第151页。

② 中国社会科学院近代史研究所译:《顾维钧回忆录》第三分册,中华书局,1985年,第510页。

③ 章伯锋、庄建平:《抗日战争(第四卷)》外交(上),四川大学出版社,1997年,第657—658页。

④ 中国社会科学院近代史研究所译:《顾维钧回忆录》第三分册,中华书局,1985年,第514页。

⑤ 同上,第510页。

⑥ 曹伯言:《胡适日记全编(7)》(1938—1949),安徽教育出版社,2001年,第297页。

⑦ 王世杰:《王世杰日记手稿本(1939年1月—1940年12月)》第二册,中央研究院近代史研究所,1990年,第122页。

国合作,指派美国大使与英国合作处理当地局势并亲自访问天津。① 此建议虽不合时宜,但足见国民政府对此事的关注。为了中国抗战事业,蒋介石希望美国介入英日冲突,来牵制英日。欧战爆发后,顾维钧担忧战争对英法的远东政策产生不利中国的影响,向莱热面交一份备忘录,中心意旨为"中国政府准备在法国进行对德战争中,向法国提供人力和物资的援助"。②

此外,国民政府策动民众团体声援英法当局及租界民众。行政院社会部部长谷正纲提出"请中央确定办法,密令各战区政治部暨各省市党部,策动所辖民众团体,采取一致行动,用民外交方式,致电天津慰问及声援,加深英法及暴敌之矛盾"。蒋介石认为"所陈甚有见地,应即迅速照办为要"。随后,国民政府策动各民众团体声援天津租界。6月27日,浙江省人民抗敌自卫委员会等数十团体致电天津英法总领事,"望贵国政府从此认识日寇真相,加强经济制裁之决心"。③ 各战区政治部致电"天津同胞及友邦侨民,敬致深切之慰问与声援。致电英法友邦朝野,除对不妥协致无限制同情与敬意外,并请立即实施经济报复办法"。④

日军封锁英法租界,牵涉中国的重大利益关切,在维护国家主权和利益方面,国民政府相当努力,但限于自身实力,往往又表现出无力与无奈的态势。

---

① 中国社会科学院近代史研究所译:《顾维钧回忆录》第三分册,中华书局,1985年,第489—490页。
② 中国社会科学院近代史研究所译:《顾维钧回忆录》第四分册,中华书局,1985年,第216页。
③ 中国第二历史档案馆:《中华民国史档案资料汇编》5辑2编外交(1册),江苏古籍出版社,1997年,第66—67页。
④ 同上,第69页。

第四节 日英谈判

东京会谈前,英日两国即已开始进行频繁的接触,以探听彼此的意图。

一、东京会谈前的英日交涉

英租界当局及英国政府屡向日本当局申陈各项条理,努力企以外交之折冲而行解决之。① 1939 年 6 月 19 日,英国外交大臣哈利法克斯(Halifax)约见日本驻英大使,就天津租界问题举行会谈。哈利法克斯(Halifax)希望于可能范围内迅速圆满解决事件,提言由两国现地当局于当地取密切之联络而折冲之。② 日本大使对英方"提言仲裁委员会,以第三国之介入"的主张表达不满之意。哈利法克斯(Halifax)表示:"英国亦不固执仲裁委员会案之旨,就犯人引渡有充分再考虑之用意"。日本大使承诺"将其趣旨传达本国政府",但也指出:"英政府如固执援蒋政策之结果,徒引长战争之点,要望始终出以中立之态度"。③ 同日,英国驻津总领事向日本总领事表示:"日本军之盘问检查,对英国人特别严重,英国人身受与其他第三国人之待遇显著差别。租界内食料,今已发生困难,菜蔬肉类、牛乳等,尤见缺乏"。英国驻津总领事要求日方"缓和检查"。日方予以拒绝,"此次盘问检查,系隐忍日重之断然的方法,故始终照既定方针迈进"。④

---

① 《租界事件经过》,《新天津报》,1939 年 6 月 18 日,第 2 版。
②③ 《英方希望现地解决》,《新天津报》,1939 年 6 月 21 日,第 2 版。
④ 《津英总领事显示软态,要求缓和检查》,《东亚晨报》,1939 年 6 月 20 日,第 2 版。

《新天津报》称："关于天津英租界问题，英国政府仍在彻底观望于当地解决中。因之英天津总领事对天津日方现当局之用意，已有询察，结果已判知日方态度极为强硬，一时绝难如意。英政府当局乃舍弃当地交涉之希望，改希于日本东京以外交方式进行"。① 《东亚晨报》亦称："英国政府关于租界问题，希望现地解决，乃使詹米逊天津总领事，探听日方现地当局之意向，但因探知日方态度极形强硬，终难办到，已将此意通知其本国政府，英政府乃决定舍去就地解决之希望，改在东京以外交交涉"。② 英国政府确实希望将天津危机作为地方事件由天津英日当局处理，但由于日本已经将此事件扩大为要求英国对华政策的调整。在英日交涉地点的选择上，英国也希望选定在东京。克莱琪（Craigie）主张："双方谈判以尽快达成协议。为实现这一目的，英日驻华代表赴东京"。③ 6月20日，克莱琪（Craigie）致电哈利法克斯（Halifax），主张谈判应在东京进行而非天津，是基于三点原因，"1. 平静的气氛，以及日本政府相较天津军事当局而言，所秉持的更为温和的态度。2. 英国驻津总领事只能和受军方操控的日本同僚进行谈判。3. 当然，一旦就原则问题达成协议，细节问题可能也会得到解决"。④ 英国政府接受克莱琪（Craigie）的建议，向日方提议在东京进行谈判。6月23日，日本外务大臣向克莱琪（Craigie）声明："日本政府已经认真

---

① 《天津英日领事均定于今日赴东京》，《新天津报》，1939年6月29日，第2版。
② 《日政府应英方要求津案移至东京交涉》，《东亚晨报》，1939年6月29日，第2版。
③ British Documents On Foreign Affairs: *Reports And Papers From The Foreign Office Confidential Print*, Part II, *Series E Asia*, *1914—1939*, *Volume48 China*, *June 1939—December 1939*. University Publications Of America, P22.
④ Ibid., P30.

考虑你的谈判建议。至于施加于英租界的军事封锁,完全是为了回应军事的需要。在采取这些措施之时,当地日军小心谨慎,并未有目的地妨碍租界居民的生活、个人自由和食品供应,谈判的开始将使这些措施得到有效节制。由于英国给予蒋介石的援助,当前中国事务已经进入无法解决的泥潭。我国一致要求,英国放弃一直以来的援蒋政策,以便与日方的对华政策相向而行"。① 对于"日本政府同意接受就天津问题,在东京进行谈判的建议",克莱琪(Craigie)"很高兴",表示"关注到日方提及的观点"。②

6月24日,克莱琪(Craigie)在致哈利法克斯(Halifax)的电文中提到,"谈判期间,限制性措施会以我们要求的方式,变得宽松。我确信对英国公民的搜查和其他令人反感的行为不仅不利于谈判的成功,而且会使其需要无法得到满足"。克莱琪(Craigie)向日本外务大臣指出:"如果日本政府的要价太高,通过谈判解决的方式将会自动归于失败"。③同日,克莱琪(Craigie)再次致电哈利法克斯(Halifax),"在说服日本驻华军队同意谈判方面,日本政府遇到很大困难"。对于日本外务大臣"禁止援蒋政策"要求,克莱琪(Craigie)保证,"谈判中总的政策中提起这一点没有问题"。他指出:"如果想解决天津事件,一个更为严格的中立构想将是必要的"。④

为营造良好的会谈氛围,英国首相张伯伦(Chamberlain)于6月28日表示:"英租界今后当于自主之下保持中立。英日谈判即

---

① British Documents On Foreign Affairs: *Reports And Papers From The Foreign Office Confidential Print* , Part Ⅱ , Series E Asia , 1914—1939 , Volume48 China , June 1939—December 1939. University Publications Of America,P35.
②③ Ibid.,P36.
④ Ibid.,P37.

将开始,不幸事件当然减少"。① 以往英兵、英人常因封锁或其他原因与日伪产生纠纷,在东京会谈前大为减少。日本方面认为:"英国当东京会谈之前,巧妙使用表里二面手段,企图使会议于自己有利展开"。② 英国人对于检查,不似从前之不逊,虚构广播宣传亦已中止,只欲使东京会谈有利展开,而出以慎重。③ 与英国态度相反,日本则向英国展现强硬姿态,以对其施加压力。天津日军决定自7月1日或2日起,强化租界之盘问检查。④ 当英国向日本提出"以缓和封锁天津租界,为加入该会议前提条件"时,日本拒绝英方缓和封锁的要求,"现在对天津英租界之措置,乃立于维持华北治安必要的根据之上,故与东京会谈之开会,并无任何直接关系"。⑤ 天津日军防卫司令表示:"至盘问检查,则不以东京会谈开会而稍弛缓"。⑥ 天津日军不仅未因即将开始的东京会谈采取放松封锁的措施,反而愈加严格,这与克莱琪(Craigie)的设想出入颇大。

日本当局还策动民众进行反英运动,东京的排英大会将"愿我当局以要求英国放弃援蒋政策,为东京会谈之绝对的先决条件。倘英国不承认右之要求时,愿使会谈即时决裂"的决议送至英国驻日使馆。⑦ 在沦陷区,日本策动民众举行反英运动。日本试图通过

---

① 《东京交涉商定大纲,细则仍归现地折冲,英首相前日在下院说明,今后租界决当保持中立》,《东亚晨报》,1939年6月30日,第2版。
② 《津现地英当局又施狡计,减少对日之直接摩擦,导东京会谈于己有利》,《东亚晨报》,1939年7月10日,第2版。
③ 《国人陆续迁出租界,共产分子停止活动》,《东亚晨报》,1939年7月14日,第2版。
④ 《因英人手段狡猾,交涉前途难乐观,以不变决心采严厉监视态度,津日当局昨日发表》,《东亚晨报》,1939年6月30日,第2版。
⑤ 《封锁租界与东京会谈并无直接关系,如英不承认日本根本主张,则缓和事态要求决加拒绝》,《东亚晨报》,1939年7月6日,第2版。
⑥ 《不因东京会谈而稍弛检问》,《东亚晨报》,1939年7月6日,第2版。
⑦ 《日内地纷开大会,排英怒潮激化》,《东亚晨报》,1939年7月14日,第2版。

加强对天津英租界的封锁,以及策动反英运动向英国施压,以便在会谈中占据有利地位。英国之所以会采取措施,向日本示好,是基于外交谈判的一贯做法,同时也与英国面临的压力有关。英租界民众希望以东京会谈为契机,解决封锁问题。租界内的居民举出代表数人,访问英工部局,陈请从速收拾事态,扫除彼等生活之威胁。①

日本外相开始赞同局地解决,因为地方当局采取军事行动是为了维护这一地区的和平与金融稳定。② 不过,日方很快就改变了态度,并确立了英日交涉的基本原则为"现地及基本问题应并行讨论,反对英方不涉经济事项主张",同时"英国放弃援蒋态度,矫正对于东亚新秩序建设之认识,乃根本的必要"。③ 日本陆军省决以天津问题为契机,要求纠正英国对东亚新事态的根本认识,排除将来留为祸根的中间妥协方案。陆军省建议的谈判要点为:"1. 东京会谈时,宜纠正英国方面对东亚新事态之根本的认识,此为原则的问题。其次如引渡刺程犯人,及其他天津英租界内局部的问题等,应并行交涉。2. 设英国方面将会谈题目仅限于所谓局部问题,希图敷衍时,则军方不敢希望此次会谈之解决也。3. 封锁天津英租界一事,乃现地军当局由于自卫必要而实施者,故解除或缓和封锁与否,视现地当局之认定如何,然对于以解决或缓和租界封锁,为

---

① 《英界内居民访工部局,要求从速收拾事态》,《东亚晨报》,1939 年 7 月 10 日,第 2 版。
② British Documents On Foreign Affairs: *Reports And Papers From The Foreign Office Confidential Print*, *Part II*, *Series E Asia*, *1914—1939*, *Volume 48 China*, *June 1939—December 1939*. University Publications Of America, P24.
③ 《东京方面制定日英交涉原则》,《东亚晨报》,1939 年 7 月 1 日,第 2 版。

召开东京会谈条件一类诡计,决加排除"。① 在综合各方谈判建议的基础上,7月13日,日本内阁召开会议,有田外相说明对英会谈的政策,"对英国政府,使其□除为天津事件发生根源之英国于华北之对日敌性,改变援蒋的态度方针,确立华北新事态之认识。作为英国政府对于上述帝国政府根本方针之诚意之具体的表现,使遍就政治、经济、治安各方面,与日方协力实行"。②

二、日英会谈进程

1939年7月15日,东京会谈正式开始。双方谈判代表日本是有田外相,英国为驻日大使克莱琪(Craigie)。日本有田外相指出:"天津地方发生现下一类不祥事件者,实缘于英国方面未能认识东亚新事态而起,故申明英国此时宜醒悟远东之历史的变化,在与帝国协力之意向下,以善处津地方之纷争"。英驻日大使克莱琪(Craigie)答称:"因英国政府之意向,以及自己被委任之权限,宜先处理天津租界纷争诱因之个个具体的问题,以为先决。此之处理若能圆满实行,则以其友好的感情为基础,可进而讨论原则的问题"。③ 第一次会谈中,双方在讨论具体问题还是原则问题上进行反复争论。英方不同意日方讨论原则问题的建议,其理由在于,"英国政府不理解日方要求,先决一般的原则问题之真意,故不放心日方要求,且警戒之"。日方认为"英国政府不承认讨论原则问

---

① 《日陆军省决定对英日会谈方针,着重于根本问题之彻底解决,陆外联席会今日举行》,《东亚晨报》,1939年7月10日,第2版。
② 《日紧急阁议通过对英会谈决策,初步谈判定明晨举行》,《东亚晨报》,1939年7月14日,第2版。
③ 《日英昨开始首次会谈,双方出发点显见分歧》,《东亚晨报》,1939年7月16日,第2版。

题的态度,于会议开始再行表明,欲以牵制日方"。① 谈判开始后,不时出现各种传言,伦敦《每日电报》声称:"英政府已准备放弃天津英租界"。②《泰晤士报》刊文称:"英国对于欧洲危机,推定渐至明了之时,或即希望将日英会谈,至少要延期至十月。至日本是否允许延至十月,则为另一问题"。③ 英日谈判引起媒体的猜测,也显示出外界对此次会谈的关注。

在第一次会谈中,英日代表分歧明显,未就任何问题达成共识。在举行第二次会谈前,日方决定让"有田仍力陈讨论一般的原则问题之必要"。④ 7月19日,英日举行第二次会谈,克莱琪(Craigie)以天津问题为背景,说明英方对一般问题的见解。有田在"天津事实上战争状态之认识,英国对于军方在天津生存为需各般社会经济之协力态度"上表明日方主张。克莱琪(Craigie)对英国在天津应行经济协力的各具体事项,颇以在事实上乃英国放弃既得权益意味为虑,与有田极力争辩此点。双方争论由具体问题转而为原则论,复由原则论再转入具体问题,几经往返辩论。⑤ 双方意见"仍有相当距离"。⑥ 会谈中克莱琪(Craigie)向有田声明三点:"1. 英愿对于中日纠纷中之日方要求,予以友善之考虑,惟力避予人以在压力下让步之印象。2. 英将考虑华北形势之改变,而自行决定解决争端之切实办法。3. 在目前之会谈事,双方应力避提

---

①④《英如坚拒讨论原则问题,应负会谈决裂之责》,《东亚晨报》,1939年7月17日,第2版。

②《伦敦回训已达东京,今日开二次会谈,日坚持原则问题促英方承诺,传英政府准备放弃天津租界》,《东亚晨报》,1939年7月18日,第2版。

③《英企图将会期延至十月》,《东亚晨报》,1939年7月20日,第2版。

⑤《午前午后两次会谈经过》,《东亚晨报》,1939年7月20日,第2版。

⑥《日英昨举行第二次会谈,意见仍有相当距离》,《东亚晨报》,1939年7月20日,第2版。

出片面之要求"。① 克莱琪(Craigie)的三点声明实际上是对日方妥协的前奏。东京谈判牵动着中英两国人士的神经。王世杰在日记中记下:"7月19日,英日东京谈判,今仍继续举行,前途如何,中英人士仍焦虑"。②

7月21日,英日进行第三次会谈,双方谈判异常顺利,英国容纳日方提出的原则问题。"日英两国,讨论以天津现下事态为背景之一般问题,其结果为承认日华间存在异常关系。英国承认抑制危及日本军生存之利敌行为,且严重取缔之。采取维持治安必要之措置"。③ 双方约定,在英国政府及日本内阁作出决定后,即将此项旨趣以共同声明形式发表。《每日电讯报》称:"英驻日大使克莱琪关于东京会谈的报告书,现在英内阁考虑中。英政府认此报告尚属满意,报告书中叙述日之要求多项,英为使东京会谈成功起见,将被迫表示同意"。《泰晤士报》亦报道称:"英在东京会谈中,将对日方要求作相当让步。英虽不愿听命于日政府或日军人,惟在另一方面则不能抹杀华北新局面。英政府或将表示,英在华租界将力守中立,并将考虑一种对于双方皆能接受,而无损于英或其他国家在华权益之办法,以应付目前之特殊事态,逾乎此者,英将不愿加以考虑"。④ 7月22日,英日达成初步协议,"1. 英国在中国,确认日华间有战斗行为之现实事态。2. 英国承认日军在其占领地域内,为保持其安全与维持治安,得有各种要求。3. 英国官宪

---

① 《英使向日外相声明三点,愿于不失体面下让步》,《东亚晨报》,1939年7月21日,第2版。
② 王世杰:《王世杰日记手稿本(1939年1月—1940年12月)》第二册,台湾"中央研究院"近代史研究所,1990年,第117页。
③ 《三次会昨顺利进行,英容纳日原则要求》,《东亚晨报》,1939年7月22日,第2版。
④ 《英政府将被迫让步》,《东亚晨报》,1939年7月22日,第2版。

及在华英国民,不得有利用中国方面,妨害日本之行为"。① 7 月 24 日,英日发表共同声明,"英国政府完全承认大规模战斗行为施行中之中国内之现实事态,且认识于此种状态存续之时,在中国内之日本军为确保自己安全,并维持在其势力下地域之治安起见,有特种之要求,并有消除如有害日军,或利其敌之一切行为及原因之必要。英国政府当日本军达成前记目的,无是认妨害此事之任何行为或措置之意思,于此机会,应将应行控制此种行为及措置之意,向驻华英国官宪及国民示知,以使确认上述政策"。②《每日电讯报》称:"英日双方皆曾让步,遂能得到互相谅解"。③ 会谈中,英国显然对日作出重大让步,此举赢得日本的欢心。7 月 25 日,日本外相有田在官邸举行午餐会,酬答日英东京会谈参与者。

7 月 24 日,英日谈判转入具体问题的交涉。第一次会谈由加藤公使说明日方见解,克莱琪(Craigie)大使只作简单回答。第二次日英会谈于 7 月 24 日午后四时至六时二十分开会,专对维持天津治安问题作一般讨论。日方主张:"1. 取缔英租界内反日运动。2. 共同搜索英租界内反日犯人。3. 罢免租界工部局之反日华籍职员"。英方表示:"虽谅解日方主张之精神,惟关于强化取缔反日运动,共同搜索反日犯人一事,则愿务于不害租界方面之自主的治安维持之范围,与日方协力"。④ 同时,英日代表决定组设委员会,负责对问题细节的讨论。该委员会由日本田中领事、大田少佐;英国贝果特(Bagot)少将、哈瓦特(Hawatt)领事组成。双方预定 7

---

① 《日英会谈第一阶段告终,定今日发表共同声明,英容纳原则论内容包括三点,昨晨日临时阁议已正式承认》,《东亚晨报》,1939 年 7 月 23 日,第 2 版。
②③ 《共同声明发表》,《东亚晨报》,1939 年 7 月 24 日,第 2 版。
④ 《日英昨开始具体交涉,组小委员会详细协商》,《东亚晨报》,1939 年 7 月 24 日,第 2 版。

25日午前九时举行会议,候该委员会报告后,当从速举行下次会谈。日方舆论对东京会谈的前景充满信心,"英方对于日方具体的要求,虽有疑惑之点,但在大体上让步之空气颇见浓厚。以后会谈当然顺利进展,预料至本月底,日英间就现地问题,亦当成立根本的谅解,于东京会谈终止,定可见到光明"。①

日英谈判达成初步协议后,7月25日,伪临时政府行政委员会委员长王克敏发表谈话,"对日本政府及华北军当局,表示莫大敬意",并希望"英国方面对于中国现实事态,加以慎重考虑,俾获圆满之结果"。② 日英初步协定的签署,对国民政府是一个打击。7月24日,蒋介石发表长篇声明,"表明不满于英国之态度,并力主巩固内部团结,纵令外国不予援助,亦当以单独力量,始终续行抗战"。③ 中国驻英大使郭泰祺向英国表示:"反对日英之妥协"。哈利法克斯答复:"英国政府对中国,并无非友谊之意图",并陈述对日让步理由,"1. 英苏谈判停顿。2. 美国态度冷淡。3. 中国国内反英运动激烈等"。④ 王世杰对该协定的签署表达了忧虑之情。"英日东京谈判之初步协定,经英政府发表。英代办对人言,协定中并无'战争'或'中立'字样。但实际上协定文义承认战争状态,英守中立无异。此项谈判之影响颇可虑"。⑤

对于英日谈判,国际舆论多认为是日本外交的胜利。《日内瓦

---

① 《日英昨开始具体交涉,组小委员会详细协商》,《东亚晨报》,1939年7月24日,第2版。
② 《关于日英会谈问题,王委员长发表谈话》,《东亚晨报》,1939年7月26日,第2版。
③ 《日英妥协依存绝望,蒋犹强颜大言》,《东亚晨报》,1939年7月26日,第2版。
④ 《郭泰祺在英碰壁,通告英政府,反对与日妥协,哈立法克斯外相含糊回答》,《东亚晨报》,1939年7月26日,第2版。
⑤ 王世杰:《王世杰日记手稿本(1939年1月—1940年12月)》第二册,台湾"中央研究院"近代史研究所,1990年,第121页。

日报》称:"中国因日英东京会谈之成功,今后将益失其抵抗力,现在法币之惨落,即其一例也。此次交涉,日本所以占如此有利地步之理由,在日本之海军力优于英国之海军力,自不待言"。法国《晨刊》认为:"日本益将迈进于极东霸权之确立。外国租界制度,惟有实质的消灭,且法币益趋低落,或将与蒋政权以甚大打击"。纽约《通报》指出:"日英东京会谈,已得原则的谅解,然两国间之具体的折冲,结果何如当难断。英国方面希望尽量延长会谈,且大多数在华英国人,亦抱此想,然由于下列几种理由:1. 在华英人及其他外国居留民,将来安全感受威胁。2. 欧洲情势又见愈急。3. 法国现于远东地方,无意防卫何物。4. 美国采取孤立政策。可知结果英国或将不得已接受日本之要求"。意大利《法西斯□报》称:"日本政府使英国威信,蒙受空前打击,然此不过是一开端而已,苏联或将因此不得已强化其对英态度,更恐不得不渐次放弃对于民主诸国家之决断与威力之信赖"。《麦□艾洛报》指出:"关于此次交涉,日本倘始终坚持其主张,则英国除让步以外,无他法,因而日本将不失此次机会,为使英国认识远东新事态之全部,而强硬到底"。①英日初步协议的签订,并未使日方觉得是外交上的胜利,因为"英方之容认原则,不过会议进行中之抽象的事实,此让步既尚未成为事实"。且"英方让步,亦可解作一种外交手段。承认原则论,不过今后应行讨论具体的问题之前提,具体的要求既为现地之最小限度之要求,非此层完全承认,则承认原则论,等于不成何等意味"。②英日就原则问题达成协议,并没有太大的实际意义。这只不过是

---

① 《国际舆论谓日胜利》,《东亚晨报》,1939年7月24日,第2版。
② 《现地当局态度,英方让步,亦可解作一种外交手段,未彻底解决前不容弛懈》,《东亚晨报》,1939年7月24日,第2版。

英国外交谈判中惯用的手段之一。双方如能在具体问题上达成协议方能说是日本外交的胜利。

7月25日,日本田中领事、大田少佐与英国贝果特(Bagot)少将、哈瓦特(Hawatt)领事四人以自由谈话形式,进行讨论。田中领事与哈瓦特(Hawatt)领事交换意见,日英双方在"强化取缔英租界内之一般犯罪;共同取缔调查英租界内反日共产分子之行动;引渡杀害程锡庚犯人"等方面的见解已经明了。① 7月26日,第三次圆桌会议召开,以小委员会报告为基础,讨论"天津治安警察问题,关于天津英租界反日宣传、反日文书取缔之强化,反日共产分子共同取缔及共同搜查"等问题。日英似已略见意见一致,关于前后极具体的问题,日英间尚有意见之出入。② 7月27日,英日代表举行第四次会谈,讨论"1.设置日英联络机关之具体的方法。2.罢免租界工部局反日中国职员。3.引渡杀害程氏犯人"。此次会谈进展顺利,双方意见几乎完全达成一致。英国方面为全部妥结治安警察问题,已决定请训英国政府。③ 英日会谈进展如此顺利,超乎各方预料。《东亚晨报》评论称:"日英会商告终,英国既终有屈服而改变其远东政策,则其他诸大国,亦当相望而却步,不再作党府之支援。因而党府崩溃,东亚之再造,益趋明朗之途"。④ 瑞士《日内瓦日报》亦认为:"英国已放弃援蒋工作,承认因日本胜利所生现在事

---

① 《昨日召开小委员会,现地问题意见一致,英完全接受日方主张》,《东亚晨报》,1939年7月26日,第2版。
② 《日英昨开三次圆桌会议,审议津租界治安问题》,《东亚晨报》,1939年7月27日,第2版。
③ 《昨日英四次圆桌会议,讨论治安经济两部门》,《东亚晨报》,1939年7月28日,第2版。
④ 《社论:日英会谈与东亚再造》,《东亚晨报》,1939年7月29日,第2版。

态,是党国已完全被弃置"。①

英日会谈并未如预料的那样顺利,而是很快陷入对立状态。1939年7月26日,美国外交部正式照会日本大使馆,声明废止一九一一年美日商约,六个月后失效。② 王世杰认为"此事可予日本及日英东京谈判一打击"。③ 1940年1月26日,美日商约正式废止,美国政府"未允续订"。④ 美国此举对东京谈判进程的影响是决定性的。7月28日,英日举行第五次圆桌会议。双方在禁止法币流通问题上,在意见未见一致之前,因检讨事项甚多,故暂置不论。双方讨论焦点移到现银引渡问题上。⑤ 加藤与克莱琪(Craigie)阐明各自见解。克莱琪(Craigie)言明,"于中国交通银行建筑物内,保管总额一千四百万元,然以法理的根据为辞,并未表示承认引渡现银之态度"。日方指摘英方反对理由极为薄弱之点,及违反有

---

① 《党府已完全为英摒弃,国际舆论谓日操胜利,英外交政策对立大可注目》,《东亚晨报》,1939年7月28日,第2版。
② 曹伯言整理:《胡适日记全编(1938—1949)》(7),安徽教育出版社,2001年,第257页。
③ 王世杰:《王世杰日记手稿本(1939年1月—1940年12月)》第二册,台湾"中央研究院"近代史研究所,1990年,第122页。
④ 同上,第218页。
⑤ 1935年11月,国民政府实行法币政策,财政部在全国金融中心城市设立发行准备管理委员会,负责保管各地区发行法币上交的银圆,作为发行法币的准备金。华北地区成立平津发行准备管理委员会。天津采用法币后,有发行权的银行应交准备委员会保管的银圆,主要集中在中国和交通两行,中国银行保管2900余万元,交通银行保管约2300万元。这些银圆除一部分存于两行库内,大部分存在新华银行天津银钱业公库内。1939年秋,天津发生水灾,英法租界被淹,日本当局多次到中交两行,威逼恫吓,要查看库房,均遭拒绝。经外交途径,英国驻津总领事陪同日方到库房查看,见实物确存于库内。英方从中调停,重庆国民政府同意从中提出200万银圆,由英商运出兑换外汇,购买澳洲面粉运津救济灾民。太平洋战争爆发后,日军占领英租界,这批银圆被日伪当局责成伪"联银"接管封存。直至抗战胜利后,国民政府财政部于1946年将这批白银运往上海,沦陷时期天津租界"存银"问题才最终了结。

田——克莱琪协定精神之点。① 7月29日,加藤与克莱琪(Craigie)会谈,就"禁止法币流通及现银引渡问题,讨议其细目问题,以发现妥协方策",并决定"由日英双方以精通现地事情之委员各二名,设小委员会"。圆桌会议则以小委员会讨论结果为基础进行谈判。同时,天津日军代表□□部队长于加藤、克莱琪会议前,会见克莱琪、贝果特少将,"谈及法币问题,反复力言租界内法币之流通,如果放置,则于日军生存及治安维持上,为重大障碍,此际禁止法币为绝对必要"。② 此时,在禁止租界内法币流通及现银引渡等经济问题上,英日两国意见对立。英方主张:"经济问题,实与国内有关,而与治安问题完全异其性质,故不能将其包括于有田、克莱琪已经成立之一般原则之内"。日方反驳称:"禁止旧法币流通,及解决现银引渡等经济问题,为解决治安问题之根本要因,故经济问题不能解决,则治安问题亦不能解决"。上述两问题"必须一元的解决,如将两者分别解决,则绝对不能承认。关于此点,纵令关于现地问题之交涉至于全面的决裂,亦为不得已之事也"。③

7月31日,英日举行第六次圆桌会议,继续讨论天津租界治安警察问题,讨论未了三点,"1. 引渡杀害程锡庚犯人。2. 罢免租界工部局反日职员。3. 设置联络机关之具体方法"。关于刺杀程锡庚的嫌犯引渡问题,日英两国达成全面谅解。关于其余两项,双方认为有准备的必要,决定由田中、太田、大田、哈瓦特、代尼斯(警察

---

① 《昨日第五次圆桌会议,日英间意见又形对立》,《东亚晨报》,1939年7月29日,第2版。
② 《日英间经济问题争议,组小委员会从事折冲,依其结果移六次会讨论,英大使电伦敦请示应付方针》,《东亚晨报》,1939年7月30日,第2版。
③ 《日方态度坚强,宁使会谈决裂亦须贯彻要求》,《东亚晨报》,1939年7月30日,第2版。

署长)组成治安小委员会,关于上述课题,为意见之交换。① 因英国在东京会谈中的妥协态度,引起英国舆论界的不满。7月31日,张伯伦在下院发表国际形势长篇声明中,表示:"英日之协定,并未暗示英政府已改变其外交政策。英日之协定,既不危害英之在华权益,更不影响他国在华利益"。② 东京谈判的僵持,引起日本的不满,随之而来是日本当局策动的反英运动。7月31日,东京举行第二次反英大会,十数万市民参与大示威游行,分至英国驻日大使馆前示以"日本断难退却妥协"的意志。③

8月1日,日英经济问题小委员会举行会议,讨论禁止法币流通和引渡现银问题。同日,治安警察问题的小委员会也召开会议。在取缔租界内反日共产分子的措词上,英方声述,愿加以修正,使用抗日恐怖分子字样,双方尚未意见一致。此外大体照日方主张,予以容认。④ 在经济问题上,双方意见相左。英方称:"1. 中国因于1935年李滋罗斯改革币制以来,乃将白银悉归国有之制度,故现在所保管中之白银,当然宜归于重庆政府。2. 因现银系租界交通银行予以保管,故英国不得不认为保管主系交通银行也。3. 英国政府虽对战争续行中之中国现实事态有以容忍,重庆政府对英国间,非为敌国关系也。故对现银决难坐视其被重庆政府或交通银行以外者予以搬出"。日方指摘道:"1. 华北现银于1935年之银归国有际,当集中华北向南方输送也,但竟因华北当时之特殊情

---

① 《天津治安警察问题,日可贯彻全部主张》,《东亚晨报》,1939年8月1日,第2版。
② 《治安及经济两难关,昨开小委会求打开途径,伦敦忽传刺程犯已引渡,张伯伦声明英对远东政策》,《东亚晨报》,1939年8月2日,第2版。
③ 《东京第二次反英大会,参加市民不下十数万人之多,纠弹顽迷不省之老狯的英国》,《新天津报》,1939年8月1日,第2版。
④ 《小委员会分别讨议情形》,《东亚晨报》,1939年8月2日,第2版。

形,结果乃未能向南方输送,改为于冀察政权下之平津地方准备保管委员会予以保管。事变后因冀察政权已告消解,且华北已有新的临时政府出现,故对现银之保管权乃移于临时政府下京津两市现银保管委员会之手以至现在者。2. 华北政治、经济、金融、财政等悉为一特殊情形,故白银未能南送,且当时不仅为华北待机的态度,虽西南政权之白银,亦已拒绝输送之事实。华北白银仍归属于华北,诚为万方妥当之归结。目下华北政权之临时政府,亦即其所有主也。此点基于事实上观之,系最为明了。3. 对现银保管主来徵及历史的经过,亦当明了其宜于京津两市现银保管委员会所保管者。是以租界当局,对我方适当之搬出作种种之解释者,悉为错误"。① 英日在现银引渡问题上各持己见。双方的谈判意见需要得到本国政府的训令。英国政府回训之所以一再迁延,因援蒋舆论,同时受美国废弃对日通商条约的影响。此时英方希望"日英会谈,或以治安问题为极限,而谋与经济问题相隔离。对经济问题,或者根据因通利害关系之理由,改以国际会谈,本于英美法三国之联系,谋国际之干涉"。② 日英东京会谈,自8月1日经济、治安小委员会开会后,因英方已向本国请训而回训尚未到,致陷于停顿状态。实际上,此时英国对日谈判已经改变妥协策略。日本提出天津新货币问题,期望英国政府支持日伪政权的新货币"联银券",禁用法币。哈利法克斯(Halifax)向法国驻伦敦大使科尔宾表示:"英国政府决不会接受日本的这一要求。即使日本人坚决要求,也不

---

① 《现银旧法币均成难题,第一日小委会意见仍不一致,治安问题英方再行企图迁延》,《新天津报》,1939年8月3日,第2版。
② 《日英七次会谈未定期,经济问题仍无打开策,双方代表连日作非正式折冲,英企图与治安问题个别解决》,《东亚晨报》,1939年8月4日,第2版。

会妥协"。① 英国驻华大使密电蒋介石,保证不变更其根本政策,亦不接受日本关于禁用法币并移交津租界现金之要求。②

英日会谈陷入僵局,日本对此极为不满,为了向英国施压,又故技重施。8月4日,天津500名市民向特三区作反英示威游行,并袭击区内英人商店、太古洋行及和化洋行,破坏玻璃窗户及器具等。英国领事向日方提出抗议,"此事件因发生于日方占领地内,要求日方设法严重取缔"。日本领事答复:"关于华人暴动事件,尚未接有详报。本事件想系华人反英运动之余波,故我方并无所知"。③ 此事件足以看出日本及伪政权因谈判拖延不决而表达出的愤怒之情。8月4日,克莱琪(Craigie)与加藤会晤,就回训迟延一事加以说明,以求谅解。④ 至此时,英日谈判在原则方面及治安问题上,因英方让步,业已达到妥协之点,仅经济问题一项,双方意见距离过远,乃使整个会议遭遇重大难关。⑤《东亚晨报》称:"日英第七次会议,预料英本国方面回训来到后,大体9日可望召开。综合各种情势如下:1. 关于治安问题,依照东京会谈之决定而承认。2. 关于搬运现银,表明有诚意之态度。3. 关于禁止法币问题,预料提议有实效之具体方策,且英国似希望以相当诚意之态度,全部完结

---

① 中国社会科学院近代史研究所译:《顾维钧回忆录》第三分册,中华书局,1985年,第501页。
② 王世杰:《王世杰日记手稿本(1939年1月—1940年12月)》第二册,台湾"中央研究院"近代史研究所,1990年,第124页。
③《津民众反英游行义愤填膺,昨捣毁英人商店、太古和化两洋行窗具破坏,英领抗议被日方严词驳斥》,《东亚晨报》,1939年8月5日,第2版。
④《克莱吉访加藤请求谅解,英回训明可到达,七次会谈展至下周开始》,《东亚晨报》,1939年8月6日,第2版。
⑤《华北经济扰攘中,津英界存银总额共约3800余万元》,《东亚晨报》,1939年8月7日,第2版。

日英会谈"。① 谈判进程并未如其所料,英方以"本国政府与第三国折冲中,故回训仍未到"为理由搪塞,加藤公使与有田外相、泽田次官谈话交换意见,"对英国之会谈迁延策,决提出严重警告"。②

英国迁延谈判显然受到美国废弃美日商约的影响,此举引起日本的不满。天津日军当局指责英方"故意谋东京会谈之迁延,以便会谈于自国立场有利展开一事深为遗憾,对英方态度加以监视"。③ 日本天津代表□□部队长,对英国此种态度,深表遗憾之意,并表示:"如再不能举行会谈,则决意离东京回归现地"。④ 为向英方施压,日本当局指责:"英国方面不顾日方尽情尽理之警告,仍不表示诚意,而坐视迁延,则日方决定毅然方针,惟有打破东京交涉,令现地代表归还,将日英会谈移于天津现地而已"。⑤ 8月9日,加藤访问克莱琪(Craigie),询问英方是否准备早日开会。克莱琪答称:此须俟伦敦新训令到后,方能答复。加藤遂告以天津日军代表参加会议者,今因职务关系,必将返津,新训令如下星期一仍不到,彼等即离东京。⑥ 日本通过媒体及亲自告知英方,天津日方代表回津的消息,是在向其施压。

为缓和日方不满情绪,英国决定引渡刺程犯。8月11日,克莱

---

① 《日英七次会谈九日可望召开》,《东亚晨报》,1939年8月9日,第2版。
② 《东京会谈延宕无期,日表明强硬态度,对英严重警告》,《东亚晨报》,1939年8月10日,第2版。
③ 《津日军当局斥英骑墙政策,注视美方态度故意迁延会谈》,《东亚晨报》,1939年8月10日,第2版。
④ 《日现地代表将离日回津,对英态度表示遗憾》,《东亚晨报》,1939年8月10日,第2版。
⑤ 《东京会谈搁浅,日提二次警告,现地军代表即将返任,日内推移极堪注目》,《东亚晨报》,1939年8月11日,第2版。
⑥ 《会谈绝续决于日内》,《东亚晨报》,1939年8月11日,第2版。

琪(Craigie)访问加藤公使,通告日方:"接到英国政府回训,命将杀害程锡庚犯人四名,移交临时政府天津市公署,此事将于 10 日由英国大使馆发表,愿预行征得贵方谅解。关于日英会议并非故意使之迁延,因鉴于问题之重要性,故在伦敦重事审议,想此审议亦尽力从速进行"。加藤公使回复称:"发表杀程犯人一事,全属贵国方面之自由,而在帝国作为日英会谈当面之问题,希望英本国政府决定关于全般治安、经济之总括的最终态度,会谈本此得以圆滑急速进步,故预就此点重行督促"。会谈结束后,加藤赴英国大使馆,对克莱琪大使说:"现地军代表撤回一事,已经决定。其后,英国政府回训纵然到,会议之圆滑进行颇困难,结局是否续开,只有照帝国独自立场与判断决定,因重行唤起注意,故十分希望返乎会谈本途,讨论悬案,以到达全面的解决"。① 英方代表克莱琪(Craigie)、哈瓦特(Hawatt)分访加藤、田中请求谅解,克莱琪(Craigie)称:"对于经济问题之本国政府回训尚未来到,故何时再开会谈全不能预料,因此现在根据由本国政府所得材料举行会议"。加藤对此严予拒绝,"现在依照所得材料进行会谈一事,由其实质而论先行讨论治安问题,经济问题势将隔离,有碍会谈之全部妥结,故绝对不能遵命,此点帝国方针乃绝对不容变更"。克莱琪希望日本现地军代表暂缓离去,加藤则表示:"军代表之离去,乃根据作战上之必要,非有请求缓期之性质者也。至于军代表离去后,回训来到时,会议是否在东京继续举行,则以帝国独自立场,决加考虑"。② 英方引渡

---

① 《日现地代表明返津,东京会谈濒于决裂,英又弄狡狯突发表引渡刺程犯,图缓和日方感情要求废续会谈,日定例阁议讨论全面国际关系》,《东亚晨报》,1939 年 8 月 12 日,第 2 版。

② 《英图规避经济问题,东京会谈益趋暗淡,克莱吉哈瓦特分访加藤田中请求谅解,会谈是否续在东京举行日政府允考虑》,《东亚晨报》,1939 年 8 月 13 日,第 2 版。

刺程嫌犯的决定引起国民政府不满,驻英大使郭泰祺向英外部提出正式抗议。①

英日谈判因经济问题而搁置,克莱琪(Craigie)仍在努力与日方进行沟通。他在会晤加藤时,表示"惟经济问题,颇复杂多歧,且因有与第三国即自治领政府联络协议之必要,致本国政府今尚未正式决定回训"。② 此时,英国政府就法币问题发表声明,主旨为"治安问题与经济问题分离,并由第三国参加"。③ 8月18日,英国政府回训称:"现银及法币通货两问题,与日英两国以外之国有利害关系,故认该两问题不能仅由日英两国间,加以讨议"。④ 至此,英日东京谈判搁置。8月20日,王世杰在日记中称:英日东京谈判有决裂形势,因英方对于经济问题,声明须经九国公约签字国会商,不能讨论。⑤ 随着欧战的爆发,英国突然对日方表示亲近之联络,对以往之紧张情形,突变缓和。⑥ 顾维钧对此保持忧虑态度,"欧战的爆发,使我深为忧虑,担心战争对英、法的远东政策产生不利于中国的影响"。⑦ 英法等国因欧洲问题,已觉棘地荆天不能打

---

① 《刺程四犯引渡问题,重庆政府对英抗议》,《东亚晨报》,1939年8月14日,第2版。
② 《英经济覆训延宕不发,东京会谈搁浅,克莱吉昨访晤加藤解释,并对治安问题交换意见》,《东亚晨报》,1939年8月18日,第2版。
③ 《东京会谈势呈决裂,日将发表重大声明》,《东亚晨报》,1939年8月21日,第2版。
④ 《英回训内容乖谬,日加以严重警告,加藤昨痛驳克莱吉》,《东亚晨报》,1939年8月21日,第2版。
⑤ 王世杰:《王世杰日记手稿本(1939年1月—1940年12月)》第二册,台湾"中央研究院"近代史研究所,1990年,第136页。
⑥ 日伪天津市警察局:《天津特别市公署警察局特高科报告书》(1939年9月),天津市档案馆藏,218-1-1-1811。
⑦ 中国社会科学院近代史研究所译:《顾维钧回忆录》第四分册,中华书局,1985年,第16页。

出其难关,是以其对华行动,亦渐次微弱化。① 欧洲政局的演变对英国的远东政策的变化起到促动作用。英日东京谈判虽然暂归失败,但双方的外交交涉仍然在持续。10月20日,日本驻英大使重光与英国外交大臣会谈,关于现银处分,亦曾交换初步的意见。英国对重光大使引渡现银要求,依然以白银为宜属于蒋政权之见解,加以固执不让。外交副大臣巴特拉(Bartra)表示:"英政府虽尚无何具体案之提示,但日英两国间之友好关系上之促进的要望,始终毫无变更"。② 英国政府之所以在经济问题上未向日本让步,主要是因"美法各国亦对英国加以警告,东京谈判不得触及远东一般问题。英国各报亦向政府提出同样的要求,并劝政府不惜以最后手段处之"。③

东京会谈从1939年7月15日开始,有关原则问题于7月22日达成协议,7月24日进入天津问题的具体讨论。7月26日,美国政府通告日本,废除"日美通商条约"(1911年缔结),希图牵制日英会谈。英国对日态度转趋强硬,提出"禁止法币流通和移交现银意味着英国政策的根本改变,并且对第三国也有深刻影响,因而不能同意"的反对意见。④ 英国建议抛开法币和现银问题进行谈判。8月14日,日本撤回天津日军的代表。至8月21日会谈破裂。1940年4月,英国对挪威作战失败后,英国对日谈判趋向妥协。4月下

---

① 季啸风、沈友益主编:《中华民国史史料外编——前日本末次研究所情报资料(中文部分)》第67册,广西师范大学出版社,1996年,第72页。
② 《英将考虑对日妥协案,津租界现银将存于中立国银行,一切问题由日外相与英使续谈》,《新天津报》,1939年10月27日,第2版。
③ 沛人:《英日天津事件谈判》,《决胜周刊》1939年第2卷第17期,第2页。
④ 日本防卫厅战史室编、天津市政协编译组译:《华北治安战(上)》,天津人民出版社,1982年,第197页。

旬,根据英国的建议,再次举行东京会谈。双方交涉进展顺利,6月19日,达成了日英协定,20日达成日法协定。英法与日本之所以在谈判中进展迅速,与欧洲战局迅速恶化有密切关系。英日协定内容如下:

第一,为维持天津英租界治安起见,英租界及当地日本当局应密切合作,镇压一切有害治安及日军安全之恐怖活动。为达到此目的,日宪兵得以情报供给英工部局,而于英工部局警察,对日方所注意之活动分子采取行动时,得在场协助此种行动包括监督军械及爆炸物交易,监督印刷品、电影及政治性集会,以及逮捕及处置从事上述活动之分子等。此外,双方并共同设法禁止私设无线电台通讯活动。

第二,天津英租界中国交通银行所存银圆及银条,应由天津英日两总领事会同封存该行,在将来英日两国政府同意另作处置以前,除下列之规定外,不得动用。此项白银在未封存前,提出价值英银十万磅之一部分,充作救济华北水灾基金,此项救济工作包括由外国购入机器,以使抽去灾区积水,预防瘟疫发生。英当局应设法使此批白银可供救济之用,加以变卖,并用所得款项购买救济所需之食粮及其他物品。天津英日两总领事应指派专门人员,在两总领事监督下,襄助彼等管理上述基金,并通知北平赈灾委员,如何放灾粮及其他物品,此项专门人员,除英日籍者外,并将延聘中法两国籍者若干,及其他国籍者一名,襄助工作。

第三条,英工部局不得妨碍"联合准备银行"钞票在英界内流通,英工部局决定撤销一切非于1939年以前设立之兑换店营业执照,新兑换店请领执照时,必须由中国钱庄公会担保,并有充分资本,方得发给。①

英国外交副大臣伯特勒(Burtler)表示:"英国政府对于此项协定之缔结,极表欢迎,深信此举最低限度,足以消除英国及其他第三国侨民、财产与商务,一向在中国因而受害之一部分窒碍,同时更可表现我国与日本大可借耐性之谈判,以解决彼此间一切困难问题之可能"。英日协定有"对付所有人等之犯罪活动,如是日方所注意者,英工部局应与日本当局密切合作"的规定,伯特勒在书面报告中声言:"余愿加以声明,对于此项事件,一切必须之行动,均将由工部局巡捕执行,协定内更充分保留英租界之行政主权。日政府认此项白银属于华北人民,故应拨充华北人民之用。但在另一方面,中国政府则谓有一部分是国币准备金,故应归政府所有。现时商定之支配协定,固未尝忽略此点,规定全数十分之一将用于慈善事业,以救济华北难民,其余全数则封存于银行之内,以待空气较为适合时,再作最后之决定。此种暂时解决之法,业已获得中国政府之同意。中国法币仍将继续在英租界内流通。'联合准备银行'之纸币,前此固已与国币同时流通,此种现存事实,亦已在协定中予以承认。过去一年来,租界四围,依然保留一切封锁障碍物,同时对于住户,亦强加种种限制。此种障碍及限制业经解除,日方并同意在其统治区域内,尽其一切能力以压制任何反英行动或骚扰"。② 1940年6月21日,国民政府发表声明:"关于现存天津英租界内之白银,中国政府愿将外交部部长与英大使关于此事最近数次之谈话中屡加着重之点,予以声明,即该项白银是交通银行所有,且为法币准备金之一部分。中国政府并声明如下列见解,在中国政府拨出等于英金十万磅之数额,充作华北救济经费后,英

————————————————————

①② 东序:《英日成立天津协定》,《东方杂志》1940年第37卷第14号,第44页。

国政府对于其余全部白银为交通银行及中国政府之信托人,故现在所议定之封存该项白银办法,对于该项白银之原来状况并无变更"。①

日英谈判对中国产生了很大影响。法币贬值,对英汇价迫三便士关口,兑联银券贴水百分之五。② 从日英谈判的进程也能看出,所谓远东的慕尼黑阴谋实际是不存在的,因为远东与欧洲不同,在欧洲英法德意可以共同宰割捷克,在远东还有美国,容不得英国这样作主的。所以,英国要单独与日本妥协是不可能的。③ 英国之所以妥协,是受到欧洲战局的深刻影响,同时为保证自身在华利益,不得不做出向日本妥协的决定。在与日本谈判过程中,英国与国民政府保持联络,试图获其谅解。正如日伪报纸《新天津报》所言:"英国几月以来,虽表面力作镇静,而暗中实已与蒋政权妥为联络"。④

第五节 日伪政权与英租界关系的演变

1940年1月,英法工部局改收伪币,"新旧并用,系以新为本位,旧则随市折合"。⑤ 英国主张天津白银由日存中立国银行,并以十万镑数赈济。⑥ 上述做法是英国在面对日本压力下的让步,同时

---

① 东序:《英日成立天津协定》,《东方杂志》1940年第37卷第14号,第44页。
② 《津法币愈呈萎落》,《东亚晨报》,1939年7月28日,第2版。
③ 陈虞孙:《鼓浪屿·天津·汕头·上海》,《浙江潮(金华)》1939年第70期,第372页。
④ 《英与蒋政权阴谋败露》,《新天津报》,1939年7月17日,第2版。
⑤ 中国人民政治协商会议天津市委员会文史资料委员会、中国银行股份有限公司天津市分行编:《卞白眉日记》第三卷,天津古籍出版社,2008年,第3页。
⑥ 同上,第4页。

有助于改善英国与日本及伪政权的关系。英日协定的签署，是英国与日本的妥协，此后英国屈服于日本的压力，在援华问题上作出很多让步。英国封锁了滇缅公路。顾颉刚在1940年7月20日的日记中记下："英国受日本压力而屈服，停运滇缅路军火，我政府有联俄说。现在亦唯有此一路可走也。"① 对此，英国舆论普遍认为，因与德意决战，当前与日本发生新摩擦极为不利，从现实考量，不得不与之妥协。1940年7月18日，《每日邮报》称："我等不得不承认现实，现在因处于单独与德意战争之穷地，不欲对日本采敌对行为，乃真相也。"《纪事报》称："我等欲举全力而战争，于此瞬顷，不欲在远东更发生重大苦恼，再逢过重之为难也。"②

日军自1939年6月14日对英法租界实施隔绝起，至1940年6月20日解除止，为时一年零六日。③ 随着英日关系的正常化，日伪政权与英法租界的关系亦随之得到改善。据英租界警务处1940年报告指出："英租界警政亦同受影响，年间本处聘任日本宪兵官员1人充当联络员，因之本界与日当局及中国官厅关系极见好转。本处尽力取缔界内有碍中立行为"。④ 1940年8月，英国政府撤退驻华英军，英国驻津的东沙莱部队遵命离津。英军的撤离有利于缓和英日关系。

英法租界工部局与日伪政权因电话局接收，争端不断的问题

---

① 顾颉刚：《顾颉刚日记（1938—1942年）》第四卷，台北联经出版事业公司，2000年，第404页。
② 季啸风、沈友益主编：《中华民国史史料外编——前日本末次研究所情报资料（中文部分）》第67册，广西师范大学出版社，1996年，第405页。
③ 日伪天津市警察局：《各分局呈为解除英法租界封锁保安巡逻取缔及春节戒备等卷》（1940年1月至1940年11月），天津市档案馆藏，218-3-5-5098。
④ 天津市档案馆编：《英租界档案》第11册，南开大学出版社，2015年，第5245页。

得到解决。1939年,天津电话局由各租界工部局组织特别委员会保管。1940年8月,在温世珍作出"电话局一经接收后,承受该局一切权利与债务;保证电话之效能并担任于最早可能期间,接通各电话线;不更动职员,但彼等须无共产或反对地方政府之倾向并保持其效能"的保证后,租界当局同意移交电话局管理权。①1940年9月30日,英法意租界工部局与日方签订协议,将国民政府交通部天津电话局及英法意租界电话管理权,移交日方。英法意三租界与天津其余区域间的电话联络得到恢复。

因环境特殊,英法意租界内各业商号与市区向少联系。自租界封锁解除后,各租界商民营业指导、监督自应与市区视同一律,毫无轩轾。为促进市区与各租界一元化并谋各租界商民福利起见,伪市公署饬令天津市商会分别在各租界内迅即筹备成立市商会办事处各一处,以利公务而便商民。②天津市营业税自1940年起恢复征收后,各区都已顺利实施。租界内华商既同属市区民众,自未便待遇两歧。经交涉,1940年4月,意租界以复兴救济捐名义开始征收,统按营业额千分之十课征,每3个月征收一次,就实收捐款提支百分之二十为工部局代征办公费。法租界于1941年5月起就华商所缴营业执照费加倍照征,于捐款全数内提四分之一为代征办公费,其他租界尚在交涉磋商中。③从表面上看,随着英日关系缓和,英国与伪政权的关系亦随之改善。实际上,英国与日

----

① 天津特别市政府:《关于接收租界电话三四两分局》(1940年8月),天津市档案馆藏,1-2-1-435。
②《关于商业事项之工作计划:(二)成立市商会租界办事处事项》,《社会统计月刊》1940年第1卷第8期。
③ 天津特别市政府:《新民会天津特别市事务局公函为请将三十年度施政方针函送过会》(1941年6月),天津市档案馆藏,1-2-1-485。

本及伪政权之间芥蒂已深,双方之间既有合作,也有冲突。1940年6月26日,有人在英、法、意租界散发若干要求收回租界的传单,申言租界之存在乃违反中国主权之完整。天津英、法、意三国驻军,既为欧战交战国,难免有发生冲突情事,故鼓动中国人民应为避免此次冲突,收回租界。① 这种情况显然有日本及伪政权在其后操控,也预示着英法租界当局与日伪政权之间复杂多变的关系趋势。

  1941年12月8日,太平洋战争爆发后,日军进驻英租界,组设"极管区政务局",总理旧英租界一切政务。伪市公署布告称:"友邦驻军此次根据国际公法,武力进驻英租界,实行接收敌性国家所有之权益,对于中国国民绝不加以任何危害。凡我市民务须照常各安生业,切勿自相惊扰,倘有造谣生事,定予从严究办"。② 天津日军防卫司令部亦发布安民布告。伪市长温世珍发表广播词,要求"市民加以最大之注意,即自肃自励防造谣生事之徒,如有妄相揣测造谣生事,一经查明定予严惩不贷,希望市民严切注意"。③ 伪教育总署要求伪天津市公署"应请与当地关系机关妥为联络,将英美系及与英美有关各国之私人或团体设立之各级学校,即时予以封锁,听候处置。其他各国人所立之学校,应依据本署前此厘订之整顿华北各级私立学校纲领及实施办法,切实予以指导及监督。至各国私人或团体所办图书馆及社教机关,并应严重予以监视"。

---

① 天津市档案馆、天津市社会科学院历史研究所、天津市工商业联合会编:《天津商会档案汇编·第四辑(1937—1945)》,天津人民出版社,1997年,第1417页。
② 天津特别市政府:《电华北政务委员会为电友军进驻英租界情形》(1941年12月),天津市档案馆藏,1-2-1-462。
③ 天津特别市政府:《公函新民会训令教育局等为送达东亚战争情报及关于庆祝等事项》(1941年12月),天津市档案馆藏,1-2-1-720。

12月8日,饭野辅佐官率同教育局督学朱庚亚、秘书何恩福、科员王悟尘,将英租界私立耀华中学校、耀华小学校、私立育德大学、私立四友小学及私立燕达中学校共六校,先后查封。自10日起,继续封锁法租界及市区内美英教会所立各校,约计私立汇文中学、中西女学、新学中学、究真中学等校。已封各校除停止上课外,职员照常居住出入。① 日军进驻英租界并未引起大的波动,伪市公署称:"三日以来界内商民照常各安生业,市区静谧如恒"。② 租界内的英美公司被接收,英美籍职员一律被解除职务。

随着日军进占英租界,英租界与日伪政权之间的关系至此划上句号。由于法国维希政权与日伪政权建立合作关系,法租界一直存在至1943年,但逐渐受到日伪政权越来越深刻的影响。英法租界在战时中国所具有的庇护中国抵抗人员的功能已经完全丧失。随着英租界的消亡,日伪政权对天津的控制愈发严密。

与其说是日伪政权与英租界的关系,不如说是日本与英国的关系。英日冲突起因于程锡庚遇刺案,其实双方层出不穷的矛盾自日军发动全面侵华战争后,即已不断出现。日本封锁英租界的主因是由于反日力量利用租界作掩护进行抗日活动。发生在中国领土内,本来应由日伪政权出面与英国协商解决矛盾,但却由日本与英国谈判,这充分反映出伪政权的傀儡性质。英日纠纷以及随后举行的东京会谈,一定程度上是英法中日美各国利益的博弈过程。双方谈判进程与国际时局的关系十分密切,尤其与欧洲局势的变化尤密。欧洲局势的恶化使得英国对日妥协,最终签订英

---

① 中共天津市委党史研究室、天津市档案馆、天津市公安档案馆编:《日本帝国主义在天津的殖民统治》,天津人民出版社,1998年,第324—325页。
② 天津特别市政府:《电华北政务委员会为电友军进驻英租界情形》(1941年12月),天津市档案馆藏,1-2-1-462。

日协定。日伪政权与英租界的关系确实经历了一定的变迁,由初期的合作与矛盾并存,到英日冲突之后的剑拔弩张。英日和解后,双方关系虽然仍偶有摩擦,但此时已经变为以合作为主。双方关系的起伏更多是随着英日关系的变化而变动。

第七章　天津日伪政权的救济与防疫
——以1939年洪灾为例

1939年8月,天津爆发了百年不遇的洪灾,市区几成泽国。伴随而至的是大批流离失所、亟待救济的难民,这对日伪政权而言无疑是一个不稳定因素。日伪政权开展了救灾工作。日伪政权的救灾由日本驻津当局主导,因受到日军封锁英法租界、物价高涨、救济力量不足、政策无法落实、社会治安问题等因素影响,救灾效果大打折扣。

目前学界发表的关于1939年天津水灾的文章仅有两篇,[①]所用资料有限,且论述十分简略。缺少关于水灾对民众日常生活的影响,以及日伪政权、水灾救济委员会、慈善团体、天津英法意租界当局的救济措施的详细论述,对救灾、救济过程中存在的问题,更是鲜少涉及。其他出版的著作或发表的文章对1939年天津水灾中日伪的救济有所涉及,但只是简略概述。[②] 因此,有必要对1939

---

① 郭迎堂:《1939年的天津水灾及天津市的防洪减灾对策》,《灾害学》1993年第4期。董桂萍:《1939年天津水灾及赈济述论》,天津师范大学硕士学位论文,2007年。
② 罗澍伟主编:《近代天津城市史》,中国社会科学出版社,1993年。魏宏运:《1939年华北大水灾述评》,《史学月刊》1998年第5期。陈楠:《民国时期天津商会的慈善救济活动研究》,吉首大学硕士学位论文,2015年。

年水灾中难民的生活实态、日伪政权救济过程及其存在问题等进行详细论述。

第一节 洪灾成因及影响

1939年夏秋之际,华北各地雨量过大,山洪暴发,海河上游各河相继决口,下游宣泄不畅。8月初,天津海河水位高涨。《大公报》报道:"现日军占领区沿岸一带,有苦力多名通宵工作,堆集沙包,以防万一"。① 8月18日,天津海河水位较1917年大水灾时尤高。8月19日,南堤溃决,河水超过英租界堤岸,各商店以砖块及沙包砌叠,以防水淹。日法租界以南各地均已淹没,大批难民纷纷逃入英租界。② 8月20日,陈塘庄大埝崩决。海河以南平原尽成泽国,小王庄、土城、东楼、谦德庄、佟楼等处悉数被淹。日本租界亦被水浸,水深虽及胸部,但日军仍在英法租界交界处搜查行人。8月21日,全市被淹达2/3。③ 8月23日,日租界旭街、海光寺一带,水深已达一丈。8月24日,租界及市区被淹毙者甚众。④ 8月30日,天津遭遇飓风袭击。河东李公楼、凤林、合浦、城西南隅与近郊各村庄房屋,被水浸风摧倾倒逾十余万间。9月上旬,水势忽涨忽落,中旬以后始渐退降。10月初,各地积水方告退净。天津被水

---

① 《华北洪水泛滥,平津物价飞涨,平汉路仍未通车,津浦路亦多被水》,香港《大公报》,1939年8月5日,第3版。
② 《津郊水势汹涌,海河南堤业已溃决,特一区有被淹危险》,香港《大公报》,1939年8月21日,第3版。
③ 《津水势浩大灾情惨重》,《新天津报》,1939年8月22日,第2版。
④ 《津水势续涨,日租界受灾最重,难民多逃往北平》,香港《大公报》,1939年8月26日,第4版。

灾者占全市 4/5,罹灾民众达数十万以上,房屋倒塌,财物漂流,人畜伤亡殆不可以数计,诚滔天之浩劫,空前未见之奇灾也。①

水灾发生后,天津难民不断逃往北平。逃平难民大抵身无长物,须靠赈济以维持生活。伪北平市公署拨款 10 万元作为赈款,但仍有杯水车薪之感。② 8 月 26 日,天津来平难民约有 7 000 人。北平米价暴涨百分之二百。③ 外国侨民则往他处避难。8 月 25 日,开平轮开往塘沽,专为运载因天津水灾撤退的英侨赴秦皇岛暂住。怡和、孚生两轮已开始协助英侨撤退。④ 英日两国因租界问题矛盾不断,自 1939 年 6 月 14 日开始,日军封锁英法租界。至水灾发生时,日军仍竭力维持对英法租界的封锁。日本士兵岗位四围,均筑有土墙,岗兵坐视逃难队伍,漠然无动于衷。围绕租界电网数处,没于水中,各界深盼其停止通电。⑤ 8 月底,英法驻天津领事要求日本弛缓对租界的封锁,日本当局对此已允予以考虑。⑥

天津水灾究竟因何所致,当时有多种说法。《大公报》报道称:"此次水势之猛,成灾之速,显由×方之推波助澜。×酋将潞龙河、滹沱河、永定河、安阳河、沙河、卫河次第决开,致使河北全省泛滥

---

① 世界红卍字会各地联合救济队承启总监理部编:《天津水灾暨河北各灾区赈救总报告》,1940 年 6 月,第 1 页。
② 《津水势续涨,日租借受灾最重,难民多逃往北平》,香港《大公报》,1939 年 8 月 26 日,第 4 版。
③ 《天津洪水续涨,华北各地蝗虫为灾,北平粮价最近暴涨》,香港《大公报》,1939 年 8 月 27 日,第 4 版。
④ 《津水势续涨,日租借受灾最重,难民多逃往北平》,香港《大公报》,1939 年 8 月 26 日,第 4 版。
⑤ "Floods Add To Tientsin Difficulties",The North-China Daily News(1864—1951),1939 年 8 月 21 日,第 7 版。
⑥ 《天津洪水续涨,华北各地蝗虫为灾,北平粮价最近暴涨》,香港《大公报》,1939 年 8 月 27 日,第 4 版。

成灾。×酋掘堤意在使水流分散,为天津市与津浦铁路谋其缓冲,盖所决诸河,皆以天津为归"。① ×方、×酋显系将矛头指向日本。英文报刊亦称:"日军掘开了堤埝,使水淹没天津南部地区,以便困住在该地活动,且给日军制造很多麻烦的游击队"。② 日伪报纸将水灾归结于八路军的决堤。《东亚晨报》引述"难民"李永年的话,"不想在那里的第八路军,将大清河、子牙河好些地方堤坝决口,用尽方法来抵抗日军,受的这惨痛都是游击队匪徒给我们的"。③ 作为日军的战略后方基地,天津地位举足轻重,日军在此决堤的可能性微乎其微。日伪引述一个所谓难民的说法,将责任推给中共更不足信。

此次洪灾的原因既有人为又有自然因素。《大公报》称:"×伪当局未能妥善防患于前,临事乃手忙脚乱,惟加筑堤埝,拼命防堵。二年以来,津市群奸当道,惟闻剥削害民,不闻兴利除弊。×寇在华北因游击队之活动,方应付未遑,何暇治水"。④ 日伪政权指出:"津市地势低洼,河道纵横,直贯市区。腹部永定、子牙、大清、南运、北运五大河流每届夏秋之间上游盛涨,河流激浊,容洩俱难。1939 年华北各省春夏之交,雨量失序,入伏以后,霪雨连绵,山洪暴发,各河上游猛涨,水势陡然增高"。⑤ 日伪建设总署认为:"洪水最大原因由于冀晋山地暴雨经旬,一时山洪暴发,奔注平原,经天津

---

① 《速救华北灾民》,香港《大公报》(社评),1939 年 8 月 28 日,第 2 版。
② "Tientsin Flood Worst in Living Memory", The North-China Daily News (1864—1951),1939 年 9 月 6 日,第 3 版。
③ 《游击匪徒竟决河水使天津陷于陆沉》,《东亚晨报》,1939 年 8 月 30 日,第 2 版。
④ 《天津大水纪详》,香港《大公报》,1939 年 9 月 16 日,第 4 版。
⑤ 天津特别市水灾救济委员会、华北救灾委员会天津分会编:《天津特别市水灾救济实录》,1939 年,第 1 页。

取道海河入海,然入海水道容量有限,排泄至缓,上游来水愈积愈多,南运、子牙两河相继溃堤"。① 英文报纸则指出:"今年夏天,华北雨量虽然很大,真实的降雨量并没有超过平均值很多"。洪灾的主因可能是"降雨主要集中在一个特定时间段内,天津没有充足时间去排泄突然迅速增长的水量。华北山区的森林破坏严重,导致每次大雨冲刷泥沙,使河床变浅。山西和河北中部雨水的排泄均进入大运河。大运河与白河、永定河相连,两条河在天津排泄察哈尔和绥远省的水量。这些河流的出口都在天津海河,近年来由于泥沙淤塞,排泄量受到极大限制"。② 有报纸亦认为,"海河年久失浚,河床高出地面,堤防陈旧罅漏,酿成津市大水灾"。③ 天津水灾爆发是1939年夏秋雨量过多,且降雨持续时间较长,导致各河水量上涨。海河河道因长时间未经整修,河床抬高,泥沙淤塞河道等诸多原因所致。同时与日本及伪政权忙于镇压抵抗势力,防洪不力有一定关系。

此次水灾为天津百年所未遇,不仅市区被淹,其四周五十余里的乡村亦均成泽国,农田、菜园等多被冲毁。因大水受饥荒威胁者达200万人,全市损失约达6亿元。④ 日本人亦遭受严重的经济损失。价值日金数百万元货物与所贮大量军需均已毁坏。日租界中房屋数百幢必须重造,许多新建工厂毁坏至重,已属完全无用。数

---

① 《事务方面:办理天津市防水排水事宜》,《建设总署工作报告》1939年8月,第2—3页。
② "Tientsin Flood Worst in Living Memory", The North-China Daily News (1864—1951),1939年9月6日,第3版。
③ 《天津大水灾:与浊流搏斗之灾民,载其仅存之行李于木筏上,以求一安身之所,俾免沦为饿莩》,《良友》1939年第147期。
④ 袁树谟:《天津水灾纪略》,《新语》1939年第7卷第19期,第118页。

千日籍小商人资本尽失。① 日军飞机被毁坏者达130架,未毁者仅有20架,此外丧失可供3个月军用汽油、大批军火给养与军用品。②

洪灾发生并非突然,但民众对此多是麻痹大意。"差不多每年都有要发大水的消息,一直这十几年来,却从没有看见个水珠儿从打的埝上跃过来发水。怕水的心已经早麻痹了"。面对水患,民众团结抗洪,"全里的邻居正在共同打埝堵水,不论大人小孩,以及平素娇贵了的太太、小姐们。各家都牺牲了他们的车子,甚至小孩的摇篮,放在水中去运砖泥,将埝培高,大家轮班守夜防水"。即使如此,除市区少数高地外,大部被淹。南市一带灾情最惨,"水浑浊,浮尸随处见到。头大如斗,脚长数尺,体肿如匏,有腐烂的,肚肠流出,惨不忍睹。只身从水中逃出的难民,赤身露体,他们的家产、房舍都被大水飘没了,只剩一条性命。沿路还有舍不得泡在屋内的惟一财产,露宿在屋脊上,被泡塌淹毙很多。南市大舞台屋顶,有数百妇孺,跃登避水,致屋顶坍塌,全数牺牲,浮尸到处漂流"。入夜,全市一扫昔日繁华明灯,间或从楼窗中飘曳着昏暗的烛光,点缀着这黯淡的鬼世界。③

市民生活受水灾影响极大。水灾自8月20日起始,直到9月20日马路上的水才退净,可以勉强走路。有人言道,"前后整整一个月,这一个月的生活真正是开生活史上未有之记录"。④ 水灾期间,各类日常生活用品极为缺乏,导致物价高涨困扰市民生活。

---

① 《华北洪水泛滥,×方损失奇重,大量货物军需均已毁坏,冀中各城镇×军多撤退》,香港《大公报》,1939年9月20日,第5版。
② 《天津区洪水已退》,《申报》,1939年9月11日,第5版。
③ 梦芳:《水中三日记》,《立言画刊》1939年第53期,第22—23页。
④ 轶伦:《孤岛上:天津水灾四周杂忆之一》,《新天津画报》1943年第8卷第20期。

"大米每包50元,面粉每袋9元,鸭蛋每元三二个,煤球每元20斤,菜蔬无有"。① 有的市民"每天因在家里坐卧不安,咸菜8毛钱1斤,土豆贵到1角钱1个。有一天全家5口的美菜,就是土豆1枚"。② 天津河北、河东及城内北部等处,因逃难灾民过多,各熟食商店,如大饼、烧饼等铺拥挤异常。一部奸商认为有机可乘,肆意抬价。面粉每袋7.3元时,烧饼每个售3大枚。面粉每袋约8元左右,烧饼果子售5大枚。当至营业特忙时,1角钱仅付3个。大饼每斤8分、1角、1.2角,昨竟又每斤1.4角,闻有增无已。劫后残生今又遭奸商剥削,实欲生无路,故各难民均叫苦不止。③ 水灾期间,船很少,一段很短的行程需要20美元。面包房都关闭了,印刷厂也一样,人们无法买到报纸。商店都用木板封住了,那些地处深水区域的则被完全淹没。一些大胆的商店在木筏上加盖一层,用以售卖货物。④

水灾对多数民众来说是灾难,但对一些人而言,却有不同的体验。出身富裕阶层的小姐、少爷、姨太太穿着漂亮的毛织游泳衣,红的绿的,坐在小船上,划着玩。她们不讨厌闹水,只骂在水里的难民太讨厌,不该把水弄臭了,不然下去洗洗澡,游游泳,真是一个天然庞大的游泳池。⑤ 一部分人利用水灾大发其财。旅店、车夫等随意加价。"高等一点的栈房,从前不是4毛一间吗?1块,爱住不

---

① 《天津大水,天祥市场水深丈五,米面肉类价格飞涨》,香港《大公报》,1939年9月9日,第5版。
② 朋弟:《记画水灾(附图)》,《立言画刊》1939年第53期,第21页。
③ 《食物价格飞涨,一部奸商乘机抬价》,《新天津报》,1939年8月25日,第2版。
④ "Tientsin Flood Worst in Living Memory", The North-China Daily News(1864—1951),1939年9月6日,第3版。
⑤ 老乡:《天津大水》,《远东》1939年第2卷第12期,第61页。

住。少一点不成,不住拉倒"。小店"屋里3毛,门外2毛"。洋车、排子车车夫乘机乱开价,"从南市到官银号,平常用不了1毛钱。现在大水,干脆10块。连正眼也不瞅你,爱雇不雇"。洋车夫差不多每人每天挣个十块钱、二十几块,有的竟能挣到四五十元。无怪乎一般机关小职员自叹不如拉洋车了。① 备有船只的少数人均获厚利,短程雇价有高至20元。② 正如时人所作竹枝词,"门外奔涛波面楼,楼如孤岛立中流,日须家计七条外,出入还须赁小舟"。③ 水灾中人际关系的复杂性得到体现。有亲历者称:"接触的事实来说,却不免有些感伤了。在水灾期间真有拿钱难以买货之感。生意人的面孔板得冷冷的,平日1毛钱的香烟一跃而为4毛,蜡烛达到1元钱1包。需要搬运的煤粮,不是一口回绝说没有,便是卖很高的代价,而且不送。朋友之间也好像存了戒心,非常怕有人投来,终日哭丧着脸说没有办法,什么把他们那同情心给赶跑了"。④

有的民众居所未被淹,生活状况相对较好。有的市民住所未被水淹,"不但屋内没水,院内没水,连胡同里全是干的。每天吃饭,菜蔬一项,几乎无处去买,幸亏我在水灾前备下几斤咸菜,几斤红糖,几斤花菜,还不至于完全没菜吃,后来又有几家酱园"。⑤ 有的被困在楼房中变为"准难民",生活就不那么惬意了。"食粮和燃料的昂贵且不说,而且非常难买,像我这样的薪俸生活者,平日维持一家五口人的生活就已很勉强,贮金是一点也谈不到的。目前的生活资料品最多只能维持一个半月,如果到时没有经济上的支

---

① 雨新:《天津水灾别纪》,《新民报半月刊》1939年第1卷第9期,第34—35页。
② 《天津水灾损失调查》,《国际劳工通讯》1939年第6卷第10期,第238页。
③ 摩诃聲:《津门水灾记事》,《立言画刊》1939年第53期,第20页。
④ 冯贯一:《天津水灾杂写(附照片)》,《华文大阪每日》1939年第3卷第6期,第34页。
⑤ 轶伦:《孤岛上:天津水灾四周杂忆之一》,《新天津画报》1943年第8卷第20期。

援,那真是非常可虑的一件事了"。① 一些市民住的楼房太老旧了,担心被泡倒,不得不去逃难,"逃到朋友家里,两间房里住了三家人。这几天水落了,我又不敢回那摇摇欲倒的楼房,找房子又找不到。眼看着天气冷了,安身立命之处始终找不到"。②

水灾期间,留下文字记录的都是生活条件不错的知识分子,其经历不尽相同,但类似的感受是交通不便,出行困难。物价高涨对他们的生活影响极大。在灾难面前,人性的复杂展现得淋漓尽致。水灾直接的后果是产生大量难民。他们多是风餐露宿,生活状况极为恶劣。正如一段反映难民生活的文字写的那样,"医生:指着一个正嚼着烂食物的难民,不要吃它,吃会生病的。难民:但是不吃会饿死的"。③

水灾之后,工商业停顿,失业人数激增。新民会天津都市指导部劳动协会对谋职的市民,积极设法救济。1939年10月,统计求职者122人,征求工商人员26人,介绍就职者29人。④ 灾后,天津市场虽逐渐恢复旧观,然因秋收绝望,通货不稳,以及受欧战影响,致使市场中的商品,不论土货或进口货物,价格飞跃上升。商人多乘机经营投机事业,获利者大有人在。而市民生活艰难,则不堪设想。⑤ 此次洪灾的影响延续到了1940年,是平津粮荒的重要原因之一。"平津最严重的问题是食粮的恐慌,而且其严重性一天比一天增加,无法和缓"。⑥ 由保定至天津各处不但遭受旱灾,且1939

---

① 冯贯一:《天津水灾杂写(附照片)》,《华文大阪每日》1939年第3卷第6期,第34页。
② 二衲:《水灾杂感》,《立言画刊》1939年第53期,第22页。
③ 萧意、朋弟:《水内对白》,《立言画刊》1939年 第53期,第23页。
④ 《津市水灾后失业人数多》,《新天津报》,1939年11月10日,第3版。
⑤ 《天津通讯:水灾前后之天津市场》,《中外金融周报》1939年第2卷第42期。
⑥ 建平:《平津景象》,重庆《大公报》,1940年2月20日,第2版。

年大水亦尚未退尽,人民多未囤有粮食,故多不得不设法求生。①民众都是手拿着罐子、布袋,群聚在面店门口,叫苦连天。② 天津疫病虽不如想象的那样严重,但对民众的健康也是一大威胁。1939年11月6日的《大公报》称:"城市中传染病症仍极流行,上星期内因痢疾而死者达86人,法租界方面尚不在内"。③

洪灾对市民隐性的影响无法估量,"出乎意外的大水灾降临到天津,使人觉得人的力量有时毕竟敌不住自然的力量"。④ 很多人和团体向伪政府建议,应重视防洪防灾,"希望负责治水的当局,对于这个问题,应想出完善的计划,加以预先防范,问题虽小,亦不应以等闲视之"。⑤ 1940年1月23日,天津商会常务董事王晓岩等呈文市政府,表示"怵于月前之灾害,为防患未然计,亟应早筹修复之策,俾免重演浩劫。请转函建设总署,对于本市大围堤早日筹划修筑,以巩堤防,而免水患,不胜屏营待命之重"。⑥

洪水回落后,排水工作即已展开。伪建设总署督促各方一致协力进行,至9月底已排洩完竣。难民归津者有增加趋势。9月中旬,难民离津者每日平均有1100名。自开始排水后,离津避难者已不可见。9月22日,由北京、冀东、津海道归津者约达1500名,其数有日渐增多之势。难民生活已入平常化状态。⑦ 鉴于被灾区

---

① 《主标空白待查》,重庆《大公报》,1940年3月14日,第2版。
② 庸:《天津粮荒问题严重》,《公教白话报》1940年第23卷第6期,第9页。
③ 《津沽凶年,大水之后疫疠流行》,重庆《大公报》,1939年11月6日,第3版。
④ 默夫:《灾后的天津》,《华文大阪每日》1939年第3卷第11期,第18页。
⑤ 春林:《将来的防水》,《新天津报》,1939年10月5日,第3版。
⑥ 《津商会吁请建设总署早日筹筑大围堤呈》(1940年1月23日),天津市档案馆、天津市社会科学院历史研究所、天津市工商业联合会编《天津商会档案汇编·第四辑(1937—1945)》,天津人民出版社,1997年,第1527页。
⑦ 《排水已告成功,市面恢复,难民归家日众》,《新天津报》,1939年9月26日,第3版。

域积水渐消,伪天津市公署要求各区难民仍回原处。所有市立各校馆亟应先行筹备开学,照常办公。凡未经被水各校馆及短期小学均应于 9 月 11 日一律开学,恢复办公,住有职教眷属及收容难民者应由各校馆斟酌情形,勒令家属等一律迁出,并将所有难民设法归并于附近收容所。如有驻扎军警,各校亦应由各校长商请军警当局设法腾让,准展缓至 9 月 16 日,一律开学办公。① 灾后的天津很快走上重建之路。伪建设总署拟定了复兴天津的计划,海河左岸特别三区外东南部一带,及海河右区特别一区以南地区规划为新街市。由新街市至塘沽一段海河两岸则配置为工业地带。② 据英文报纸报道,"严重的洪灾之后天津恢复如常,它开始了为期五年,且耗资 5 000 万美元的庞大的重建计划。整个建设大天津的计划,包括位于白河口的大沽建设工程"。③

市民逐渐恢复以往的生活状态,"当水刚刚退走以后,家家便也露出紧张忙碌的情况,寄居在难民收容所或亲友家中的人们,都逐渐迁回自己的宅地里去,立即开始打扫庭院和屋里所积留的泥污,洗刷被水浸过的家具和日常应用的物品,收拾那些在各处凌乱堆散的衣裳和陈设"。为早日营业,各家商店也在收拾房屋。因为多是楼房,水来时各商店把轻便的家具和重要的物品搬到楼上去,现在又都搬下来。各商家正都油饰门面,洗涮家具,忙得不得了。木匠和油漆匠等生意甚好,有的商家虽是甘心愿意多出点工钱,而

---

① 天津特别市公署:《训令第 47 小学》(1939 年 9 月 8 日),天津市档案馆藏,J0110-3-003744-118。
② 《复兴新天津,建署已拟定计划》,《新天津报》,1939 年 10 月 9 日,第 3 版。
③ "Greater Tientsin Will Rise from the Floods", The North-China Daily News(1864—1951),1939 年 11 月 15 日,第 12 版。

仍苦于找不出一个油漆匠,真是大有供不应求之概了。①

到1939年11月,天津市面恢复如常,已经看不见洪水漫淹的痕迹。难民收容所解散了,商店几乎全部开了张,街上的铺面焕然一新。车辆络绎于途,行人恢复了以前那样拥塞的程度,无线电奏起悦耳的京剧,饭馆里时时飘出酒肉的香,入夜各色各形的氖光灯点着了,空中烧起片片红紫的色彩,舞厅里溢出来名贵的音乐和男女轻柔的笑语,使人心醉,娱乐场里也挤满寻乐的人,人们好像把洪水的祸害忘掉了,重新过起纯都市型的奢侈生活。② 水灾期间,永安舞场受灾最惨,其次为"小总会"及"丽都","圣安娜"与"仙乐"二家在三楼,未受波及,然亦停业一个月。水势稍退,"圣安娜"即行开张,由水中乘船来跳舞者极端踊跃,一个月来,获利逾万。天津大水退尽后,市面逐渐恢复,避水舞女亦逐渐归来。昔日繁华,又重现于沽上。悲惨水灾,已成过去之幻梦。③

第二节　无力与无奈:日伪政权的救灾

面对来势汹汹的洪灾,天津日伪政权为了维护统治,开展了救灾工作。伪政权主导成立的天津市水灾救济委员会成为救灾、赈济的领导机构,发挥了至关重要的作用。民间团体也积极投入到救灾之中。在各方的努力之下,不少难民进入收容所,一些难民则领取赈品,使基本生活得以维持。

---

① 默夫:《灾后的天津》,《华文大阪每日》1939年第3卷第11期,第18—19页。
② 同上,第19页。
③ 王伯龙:《一场噩梦已成过去:天津舞场陆续恢复》,《立言画报》1939年第56期,第28页。

一、日伪政权的救灾政策与措施

1. 维护治安

1939年9月6日,为维护灾区治安,伪天津市警察局实施检问戒备。局长郑遐济在大礼堂召集各区署长、队长及各科长商讨灾区治安问题,并讨论交通、户籍及督察等事项,规定抽查、检问、戒备等办法。① 对于地痞恶霸势力,警察局予以严厉打击。任富亭是著名恶霸,以在各处敲诈勒索为生,手下有党羽十数人。任富亭与地痞刘贵西、王三、尹四、郭六等在西头古皇菴,私设脚行码头,以木船搭载难民,乘机勒索,并为西头怡和斗店强行包办运卸粮食,每船强索四五十元。伪警察局特高科将任富亭、王三、刘贵西、尹四、郭六等一并逮捕。经讯各犯供认在水区强向市民勒索等情,并有多名在逃仍严缉中。② 各地难民麇集天津,因"恐有不良分子参杂混入市区",日本陆军特务机关面嘱伪市公署"饬速严密清查,限三日具报"。后据各分局特高组呈报"所属辖境尚无不良分子参杂混入"。③

2. 货币兑换

在伪临时政府治下,使用法币等货币触犯此前颁布的"暂行金融扰乱治罪法"。不少来津难民携带法币,为此日伪政权规定"由内地来津之难民既罹惨祸,准其按照六折兑换联银券,难民之证明

---

① 《警察局召开会议讨论灾区治安》,《新天津报》,1939年9月7日,第3版。
② 《西头地痞流氓勒索被水灾民》,《新天津报》,1939年9月15日,第3版。
③ 警察局:《呈为呈复近日四乡入境难民中并无不良分子参杂混入由科汇制各分局特高组调查表一件备文呈请鉴核由》(1939年12月7日),天津市档案馆藏,J0001-3-003262-001。

由津市署联络日本军防卫司令部办理"。① 伪天津市署制订货币兑换七条办法,"1. 依据本办法得以旧通货为对价请求交付救济金者,仅以由腹地来津避水灾之华人为限。2. 避水灾华人证明,由天津特别市公署与天津日本军防卫司令部联络办理之。3. 得为救济金对价值旧通货,以1939年3月10日以前准予流通之中国、交通两行发行北方券及山东票、山西票为限,河北省银行券、冀东银行券不在此列。4. 救济金交付比例为旧通货票面之六成。5. 救济金之交付金额,每人以中联券120元为限,即旧通货票面200元。6. 救济金之交付期间至9月底为止,过此期间虽有上述证明亦不交付救济金。7. 救济金之交付地点暂设于中联天津分行,若有必要当在天津市内增设之"。② 自布告日起截至10月,尚无难民声请兑换。在期限即将届满之际,津海道尹电询期满后应否再行展期,伪临时政府表示"应即不再展期"。③ 此项货币兑换政策并未发生作用,很可能是因为英法租界的存在,为使用法币提供了便利,用法币按照六折兑换联银券显然不划算,这是民众未兑换的原因所在。

3. 物价、物资统制

天津灾后各业市场紊乱,物价飞涨。为安定市民生活,做好灾后善处工作,伪天津市公署实施物价统制,拟定各米粮标准官价,

---

① 行政委员会:《为难民携带旧通货准按六折兑换联银券难民证明由津市署联络日军防卫司令部办理另办法七条即日公布》(1939年8月29日),天津市档案馆藏,J0001-3-003536-001。
②《救济内地避灾难民旧通货兑换办法》(1939年9月),天津市档案馆藏,J0001-3-003536-005。
③ 临时政府行政委员会:《为据呈各地来津难民携带旧通货准兑换联银券现届期满应否再行展期请示遵等情,即不再展期令仰遵照办理》(1939年10月25日),天津市档案馆藏,J0001-3-003536-015。

第七章　天津日伪政权的救济与防疫——以1939年洪灾为例　　415

布告各商周知。因一般市民多以玉米面为必需食品,玉米面价格涨落,关系民众生活。伪天津市公署制定玉米售卖标准价格,每百斤13元,合每斤0.13元。倘再加以脚力等,每斤玉米碾成面运至商铺时,售卖价格势必增加。伪市公署与各商家商定,玉米面每斤价额暂定铜圆72枚(现在玉米每斤76枚),不准随意增价。① 伪天津市公署颁布粮食标准市价后,市内米面商从中操纵,将所积存面粉,一律私自撤运租界内,设积屯处所,并有停止出售情形。伪社会局长蓝振德和市公署物资调济委员会派参事赵聘卿,召集各米面杂粮煤业同业公会代表研讨办法。1939年8月30日,伪社会局函令市商会转知米面商号,均不准将货迁运租界积存。如经查出,决将所存货物全数没收,并严予重惩。对于租界存粮经由市社会局及商会极力设法使之运出。②

1939年9月,为防止商人乘机操纵物价,天津日军防卫司令部规定日常用品最高价格,为各商售卖的标准价,并严查暗中高抬价格的问题。各项日用品最高标准价:猪肉每斤0.65元,羊肉每斤0.6元,牛肉每斤0.38元,鸡蛋一枚0.03元,白菜每斤0.18元,冬瓜每斤0.15元,胡瓜每斤0.25元,洋葱头每斤0.2元,南瓜每斤0.07元,黑根每斤0.1元,茄子每斤0.25元,马铃每斤0.1元,面粉一袋7.8元,白米一包31元,高粱米百斤13元,草包米每包14元,木炭每斤0.088元,木柴每斤0.03元,石炭每斤0.12元,石汕每斤0.3元,赤糖每斤0.22元,白糖每斤0.35元,豆油每斤0.8元。③ 1939年11月19日,为轸念受灾商民生计,伪市公署重订煤

---

① 《津市署规定玉面价格,每斤72枚》,《新天津报》,1939年9月16日,第3版。
② 《奸商将食粮运往租界,社会局严令取缔》,《新天津报》,1939年8月31日,第3版。
③ 《津防卫司令部规定日用品标准价格》,《新天津报》,1939年9月1日,第3版。

炭种类、最高售价及运费表。"1. 开滦煤。过节块煤每吨 18.5 元，运脚在外。二号块煤每吨 17 元，运脚在外。一号末煤每吨 16 元，运脚在外。二号末煤每吨 15.5 元，运脚在外。2. 门头沟煤。块煤每吨 22 元，运脚在外。末煤每吨 16 元，运脚在外。3. 坨里煤。块煤每吨 21 元，运脚在外。末煤每吨 15 元。4. 柳江煤。块煤每吨 18 元，运脚在外。末煤每吨 13.5 元，运脚在外。5. 长城煤。块煤每吨 21 元，末煤每吨 14.5 元。6. 井陉煤。原煤 15.3 元，7. 正丰煤。原煤 15.3 元。8. 中福煤。一号块煤 24.6 元，二号块煤 18.6 元，末煤 14.6 元。9. 阳泉煤。块煤 22.6 元"。①

1939 年 11 月，《新天津报》报道称："经中日当局苦心擘划，一面平抑物价，一面疏通来源。近日杂粮、煤斤、布匹已趋向回落，颇收良好效果"，同时"煤球、煤油一般贫民必需之物品，现时仍未见回落"。② 日伪政权对日用品价格的规定，违背了商业发展规律。在商品短缺的情形下，价格上涨是必然趋势，加之商人的逐利性，势必对其政策进行消极抵制，将货物运至租界即是实例。日伪政权用行政命令平抑物价的办法收效甚微。

1939 年 8 月 29 日，天津日军防卫司令官发表关于物资统制布告，"一切天津市内之粮食、燃料、防疫材料、麻袋、蜡烛，建筑用木材、洋灰等种类、数量、所在地（须附绘简明所在地地图）以及所有者（保管者与所有者非同一人时），均须详细记明，速向天津防卫司令部提出报告。凡属天津中日两国之仓库业者、海运业者、出入口商、贩卖商以及华北交通有限公司，无论何者倘有怠误报告者，均

---

① 《津市公署轸念民艰，规定本市煤炭价格》，《新天津报》，1939 年 11 月 19 日，第 3 版。
② 春林：《平抑物价》，《新天津报》，1939 年 11 月 23 日，第 3 版。

应予以处分"。① 天津日本陆军特务机关长就取缔物资运出许可一事,要求伪市公署"根据天津特别市取缔物资办法,凡中国人欲将物资运出天津市外请求许可者,由贵市长核准后,应将存根送至本机关,以备存查。对于前项许可事,须与顾问及辅佐官取密切联络"。② 取缔物资运出天津市外者,"非仅限于铁路、水路在禁止之列,即由陆路搬运亦须有奉准许可之必要。查最近有利用马车及民船搬运小麦粉类,冀图无许可之搬出情事,应请贵署令行警察局,对此严行取缔"。③ 物资统制的政策是在日本驻津当局的主导下实施的,伪市公署仅是执行者。

1939年9月,津海关监督郭立志以灾区民食燃料极关重要,电请伪政府明令禁运出口。伪临时政府财政部训令提出,"所有民食燃料及医疗用品,一律严禁出境,如麦粉煤斤本在禁运之列。此次则将米穀、豆类、沙塘、活牛、活猪、牛猪油、高粱、苞米及其制粉、医疗用防疫用药品及绷带材料等物,一律禁止出口或转口。惟秦皇岛与津市间之输送则不在此限"。④ 鉴于天津市及以外各处水灾情势严重,财政部令饬津海关监督郭立志,对于所有报运进口或转口赈济物品,如米粮、衣着、被服、医药品、粮食种子、牲畜及其他灾区必需之品,随时填发护照,概予免税放行。⑤ 至1939年11月,水灾

---

① 《关于物资统制之问题》,《新天津报》,1939年9月6日,第3版。
② 《市公署为取缔物资运出致日驻津特务机关长函》(1939年11月13日),中共天津市委党史研究室、天津市档案馆、天津市公安档案馆编《日本帝国主义在天津的殖民统治》,天津人民出版社,1998年,第376页。
③ 《为祈加强取缔物资运往天津市外事》(1939年11月13日),中共天津市委党史研究室、天津市档案馆、天津市公安档案馆编《日本帝国主义在天津的殖民统治》,天津人民出版社,1998年,第377页。
④ 《严禁食用品出境》,《新天津报》,1939年9月8日,第3版。
⑤ 《赈灾等物品概予免税》,《新天津报》,1939年9月12日,第3版。

已经消退。日伪当局因担忧禁止移出物资会阻碍工商业发展,即解除禁令。原禁止运输移出物资为米、小麦、高粱、粟、玉米、制粉豆类、洋糖、生熟牛猪肉及医疗用品并绷带材料。此次解禁,除小麦粉、煤之外,一切物品之输出全行解禁,以便自由交易。①

4. 粮食、蔬菜廉卖

为救济天津灾民,兴亚院经济局委托伪市公署廉卖芜米。由燕湖购运大米支配津市者共5618包,已到津者4666包,未到津者952包。经多日缜密讨论,确定芜米廉售办法,"1. 此次运到大米委托市商会分就本市各警区指定殷实粮商若干家代为售卖。2. 凡在各警区有户籍之铺、住各户(米粮商及饭馆业除外)均得购买,每户每次最多不得超过50斤。3. 各户购米时须持有本署颁发之购米证。于领证后3日内,按照证上所开斤数,赴指定商店,前往购置。该项购米证由本署印制,交由警察各区署负责填发并将存粮汇送本署备案。4. 各户购米时须将购买证交由商店验收。5. 此项大米价格按照原价加运价,各费以不收利润为原则(价目单另订)。6. 盛米麻袋于过秤时由本署加盖戳记,俟大米售尽时,将麻袋陆续交回。7. 各代卖粮店每日售米价款连同购米证,于次日送交商会汇解,本署核收。8. 过秤时大米重量以净重计算,麻袋每条作3斤"。②

天津市自遭受水灾之后,蔬菜供应十分缺乏。新民会中央指导部分令北京四郊实验区和物资斡旋所,于1939年9月1日开始,每日向天津输送一火车菜蔬,并在津设贩卖所数处,廉价售于市

---

① 《津输出各项食粮物品,业经正式宣告解禁》,《新天津报》,1939年11月20日,第3版。
② 《兴亚院调剂津市民食,廉价芜米开始售卖》,《新天津报》,1939年11月9日,第3版。

民,以惠灾黎。① 1939年9月8日,新民会组织成立廉卖所,贩卖蔬菜、粮食。新民会天津都市指导部与中央指导部物资斡旋所联络,由北京运来大批青菜,并以最低价格售给市民。新民会天津都市指导部主办的蔬菜廉卖,"1. 按事实需要,暂分两部。固定廉卖和巡回廉卖,固定廉卖所以难民环境关系,暂设三处,遇必要时,再临时随地增添。巡回廉卖则利用载重车或船只等,赴难民群集地带售卖。2. 固定廉卖所地址:第一廉卖所在贾家大桥,第二廉卖所在西北城角,第三廉卖所在鼓楼。3. 售卖时间:固定廉卖所每日上午7时(新)起至下午5时止,为售卖时间。巡回廉卖得以事实需要临时决定。4. 组织。廉卖主任阿南清,管理员每处暂设1名,售卖员每处暂设3名或4名。5. 购买办法。购买菜蔬时,不准拥挤,并每人不准超过购买量。至于每人购买量表另订之"。② 虽然实施廉卖的粮食、蔬菜数量有限,但在某种程度上有利于解决民众吃饭问题。

5. 豁免捐税

商民在水灾中损失惨重,生活陷于窘迫境地。为表示体恤,伪临时政府行政委员会训令天津市公署,"市区所有一切地方捐税无论用何名义,凡取之于民者,自1939年9月起一律豁免2个月,至各种税捐如由商包者并着该市长督同财政局长分别妥办,务令实惠及民而不累商"。③ 天津市财政局奉令后,开会商讨后认为"经征田赋、当税、烟酒营业牌照税、屠宰税费、房、地、铺、车、乐户各捐及

---

① 《新民会调剂津市菜蔬,在津设立贩卖所》,《东亚晨报》,1939年8月31日,第5版。
② 《津市青菜廉卖所昨已开始售卖,地点分三处并巡回出卖》,《新天津报》,1939年9月2日,第3版。
③ 财政局:《为呈送本市二十八年水灾豁免赋税捐款名称数目一览表并附陈拟将无害于灾民有碍于将来税收之各项捐税照旧征收之意见请鉴核以便布告实施由》(1939年9月4日),天津市档案馆藏,J0001-3-002347-004。

沿河沿海船捐,皆为津市商民直接所负担。虽未被灾区域,营业或反转好,但间接损失当亦不少,拟予一律豁免。被灾期间原不致有大批货物来津,但一经公布豁免税佣,则取巧商人因有机可乘,必尽量将应纳税项之货物收运来市,以图免税,影响所及,恢复税务以后牙行税收入将必因免税期间,尽量运售大为减色。为兼筹并顾,防患未然起见,拟将牙行营业税及牙税照旧征收。又特区船捐、码头捐为外来商轮直接负担,与市区灾民并无关系,拟一并照征。契税一项,征之买主,在此时期能有财力购置房地自非灾民,且既有力购产必不致无力纳税,自不在豁免之列。在统税、禁烟清查费下,每土药一两附征地方捐七分,亦请照收,以免影响统税。关于应行豁免田赋及附加,其有在灾前交完者,拟准流抵1940年正赋及附加其他各项税捐。奉令已在9月1日以后对于豁免办法尚待研讨,势难如期实行,拟自实行豁免之日起,扣足两月"。① 财政局对于豁免税捐进行区别对待,这有保证税收的考虑,同时也是为防止商民的漏税行为。后来伪市公署财政局规定,"自10月1日起至11月底止,举凡房捐、铺捐、营业税等,均在豁免之列,亦不论灾区与非灾区,均受此等待遇"。② 对于伪市公署"重行调查棉花等牙行税及猪牛羊牙税另订估价表,及拟定实行征收日期"的要求,财政局表示"此次水灾惨重,实为空前所未有。现在积水既尚待疏消,市面恢复需时,此项因改订货物估价增加之税款,虽非增加人民负担,究属征诸津市行商佣金。在此巨灾方形轻减,复兴市面之际,似宜暂缓实行,以恤商艰,而促复业。俟将来商业恢复原状,再

---

① 财政局:《为呈送本市二十八年水灾豁免赋税捐款名称数目一览表并附陈拟将无害于灾民有碍于将来税收之各项捐税照旧征收之意见请鉴核以便布告实施由》(1939年9月4日),天津市档案馆藏,J0001-3-002347-004。
②《豁免捐税》,《新天津报》,1939年9月24日,第3版。

行定期呈准实施"。① 豁免捐税对于减轻商民负担,恢复发展经济起到了积极作用。

6. 寻求援助

华商在英法租界存有大量面粉,为将其运出救济难民,伪市公署外事室、市商会与租界工部局积极交涉,陆续运出。自1939年9月12日起,每日运出5000袋。② 天津市的供电由比利时电灯电车公司负责,伪市公署公用处多次向该公司寻求援助。堤头村难民收容所因无电灯,经由公用处向比商电灯公司商妥,准予免费提供电线、灯盏。天后宫庙前河沿马路沟内浸出的水积存路面,车马难行,妨碍交通,公用处向比商电灯公司交涉,请免费供给电流,用电机抽水。公用处向比商电车电灯公司借用载重电车2辆,供给建设总署天津工程局作为救济水灾装运物资应用,颇为得力。③ 为获得邻近省市的支援,温世珍公函北京、唐山市长,"津市此次水灾奇重,难民为数甚多,业经路局备车输送,分往贵处逃避,尚祈俯予收容,赐加抚恤"。④ 应天津当局之请,北京、唐山设立收容所,安置难民。

京津之间历来关系密切,经济文化往来频繁。天津水灾发生后,伪北京市公署积极予以协助救灾。北京市卫生局组织天津水灾北京市救护队,每月经费2 230元,组成人员及所需药品材料由

---

① 财政局:《为重行调查棉花等牙行税及猪牛羊牙税另订估价表一案,值兹数水灾惨重方减轻复兴市面之际似宜暂缓实行》(1939年9月9日),天津市档案馆藏,J0001-3-001122-039。

② 《英法租界所存面粉每日运出五千袋》,《新天津报》,1939年9月14日,第3版。

③ 天津特别市公署公用处:《所得各方面情报三件》(1939年9月19日),天津市档案馆藏,J0001-3-000010-018。

④ 天津特别市公署:《公函北京及唐山市公署》(1939年8月23日),天津市档案馆藏,J0001-3-011174-005。

卫生局属院所抽派拨用。救护队由医师2人,护士4人,事务员2人,工役2人组成。药品材料包括救护药品若干,治疗器材若干。家具为锅、碗、铲、皂、床。食品有米面、蔬菜等。经费方面,医师每员月支120元,护士月支30元,事务员月支30元,工役月饷15元。救护队到达灾区后积极投入到救护灾民的工作中。救护队自9月3日出发于10月22日返京,在天津工作50天。在各收容所治疗难民患者4 877名,霍乱预防注射3490名。① 除此而外,因天津急需救灾船只,伪北京市公署将北海、中南海、中央三公园及万寿山等处小艇42只,由国际运输河北交通公司运往天津,不取运费,以便水灾中搬运物件之用。②

伪北京市公署还积极为天津灾区募捐。1939年8月24日,伪北京市公署号召市民为天津灾民捐款,"1. 凡市民均应量力捐助救济款项,不论多寡,务必踊跃输将。2. 市民如有衣服、食品、物件可供救济者,不论品类,均可捐助。3. 市民捐助款项物品,请各径送至本街巷公益会代收,并制取收据,务于一星期内送交。4. 每日收到款项物品,市公署当即汇登新闻纸,以示表彰"。③ 伪市公署职员为作表率积极捐款,其中市长捐助300元,粟屋顾问捐100元,吴秘书长捐40元,辅佐官各捐30元,各参事局长、处长、主任捐30元,科长10元,股长6元,科员每月薪水100元以上者3元,100元以下者1元,办事员50元以上者5角,50元以下者2角,

---

① 北京特别市公署卫生局:《卫生局关于派遣天津水灾救护队给市长的摺呈及诊疗患者日报表》(1939年8月1日至10月31日),天津市档案馆藏,J005-001-00462。
② 《京市署轸念灾黎,救济天津水灾》,《东亚晨报》,1939年8月23日,第5版。
③ 北平市警察局:《关于嘉奖各街巷公益会定期发文贫赈票水灾》(1939年8月1日至10月1日),天津市档案馆藏,J183-002-24764。

书记1角。① 北京各公益会捐助38 116.88元,市公署各机关捐助6 811.33元,市内绅商捐助5 166.95元,各娱乐场所附加捐洋6 023.86元,以上共计收入56 119.02元。上项捐款支汇天津本间司令部2万元,支运小船至天津运费268.7元。支续汇天津本间司令部25 850.32元。此外尚有伪市公署捐助5 000元,已汇交天津特别市公署。② 北京市的社会团体积极筹集赈款。北京新闻协会、北京市商会、北京国剧职业分会于9月8—10日三夜场在新新戏院主办筹赈京津水灾义务戏。③ 北京市剧场公会开会议决,各戏院自9月1日至9月底,所有戏票,一律加价二成,全数作为救济津市水灾之用。西单临时商场内各游艺杂商等经共同议决,于8月30日将一日全部收入,悉数捐助救济津市水灾赈款。④ 除北京外,其他省市也给予天津一定援助。1939年9月7日,河北省救济会在天津逐日雇用民船20余只,拯救难民。因供给食物与各船工费需款甚巨,拟自9月7日至20日止共计14日,组织临时妇女募捐团分为6班,各持黄色旗一面,每人挂带黄色背带一条,前往北京市各戏院、饭店、舞场、球社、咖啡馆、烟馆、妓馆、电影院募集捐款。伪北京市公署批准自9月11日至17日募捐一星期,由民众自由捐输。⑤ 河北省长捐助天津市水灾的慰问品为1 500袋面粉,价值2 000元的蔬菜,于8月31日自保定用民船输送。⑥

---

① ③ ⑤ 北平市警察局:《关于嘉奖各街巷公益会定期发文贫赈票水灾》(1939年8月1日至10月1日),天津市档案馆藏,J183-002-24764。
② 《本署发起劝募天津近畿两地水乡捐款衣物收支报告:关于天津水灾收支捐款物品数目清单》,《市政公报》1939年第65期,第2—5页。
④ 《京剧场公会救济津灾》,《东亚晨报》1939年8月31日,第2版。
⑥ 天津特别市公署外事室:《为河北省长对天津水灾所送之慰问品当未到津候到津再函转覆》(1939年8月),天津市档案馆藏,J0001-3-003497-002。

二、救济——以伪天津市水灾救济委员会为例

1939年8月20日,天津设立水灾救济委员会,以联合官绅专办水灾救济事业为宗旨,设委员长一人,副委员长二人,委员长由市长兼任,副委员长由伪市公署聘请天津市绅商担任。10月4日,天津市水灾救济委员会正式结束,改设华北水灾救济委员会天津分会。作为救灾、赈济的领导机构,天津市水灾救济委员会在救济灾民过程中发挥了至关重要的作用。

1. 宣传

天津市水灾救济委员会派员调查难民实际情形和脱险难民动态,并指导灾民生活,每日撰发新闻稿件,张贴标语、壁报及水位报告。同时派员分赴各难民收容所巡回讲演,俾使难民明了水灾救济委员会意旨及工作实况。① 水灾救济委员会在各难民收容所设立难民问事处,对于难民今后行止、生活办法、栖身处所等一切疑问均可代为详细解答,更可代文□难民书写信件。② 为了让各地民众了解天津灾情,新民会映画班摄制完成天津水灾影片,内容极为详细,各处被灾情况,完全取入镜头,不久在各地放映,以唤起国人之同情心。③

水灾发生后,难民纷纷集聚高地,蜗居杂处,情形悲惨。为此水灾救济委员会派员分赴各灾区,"1. 劝告难民在可能范围内速自动投奔亲友。2. 能自力维持生活者速谋生路。3. 当局移送难民系为难民开一生路,决非强迫,希望无处投奔者速听从指示,移到

---

① 天津特别市水灾救济委员会、华北救灾委员会天津分会编:《天津特别市水灾救济实录》,1939年,第246页。
② 同上,第248页。
③ 《新民会试映津水灾影片》,《东亚晨报》,1939年8月29日,第5版。

外地以便救济。4.日内因铁路不通,移送难民暂难实行,街头难民投奔附近收容所,以便分给食品,照料卫生等,当局对于难民决不无理苛责,望相安勿扰"。① 该会印制传单要求,"被灾的同胞,还是以脱离危险的灾区为上策。希望诸位不要为了家里有一点家具什物而舍不得离开"。②

为安抚难民,水灾救济委员会宣传部组织难民收容所巡回讲演班巡回讲演,借以慰藉受灾难民。如张蕃锡讲"难民应如何渡此难关",指出"要抱着十二分的信仰来服从当局的指挥,官民一致的同心协力就可以渡过这种难关"。③ 同时要求难民"在收容所里,第一要守秩序,服从当局的指导。第二要注重公共卫生和个人卫生,再者不可随地泼水。如有患病的人,不要接近他,以防传染。还要不时劝赶紧的去医治,以防传染别人。个人卫生,第一饮食要留神,不要喝冷水"。④ 吴耕华讲"劝告难民的几件事","1.饮食的注意。大水期中食物最容易受到不洁的接触,稍有不慎,吃到肚里就会有生命的危险。2.公共卫生。我们在公共场所里除去讲求自己的清洁外,更应当注意公共卫生,污秽的东西不要随意抛弃,要随时设法把它消灭了。3.防疫注射。大水之后势必有瘟疫流行,如不设法预防,是非常危险的,那时不死于水而死于疫,岂不冤枉,所以我们要注射防疫针,以求生命上的根本安全。4.速谋职业。现在有了很方便的职业介绍者,是任何时期所没有的机会,我们为求

---

① 天津特别市水灾救济委员会、华北救灾委员会天津分会编:《天津特别市水灾救济实录》,1939年,第246页。
② 同上,第247页。
③ 同上,第249页。
④ 同上,第250页。

生活的根本解决,应当每个人都有职业,期使恢复我们已失去的元气"。①

2. 经费

水灾救济经费由政府拨款和捐款两项构成,主要以捐款为主。伪临时政府以此次津市水灾惨重,亟宜救济。经行政会议议决,拨发20万元,交由内政部会同赈委会及津市公署速办救济事项。②伪临时政府的拨款仅是临时的,并非定期的。救济款主要源自社会捐款。1939年8月29日,水灾救济委员会发布公告,呼吁"各界善士对灾民所需,无论衣服、金钱、食料、燃料皆望尽量捐助",并指定由"天津特别市公署第二科、天津金城银行、天津大陆银行、天津市商会、河北省银行、中国联合准备银行天津分行、本会经理部"代收捐款,由"天津市商会、天津特别市公署第二科、本会经理部"代收赈品。③ 9月2日,水灾救济委员会致电各省市长官、各商会、各法团、各报馆,"急望各方协助"。④

水灾救济委员会陆续收到各方捐款。伪市长温世珍为了做表率,捐2万元赈济难民。⑤ 天津市商会各委员及各商号共捐款38 690.85元。北京冀东银行经理于润民捐款50元。⑥ 伪河北省公署捐助面粉一千五百袋及菜蔬等品。⑦ 伪山西省公署苏省长捐款

---

① 天津特别市水灾救济委员会、华北救灾委员会天津分会编:《天津特别市水灾救济实录》,1939年,第251页。
② 《内政部昨日派员来津,办理赈济等事务》,《新天津报》,1939年8月25日,第3版。
③ 同上,第38—39页。
④ 同上,第42页。
⑤ 《河东沈王郭旺庄被淹,官民竭力抢险》,《新天津报》,1939年8月23日,第3版。
⑥ 《水灾救委会捐款统计》,《新天津报》,1939年9月26日,第3版。
⑦ 天津特别市水灾救济委员会、华北救灾委员会天津分会编:《天津特别市水灾救济实录》,1939年,第41页。

901.4元。① 徐州各界赈济水灾委员会捐 3 000 元。② 日方因与伪政权唇齿相依，不得不发动国内各界捐款救助。神户市市长捐赈款 1 万元。③ 日本大阪邻邦儿童爱育所捐款 100 元。京都市长市村庆三捐款 1 万元。④ 东京亚洲发展委员会的官员决定捐赠 15 万元用于蒙古和华北的洪灾救济。⑤ 天津日本居留民捐助的救灾资金已达 61 304.34 元，这些钱将由日本总领事转给受灾民众。⑥ 中日密教会募捐 350 元，送交内政部指定作为市县水灾救济金，内政部分配天津县 150 元，天津市 200 元。⑦ 比利时侨津人士组成华北水灾救济委员会，向比利时各公司及侨民募捐。迄 9 月 23 日止共收到 13 940 元，将分发津市各救灾会，作救济之用。⑧

津海关监督公署捐助查获走私玉米 6 428 公斤，拟磨成玉米面以资施放。⑨ 警察局水上分局司法官警拒收刘文才等酬金 60 元，呈局处分，经传讯刘文才等情愿捐助慈善机构，备作救济难民之用，并传谕嘉奖。⑩ 奉令抢修第二十一号桥金钟河横坝工程的出力

---

① 天津特别市水灾救济委员会、华北救灾委员会天津分会编：《天津特别市水灾救济实录》，1939 年，第 61 页。
② 同上，第 60 页。
③ 同上，第 46 页。
④ 《水灾救委会捐款统计》，《新天津报》，1939 年 9 月 26 日，第 3 版。
⑤ "Help for Tientsin Flood Victims"，The North-China Daily News(1864—1951)，1939 年 8 月 28 日，第 8 版。
⑥ "Japanese Contribute to Tientsin Relief"，The North-ChinaDaily News(1864—1951)，1939 年 9 月 28 日，第 3 版。
⑦ 天津特别市水灾救济委员会、华北救灾委员会天津分会编：《天津特别市水灾救济实录》，1939 年，第 205 页。
⑧ 《驻津比侨募捐助赈》，《新天津报》，1939 年 9 月 24 日，第 3 版。
⑨ 天津特别市水灾救济委员会、华北救灾委员会天津分会编：《天津特别市水灾救济实录》，1939 年，第 334 页。
⑩ 同上，第 66 页。

员夫获 1 000 元的奖励全部移捐赈济。① 各界捐款颇为踊跃,水灾救济委员会前后收各方捐款 1 023 592.47 元,赈务残余什物变价及利息 168 321.04 元,总计收 1 191 913.51 元。②

救灾经费由日方掌控。天津水灾经费处理纲要规定:"天津防水复旧工作所要经费,预先于关系诸机关应急支付以后,在日军之统辖下清算或处理"。③ 天津各官署、公共团体、新闻社于受付捐款统由天津防卫司令官指示用途,其重要之点在于充当救济日华难民,若存余时以一部用于天津复兴事业。预定捐款交付一概于 10 月中旬交齐。各机关于 11 月底止将分配金额支出区分详细说明书向防卫司令部提出。④ 关于水灾各项工作经费问题,经中日官厅商洽妥协,由本间部队召开经费会议,并规定水灾经费处理规程及纲要。本间部队于 10 月 25 日第一次捐款分配会议议决天津市公署应得赈款,除去划收该署 10 月 15 日止所收捐款外,计尚应补领 244 376.77 元,业经该署于 10 月 27 日派员如数领讫。⑤

水灾救济委员会对于资金使用有明确的规定。1939 年 8 月 29 日,水灾救济委员会就各部请发款项规定:"1. 千元以下者。请款:由各部组主任盖章呈由各部长审核盖章,发交总务部庶务组主任盖章,转呈总务部长核发。发款:总务部长审核后,发交庶务组主任将款发交各部。2. 千元以上者。请款:由各部组主任盖章呈由各部部长审核盖章,转交总务部长呈由经理部转呈首席常务委员

---

① 天津特别市水灾救济委员会、华北救灾委员会天津分会编:《天津特别市水灾救济实录》,1939 年,第 55 页。

② 同上,第 219 页。

③ 同上,242—243 页。

④ 同上,244—245 页。

⑤ 同上,第 53 页。

审核盖章。发款：首席常务委员审核盖章后，发交经理部将款交由总务部转发各部。3. 万元以上者。请示：由各部长交由总务部转送经理部呈送常务委员会开会通过。发款：常务委员会通过后发交经理部，由经理部将款发交总务部转发各部"。① 9月16日，水灾救济委员会规定车饭费支领限制办法，"1. 内勤人员一律不支饭费。2. 调查人员在办公时间内值勤一律不支饭费。3. 施赈人员工作时间超过4小时者，每名津贴饭费3角。超过8小时者，津贴饭费5角。4. 夜勤加班人员经部长指定者，每名津贴饭费5角。5. 粥厂人员每日不必到部签到，可径往办公，一律不支车费，昼夜工作每日津贴饭费5角。6. 公役人员出勤一律不支车饭费，但夜勤加班经组长指定部长许可者，得支给饭费3角"。车资津贴办法为，"1. 由市公署至一、四、五区界内往返一次，津贴车资3角。2. 由市公署第二、三、八、特二、三区界内往返一次，津贴车资4角。3. 由市公署至七、九区往返一次，津贴车资5角。4. 由市公署至登舟地点往返一次，津贴车资4角"。② 对就灾经费的使用作出明确规定，有利于节省经费，避免不必要的浪费。

3. 救济

(1) 组设救护队

8月20日，水灾救济委员会筹组救护队10队，每队正副队长各1人，率领船只往各受灾区域救护灾民。③ 因受灾区域面积辽阔，防汛物品、人工输送、难民救济及警备联络急需大量车辆。水灾救济委员会征集各种车辆，饬令各处船只集中于适当地点，以便

---

① 天津特别市水灾救济委员会、华北救灾委员会天津分会编：《天津特别市水灾救济实录》，1939年，第254页。
② 同上，第297—298页。
③ 同上，第238页。

随时调用。据统计,水灾期间征调船只达 974 艘。①

(2) 设所收容

受灾难民无家可归者甚众,如不及时安置,对社会治安不无影响。水灾救济委员会在各灾区附近娱乐场所及学校设所收容,共设立难民收容所 59 处,收容难民约 4 万余人。为移民就食之计,该会将一部自愿赴唐山、北京、关外一带的难民免费输送前往,妥为安置。② 因难民散居各处,水陆阻隔,交通既感不便,管理亦难周密。该会划分现地炊餐难民收容所 4 处,馒首给予难民收容所 6 处,现品发放处所 27 处,俾各处难民就近食住,藉便管理。③ 各方捐助赈品均按各收容所人数按日平均支配。馒首给予处所每日每人给予馒首 1 斤,现品发放处所每日每一大口发放粮食 1 斤,小口半斤。自 8 月 20 日至 10 月 4 日截止,共计发放馒首 285 683 斤,小米 227 216 斤,玉米面 53 150 斤,高粱 90 503 斤,面粉 229 104 斤。至 11 月 5 日,各收容所归并就绪,所有现品发放处所一律结束。④

(3) 设立粥厂

粥厂是解决难民吃饭问题的重要场所。为了解粥厂的基本情况,以第二区粥厂为例进行概述。该厂处理难民的方针为对难民收容后,首应安慰,不应再以压力拘束其自由,惟须着重增强难民自治能力。

收容。凡无亲友可投,无家可归难民,尽力收容。有白面嗜好、乞丐或其他不法人等概不收纳。收容手续:第一步先将登记处

---

① 天津特别市水灾救济委员会、华北救灾委员会天津分会编:《天津特别市水灾救济实录》,1939 年,第 234—235 页。
② 同上,第 225 页。
③④ 同上,第 226 页。

新来难民姓名、眷属、籍贯、由何处移来、是否被水分别登记,经审查后始行收留。第二步施以检查有无携带违禁物品及有传染病症等。第三步按号发给难民证,予以安插。出所方面,所有每日出所难民由各室室长报告,并声诉理由经准许登记销号开条,通知门警查验放行。①

管理。1. 采难民自治方针,由各室推举室长 2 人,秉承主任命令轮流负责管理各室事宜,如发现吸烟以及其他不良人,立即检举报告处理,并随时指派各室室长轮流监视煮粥,每隔 5 日研究改良办法。各室室长每日轮流值岗,所有难民出入须报告室长准许。职员随时巡察纠正,每日起床及睡眠均按时间振铃为号,以资整齐。2. 每日召集各室室长训话,每晚于睡眠前派员分室点名,以资查考。3. 难民人数众多且散居 12 室内,管理方面需人甚多,当经邀请模范学校教职员分掌监视、放粥、登记、巡察、点名、教诲、宣讲、清洁、卫生等,每 2 日开会 1 次,商讨改善办法。4. 制定难民注意事项,对于各室难民分类讲解,俾令遵守"难民注意事项"。②

劳役。该厂人数众多,且散居各室,每日挑水 120 余担需六七人,放粥时盛粥人每人 1 室,12 室即须 12 人,其余扫地、抬粥等亦须七八人。该厂仅有夫役 10 人,实属不敷分配,当由各室选择十数人,每日分担抬粥、扫地、挑水等工作,并指定工头负责指挥。

秩序维持。该厂每日由管理人员及各室室长随时监察,无论放粥、集合等按号排定次序,如难民不服室长指挥,得提出正当理由申请于管理人员,但申诉至主任,经主任判定后有最终效力。

---

① 天津特别市水灾救济委员会、华北救灾委员会天津分会编:《天津特别市水灾救济实录》,1939 年,第 48 页。
② 同上,第 48—49 页。

教诲宣传。该厂隔日邀请模范学校教职员讲演关于难民应守道德等事。

清洁卫生。该厂对于清洁卫生指派专员负责管理。注意事项:1. 各室门窗常开。2. 男女厕所由各室室长轮流值班监视,不能随地便溺。3. 各室室内由各室室长指派值日扫除。4. 难民发生传染病时得置于重病室内,与其他难民隔绝。传染病者所用之物品、衣服,通知卫生部前来施以消毒。5. 难民疾病有愿自治者许其出所诊治。6. 难民患有重大病症,随时送往医院诊治。7. 孕妇、产妇、残废者另行设法安置。8. 每日难民诊疗时由第一室按顺序及于其他各室。9. 该厂分函红卍字会及西老公所,索要药品多种,以便施给难民应用。10. 各室室长如发现重病及传染病症时,应立即报告处理。11. 凡有死亡等事,即由该厂通知当地区所,并通知卫生部尸体处理队或红卍字会、西老公所掩埋,并呈报委员会备案。①

戒护。夜间派员轮流监视,并有打更者往返巡查。

访问。1. 凡难民如有访问事项,即详为答复。2. 凡有外来找人者,由专员陪往各室问询。3. 凡难民如欲与外间亲友通讯者,该厂可为代写代递。

介绍职业。凡难民年少力壮,欲谋职业者及少妇、少女欲谋纺织工作者,该厂随时与本间部队职业斡旋班联络,设法介绍。② 以上就是第二区粥厂的基本概况,其他各粥厂与之或有一些差别,但基本做法大致相同。

---

① 天津特别市水灾救济委员会、华北救灾委员会天津分会编:《天津特别市水灾救济实录》,1939年,第49—50页。

② 同上,第50页。

为便于管理难民,天津市水灾救济委员会拟定粥厂暂行管理办法,"各粥厂设主任一人,负厂内全责,设助理员一人,协同办理本厂事务;各厂应雇用粥夫及杂役10人,由厂主任、助理员等督饬办理淘米、煮粥、施放、挑水、烧煤等事;厂内领用米煤等应妥为保管,用时均须过秤记载,按时报告,以凭查考;施粥时间定为每天2次,上午9时至10时,下午4时至5时;住厂难民应分别旧有、新收及男女大小口,逐日登记,每晚检查1次,按人数以定次日应煮米数;凡住所难民无论新旧一律发给难民证,带于衣上,凭证施粥,以免临时混入多人,不易识别;难民如因事出厂均须说明事由,随时记载,回厂时先行报明,以便稽考;难民男丁应与妇孺分别寄居,并各就寄居场所,按人数多寡挑选朴诚、强壮者担任领导,帮同维持秩序;各粥厂棚铺草最易引火,各难民不得携带洋火或有吸烟情事,以防危险;各厂职员应轮流住厂,不得无故擅离,以免贻误事机;厂内夫役如因事出厂,须先声明理由,请准给假,不得自由去留"。① 经费方面,每个粥厂一律月支240元,其中工资150元,文具10元,纸张簿册20元,茶水5元,杂支50元。②

4. 卫生

水灾期间,人畜尸体众多,难民靡集,恶劣的环境下极易发生病疫。伪天津市公署设立临时检疫委员会,办理水灾卫生事宜。8月26日,伪市公署临时检疫委员会卫生处将诊疗各班划归水灾救济委员会,编为卫生班11班,常驻难民收容所,诊疗患病灾民。同时成立医疗班4班,预备班2班,分赴难民较少的收容所施行治疗,

---

① 天津特别市水灾救济委员会、华北救灾委员会天津分会编:《天津特别市水灾救济实录》,1939年,第313—314页。
② 第九区天丰栈粥厂:《为呈送预算表及请款凭单迅予拨款以利进行由》(1939年10月12日),天津市档案馆藏,J0001-3-002995-001。

其感染重大病症或传染病者，分别送往市立医院或传染病院。另外，还组设卫生巡视班2班，携带床架沿途巡视。遇有患病灾民及时予以简易治疗，或抬往医院。派有消毒班、宣传班分向各处工作。水灾救济委员会改组后，各班另编为巡回诊疗班4班，继续施行诊治工作。市立第一医院和妓女检治所兼办难民产妇保产院，市立第二医院兼办重病难民收容所，传染病医院兼办传染病患者收容所。为预防冬季伤寒、白喉、猩红热等症，又将各巡回诊疗班扩充为8班。12月31日，各检疫所撤销，因难民尚多，仍组设巡回诊疗班5班，每日分赴各难民收容所施行治疗。至1940年3月31日，各处难民遣散始行结束，前后共计诊疗患者62 845人，收容重病患者、传染病患者及产妇共852人。①

各区井水、河水污浊，纵令实施消毒，亦不堪饮用。为保证市民健康，水灾救济委员会向市民供给洁净饮水，并禁止售卖水浸食物。水灾救济委员会组设给水班4班，分别在第二、第七、第九等区及各难民收容所施行给水工作，更就较大菜市场施行蔬菜消毒，禁止市民售卖被水浸淹饮食物品，及在白河内捕捞鱼虾或食用鱼虾蟹类，以宏饮食清洁之效。②

清扫及运除秽物。水灾救济委员会卫生部组织粪便水上清洁队及消毒队，分别打捞、清除水陆各处污物粪便，并进行消毒工作。排水作业完成后，水灾救济委员会饬由卫生处会同日军部队、警察局官警合组防疫清扫队，先在排水区域南市、南马路一带实施防疫清扫，继以水洗消毒等工作。清扫消毒各队分别在第二、第七、第九、特一各区执行清扫消毒等。水灾救济委员会还布告市民，"凡

---

①② 天津特别市水灾救济委员会、华北救灾委员会天津分会编：《天津特别市水灾救济实录》，1939年，第228页。

水退区域未经清扫消毒之房屋，一律不准迁入居住，所有淤积污泥准许市民免费起运，以为平垫路基房屋之用"。①

5. 防疫

为使民众防范疫病，水灾救济委员会调用检疫委员会检疫班6班、宣传班4班分别施行检疫注射及讲演宣传。伪天津市公署规定："凡火车乘客在天津站下车者，均得有一虎烈拉注射证明书证明，否则不准下车"。② 为防止霍乱传播，天津铁路局规定："凡由东、西、北各车站乘车者，均须持有注射证，如无注射证及已注射经过三个月者均不售给车票"。③ 为防范霍乱疫情，水灾救济委员会增设各区及水陆检疫所，施行户口调查、船只检验、健康诊断、检疫注射等工作。又设立隔离所、消毒隔离班、细菌检查室，以隔离霍乱患者家属及其同居人，并检查传染病原体是否保菌，前后共计注射1 412 414人，发现霍乱患者45人。除于英法租界发现2人未经鉴定处理外，计鉴定结果阳性者33人，阴性者10人，死亡者30人。为预防伤寒、白喉、猩红热等疫病，水灾救济委员会购备伤寒、副伤寒等疫苗发交各注射机关检用注射，自10月1日起至12月31日止，共施行预防伤寒注射450 476人"。④

因人畜死亡甚多，如不及时处理，易传播疫病。水灾救济委员会卫生部组织尸体打捞队及处置队，分别执行打捞、掩埋人畜尸体。华北水灾救济委员会天津分会成立时，适值霍乱流行，决定对

---

① 天津特别市水灾救济委员会、华北救灾委员会天津分会编：《天津特别市水灾救济实录》，1939年，第228页。
② 《赴津乘客无注射证明书不准下车》，《东亚晨报》，1939年8月31日，第5版。
③ 《灾后防疫昨开始》，《新天津报》，1939年10月2日，第3版。
④ 天津特别市水灾救济委员会、华北救灾委员会天津分会编：《天津特别市水灾救济实录》，1939年，第229页。

于阳性霍乱死者尸体予以焚烧,以绝疫源。各医院收容重病患者及传染病患者时有死亡,即分别掩埋,前后共计掩埋尸体783具,焚烧尸体19具。①

家畜救济与防疫。水灾救济委员会组织家畜救护班与家畜防疫班,于8月26日开始工作,核发家畜防疫清洁费19 443.25元,家畜救济费13 045元,共计32 488.25元。在英法租界内中国牛奶房因物价高涨,饲料缺乏,自愿迁出租界,经向日本军部联络,予以种种便利。由法租界内迁出5家,牛47头,散放于小王庄及新大路附近。水灾救济委员会免费发给饲料,以示救济。② 为施行家畜传染病预防接种及诊疗,水灾救济委员会备有大量家畜传染病预防液及血清,并编制防疫班3班,实行免费注射。凡市民所用马、骡、驴,务即依照指定地点,请求注射。③ 自1939年10月1日至1940年3月底止,共计施行家畜注射2 438头,家畜治疗104头。④ 为防止传染疫病及私售死畜肉,该会收集灾区各处死畜尸体送入白河以外。因水患期中不便即时处理者,亦均留在僻静处所,以便渐次清除掩埋。⑤

6. 协作

洪灾期间,水灾救济委员会向市府各机关寻求协助。1939年9月13日,水灾救济委员会经开会议决"拟在市区内设立粥厂4处,施放急赈。现均筹办就绪,即日开始施粥",该会抄送厂址及负责人名单给警察局,函请"予以协助,每厂每日各派警官1人,警察

---

①④ 天津特别市水灾救济委员会、华北救灾委员会天津分会编:《天津特别市水灾救济实录》,1939年,第229页。
②⑤ 同上,第237页。
③《家畜注射》,《新天津报》,1939年9月29日,第3版。

数名,以维持秩序,并希迅将指派人员开单见复,以便接洽"。① 9月14日,水灾救济委员会公函济安公司、公用处,"本会为普及救济起见,特在本市区内设立粥厂4处,施放急赈。惟以各粥厂每日煮粥需水,装设电灯需电甚多。在每年冬赈会举办粥厂时有免费之先例,事关赈济,相应抄同各粥厂名单函请贵公司、贵处转商电灯公司准予援照先例,发给水票15 000张,俾资发放各厂应用,在此举办粥厂期间免收电费,以襄善举"。② 因人手不足,水灾救济委员会向伪市公署要求准予调用市署各局处人员到部服务,准予签请调用"。③ 按照水灾救济委员会的组织章程,救灾用款先由市府垫拨。11月17日,水灾救济委员会公函伪市公署,"查工务局支用防水作业费、排水作业费、警察局支用防水费共计107 953.47元,均经由市库先后垫拨,并经会列入经费使用额调查函,报本间部各在卷。相应检同用款单据函请查核归垫"。④ 为便利救灾物品运津,华北救灾委员会天津分会公函天津海关公署,请求"赈济水灾粮运进口或转口物品,准予免税",伪财政部同意"津市报运进口或转口之赈济物品免税期限三个月,至1939年12月7日期满"。期满后伪财政部再准,"继续再展限两个月,即截至1940年2月7日为止"。⑤ 华北交通公司响应救济天津灾民的呼吁,决定"由各地寄予天津住民之救恤品,凡行李及货物,在送货人及受货人为官衙或公共团体之场合,免费运送。对于住居天津之水灾避难民,并输送

---

① 天津特别市水灾救济委员会、华北救灾委员会天津分会编:《天津特别市水灾救济实录》,1939年,第44页。
② 同上,第45页。
③ 同上,第320页。
④ 同上,第54页。
⑤ 同上,第65页。

避难民列车,随时免费输送"。①

7. 交通、通信管理

水灾发生后,浸水区域交通混乱。为此天津特别市水灾救济委员会拟定"水区交通暂行办法",规定"1. 浸水区域内之交通依本暂行办法整理。2. 凡浸水深度超过三尺以上处所,禁止洋车通行。3. 手推胶皮车禁止在浸水区通行。4. 船只、车辆均须靠左侧通行。5. 船只在浸水区域行驶速度不许过高。6. 船只分驶应依次鱼贯前进,不得争先竞行,如有越过前船必要时,应先以手势或口号通知前船让过,以免碰撞。7. 军用船及救生船在浸水区域内,较其他交通物体有优先交通权。8. 船只停泊应选择水面宽阔无碍交通之处所。9. 东南城角严禁闲人站立观望。10. 各项牌筏不许在交通繁华处所通行。11. 浸水区域禁止儿童在水内游泳。12. 禁止举拉电线。13. 凡有违背本暂行办法之规定者,按情节轻重分别处罚"。② 为保证民众与外界的通信,天津市邮局对被水浸淹地带的邮件,均用船投递。凡在浸淹地带商号、洋行、住户等,均应自备信箱或其他可以收信器具,标明信箱字样,悬挂户外邮船易于到达之显明地方,以便邮局投递船只到达时,可将邮件投入箱内。③

8. 奖励职员

1939 年 8 月 31 日,水灾救济委员会规定"职员无论内勤外勤,如查有办事不力者,轻者罚体,重者革职"。④ 虽然有对办事不力人

---

① 《办理免费运输,规定必需品价》,《东亚晨报》,1939 年 8 月 25 日,第 3 版。
② 天津特别市水灾救济委员会、华北救灾委员会天津分会编:《天津特别市水灾救济实录》,1939 年,第 236 页。
③ 《灾区商民应设立信箱》,《新天津报》,1939 年 9 月 3 日,第 3 版。
④ 天津特别市水灾救济委员会、华北救灾委员会天津分会编:《天津特别市水灾救济实录》,1939 年,第 262 页。

员的惩治规定,但该会偏重奖励出力人员。水灾救济委员会以"各粥厂管理员、助理员自任事以来尚能勤勉任事,尤于最短期间筹办就绪,迅赴事功,教养兼施,训导难民劳作",特给予"管理员奖金25元,助理员奖金15元,其余夫役等一律奖金10元"。① 各收容所管理员称:"各该收容所于1939年10月成立,由教育局调来助理员章承忠、马国璋、曹锦堂、罗旭东、李增文等分在各所服务。该员等在各收容所服务数月,昼夜辛劳,实堪嘉尚",特函请"教育局查照,优予奖励,俾资激励"。② 伪天津市公署警察局长郑遐济,以此次津市水患,"所属各区署官警职员等均行不遗余力,维护得方",特于1939年9月23日训令各区署,"对出力人员,填表呈报来局,以资勉励"。③

9. 疏导灾民

1939年9月2日,伪市公署要求水灾救济委员会和警察局随时劝导贫苦灾民,"如有愿往满洲工作者记名具报"。④ 9月8日,水灾救济委员会规定:"各收容所难民如查有工作能力者,应即停止供给,使其出所工作"。⑤ 天津受灾人口众多,虽经尽量收容仍有大量难民无法安置。为移民就食计,水灾救济委员会决定"暂将各灾民分别输送至唐山、滦县、山海关一带安插。一俟本市水势退落再予送回旧居,俾各安生业。经令饬保安、赈务两部会同办理,前

---

① 天津特别市水灾救济委员会、华北救灾委员会天津分会编:《天津特别市水灾救济实录》,1939年,第370-371页。
② 同上,第69页。
③《津市此次水灾出力人员》,《新天津报》,1939年9月24日,第3版。
④ 天津特别市水灾救济委员会、华北救灾委员会天津分会编:《天津特别市水灾救济实录》,1939年,第40页。
⑤ 同上,第281页。

后共输送难民 8 606 人"。① 该会征集粮食接济难民车上之需,市商会水灾救济委员会供给 2 196 斤,第二区区界内 2 900 斤,施放上车难民 2 410 斤,难民上车开走者计 2 410 名。为证明确系难民俾沿途照料保护起见,水灾救济委员会特制定难民证每人发给 1 个,以资识别。因难民每日上车东去者甚多,接济粮食专向各处征集有种种不妥。水灾救济委员会在北车站附近空地,搭盖席棚,雇用厨役蒸馒首,做大饼。② 据报道,唐山难民收容所房屋系华新纱厂新建厂址,广大异常,空气流通,难民颇称舒适。③ 因难民众多,外地各处收容所并不全都尽如人意。1939 年 11 月,由唐返津难民约于 11 月中旬到津,河北省银行担负设立 1500 人粥厂,用资救济。华北救灾委员会天津分会择定体育场附近为粥厂地址,由赈务处致函河北省银行务于 13 日以前准备就绪,以便届时收容。④

日伪相关的报道称,疏散难民是采取劝导的方式,且在收容地生活环境不错。据时人说:"当局利用疏散法,强迫向各地输送"。⑤ 难民背井离乡,环境的变化,生活不可能称心如意,日伪政权的言辞仅是粉饰其成绩的一贯做法。据张同礼称:"收容所人数日益增多,温世珍恐生事端,与防卫司令官本间雅晴中将协商对策,疏散难民"。温世珍曾说,"水灾时天津日军很少,治安非常危险,若非

---

① 天津特别市水灾救济委员会、华北救灾委员会天津分会编:《天津特别市水灾救济实录》,1939 年,第 237 页。
② 《当局积极救灾》,《新天津报》,1939 年 8 月 26 日,第 3 版。
③ 天津特别市水灾救济委员会、华北救灾委员会天津分会编:《天津特别市水灾救济实录》,1939 年,第 294 页。
④ 同上,第 342 页。
⑤ 雨新:《天津水灾别纪》,《新民报半月刊》1939 年第 1 卷第 9 期,第 34 页。

他同本间商妥疏散办法,天津治安不堪设想"。① 可见,日伪疏散难民重要原因在于维护天津治安。

1940年3月31日,华北救灾委员会天津分会关闭各难民收容所,对难民按照如下办法处置:"1. 救灾工作于3月末截止,并于3月25日宣布截止日期。2. 所有灾民每人发给5元,一律遣散。3. 难民中壮年者接受赴关外作工。4. 外县难民一律回籍务农,临行时酌给若干种子。5. 残废孤寡及老弱无所归者送救济院。6. 其无家可归而能自谋生活者发给席杆,指定地点搭盖窝棚,俾得暂有归宿"。各收容所难民共有7 411名,于3月31日分别处置终了。外县回籍者3 415人,天津市有所投奔者1 855人,介绍各工厂及日军清水部队作工者441人,老弱、残废、孤寡送救济院者290人。无家可归经天津分会发给席杆指定在小树林、邵公庄、小王庄、津浦铁道外搭盖窝棚暂住者1 410人。②

三、慈善团体的救济——以世界红卐字会为例

慈善团体积极参与水灾救济,成为救灾的重要力量。1939年8月21日,天津市备济社、天津市引善社、天津市广仁堂、济生社善堂、中国红十字会天津分会、天津市崇善东社、世界红卐字会天津分会、天津市北善堂、天津市积善社、天津市体仁广生社、天津市公善拾埋善社、天津市广济补遗社、天津市蓝卐字会、天津市黄卐字会、北京正字慈善会天津分会、一心天道龙华圣教会、天津市黄十字会、天津市明德慈济会、天津市商会救灾协会、天津市救济院、天

---

① 张同礼:《汉奸市长温世珍的丑行》,载中国人民政治协商会议天津市委员会文史资料研究委员会《沦陷时期的天津》,天津静海县印刷厂,1992年10月,第81页。
② 天津特别市水灾救济委员会、华北救灾委员会天津分会编:《天津特别市水灾救济实录》,1939年,第227页。

主教仁慈院等慈善团体为加强联络,增强救济力量,各出1人,共20余人,召开联合会议,研商实施救济办法,决定成立天津慈善联合会,"1.雇用民船,分赴各被灾区域拯救难民。2.拍发电报,向各省市、各国分别呼吁捐款。3.与市公署交涉,将各学校、会馆改为收容所收留难民。4.雇用民夫分赴未被灾处,努力防险。5.各团体负责人分别在本市募捐"。① 各慈善团体建立联合组织,是为了加强联络,增强救灾效果。不过慈善联合会只是一个松散的临时组织,各慈善团体在救灾中是各自为战的。为深入了解慈善团体的救灾工作,特以世界红卍字会为例进行考察。该会主要的救济工作如下:

临时收容。世界红卍字会集合救济队队长、员夫,筹设临时收容所,先后觅定城内模范小学校、市立第十二小学校、福仙茶园、省立第一中学校以及大陆影院等处,均由天津县分会主办。河东山西会馆、第二十八、二十九小学校、英法租界内中国大戏院及天津打包公司均由天津主会主办,分别设收容所,每所收容数百人乃至一二千人之众。伪市公署为注重地方治安计,不允许长期收容,仅有省立一中收容所及英租界打包公司收容所设立日久,经时一月有余,始告结束。其他各收容所仅数日即行解散。虽时日无多,而一时猝遭水患住户已得暂时栖息之所,且每日供给饮食,亦可以稍资慰藉。

渡船救护。世界红卍字会共两支救济队筹划雇用渡船,雇得30余只大小船。两队分组并带夫役逐日分赴被水区域,将逃避不及灾民接登渡船,送至无水地带,投入安全处所。第三联合救济队第一队自8月21日至31日,救出灾民8 285名,除送往无水地带

---

① 《津市慈善团体联合会昨晨开紧急会,催用民船分赴灾区拯救难民,拍发电报向各省市呼吁捐款》,《新天津报》,1939年8月22日,第3版。

及投亲友约6 600余人外,其余均分送中国大戏院、耀华中学、惠中饭店及河东各收容所。第三联合救济队第二队自8月21日至26日,共救出灾民7 703人,除护送旱地自投亲友约6 500余人外,其余分送城内各收容所。

施送食品。灾民炉灶均被淹没,燃料亦浸入水中,无法生火做饭,且水污秽不堪饮用。世界红卍字会逐日蒸备馒首,由两救济队乘渡船分送各街头露宿难民,并施送清洁开水及临时施散救急药品。北京总会派阎承龙队长来津慰问,并购备馒首2万斤,每日由火车运送2千斤,交天津两救济队施送。

巡回治疗及施药。世界红卍字会救济队于施送食物之外,由医务组随时赴各灾区巡回治疗疾病,施送药品。该会在租界内有中医治疗班出巡治疗,由倪涵修、王旸玮两会长亲自担任主治,各地灾民患病者受惠匪浅。

掩埋。第二救济队组织掩埋组,由队员李垣妙、王垣志、孙旸荷等督率夫役,赴各水灾区域寻觅打捞或用席包裹装以棺木,运至河北赵家庄、小王庄及车道外旱地掩埋。水灾之后,各地有因患痢疾、伤寒致死无力葬埋者,亦由该队施材掩埋。工作人员不避辛劳,不畏恶臭,经数月之久,迄于1940年春季结束,总计掩埋813具尸体。

赈济。世界红卍字会于临时救济之外,亦施放急赈。该会致函各地红卍字会等团体寻求援助,各团体向灾区捐助赈粮、赈衣及其他物品。伪满洲各红卍字会筹助赈粮,运苞米面39车、小米1车。上海燕平会馆在沪筹集巨款,寄由该馆天津办事处向伪满洲购办玉米面35车,在津市购小米10车,委托世界红卍字会代为施放。南京红卍字会捐助苞米、炒米粉。世界红卍字会由关外购运玉米面,并购赈衣及救济药品分别赈施。急赈之后,继之以冬赈次第举办。① 慈善团体在 1939 年天津水灾救济中发挥了重要作用。世界红卍字会只是慈善团体中的一个代表，其他慈善团体也积极参与到救济之中。

除慈善团体外，一些社会团体则成立临时水灾救济机构。天津市商会成立商会水灾救济协会，辅助水灾救济委员会办理商业救济及劝募等事宜。1939 年 8 月 20 日，商会水灾救济协会拟订灾民收容救济办法，"一、分区管理办法：由水灾救济委员会指派分区管理全市灾民收容所若干处，指定慈善团体若干处。以何段水灾收容所共有几处，指派某机关团体负责办理一切救济事宜。详细办法由负责机关团体拟定，以示分工合作，有人负责之意。二、分担事务办法：关于此次水灾各项情节均由委员会为最高机关，指示各协助机关团体分任办理各项事宜。1. 担任劝募捐款机关团体，专司办理募捐收款等事宜。2. 担任办理购置救济粮食机关团体，专司购买粮食，以供灾民赈食等事务。3. 担任救护未脱险灾民机关团体，专司救生事务。4. 担任收容灾民机关团体，专司收容各区灾民，设立收容所并管理事宜。5. 担任诊治死亡机关团体，专司办理灾民诊疗及死亡掩埋等事务。6. 担任治安维持秩序机关，专司办理治安消防及安插各事宜。以上 6 条由各机关团体担任事务一项，以示专人担任，责有攸归。惟各负责机关均应听从委员会指令办理担任事务，所办情形呈由委员会备案"。②

8 月 21 日，商会水灾救济协会召集全体筹备委员开紧急会，议决六项要案，"1. 因面粉尚未收到，暂由各商号捐助大饼或馒首，转

---

① 世界红卍字会各地联合救济队承启总监理部编：《天津水灾暨河北各灾区赈救总报告》，1940 年 6 月，第 3—8 页。
② 天津市档案馆、天津市社会科学院历史研究所、天津市工商业联合会编：《天津商会档案汇编·第四辑(1937—1945)》，天津人民出版社，1997 年，第 1509-1510 页。

发各难民收容所,救济灾民。2. 聘请各医院女护士,照料各难民收容所身怀有孕将要临产者。3. 租用民船20只,分赴日租界、南市、万德庄、佟楼、南开等灾区,拯救未及逃出之难民。4. 8月20日接难民收容所来函,请求救济难民食粮,当即决定临时救济办法。灾民每一大口发给馒首4个,每一小口发给2个。5. 派刘静山、年光尧晋谒市当局请求协助。6. 由各委员担保向银行暂借5 000元,以作紧急施赈"。①

8月25日,商会水灾救济协会会同各区署长及各地区乡长等,会商救济灾民施赈办法,议决事项"1. 决定由本协会发给面粉,按照难民数目领取,分在各区管界馒铺蒸熟,分在救济收容所施放。2. 每袋面粉应交付56.8斤。3. 关于难民收容所名称,已由市公署分令警社两局,交天津特别市水灾救济委员会,所有以前成立者,应即更改现名。4. 关于各区领取面粉手续,由该管警署与他区分会双方据领,呈本会照条发给。5. 关于施赈食粮数目,大口发给馒首4个,小口发给2个。各收容所发放时间均为每日下午2时(新)。收护灾民数目,每日下午呈报来会1次,以资统计。6. 关于收容难民亦应由社会、警察局协助,维持各所秩序、治安。入所难民即时登记,发给难民证"。② 1939年8月20日至9月3日,天津商会水灾救济协会设立16处难民收容所。协会救生船在8月21日、22日、9月2日、3日共出船17艘,救出难民1319人。③ 8月21日至29日,共收容灾民75 129人。④ 协会自8月21日至9月1

---

① 《商会救济会昨晨开会,议决要案六项》,《新天津报》,1939年8月22日,第3版。
② 《水灾救济协会议决,救济难民办法》,《新天津报》,1939年8月26日,第3版。
③ 天津市档案馆、天津市社会科学院历史研究所、天津市工商业联合会编:《天津商会档案汇编·第四辑(1937—1945)》,天津人民出版社,1997年,第1510-1512页。
④ 同上,第1514-1516页。

日,共发放馒首 207 449 个,面粉 1 409 袋,小米 100 包。① 8 月 18 日至 9 月 7 日,协会收捐款 28 150.35 元,各委员捐助 3 550 元,共计 31 700.35 元。开支计难民救恤费 20 274.66 元,除支结余 11 425.69 元。②

天津水灾期间,租界亦未能幸免,很多难民逃入租界避难。天津租界当局积极投入到救灾之中。1939 年 8 月 22 日,意大利驻津领事召集意租界绅商孙俊卿、刘壬三、胡若愚、张文轩等在市政局开会,筹商救济办法,决定成立天津意租界水灾难民救济委员会,先搭席棚数处,并发给难民就食证,款由慈善人员分担。绅商岳福臣自 8 月 22 日起担任供给难民食物 3 天。继由寿丰面粉公司孙俊卿垫办面粉,蒸饪馒首。由吴国栋担任搭盖席棚任务,在义花园搭 2 座,二马路盐务稽核所后院搭 1 座。由久恒等木行供给方木,铺垫棚底,以免潮湿。③ 8 月 25 日,意租界水灾难民救济委员会召开全体委员大会,刘壬三、杨豹灵、胡若愚、孙俊卿、杨日耕等 61 人出席,意大利驻津领事施蒂芬、工部局长巴义列席。刘壬三报告称:"自 8 月 21 日起,经意领事施君及工部局长巴君领导本租借各界士绅,搭盖席棚,尽量收容。一方面施放急赈,并由界内热心医士,协助办理疫病诊治。现在每日施放米面食物两次,不过事属草创,因陋就简"。④ 10 月 2 日,《新天津报》报道称:"津市意界水灾难民救济委员会成立以来,施惠灾黎实多。各处灾区秩序逐渐恢复。该会收容难民自动返家者,顷已有 1/3。截至 10 月 1 日,仅尚余 1 600

---

① 天津市档案馆、天津市社会科学院历史研究所、天津市工商业联合会编:《天津商会档案汇编·第四辑(1937—1945)》,天津人民出版社,1997 年,第 1517 页。
② 同上,第 1523 页。
③《意租界成立难民救济委会》,《新天津报》,1939 年 8 月 23 日,第 2 版。
④《意租界水灾难民救济会昨开会》,《新天津报》,1939 年 8 月 26 日,第 2 版。

人,且逐日平均尚有180名离会返家,全数不日即可移毕。10月终正式结束"。①

1939年9月20日,法租界中外各界成立水灾救济会,设立难民收容所2处,共收容难民15 000人,大都为赤贫农民。经水灾救济会协调,已获工作或已返乡难民为数不少,仍在难民收容所者尚有1万人。老西开收容所有难民9 000人,该所共有泥屋2 000间,每间建筑费10元,分为5区,每区分为8组,每组各有泥屋50间。难民推举组长40人,协助法租界当局从事消防工作、维持秩序及分发食物。收容所中成人每日食粮为1.25磅馒头,另加米粥1碗,约重1磅。儿童食粮为米粥1碗,馒头半份。收容所设有粥厂、学校、产妇室、工业班。收容所还设有儿童班7班,授以国文、数学、体育、唱歌等科目,有学生750人。收容难民经费主要来源为捐款与慈善奖券收入。② 法租界水灾救济会除按名分发馒头、大饼外,每日上午在金城货栈附近设立施粥厂,任贫民领食。同时工部局、公议局、华商公会三方会同派员劝募寒衣,并"在难民中调查壮年男子失业者,登记入册,谓排水工作及洪水排完后整理市街等工程,将需用工人,届时可以工代赈,日给工资3角至5角,仍供食宿"。③

因日军的封锁,英租界与外界交通遭受严重限制。自1939年6月以来,无论商业或个人自由咸受种种束缚,日常用品时感不足,几有无以为继之势。凡此顿使生活费用腾贵,主要用品存货日行短绌,如外国药材、绷带及医药用品无不同感缺乏。此外,尚有汇

---

① 《意界水灾救委会本月底正式实行结束》,《新天津报》,1939年10月2日,第3版。
② 《天津法租界之难民救济(附照片)》,《大美周报》,1940年4月14日,第18版。
③ 日伪天津市警察局:《敌警察局特务科报告》(1943年9月至1943年10月),天津市档案馆藏,218-1-1-1811。

兑行市继续低落，须予应付。① 水灾发生后，大批难民逃入英租界，"数千难民集聚在耀华中学和其他便利地点。英国在华救济基金会向天津寄送了大量的药品和衣服。价值数千美元的设备、药品、衣服正在准备邮寄。英租界当局正在筹备一个大的难民医院，这所医院将会在相当长的时间内开展工作，甚至在洪水消退之后"。② 因租界难民集聚，致使食物供应十分困难。英租界工部局决定对食物供给加以限制。③ 在难民救济方面，英租界工部局也是尽力而为。

收容：英租界工部局在天津英文学堂、耀华学校、黎氏法院、天津打包公司货栈及隆茂洋行货栈设立灾民收容所。各处收容难民直至水势退尽，地上干燥，堪以搭建窝铺为止。为迁移难民至境外无水地点，租界当局屡经与日本当局商请协助，未获许可。如果移民出境，势必在检查卡口被阻，因此决定搭建灾民正式窝铺。

食品：洪水期间，界内存有大量洋面，经工部局统制灾民主要食品，亦即赖此。至于蔬菜供给，因运入租界困难，给予灾民数量殊属些微。纯粹面食既缺乏主要维他命，各种疾病如脚气、夜盲等症乃随之而生，难民普通抵抗力减低并日行显著，故面食之外，势须附以如小米等粗粮。查河东货栈存有大量小米，惟设法运输此项主要食品进入检查卡口异常困难，致滋耽延。灾民健康愈趋衰弱，后获得需要粗粮，同时蔬菜供给逐渐增加，故此营养不足病症始获杜绝。

---

① 天津市档案馆编：《英租界档案》第 11 册，南开大学出版社，2015 年，第 5104 页。
② "Relief Funds Sent To Tientsin", The North-China Daily News(1864—1951), 1939 年 9 月 3 日，第 14 版。
③ "Refugees Flock to Peiping", The North-China Daily News(1864—1951), 1939 年 8 月 26 日，第 8 版。

卫生:英租界工部局只有数艘船只可供应用,故卫生问题上的种种困难未得完全解除。此外,租界内各处粪便秽物无不随处倾倒,直接或间接经脏水井与洪水混合,幸水势浩大,公共卫生未因此而受损害。水势退后,各脏水井可逐渐恢复效用。至难民窝铺所在,则另建厕所。因无干地作埋葬之用,故尸体有须归入河流者,最后干地复现即恢复掩埋。

医药:英租界工部局获各方捐助,药品、绷带、纱布以及器械皆得源源购备,存储于开滦总局。该局办公处暂设临时医院,并许其医官负责管理。8月26日,英租界中国西医召集会议推举主席,检讨组织及救济灾民办法,推举贾世清大夫为主席,总理一切,各医师分担职务,条理井然,热心公益,成绩显著。各灾民集中地点概设诊病处所,药品及绷带等由开滦矿务局药品总处随时取给。

衣服:多数灾民单衣蔽体,故购买材料及时缝制。中外慈善团体与乐善好施人士及时募集捐助大宗棉衣,分别收集分发。①

按照日伪报纸宣称,英法租界在救济灾民方面毫无成绩,且有厚本国侨民而薄纳税华人之嫌。《东亚晨报》称:"对大洪水抱乐观心理之英法租界,因急遭浸水,致毫无准备华人食料品,毫无积蓄。租界当局对此之对策,薄弱无能,因此饿死、溺死华人极多,悲惨之状,目不忍睹"。②《新天津报》称:"租界当局将彼国侨民予以抚恤外,对于纳税华人丝毫不与闻问。一般有产阶级凭其高楼足粮,尚能维持一时,一般中下阶级商民则均叫苦甚大,既无容身之地,复乏食粮,故连日逃入华界者络绎于途"。③ 其实,并非如日伪报刊所

---

① 天津市档案馆编:《英租界档案》第11册,南开大学出版社,2015年,第5105页。
② 《英法租界救灾无力,饥溺而死者甚多》,《东亚晨报》,1939年8月24日,第2版。
③ 《租界难民纷纷逃入华界》,《新天津报》,1939年8月25日,第2版。

宣传的那样，英法租界当局在救济灾民上尚称尽心竭力。

四、日伪政权救济之困境

日伪政权虽采取一些救济措施，但因能力不足，致使很多难民境遇十分悲惨。1939年11月24日，西站粥厂管理员报称："迭遭雨雪，全厂滴漏，难民悉陷水中，惨苦万状，且厂内北面中部塌陷"。① 路透社报道："关于唐山等处日方官厅处理收容难民工作有种种指摘，颇多被害之难民先后向各处申诉痛苦"，大部称"凡被收容之水灾之民莫不家破人亡，妻离子散，请未受收容之灾民男女勿再蹈覆辙"。日方指责"该社奉命令，亦以受党府方面委托为可靠，以备将来在国际上作诽谤日方之宣"。② 因日方影响，确实导致救灾受阻。北站粥厂"因关系方面不准设立，锅电未能如期成立"。③ "关系方面"显指日本当局。《大公报》报道"日伪对此次大水善后事宜，手足无措，官方及日报发起募捐，所得甚微，反不若租界当局及慈善团体所捐较钜。市区难民彷徨无依，困苦万状"。④ 概言之，日伪政权在救济过程中遇到重重困难，致使其救济效果有限。

1. 日军封锁

8月22日，天津日军防卫司令部组织总领事馆、居留民团、伪市公署等，举行天津水灾协议会，决定治安、防疫、交通、物资配给

---

① 天津特别市水灾救济委员会、华北救灾委员会天津分会编：《天津特别市水灾救济实录》，1939年，第354页。
② 日伪天津市警察局：《天津特别市公署警察局特高科报告书》（1939年9月），天津市档案馆藏，218-1-1-1811。
③ 天津特别市水灾救济委员会、华北救灾委员会天津分会编：《天津特别市水灾救济实录》，1939年，第286页。
④ 《天津大水纪详》，香港《大公报》，1939年9月16日，第4版。

等事项置于天津防卫司令官统制之下。又决定粮食配给由居留民团,治安、交通由军方,防疫由军方及总领事馆分别担任。① 可见,伪市公署在救灾过程中,处于一种边缘化的位置。8 月 25 日,天津日本陆军特务机关组建难民处理部,分设收容班、输送班、职业斡旋班等九班,处理难民指导与实行。② 难民处理部对天津市从事救济工作的慈善团体加以整理,规定担当地点为:世界红卍字会担当特三及二区,黄十字会担当六区及四区,蓝卍字会担当特三区,黄卍字会担当特□□及第一区,白卍字会担当特二及一区,一心天道龙华圣教会担当一区,正字慈善会担当七区。③ 天津的救灾完全置于日军的统制之下。伪市公署筹建的水灾救济委员会受到日军严密控制,"为联络救济事项,经派员出席天津防卫司令部每日例行会议,并出席特务机关及本间部队联络会议。为救护难民及输送赈品,经向本间部队领取旗帜,藉资识别以资通行"。④

日军自 1939 年 6 月开始封锁英法租界,水灾发生后,仍顽固坚持封锁。《大公报》报道:"日法交界直至 8 月 20 日水深及胸时,犹检查如故。及至租界悉成泽国之后,法租界通特三区万国桥,只许入租界,不许出租界,与封锁只许出不许进适成反比例"。⑤ 日本租界当局还拒绝灾民入境,灾民"至日本租界边线概不令前进,据称拒绝灾民之理由为日租界受灾奇重,中国住户颠沛失所者不计其

---

① 《遍地洪流沽河逆溢,天津市空前大水灾,中日当局分头赶办,日防卫司令部劝告侨民撤退安全地带》,《震宗报月刊》1939 年第 5 卷第 4 期,第 28 页。
② 《津日当局积极救济难民》,《东亚晨报》,1939 年 8 月 28 日,第 2 版。
③ 《处理部规定慈善团体工作地点》,《新天津报》,1939 年 9 月 10 日,第 3 版。
④ 天津特别市水灾救济委员会、华北救灾委员会天津分会编:《天津特别市水灾救济实录》,1939 年,第 240 页。
⑤ 《天津大水纪详》,香港《大公报》,1939 年 9 月 16 日,第 4 版。

数,日租界当局对于住户纳税人尚自顾不暇"。①

面对严重的水灾,民众流离失所,亟待救济,此时理应减轻甚或解除封锁,以利于救济。8月底,日军以国旗被辱为由,反而加强封锁,"实行最高度之检查,9月1日起持有检问所通行证,而□检问所临时通行证者,非经严重检查,一概不准通行"。② 高景云回忆:"到了1939年,热天,天津闹大水。这一闹,日本人的电网没用了,可他们真狠,真下本,在原来的铁丝网上面又做了一层,开着汽艇"。③ 封锁阻碍了救灾工作的进行。9月11日,天津市水灾救济委员会指出,"由租界向市区运输面粉颇多困难"。④ 天津紫竹林华商公会在法租界西开地方收容难民一万数千人,除由青年会担任施医外,该会每日施放食品,并搭盖窝铺分给居住。冬赈食品所需玉面、小米以及窝铺所用苇蓆、竹片、芦苇等物皆在华界购妥,迄今尚未完全运至。⑤ 封锁严重影响着灾民生活,"尤为困难者,水灾发生后,封锁如故,食粮、菜蔬以及日用必需品价格飞涨,七八倍于常价,生活不易维持。拟往他埠避难者,亦因封锁关系,颇有咫尺天涯望洋兴叹之感"。⑥ 日军的封锁阻碍了对患病难民的诊治。佟楼卡口外马场看台尚有3 000余名灾民亟待救护。灾民所需医药,仅

---

① 天津市档案馆编:《英租界档案》第11册,南开大学出版社,2015年,第5104页。
② 《津英界□□不安,连续侮辱日国旗》,《东亚晨报》,1939年9月3日,第2版。
③ 高景云:《津城闹水、百姓遭灾》,载郭文杰:《八年梦魇——抗战时期天津人的生活》,天津古籍出版社,2016年,第4页。
④ 天津特别市水灾救济委员会、华北救灾委员会天津分会编:《天津特别市水灾救济实录》,1939年,第288页。
⑤ 天津紫竹林华商公会:《本会救济法租界西开难民应需赈品迄未完全运至,关于运输颇感困难祈赐设法力予维持并赈品倘有不继断炊堪虞不无顾虑至时应如何办理统恳指示俾便遵循由》(1939年11月29日),天津市档案馆藏,J0001-3-003541-001。
⑥ 袁树谟:《天津水灾纪略》,《新语》1939年第7卷第19期,第118页。

由持有军部通行证的西医数人分担。中国医师无法通过卡口共任义务,界外该管当局对此需要又不加注意,维持该处救急的医务队每星期计有 2 次。①

2. 日伪政策无法落实

日伪政权虽采取了诸多救灾措施,但因其统治能力薄弱,不少措施实际收效甚微。伪天津市公署自规定粮食标准价格后,部分商人"不遵官方功令,阳奉阴违,暗中高抬物价,借口缺物,实行囤积居奇,或于面内掺加土粉,或掺以低价杂质,或于包内偷减分量,或对于局员胆敢公然行贿等情,层见叠出。经带局法办者已有数起"。② 日伪政权在实行物资统制政策上,同样受到商人的消极抵制。8 月 29 日,天津日军防卫司令官发表关于物资统制的布告,规定"一切天津市内粮食、燃料、防疫材料、麻袋、蜡烛、建筑用木材、洋灰等种类、数量、所在地(须附绘简明所在地之地图)、所有者(保管者与所有者非同一人时)均须详细记明,速向天津防卫司令部提出报告。凡属天津之中日两国仓库业者、海运业者、出入口商、贩卖商以及华北交通有限公司,无论何者倘有贻误报告者,均应予以处分"。在执行上,仍有"不报现有货额而请求允许向市外运出者",不少商人"急谋将物资收回己处,或可能移动者亦不予以移动,或对自己之货物现状不明者,自己不愿至现场者,以种种圆滑理由要求军方助力"。伪市公署指出:"此种自私之徒,颇不乏人"。③

为统制天津慈善团体,1939 年 9 月 2 日,水灾救济委员会以

---

① 天津市档案馆编:《英租界档案》第 11 册,南开大学出版社,2015 年,第 5106 页。
②《当局规定标准物价后,奸商仍阳奉阴违》,《新天津报》,1939 年 9 月 13 日,第 3 版。
③《关于物资统制之问题》,《新天津报》,1939 年 9 月 6 日,第 3 版。

"各团体自由救济固属见义勇为,若无统筹办法,恐有重复缺望及发生其他弊端之处",因此公函各团体要求"救济事宜应一律归本会统制,希将每日办理施赈善款及其他工作情形,分别列表径送本会赈务部以备查考。倘有向外募捐事,尤应先行呈请市公署核准,不得任意自由行动"。① 翌日,水灾救济委员会再次公函各团体,表示"为切实统筹起见,所有团体每日工作情形,特规定日报表式二纸,随函附送应请切实依照逐日填报,并限于当日下午八时(新)以前,径送本会赈务部以凭查核"。② 水灾救济委员会统制各慈善团体的意图遇到不少阻力,未能真正实现。该会部长联席会第六次会议指出:"中原公司现在河东天宝戏院自行发放馒首并未到会报告,应请赈务部接洽办理"。③ 第七次会议更是指出:"各慈善团体多不受指导且有冒名者"。④ 各慈善团体本来人手不足,且面临繁杂的救灾事务,水灾救济委员会要求将每日的工作情形具报,无形之中增加了工作量,引发不满和抵制也就在情理之中了。

3. 救济力量不足

日伪当局的救济顺序是分先后的,"先救市内者,再从事市外难民救济。至于郊外难民,为数更众,约有四五十万人,当局为维持秩序起见,未令其入市。一部扶老携幼,在铁路线两侧露宿,情形凄惨"。⑤ 郊区民众受灾严重,却得不到及时救济。四郊的土房住户逃无处逃,爬上房顶,又没有干粮,饿着肚子,担心房子倒塌。

---

① 天津特别市水灾救济委员会、华北救灾委员会天津分会编:《天津特别市水灾救济实录》,1939年,第41页。
② 同上,第42页。
③ 同上,第267页。
④ 同上,第270页。
⑤《视察津市水灾归来,王委员长谈话》,《东亚晨报》,1939年8月28日,第2版。

民众盼十字会、万字会来号船,来了的时候,人和房子早葬在水里。南郊有父、母、子、媳、女,连一只小猫,六条生命用绳系在一起漂在水面的浮尸。有一个产妇在屋顶上分娩,死在房上。① 至 9 月中旬,"天津郊区民众的境遇仍然在恶化。他们可能存有一些谷物种子,但很快将会被吃完。一旦种子被吃掉,可以想见灾民会遭遇到什么"。②

相较郊区救济的迟滞,市区救济情形同样不容乐观。1939 年 9 月 4 日,第三区梁家咀大街、粉房胡同、土地庙大街、梁家咀一条胡同难民均系由西广开一带逃来。有露天或搭窝铺者已住 10 余日,有住二三日者,自逃来至今无人闻问,无慈善机关散放食物,大多以乞讨为生,饥寒困苦,情形颇为可惨。有病者 10 余人,残废者 2 人,共计约 260 余人,急待施赈。③ 日伪政权虽设立难民收容所安置灾民,但几处难民收容所已挂"难民已满"之牌。有大批杨村难民来津要求收容,而以收容所早挂客满之牌,虽在津露宿数日终于返乡。④ 天津市虽不乏慈善机关,仍感僧多食少,无法广施救济。

洪灾发生后,天津的环境卫生跌落谷底。"津市洪水遍地,浑浊污秽,臭气触鼻,疫疠之生,势所难免"。⑤ 尤其是难民聚集之地,卫生状况更令人担忧,"各难民收容所以及河北、河东围城东西北各马路一带,灾民麇集,人数特众,粪便产量迥异寻常,以致污秽塞

---

① 老乡:《天津大水》,《远东》1939 年第 2 卷第 12 期,第 61 页。
② "Appeal for Tientsin Flood Victims", The North-China Daily News(1864—1951), 1939 年 9 月 14 日,第 12 版。
③ 天津市水灾救济委员会:《为三区梁家咀一带难民二百余人急待施赈由》(1939 年 9 月 5 日)天津市档案馆藏,J0001-3-009108-021。
④ 春林:《赈灾仍难普及》,《新天津报》,1939 年 11 月 11 日,第 3 版。
⑤ 袁树谟:《天津水灾纪略》,《新语》1939 年第 7 卷第 19 期,第 118 页。

途,狼藉不堪"。① 恶劣的环境导致疾病发生率的剧增。8月底,各收容所难民已达29 000余人,其中罹病者约在20%左右,亟应设法救治。②难民中患腹疾者颇多,因西药昂贵,为救急计,水灾救济委员会拟暂购香附黄连丸应用。③

除药品短缺外,医师、护士有不敷分配之虞。④ 北站检疫班第三班于水灾发生后,注射事宜异常忙碌。又兼理北站难民收容所诊疗事务,因之护士极感不足分配。⑤ 有的医生不能胜任救护工作。水灾救济委员会卫生部派往天后宫服务医生不能胜任,该收容所请卫生部予以更换。⑥ 医院救护设备的紧缺成为一大难题。"自未发生水灾前,因租界交通不便,天津女医院住院患者及产妇已无空床安置。因水灾之故,产妇接踵而来要求住院,因无法安插,已经谢绝者大有人在"。该院拒绝了水灾救济委员会"所请罹病及产妇收留诊疗",表示"深为抱歉,碍难尽量收容"。⑦ 市立第二医院难民病房污秽不堪,且无床榻以眠,病房为该院职员眷属借住。⑧ 因"医院病床数量有限,许多病人无法得到医治,从而导致一

---

①②《天津特别市公署卫生局政务概况周报(由8月21日至27日)》(1939年8月29日),天津市档案馆藏,J0115-1-000057-024。

③ 天津特别市水灾救济委员会、华北救灾委员会天津分会编:《天津特别市水灾救济实录》,1939年,第268页。

④ 同上,第256页。

⑤《标题名称不详》(1939年9月20日),天津市档案馆藏,J0115-1-000966-022。

⑥ 天津特别市水灾救济委员会、华北救灾委员会天津分会编:《天津特别市水灾救济实录》,1939年,第305页。

⑦ 天津女医院:《函复关于产妇收留诊疗办法由》(1939年8月23日),天津市档案馆藏,J0128-3-009646-002。

⑧ 天津特别市水灾救济委员会、华北救灾委员会天津分会编:《天津特别市水灾救济实录》,1939年,第289页。

种特殊腿病的出现"。①

4. 管理不善

水灾救济委员会在管理方面存在诸多不足之处,导致各种捐助品遭受不必要的损失。该会所蒸馒首均由各商代做送交后,堆置室内因水汽消散,致每千斤馒首约需消耗 10 斤左右。② 北京市商会所捐锅饼 16 000 斤,现已发霉,不能食用。③ 河北省公署捐助的赈品因船运关系,面粉损伤 6 袋,菜蔬亦有腐坏。④ 10 月 4 日,散放二、七、五、九、各区赈粮因上下舟车,往来搬运,颇有消耗,约损失 1 000 斤左右。⑤ 伪建设总署捐送面粉 350 袋及药品等,面粉多遭水残者⑥各种损失虽原因各异,但无不凸显水灾救济委员会在管理上存在着漏洞。该会在各区分发的赈粮分配不均,赈务部报告二、九两区散放赈粮数目,二区平均每人约 7 两余,九区约 4 两余。⑦

慈善团体在救济方面也存在不少问题。市立第十五小学校难民 60 余人向由黄卍字会供给食物,据报近 2 日内未见供给食品。⑧ 大观楼天津电影院、大陆影院等收容所难民每日由各慈善团体发放食品有不足用及品质欠熟情事。⑨ 双庙街太阳宫有难民 296 人,

---

① "Terrible Damage In Tientsin", The North-China Daily News(1864—1951),1939 年 9 月 17 日,第 11 版。
② 天津特别市水灾救济委员会、华北救灾委员会天津分会编:《天津特别市水灾救济实录》,1939 年,第 269 页。
③ 同上,第 286 页。
④ 同上,第 293 页。
⑤⑦⑨ 同上,第 315 页。
⑥ 同上,第 319 页。
⑧ 同上,第 270 页。

由商会每日发给馒首1次,每大口4枚,每小口2枚,似或不足。①

救灾过程中,水灾救济委员会职员与伪政府人员之间偶有矛盾发生。第七区巡官佟梅生与救生部救护人员发生纠纷,处理结果为"将该巡官予以撤职处分"。② 9月17日,水灾救济委员会李元进在北站难民收容所粥厂执勤之际,被第五区警官刘芸甫痛殴负伤。经派员密查,"李元进所述各节均属实,刘芸甫与友人任意谈笑,毫无忌惮,置难民情况于不顾"。水灾救济委员会议决"当以该员玩忽公务,请保安部申斥。无端殴辱本会职员,由保安部彻底查办"。③ 9月25日,水灾救济委员会询问该案"现彻查情形若何,希速即报告"。④ 9月17日,已经作出查处刘芸甫的决定,但直至9月25日,该会保安部仍没有真正处理。这可能与刘芸甫隶属于第五区警察署有关,水灾救济委员会保安部并无权直接处分他。这凸显水灾救济委员会在管理上存在诸多问题。

按照常理,难民应该愿意进入收容所,接受救济。恰恰相反,很多难民宁可露宿街头也不愿进入收容所。8月31日,"特二区统税局附近马路两旁聚有难民甚多,虽经劝导尚无入收容所者"。⑤ 据张蕃锡在"难民应如何渡此难关"的讲演中提到"还有一般人思想不清楚,轻信谣言,不肯到收容所来。放着能蔽风雨的收容所不去,反在街头巷尾露天地住着,遇风也得吹着,遇雨也得淋着"。当然他也道出难民不愿入所的原因,"譬如一处收容所里住的人很

---

① 天津特别市水灾救济委员会、华北救灾委员会天津分会编:《天津特别市水灾救济实录》,1939年,第263页。
② 同上,第293页。
③ 同上,第300页。
④ 同上,第306页。
⑤ 同上,第262页。

多,因为人们都不注意公共卫生,随地便溺,弄得所内奇臭难闻,不堪居住,传染得人人都生病了"。① 收容所内的环境恶劣恐怕是难民不愿入所的主因。9月14日,适值降雨,北站收容所内,难民席棚漏水,厥状堪怜②。12月1日,巡回诊疗各医师报告,"各难民收容所席棚单薄,棚内温度较低,且因阴雨降雪,地下水湿,均已结冰。棚内异常阴湿寒冷,冻毙难民时有发现,其体质衰弱营养不良者亦多,因此发生痢疾、腹泻、感冒等病。现在传染病医院已收容149人之多,第二医院亦住60人,长此以往恐各医院有人满之患"。③ 灾民在收容所内的行动不自由,受到监视,且饭食受限。据张同礼称:"伪市署设立的天津水灾救济会,由温世珍兼任会长。虽由红卍字会、蓝卍字会等群众慈善团体藉救灾为名大行募捐,但每日仅在收容所发放杂合面稀粥二次而已。派日本兵在收容所站岗,监视灾民行动"。④

收容所解散后,不少难民无家可归,不得不露宿街头。正如时人所言:"如果在很早的清晨走在马路上,留意一下便道上所有的事物,那便可以看见每隔几步,便有蜷卧在草蓆里或破棉被里的男人,或是一个女人抱着小孩,无声无气的睡着,或是悲哀的嗟叹着。他们大抵衣服褴褛,颜色乌黑,瘦削得可怕,洪水已将他们的所有荡尽,现在只剩下孤独一身,无处可归,在露天地里蒙受风寒之

---

① 天津特别市水灾救济委员会、华北救灾委员会天津分会编:《天津特别市水灾救济实录》,1939年,第250页。
② 同上,第293页。
③ 同上,第358页。
④ 张同礼:《汉奸市长温世珍的丑行》,载中国人民政治协商会议天津市委员会文史资料研究委员会:《沦陷时期的天津》,天津静海县印刷厂,1992年10月,第81页。

苦了"。①

5. 物价高涨，经费紧张

水灾发生后，天津的粮食价格高涨，日伪政权虽规定标准价格，但遭到粮商的抵制。日伪政权指责"粮食价格因奸商囤积操纵，日见飞腾，对于官方所定标准价目竟敢阳奉阴违"。②《东亚晨报》称："物资缺乏，致发生异常物价腾贵，不正商人乘机居奇，异常跋扈"。③《新天津报》称："津市自发生水患后，时有不法奸商囤积食粮，任意高抬市价，影响民食甚巨"。④"食品价格上涨，一担大米卖到50美元，一小包面粉卖到20美元，甚至富人很少吃饺子，喝粥和泡菜"。⑤ 面粉价格到9月间与年初相比，上涨近乎1倍，到年底竟暴涨2倍以上。投机者还将黄金、布匹与面粉联系起来，不断低价买进，高价抛售，造成面粉价格的长期波动。杂粮行市也在不断上涨，玉米和绿豆价格分别上涨50—70%。粮食的涨价影响到全市各种物价的全面上升。一般的劳苦大众既遭水患又逢人祸，生活困苦不堪。⑥ 除粮价的上涨外，灾后的天津"各业市场紊乱，物价飞腾，造成空前未有之现象"。⑦ 鲜肉无从购得，蔬菜虽尚可罗致，

---

① 默夫：《灾后的天津》，《华文大阪每日》，1939年第3卷第11期，第19页。
② 天津特别市水灾救济委员会、华北救灾委员会天津分会编：《天津特别市水灾救济实录》，1939年，第263页。
③《办理免费运输，规定必需品价》，《东亚晨报》，1939年8月25日，第3版。
④《平抑粮价，警察局调查存粮》，《新天津报》，1939年10月8日，第3版。
⑤ "Terrible Damage In Tientsin", The North-China Daily News(1864—1951)，1939年9月17日，第11版。
⑥ 朱仙洲：《沦陷时期的天津粮食批发业》，载中国人民政治协商会议天津市委员会文史资料研究委员会：《沦陷时期的天津》，天津静海县印刷厂，1992年10月，第145页。
⑦ 春林：《平抑物价》，《新天津报》，1939年11月23日，第3版。

第七章 天津日伪政权的救济与防疫——以1939年洪灾为例

惟价格高得惊人。所有的工厂完全停顿。① 物价上涨严重干扰了救灾的开展。"真正的困难是缺乏购买食物、衣服及药品的资金。食品价格比平时高出60%，这使得救灾工作越来越昂贵"。②

日伪政权的经费预算本就很紧张。伪天津市公署1939年度概算所列，全年不敷之数，几达200余万元之巨。伪市公署特制定缩减方案，规定"警察财政两局及新闻管理所各就原有人事费，核减一成。公用处核减二成。各机关新增二成五办公费，亦一律取消。关于人事裁减由各机关自行酌量规定，自8月1日实行"。③ 1939年8月，天津水灾使本已紧张的财政雪上加霜。为了筹措救灾资金，伪市公署及水灾救济委员会呼吁各方捐助，但1939年9月的筹赈运动中，"以新闻协会及国剧职业分会最为努力，讵商会对于送去推销之戏券，竟退还一部，于善举义行，似欠热诚"。④

救灾资金已属有限，伪政府官员却利用救灾之机侵吞公款。1939年，天津水灾时，温世珍以救济灾民为名，由市商会刘静山、孙冰如、屈秀章等经手进口一批澳洲小麦。温世珍、陈啸崴、李鹏图、蓝振德都中饱自肥。陈啸崴得款后，由商会理事焦世卿代购马场道西头洋房1所。蓝振德利用职权，搜购麻袋，勒索克扣，浮报侵吞，大发救灾财60余万元，在英租界亦购入楼房1所。⑤ 在救灾经费使用上，水灾救济委员会职员利用职务之便，有使用不当甚或贪

---

① 《各大都市经济动态：不幸的天津在租界久遭敌酋封锁之后又遇水灾》，《敌伪经济情报》1939年第5上册，第48页。
② "Appeal for Tientsin Flood Victims", The North-China Daily News (1864—1951), 1939年9月14日，第12版。
③ 《津市署搏节经费，各机关裁员减薪》，《新天津报》，1939年7月28日，第3版。
④ 《赈灾义剧成绩卓著》，《东亚晨报》，1939年9月14日，第5版。
⑤ 张同礼：《汉奸市长温世珍的丑行》，载中国人民政治协商会议天津市委员会文史资料研究委员会：《沦陷时期的天津》，天津静海县印刷厂，1992年10月，第80页。

腐之嫌。"一二日来各部组具领车饭费者纷至沓来,为数甚多,长此以往,诚恐事务费超过救济费"。① 北站难民收容所席棚建设用款2 900元。赈济部经另行觅商估价,较该所席棚形式为大,只需款1 600元。赈济部认为:"该所建设用款未免太巨"。② 1939年12月,卫生处家畜救济组组长焦锡经呈报"实施豚虎烈拉预防注射,共需3 550元。除挪支水灾家畜救济费节余2 278.52元外,尚不敷1 271.48元,拟请由会拨发"。水灾救济委员会认为:"该组前已拟具家畜救济及防疫费预算,此项豚虎烈拉防疫费预算毫无根据",并指出"如此项必须在家畜救济防疫费预算内动支,亦应将前领25 000元详细具报,以凭核办"。③ 对于相关职员在经费使用上存在的诸多问题,水灾救济委员会虽然指出其行为属不当之举,或是质疑其用款数额,但并未进行核查,都是不了了之。

天津水患初起之时,"各区所属防水工科及食品多系由警察局等取自商民,且现在仍有令饬商民拨付费用情事,民间颇有烦言"。1939年9月20日,警察局严令所属"嗣后应不准拨用商民物品"。④ 虽有此禁令,实际效果并不理想。直至11月17日,水灾救济委员会指出"以各区在被水之际,一切用款多向商贩赊欠,应支船价迄今犹未清偿。各商贩、船户等俱系小本营业,一家数口恃以为生,屡向各区署催取欠款,无法应付"。⑤

受灾难民中,有亲友可投奔者不过十之一二。日伪政权通过

---

① 天津特别市水灾救济委员会、华北救灾委员会天津分会编:《天津特别市水灾救济实录》,1939年,第255页。
② 同上,第306页。
③ 同上,第361页。
④ 同上,第300页。
⑤ 同上,第352页。

铁路运输向各地强制疏散大量难民。铁路职员乘机大发其财,"他们把下车的客人,连推带踢赶跑,不等东西拿尽,伙同分赃。对于穷苦无依的难民,更可毫无顾忌的发威敲诈了"。日伪当局的救生船,两个警察押着,"身披老虎皮,大可吓唬老百姓,所以任你千哭万喊,他有一定之规,也是'拿钱来'。两块钱渡一个人,少一点不成。有的就公然兜揽买卖,划着小船过来,问:'一家子七口人?干脆二十块钱'。你没钱,干瞪眼,房倒淹死,命里该当。眼看着能救因没钱不救,以致淹死的,为数实在不少"。①

6. 社会治安问题

水灾期间,天津频发社会治安案件。8月21日,小树林地方,突发匪警,火柴厂被毁,火光冲天,枪声大作,相距咫尺,人心惶惶。② 8月22日,防护小树林堤埝的三个警察被匪击伤。③ 有些人见"有机可乘,任意在灾区窃盗,毫无忌惮。更有结伙以舟筏运载者"。④ 一些人趁机敲诈勒索灾民。一个名叫王景龙的用小船一只,在南市灾区摆渡难民,藉词讹索得资甚丰。9月7日,又驾船至南市携难民张子书登船,船至中心时,复索高价未允,其竟驱除。⑤任富亭以在各处敲诈勒索为生,手下有党羽十数人。任富亭与地痞刘贵西、王三、尹四、郭六等在西头古皇庵,私设脚行码头,以木船搭载难民,乘机勒索。任富亭为西头怡和斗店强行包办运卸粮

---

① 雨新:《天津水灾别纪》,《新民报半月刊》1939年第1卷第9期,第34页。
② 天津特别市公署:《为呈报本市水灾办理经过及救济大概情形仰请鉴核训示机密电》(1939年9月4日),天津市档案馆藏,J0001-2-000373-017。
③ 天津特别市水灾救济委员会、华北救灾委员会天津分会编:《天津特别市水灾救济实录》,1939年,第301页。
④ 春林:《严缉灾区宵小》,《新天津报》,1939年9月3日,第3版。
⑤《讹索灾民,船主被捕送局》,《新天津报》,1939年9月8日,第3版。

食,每船强索洋四五十元。① 面对灾区治安状况的混乱,日伪政权因忙于救灾无暇顾及,此种状况间接阻碍了救灾事务。

第三节 常态下的救济与防疫

水灾期间,日伪政权的救济与防疫是在非常态下进行的,当时救济院等机构已陷于瘫痪,救济工作主要由天津市水灾救济委员会和各慈善团体担任。常态环境下救济院、冬赈会等机构担负天津的救济和防疫工作,慈善团体也是救济中的一支重要力量。

一、救济

天津市救济院是实施救济的重要机构,院长以下分设总务、事业两组。总务组分设第一、第二两股,办理院内一切行政事务。事业组分设儿童、妇女、养老、劳工、游丐、残废、医疗等七部,分担收容、教养各类贫民的事务。全院收容定额共 1 500 名,不过在春夏秋三季每月收容的人数差不多都是一千四五百人。冬季因天气寒冷,谋生不易的缘故,每月收容人数超过定额达五六百人。1938 年 2—4 月,收容人数上,2 月平均数 1 796 人,3 月平均数 1 629 人,4 月平均数 1 418 人。从 1938 年救济院各部的工作情况可观察其运转。

儿童部收容 240 余人。设施分为两部,一是教育班,一是习艺工场。教育班分设初级一二三四年级 4 班。受教的学生都是 7 岁以上 12 岁以下的儿童。自春季开始,每天授课 7 小时,自习 1 小时,所教的功课和市立各小学相同。习艺工场分设织布、织毛巾、

---

① 《西头地痞流氓勒索被水灾民》,《新天津报》,1939 年 9 月 15 日,第 3 版。

织袜、造胰、制鞋、编蓆、木工、理发等科。所有工徒都是12岁以上17岁以下的儿童,每天作工8小时,补习功课2小时。工场出品除供给院内自用,其余由天津市各商号代为销售。

妇女部收容160余人,分为教育班和公益班。教育班的课程和儿童部差不多。工艺班分缝纫、烹饪、刺绣、洗涤等科。1938年4月,救济院把工艺班妥加扩充,筹备添设缝纫房、洗衣房、烹饪房等,使全部妇女都要受教育及工艺,一方面可以供应院内拆洗缝做事务,还可以揽做外活,得些工资,并可实地练习。此外,凡是16岁以上院女,由院代为择配,任人保领为妻,不收费用。1938年2—4月婚配的院女,共有10余名。

养老部收容180余人,分为养老、文贫两部分。养老室都是60岁以上,贫病交加无人抚养的人。虽然他们没有工作能力,院内亦想法给他们找点轻便工作。教他们活动身体,并设法安慰他们的精神,免去苦闷。文贫室都是失业日久的知识分子,或异乡来津谋事未成,穷无所归的人,由救济院供给其衣食住,待谋出路。

劳工部收容110余人。这一部的贫民差不多都是年富力强的劳力,或是一时失业流落无归的,或是院内收容的乞丐,经过感化恢复健康的,把他们编成劳工队,给他们在院外找些搬运的工作。全部的劳工每天工作人数都是七八十人以上。私人雇用的,每天每人工资3角或4角不等,院内把他们的工资代为储蓄一半,以备积有成数,将来他们出院之后,可以作些小本营业,藉谋自立。公家调用概不给资。在3—4月经工务、卫生两局调用修河筑路挖沟等工作,每日均有四五十人参加,成绩很好。

游丐部收容390余人,分为感化、医疗、预备劳工三部分,这一部所收的人大多数是流浪街市的游民乞丐,或是染有不良嗜好,自甘堕落的人。经过强制收容之后,慢慢施以感化或医疗,使他们知所悔悟，或恢复健康以后，方准他们出院另谋生路，或资遣回籍务农，改善他们的生活。其无家可归者，由救济院编成预备劳工，教他们在院外作些平垫道路，扫除垃圾的工作。3—4月内，每天出去工作的总是四五十人不等。

残废部收容120余人，都是身有残疾，既无生活能力又无亲族可依的人。经收容后，供给其衣食，终身留养。这些人虽无生活能力，救济院也设法给他们找些轻便手工艺，如糊纸盒等工作，免得他们终日坐食。

医疗部收容重病住部者90余人，分为留诊、就诊、院外施诊三部分。留诊的都是院内重病贫民，就诊的都是院内轻病贫民，院外施诊的是一般贫户，无力来院就诊，不收用费。1938年2—4月，留诊者平均每日80余名，就诊者每日二百八九十名，院外施诊每日40余名。关于春季救济院种痘、消毒、防疫等工作已于3—4月办理完竣。①

救济院在救助贫民方面发挥了一定的作用，但因规模太小，并不能适应沦陷时期亟待救济贫民众多的状况。随着时间的推移，天津的政治、经济社会环境发生了很大的变化，救济院随之有所变革。1942年，救济院收容人数甚多，为矫正贫民游闲、倚赖等劣性恶习起见，必须以工代赈，藉图增加生产。救济院设立第一、第二两平民工厂，分别男女，各授以技能，俾在院接受相当教育，出院亦可自力谋生。救济院还设立印刷所，以扩充工艺，而谋生产增进，经筹备妥当后，于4月10日举行开工典礼。② 1944年，伪天津市政

---

① 《天津特别市救济院工作报告》(1938年5月18日)，天津市档案馆藏，J0001-2-000220-016。
② 蓝振德：《社会局推进第四次治强运动总报告》，《津津月刊》1942年第1卷第6期，第3页。

府对救济院进行了全面整顿。

调整机构。为调整机构增进效率，将事务主任及总务、工作两部一律撤销，按照主管性质分设总务、会计、庶务、管理、教化五股。工厂方面，将第一、第二两厂及印刷所三部分合并为一个单位，定名为救济院工厂，设置工厂指导委员会。医疗室部分暂仍照旧。

规定施政方针。为适应时代需要，对于收容男女院民，规定以教养兼施，努力增产为基本方针，除残老、疾病及幼小儿童不能工作者一律拨入工厂工作。

工厂施行独立会计。工厂改组后以自给自足为营业方针，除少数职员薪金由救济院经费项下支给外，所有必须雇用匠目、跑外以及学徒诸人薪给酬劳等费，统由营业收入项下支给，工厂收支施行独立会计，工厂基金由指导委员会保管，不得随意挪用。

改善院民饮食及卫生。因院民饮食缺乏营养，自1944年5月起在不增加经费原则下逐渐改善，一面购买玉米面，一面向粮食配给机关要求配给各种杂粮搭配食用。同时恢复院民沐浴，为节省煤炭，每月沐浴2次。院民住室、厨房、厕所及各院落尽量利用院民自行扫除，不得积存污物。

举办院女征婚。所收容院女除由工厂授以缝纫、刺绣及其他手工技艺外，并由教化股施行相当补习教育。院女大都勤苦耐劳，由救济院代为征婚择配。1944年夏季，应征者共有8人，为郑重婚典起见，特介绍新婚夫妇参加社会局举办的第九届集团结婚。

改订儿童课程。现有上课男女儿童5班，共280余名。各班课程历来仿照普通小学办法，与儿童环境未能十分适合，应积极改订，注重珠算、书法、常识及普通商业尺牍，俾将来在本院工厂习得技艺后，出院易于谋生。

介绍院民职业。为使院民获得正当职业，救济院于1944年4

月与天津满蒙毛织会社商洽,将壮年院民50余名检充该会社第三工厂工人,俾各自谋生。

筹发院民服装。1943年冬季,院民棉衣经向警察局商洽,由该局捐赠各色残旧制服1 000套。1944年夏季,警察局捐赠单制服500套,当即拆洗改做,分发院民着用。

配卖工厂出品。为流通资本续购原料,俾资增产起见,救济院将工厂所织各种布匹、毛巾、线袜等配卖于市属各机关职员,使所得价款由市政府主管科代收,以备拨充工厂基金。①

为了收买笼络人心,伪天津市公署在赈济救恤方面采取一些临时措施。1942年,为救济民食,设平糶临时委员会。关于住的问题,在治标方面,设立房屋租赁纠纷评议会,自1941年5月成立以来,经办解决案件200件之多。在治本方面,兴建平民住宅40余所,现又开始兴筑1 000间平民住宅,年底完成。② 1942年,第二分局永明寺街住户成茂森妻成刘氏一胎三男家贫,亟待救济,伪市公署决定"着赏给二百元以资救济,仰即派员来署具领"。③

二、冬赈

伪天津市公署一般在每年11月成立冬赈委员会,制定实施冬赈计划。冬赈委员会以联合官绅救济冬季市内贫民为宗旨,下设

---

① 《天津特别市政府三十三年一月至六月份工作报告》(1944年),天津市档案馆藏,J0001-2-000623-056。

② 温世珍:《市政解释:天津市一年来之政绩》,《津津月刊》1942年第1卷第1期,第8页。

③ 温世珍:指令警察局(建亚字秘壹第五九三七号十二月二日):据呈报第二分局永明寺街住户成茂森妻成刘氏一胎三男家贫亟待救济请鉴核由,《天津特别市公署公报》1942年第189号,第26页。

事务、赈务、监察 3 组。事务组负责召集会议记录、撰拟文稿、收发管卷、缮写、收支赈款、采购赈品、保管支配等事项。赈务组负责调查贫民、文贫、各粥厂设备、指导施赈计划等事项。监察组负责赈品、赈务的审核,监察及巡视各粥厂,考核办赈各员司勤、惰、利、弊等事项。赈款由伪市公署拨款及由各委员分任募捐。在捐款未经募到以前,由伪市公署先行拨垫,以便办理赈务。施放赈品委托天津市慈善团体代办。①

募捐是冬赈委员会获得经费的重要途径。以 1940 年,冬赈委员会募捐实施办法为参照:

印发捐启。印捐启 500 份,分发各界劝募。

演唱义务戏。除邀集京、津各大名伶及天津市名票分借地点,先后演唱义务戏外,拟援照 1939 年办法,函请市公署影片、戏曲检查联席会,转商各影、戏院各办义务戏 1 日,将所售票款悉数捐助本会,充作赈款。②

举办冬赈回力球香槟比赛。意商回力球运动场于事变前,每年冬季举办冬赈香槟比赛,一次所售票款除应得奖金外,少数捐助冬赈之用。七七事变之后,因时局关系,营业萧缩遂停止。现在租界照旧通行,该场营业又见繁盛。冬赈会 1940 年预算较往年增加,筹措困难,自不得不广为募集,以资挹注。援照事变前办法,函该商尽量协助。

售卖冬赈纪念花。冬赈会定制冬赈纪念小花若干个,分交天津市各舞场及乐户公会,由舞女、妓女向各戏园、饭店、其他娱乐场

---

① 天津市档案馆、天津市社会科学院历史研究所、天津市工商业联合会编:《天津商会档案汇编·第四辑(1937—1945)》,天津人民出版社,1997 年,第 1521—1522 页。
② 同上,第 1529 页。

所观众及宴会宾主兜售,并说明只办1次,所得价款除付原花价值外,余款扫数充作赈金。

印发济贫袋。1938年,冬赈会曾印制济贫袋10万个,每个捐洋1角不记名,分交各地辅治会,代为劝募,成绩良好。1940年拟援案办理,由冬赈会与各联保主任接洽办理。

募集衣物办法。凡旧衣物统行募集,由冬赈会印制收据,函教育局交各校学生代为劝募。其募集最多之学生,由冬赈会发给奖状以资奖励。①

冬赈委员会委托市内慈善团体代办粥厂,并随时派员监督稽考。各粥厂开办费由经办团体造具预算书,送由冬赈委员会常务委员会审核发给,每月经常费由经办团体筹募应用,报由该会统收统支,并造具预算书送会审核。各粥厂每日施粥时间一律自午前8时起至11时止,施粥米数按每人每日5两计算。各粥厂于每日施放完毕,应将当日食粥人数及所用米、煤、柴、水数量填具日报表,送会备查。各粥厂每月末应将全月食粥人数、施放情况及收支米、煤、柴、使用灯、水等数量,报会备查。如有向各粥厂捐送赈款、赈品者,应随时报明该会核收,并于日报表中详细记载。各粥厂服务员役于食粥贫民来厂时,应分别男、女、老幼维持秩序,妥为保护,以符救济之旨。② 冬季谋生困难,冬赈会举办粥厂向贫民施粥,对于贫民而言,无异于雪中送炭。

三、防疫

天津每年防疫工作基本相似,无非是种痘、消毒、注射防疫针

---

① 天津市档案馆、天津市社会科学院历史研究所、天津市工商业联合会编:《天津商会档案汇编·第四辑(1937—1945)》,天津人民出版社,1997年,第1530页。
② 同上,第1522—1523页。

等。伪天津市卫生局每年春秋二季例行举办种痘。1938年3月，卫生局援例举行春季种痘。因香港发生天花传染病症，蔓延甚广。为防范传播起见，遵照伪行政部公函及附发检疫委员会设置规则，拟具临时检疫办法，扩大举行种痘。所有临时检疫各项重要设施，如组织临时检疫委员会，成立巡回种痘班及消毒班，委派专任医师会同海关检疫医师检验入口船只各事。实施期间自3月起，为时2月有余，种痘人数经巡回种痘班第一二三组、各医疗机关及辅治各慈善团体、各学校、各工厂等一致努力，共计施种219 107名。与种痘同等重要的消毒工作，经消毒第一二班加紧进行，消毒771次，消毒房间数15 776间。入口船只的海关检验，经检疫委员兼医师会同特派专任检疫医师负责办理，共检验入口各外轮57只，尚无外疫侵入。是以扩大种痘以杜绝疫源，厉行消毒以防传染，种痘防疫事宜于5月31日结束。① 1939年3月15日，卫生局照例实行春季种痘。市立各院所自开始施种以来，因气候关系，人数并不甚踊跃。为市民健康，扩大种痘效果起见，卫生局局长饬令主管科着手组织巡回种痘宣传队4大队，每队各设队长（医师充任）1人，护士1人，夫役数人。每日分赴市内各偏僻地区及工厂、学校、低级贫民住宅，实施种痘工作。卫生局对预防天花甚为重视，除仍由各市立院所担任施种外，决定函请各慈善团体、私人医院尽量劝种，由卫生局尽量供给痘苗，以资应用。② 为消除疫病之源，伪天津市卫生局自1939年5月15日起实施扩大灭蝇运动。各学校、各工厂、各饮食店、全市商民同时举行，并由卫生局规定收买苍蝇办法，凡捕

---

① 卫生局：《天津特别市公署卫生局三四五月份行政工作报告》（1938年），天津市档案馆藏，J0001-2-000220-013。
② 《本市巡回种痘队》，《新天津报》，1939年3月20日，第3版。

蝇一百只者，给以1元之代价，捕蝇达1000只以上者，另奖给蝇拍1个或发给纪念毛巾1条。捕蝇达5000只以上者，另奖给扇1柄或铜质纪念章1枚。公共团体、学校或饮食店铺等，经卫生局派员抽查，确有成绩者，则由局制发奖金、奖状，以资鼓励。① 为讨论1940年度卫生防疫工作，天津日军防卫司令部在日租界举行会议，出席者有卫生局局长傅汝勤、卫生局保健、预防、医政各科科长，海上警察局代表戚建初，天津市警察局代表，以及日方各医政机关重要人员。会议决定议案甚多，其中比较重要者为1940年第一步举行防疫工作，实施普遍春季种痘。自本年3月初至4月终止，施种人数最少须在60万人，全部经费概算约需万元左右。② 从维护自身统治出发，天津日军也重视卫生防疫事宜，且在其中扮演十分重要的角色。另外，秋季种痘一般在每年12月份开始，实施事项与春季大体相同。

1939年，伪天津市公署成立检疫委员会，拟定防疫强化办法，"1.即日组织检疫委员会主持检疫事宜，以专责成。2.成立各区检疫所，挨户检病注射，请警察局饬警协助。3.设陆上注射班6班，地点在金钢桥、河北大街、鼓楼、东南城角等6处，设卡强制注射，无证不准通过。4.设置水上注射班4班。地点在小刘庄、金钢桥、芥园、大红桥等4处，设卡实施船户注射，无证不准通行，并实施健康诊断、检查等工作。5.车站注射与路局会商办理"。③ 为谋根绝虎疫，伪市公署决定先由六、七两区入手，办法可分：1.对于界内挑水口，准许挑水夫挑水，并派人监视，即时予以饮水消毒。已

---

① 《灭蝇运动，决定十五日开始》，《新天津报》，1939年5月5日，第3版。
② 《中日当局集议本年防疫，实施普遍春季种痘》，《新天津报》，1940年1月18日，第3版。
③ 《强化防疫阵容》，《新天津报》，1939年6月21日，第3版。

定自 6 月 1 日实行。2. 组织健康诊断队 10 队,每队设医师 1 人,护士 2 人,夫役 1 人,警察 1 人。自 6 月 10 日起,每日出发分赴第六、七两区实行挨户检验,每队每日至少须检验 200 人。① 为谋防止疫病,津市卫生局长傅汝勤特配制大量消毒药水,分发各市立医院及各卫生区事务所,免费施送。凡属市民可向附近院所领取。同时由卫生局将消毒药水配制法予以公布,以备功用。② 卫生防疫关系民众健康,日本及伪政权对此都十分重视。因民众对防疫均不甚明了,且太平洋战争爆发后,天津经济形势不断恶化,民众生活水平每况愈下,卫生防疫工作逐渐被漠视了。

1939 年天津发生的特大洪灾,是由自然及人为因素合力所致。灾害发生后,大量民众流离失所,无家可归,受尽颠沛流离之苦。由于物资来源受阻,多数市民饱受物价高涨之苦。此次水灾对日伪政权而言,是一次严峻的考验。面对灾区范围的广大,灾民数量的庞大,日伪政权成立天津市水灾救济委员会,开展救灾活动。日伪政权实施了一系列诸如维护治安、减税、控制物价、物资统制等措施。伪天津市公署还积极向沦陷区各省市政府寻求援助。各地伪政府及社会团体受日本的主导,以及从人道主义的角度出发,给予天津灾区一定的帮助。

天津洪灾发生后,救灾、救济工作主要由天津市水灾救济委员会负责。该会积极组设救护队,救助受灾难民。同时设置收容所收容难民,为解决难民吃饭问题,设立了一批粥厂,这在一定程度上解决了灾民基本的衣食住问题。为了保证灾民健康,水灾救济委员会积极从事卫生、防疫工作。因天津难民数量众多,无法予以

---

① 《中外当局决联合扩大防疫》,《新天津报》,1939 年 5 月 25 日,第 3 版。
② 《疫病流行,卫生局积极预防》,《新天津报》,1939 年 6 月 7 日,第 3 版。

充分安置。对此，伪天津市公署向北京、唐山等地疏导灾民。到1940年3月，天津对收容的难民进行了安置，多数则予以遣散。

在救灾、救济难民上，天津的慈善团体发挥了重要的辅助作用。以世界红卍字会为例，该会积极从事收容、救护难民、施送食品、巡回治疗及施药、掩埋尸体、赈济等工作。除此而外，市商会设立了水灾救济机构，从事救助、收容、赈济难民的事务。英法意租界当局也投入到救灾、援助灾民的工作中。总之，在各方共同的努力和协作下，救灾、救济难民的工作取得一定的成绩。伪政权的救灾、救济工作实际是由天津日军防卫司令部主导，同时受制于日军封锁租界、政策无法落实、救济力量不足、管理不善、物价高涨、经费紧张等问题，救灾、救济工作的成效又极为有限。另外，常态下日伪政权的救济以救济院为主，不过该院的救济能力十分有限。每年冬季举办冬赈是日伪政权救济贫民的重要举措。卫生防疫事务是日伪政权每年春秋两季都要举办的。常态下救济、防疫工作对于救助贫苦民众，起到一定的积极作用。

在以往对日伪政权水灾救济的评价中，往往是以负面为主。在天津水灾中，日伪政权组织进行了大量的救灾工作，尽管是在中日民族战争期间，日伪政权的灾害救济有着巩固政权统治，恢复生产与支援战争的明显意图，但诸多措施对于维护灾民的生存，保证民众的基本利益起到一定的作用。不能仅以包藏祸心的简单评价了事，这一方面似乎在研究沦陷区、伪政权方面应该予以注意。

第八章　日伪统治下天津市民的日常生活

全面抗战时期，日军占领了大片中国领土，建立了各级伪政权。中国沦陷区面积广阔，生活在其中的民众达一亿之多。沦陷区的民众生活，是否如以往所言，在日本的殖民统治之下，过着暗无天日的生活呢？抑或是民众生活展现出复杂多样性？这个问题十分值得研究。不可否认的是，很多沦陷区的民众因日军的侵略，生活确实发生了很大改变，不少人生活水平直线下降，尤其农民更是如此。生活在城市中的市民，其生活状态究竟如何？通过梳理史料，呈现出接近客观真实的沦陷区民众的生活，有利于还原历史的本真。学界对抗战时期社会史的研究，开始关注到普通民众的日常生活，但多集中关注北平、上海、南京等城市，对天津市民日常生活的研究尚少专文研究。相关研究对日伪控制下的市民复杂的生活状态缺少立体呈现。[1] 鉴于此，对沦陷时期天津

---

[1] 罗澍伟主编的《近代天津城市史》论述了天津的城市经济功能的变化、城市人口与社会、城市文化等方面问题。周俊旗主编的《民国天津社会生活史》中从"严厉的人身控制，严格的政治、思想、文化控制，毒品泛滥毒害市民，物价配给制与市民口粮危机，洪水肆虐下的天津市民"等方面介绍了日本占领时期天津民众的社会生活。其他一些论文或专著，对沦陷时期天津市民的日常生活仅是略有提及。

市民日常生活进行翔实研究,以期呈现战时沦陷区城市民众的复杂生活状态。

第一节　衣食住行

沦陷初期,天津物价上涨幅度并不是太大,市民生活所受波及相对较小。随着日军不断扩大战争规模,与中国军队的作战次数猛增,战争消耗巨大,物资供应遂趋于紧张。1939年8月,天津遭遇百年不遇的洪灾,此后粮食供应紧张,价格不断上涨,市民生活大受殃及。其他各类商品的价格上涨也愈趋严重。太平洋战争爆发后,天津对外贸易额出现断崖式下降,物资输入锐减,物价上涨更是雪上加霜。受物价上涨的影响,民众生活水平直线下降。天津市的物价变动可参照表8.1。

表8.1　天津批发物价指数(1936年=100)①

项目 年月	总指数 106项	食物 43项	布疋及 其原料 19项	金属 15项	建筑 材料 12项	燃料 12项	杂项 5项
1936	100.0	100.0	100.0	100.0	100.0	100.0	100.0
1937	117.50	110.69	119.08	153.39	108.43	105.99	130.86
1938	152.06	135.38	136.25	207.07	159.40	171.67	167.48
1939	226.69	194.52	220.43	359.56	230.69	226.77	231.37

---

① 《(甲)国内之部(7)物价:第五表.天津批发物价指数表:民国二十五年=100》,《中外经济统计汇报》1944年第9卷第5期。表中数据,1936—1937年南开大学经济研究所编制,1938年起由天津支那问题研究所续编,自1942年7月起该指数由天津支那问题研究所移交伪中国联合准备银行接办。计算方法:简单几何平均。

续表

项目 年月	总指数 106项	食物 43项	布疋及 其原料 19项	金属 15项	建筑 材料 12项	燃料 12项	杂项 5项
1940	399.74	366.48	448.03	665.37	337.07	290.27	396.38
1941	450.19	406.00	527.93	746.28	387.39	319.67	426.27
1942	599.15	616.86	609.72	818.47	467.04	443.16	654.31
1943	893.82	1 395.31	628.61	846.54	691.77	533.46	553.13
1 944.01	1 065.20	1 625.30	682.59	907.84	997.80	682.75	839.06
02	1 151.81	1 740.84	682.59	950.92	1 087.08	718.53	1 532.07
03	1 191.51	1 827.83	682.59	950.80	1 136.05	732.95	1 768.12
04	1 465.24	1 974.23	1 198.44	956.34	1 499.52	1 056.80	1 804.83

从表中可见，1937至1939年，天津市的食物、布疋及其原料、金属、建筑材料等的物价指数虽有增长，但相对可控。1939年后，物价指数呈现井喷式增长。自1941年开始，物价指数的上涨逐步走向失控。天津物价上涨比较严重的时期正处在几个重大事件发生的时间节点上。1939年，天津发生百年不遇的洪灾。1941年，日军偷袭美国珍珠港，太平洋战争爆发。正是这些重大事件的发生，导致天津的物资供应紧缺，物价大幅上涨。物价上涨直接影响市民的生活水平。1945年5月16日，天津海关长小山田晃一在1944年对外贸易报告中提到："天津1944年的贸易形势，与往年情况相似。商品价格继续上扬，已到了危害民众生活的地步。据联合准备银行公布的统计资料来看，本埠货币的购买力由1936年指数100降至1944年10月的1.33,货币丧失了原有价值98.67%的购买能力。劳动者的生活花费和商品价格，其指数分别由1936年的100上升为7492.42和2 236.35。以上数字充分表明：在八年战

争期间,商品价格的增长超过 1936 年 21 倍"。① 物价之所以会上涨如此迅猛,是因为"日本通过日伪银行的无限透支抢购各种物资,造成物价的不断上涨"。② 日伪联合准备银行发行的联银券数量逐年上升,1939 年发行量增长迅速,较 1938 年增长 3 倍多。1941 年之后,联银券发行量节节攀升,到 1944 年发行量达到一个高点,较 1943 年增长 4 倍多,1945 年日本殖民统治行将结束之际,发行量达到空前规模,较 1944 年增长近 10 倍,正应验了那句俗语"欲让其灭亡,先让其疯狂"。货币发行增加数量与物价上涨幅度大体一致。

表 8.2 伪联合准备银行货币发行情况(单位:亿元)③

年份	发行额	年份	发行额
1938	16.1	1942	159.2
1939	54.8	1943	382.8
1940	71.5	1944	1 625.5
1941	96.6	1945	14 239.9

作为中国北方经济中心的天津,是多国租界的集中地,很多政客、商人均集聚在此。富裕群体的生活受经济形势恶化的影响不大。天津南市的繁荣达到了极点,三百六十行样样俱全,在南市每一个角落里林立着红绿的美酒,妖艳的女人,花花的钞票每日在南市活跃着。④ 天津富人只是极少数,多数是靠辛苦劳作求生的普罗

---

① 中国抗日战争史学会、中国人民抗日战争纪念馆编:《日本对华北经济的掠夺和统制——华北沦陷区经济资料选编》,北京出版社,1995 年,第 896 页。
② 中国人民银行总行金融研究所金融历史研究室编:《近代中国的金融市场》,中国金融出版社,1989 年,第 56 页。
③ 罗澍伟主编:《近代天津城市史》,中国社会科学出版社,1993 年,第 697 页。
④ 佩华:《天津南市夜生活素描》,《三六九画报》1942 年第 17 卷第 5 期,第 19 页。

大众。与战前相比,市民生活水平有下降的趋势。据阿凤回忆,沦陷以前,"家里买粮食,都是到米面铺去叫,由铺子里的小伙计送来,付钱或赊账均可。天津寿丰面粉公司的红绿桃牌面粉,不过是两块钱一袋(22公斤)"。沦陷后,阿凤住处附近的"米面铺先是关门停业,后来虽然照常营业了,不过寿丰公司的红绿桃牌面粉,一下子陡涨5元钱一袋,而且是现钱交易,概不赊账。到寿丰去买小袋子面,原来是随到随买,也没那么多的人买。后来物价上涨,粮价陡俏,生活水平降低,买棒子面的人也多了,所以就要一大早排大队来买了"。① 任秉鉴回忆称:"1937年到1939年天津水灾之前,人民的生活还没有太大的改变,生活还算稳定,到时候准发工资,生活有保证"。② 1939年以后的情形发生改变,"日本人凶相毕露,人民的生活一落千丈。1939年以前,白面两块多钱一袋,水灾之后白面就涨价到七块多钱一袋了,而且要排队"。③ 张澜生的回忆与任秉鉴类似,"七七事变后,粮食的供应能勉强维持市民的需要。到1939年天津发生水灾以后,粮食供应开始紧张,两年间面粉涨价一倍多"。太平洋战争爆发后,"天津的细粮几乎绝迹"。张澜生对排队购买粮食的情景记忆犹新,"我和邻近的居民常从半夜起床赶快去粮店排队,往往粮店开门后刚售一个来小时,粮食就售罄。而且粮食的质量每况愈下,市民买到的仅是由各种杂粮、饲料

---

① 阿凤:《沦陷生活见闻录》,载中国人民政治协商会议天津市委员会文史资料研究委员会:《沦陷时期的天津》,天津静海县印刷厂,1992年,第217—218页.
② 任秉钤:《莘莘学子,梦断南开》,载郭文杰《八年梦魇——抗战时期天津人的生活》,天津古籍出版社,2016年,第42页。
③ 任秉鉴:《身逢乱世,奔忙求生》,载郭文杰《八年梦魇——抗战时期天津人的生活》,天津古籍出版社,2016年,第106页。

等混合磨成的杂合面,能买上豆饼已属上乘"。①

普通市民的生活因物价上涨,粮食供应紧张大受波及。即使有稳定收入的银行职员,其生活亦非常艰难。1940年2月21日,交行高层卞白眉在日记中记道:"津市物价飞涨,中下级行员及行役生活之苦况"。② 那些没有稳定收入的市民,面临着更为凄惨的境遇。高景云称:"日子越来越不好过:我们吃花生饼、豆饼,很硬,吃前需要水泡,完事再上锅蒸,那哪是人吃的东西啊!难以下咽。不光难咽,还拉不出来。还有棒子面,面铺8点开卖,半夜3点就得去排队写号。拿号就是先在那排队,冻得像小鬼儿似的"。③ 张金锁有相似的经历,"花生饼要好吃点,蒸着吃,豆饼很难吃,就是和棒子面掺一块吃,也是蒸着吃。有钱人能从面铺买好一点的棒子面,日本人卖的棒子面别提多难吃了,弄不成个,里面石头、耗子屎、耗子毛什么都有,脏死了"。④ 沦陷时期,日伪实施经济统制,市民生活水平逐年下降。"日本人进来以后,生意也不好做了,大买卖也摸不着头绪。日本人嘛玩意儿都控制,嘛玩意儿都管。从1942年起就不让吃细粮了,大米基本你就摸不着"。⑤ 治安强化运动对民众的生活产生很大影响。"那时候在城里的老百姓苦得很,

---

① 张澜生:《天津沦陷生活琐忆》,载中国人民政治协商会议天津市委员会文史资料研究委员会:《沦陷时期的天津》,天津静海县印刷厂,1992年,第244页。
② 中国人民政治协商会议天津市委员会文史资料委员会、中国银行股份有限公司天津市分行编:《卞白眉日记》第三卷,天津古籍出版社,2008年,第8页。
③ 高景云:《津城闹水,百姓遭灾》,载郭文杰《八年梦魇——抗战时期天津人的生活》,天津古籍出版社,2016年,第7—8页。
④ 张金锁:《进城学徒,手艺养家》,载郭文杰《八年梦魇——抗战时期天津人的生活》,天津古籍出版社,2016年,第29页。
⑤ 邢国起:《挑担叫卖,好心得报》,载郭文杰《八年梦魇——抗战时期天津人的生活》,天津古籍出版社,2016年,第21页。

有钱人好点,没钱就难了。'强化治安'饿死的都是穷人。不管有钱没钱,都不许吃大米,吃大米是犯罪,要杀头"。① 张显明回忆:"强化治安最早的时候,推行粮食配给制,每家限量供应,一口人或一户,一个月能买几斤米、几斤面,数量一次比一次减少,到后来就不供应大米白面了,只供应杂合面和豆饼了"。②

抗战后期,在沦陷区供职的日本职员的生活水平也急剧下降。供职铁路部门的阿凤称:"日本的侵略战争打到后来,物资也越来越不足了,尤其是粮食越来越紧张。在铁路上,不但中国人吃不饱,日本人也够呛。日本人每人每月配给 11 公斤大米,而且成色也降低"。由于物资不足,粮食短缺,日本铁路从业人员也要节衣缩食。"他们衣着是寒碜、褴褛的,作业服、扎脚裤、袜子是从铁路生计所买来的'军足',即直筒的,没有脚后跟的,可以转着穿。鞋是'水袜子',即再生胶当底的黑布鞋,常看到日本'社员'穿着旧西服,脚上都是一双水袜子"。③ 太平洋战争爆发后,日本遭到美英等国的经济封锁,加之战争规模的扩大,消耗巨大,日本经济形势逐渐恶化。"日本的经济坏极了,吃配给粮食,不够吃,连豆腐、蔬菜都配给。我每天就吃一小碗饭,多吃没有,每月给你二合三勺,日本的剂量,粮食根本不够吃,饭馆也没有"。④ 随着沦陷区经济形势的急转直下,与之相伴而生的,是失业问题日趋严重。1937 年 9

---

① 张金锁:《进城学徒,手艺养家》,载郭文杰:《八年梦魇——抗战时期天津人的生活》,天津古籍出版社,2016 年,第 29 页。
② 张显明:《求生亲人,惨死刀下》,载郭文杰:《八年梦魇——抗战时期天津人的生活》,天津古籍出版社,2016 年,第 65 页。
③ 阿凤:《沦陷生活见闻录》,载中国人民政治协商会议天津市委员会文史资料研究委员会:《沦陷时期的天津》,天津静海县印刷厂,1992 年,第 220 页。
④ 杨大辛:《远渡扶桑,福兮祸兮》,载郭文杰:《八年梦魇——抗战时期天津人的生活》,天津古籍出版社,2016 年,第 78 页。

月,天津市地方治安维持会承认,"津市自事变后失业人数骤见增多"。① 1942 年 10 月 21 日,伪天津市公署承认:"迩来本市失业问题日趋严重",但将其原因归结为"不外一般失业市民缺乏相当技术"。② 民国时期,市民缺少技术是普遍存在的问题,何以成为此时就业难的主因呢？显然,失业趋向严重的主因在于经济形势的不断恶化,而非"市民缺乏相当技术"所致。

随着太平洋战争的爆发,伪职人员的待遇每况愈下,生活水平受到波及。1941 年年底,任秉鉴考入天津市邮局,月工资是联银券 90 块钱,每月有一袋进口的白面。后来没几个月就改成本地的面了,绿桃、红桃、蓝桃(白面的牌子),相对应的是第一、第二、第三等面,再后来就变成小袋子二十斤的棒子面,再后来就变成豆饼干,就是榨豆油剩下的饼子。日本人搞"强化治安",生活质量明显降低。③ 阿凤进入铁路机务段上班以后,家里吃上铁路配售的粮食。可是情况越来越恶化,每人每月连一袋面粉都不给了,只有半袋或三分之一袋,其余便是杂粮。棒子面、高粱米还算正经粮食,后来就是豆饼面、混合面、荞麦、土豆等,豆饼面可能是棒子粒、棒子皮、棒子核、豆饼什么的都磨进去了。混合面也是差不多,这种面子蒸出来的窝头一拿就散,要用手捧着吃或用碗盛着吃。这种豆饼面子,吃的时候噎得慌,吃完了又拉肚子。④ 教育局在给伪市公署的

---

① 中共天津市委党史研究室、天津市档案馆、天津市公安档案馆编:《日本帝国主义在天津的殖民统治》,天津人民出版社,1998 年,第 521 页。
② 天津市档案馆、天津市社会科学院历史研究所、天津市工商业联合会编:《天津商会档案汇编·第四辑(1937—1945)》,天津人民出版社,1997 年,第 1488 页。
③ 任秉鉴:《身逢乱世,奔忙求生》,载郭文杰:《八年梦魇——抗战时期天津人的生活》,天津古籍出版社,2016 年,第 107 页。
④ 阿凤:《沦陷生活见闻录》,载中国人民政治协商会议天津市委员会文史资料研究委员会编:《沦陷时期的天津》,天津静海县印刷厂,1992 年,第 218 页。

报告中指出:"近来物价益复上腾,因念学校教职员多属清寒,生活艰窘,当必较前益甚,良用轸惜,爰与关系方面联络规定,自本年9月份起,责成财政局按月筹措三万数千元,专为增高教职员薪给"。① 教职员的薪金上涨有定时,且涨幅有限,难以赶上物价上涨的速度。小学教员任秉钤称:"老百姓真是没法活了,教书先生也都改行了。我都是几个学校的跑,到中学去兼课,钟点费高,在中学讲一天课比我在小学里上一个月的收入还高"。② 1945 年 12 月 8 日,曾任伪市公署秘书长的姚一新供称:"我以伪市府待遇不能维持生活,曾自做买卖"。③ 如果姚一新所说属实,可想而知,连伪市公署秘书长的薪金都"不能维持生活",普通市民更自不待言了。

一些任职于伪警察局的人员因有"外快",生活衣食无忧。梁瑗在兴亚第一分局当警长时待遇为月薪 46 元,面粉 1 袋。在日本警察署当司法特务待遇为月薪 50 元,面粉一袋,另配给烟卷一条,由薪饷内扣钱。除此之外,梁瑗还通过敲诈勒索商民获得丰厚的收入,这部分所得远高于正常薪金。1945 年,南马路裕庆和零件工厂购买日本工厂风钢,因钢铁统制,为警察局第二分局检举,梁瑗去调查,该厂贿赂 300 元。司法特务李兰洲于 1945 年四五月间,调查丢失胶皮带,索贿 1 万元。1945 年六七月,西南城角郭姓收买窃来水表,贿款 3 万元,大家均分。1945 年三四月,经王金才手,到东

---

① 天津特别市公署教育局:《为报告增加职员薪给经过及办法》(1941 年),天津市档案馆藏,J0001-2-000295—055。
② 任秉钤:《莘莘学子,梦断南开》,载郭文杰:《八年梦魇——抗战时期天津人的生活》,天津古籍出版社,2016 年,第 42 页。
③ 讯问姚一新:《关于如何加入伪组织及与日方策划操纵粮食等事的讯问笔录》,(1945 年 12 月 8 日),天津市档案馆编《日本在津侵略罪行档案史料选编》,天津人民出版社,2015 年,第 638 页。

亚烟草公司向偷烟犯索贿4 000元,大家均分。1945年四五月间,经王金才手,到炮台庄向偷铁丝犯索贿2万元,大家均分。① 梁瑷交代的仅是1945年的情况,其他年份非法所得不在少数。曾担任伪警察分局局长的鲍馨远有很多灰色收入。1942年1月,渔业公会会长陈静波每月送鲍馨远500元。1942年,纸业公会会长于振江送3 000元。1941年夏,南市开窑子的吴少卿聚众设赌,鲍馨远同日宪志村前往逮捕,吴逃走,事后请陈静波帮忙,经陈手给4 000元。1941年,伪津警局一分局侦察组长张汉臣与戏园业公会、旅栈业公会接洽,每月各送500元,由鲍馨远及张汉臣均分。1942年4月,天津海光寺宪兵队捕获十余家土药店老板,同顺昌的冯杏林烦鲍馨远找池上放出,送1万元。1941年,面食业公会送5 000元。1940年10、11、12月,土膏店公会每月送600元,以后因风声太大,遂停止此事。经伪津警局一分局局员刘云扬接洽,自1940年11月东兴房产公司、荣业房产公司每月送500元,土药公会送1 000元,名为津贴办公费用,实仅一小部分作办公用,大部分悉由鲍馨远及刘云扬均分。鲍馨远称:"尚有此类之事,因年久事多记不清"。② 警察想方设法搜刮钱财,相声演员将此类现象编入相声桥段中。"警察要过桥票钱,以废电车票代价10元,向老乡们索诈"。时人认为:"不能说相声艺人口缺德,实际来说,没有影子的事,谁也编

---

① 讯问梁瑷:《关于担任司法科特务时敲诈商民等事的讯问笔录》(1945年12月25日),天津市档案馆编《日本在津侵略罪行档案史料选编》,天津人民出版社,2015年,第748页。
② 讯问鲍馨远:《关于任伪职期间买卖毒品及敲诈商民等事的讯问笔录》(1946年2月12日),天津市档案馆编《日本在津侵略罪行档案史料选编》,天津人民出版社,2015年,第802页。

第八章　日伪统治下天津市民的日常生活　　485

不出来"。① 手中握有权力的伪职人员对商民敲诈勒索,所得收入不菲,足以使其过上优渥的生活。

有非法收入的群体毕竟是少数,随着物价的不断攀升,包括一般伪职人员在内的天津市民的生活每况愈下。1944 年,天津市有贫民 25 万余人,内妇孺 15 万,实则还不止此数,此等贫民终日流浪码头,乞食以苟全生命,一般市民自身粮食尚感不足,更无力加以援助,故抢劫事件不断发生。市内秩序极难维持,清晨街道上经常发现倒毙者。对于有些市民,粮食还不十分困难,最重要的是有钱买不到米,每晨各家粮店前的队伍,总是拥挤不堪,堵塞街道。② 张金锁回忆称:"强化治安有好多次,我也记不清了,反正饿死的人都远了去了。特别是冬天,早晨起来到马路上一看,一片一片倒在马路上的死人,那时管这个叫'倒卧'"。③ 从日本人的着装也能体察出经济形势的恶化,"日本兵刚进天津的时候,军装都是呢子的,枪支弹药整齐极了,但后来就不行了。等到日本快投降的时候,日本兵都带胡子了,年轻小伙没那么多,老的都上来了。军装也都打补丁了,他们穷了,没力量了"。④

沦陷初期,天津工商业获得一定的发展,人口有所增长。从天津人口的迁移情况可以反映其经济状况的变化。1937 年抗战爆发后,民众纷纷逃亡,导致天津人口迁出高于迁入。随着日伪政权巩

---

① 卫君:《津埠缩写》,《三六九画报》1942 年第 17 卷第 5 期,第 19 页。
② 穆佑民:《商业凋零·市民痛苦:天津在铁蹄下》,1944 年 4 月 22 日,《联合周报》,第 3 版。
③ 张金锁:《进城学徒,手艺养家》,载郭文杰《八年梦魇——抗战时期天津人的生活》,天津古籍出版社,2016 年,第 30 页。
④ 任秉钧:《莘莘学子,梦断南开》,载郭文杰《八年梦魇——抗战时期天津人的生活》,天津古籍出版社,2016 年,第 42 页。

固了统治,天津重新恢复秩序,加之经济的恢复和发展,天津工商业需要廉价劳动力,此时日本在农村地区进行扫荡、清剿中共领导的抗日武装,加之自然灾害频发,农民迫于生活压力,不得不到天津等城市谋生。天津人口数量得以稳步增长。太平洋战争爆发后,日本与英美作战,沦陷区的对外贸易几近断绝,经济形势逐渐恶化,这在人口迁移上的表现是,自 1941 年后,人口净迁移的数量逐年减少。1944 年,是中日战争的转折之年,日本在战争中逐渐处于劣势,经济形势急转直下,从本年开始,天津人口迁出量多于迁入量。

表 8.3　1937—1945 年天津城市人口迁移情况①

年份	迁入	迁出	净迁移
1937	258 808	303 416	—44 608
1938	410 011	305 163	104 848
1939	273 324	229 643	43 681
1940	193 532	165 944	27 588
1941	173 063	81 182	91 881
1942	156 633	106 927	49 706
1943	183 841	153 710	30 131
1944	129 230	175 084	—45 854
1945	82 301	123 836	—41 535

随着人口的增加,住房成为亟待解决的民生问题。《新天津报》报道称:"人口大量增加而房屋增数有限,自然是不敷应用。因而房价高涨,纠纷四起。但是根本上是不敷应用的,所以兴民房是

---

① 罗澍伟主编:《近代天津城市史》,中国社会科学出版社,1993 年,第 682 页。

第八章　日伪统治下天津市民的日常生活　　　　　　　　　　　　　　487

今日十分需要的事"。① 1940 年，伪社会局制定建设平民住宅计划，因工程浩大，所需款项甚巨，建设进度并不顺利。1941 年，伪社会局觅得第二、六、七、八、九分局界内五处私有地产，拟会同财政局向地主商讨地价，商定后即行筹款购用，然后按照地基面积陆续由工务局设计建筑房屋间数，拟先以建筑一千间为标准，需款暂按每间 400 元计算，核计约 40 万元，将来由财政局向银行商洽借款垫办，以房租收入之全数目作抵，分期摊还。② 伪市公署计划将"该项房屋廉价出租"。③ 1941 年 6 月，伪社会局以 70 万元筹备建筑平民住宅，地基已勘定，第六、八两区正办理地皮收买及图式绘制事宜，短期内即可开工兴建，预期是项平民住宅完成后，可容纳 5 000 户居住。④ 至 12 月，伪市公署在市区内建筑小平房 1 000 间，计六区丁家花园 184 间，七区郭庄子元善里东 635 间，八区小刘庄黄家坟地后 182 间，业已先后竣工，将以廉价租与市民住用。伪市公署规定："凡本市市民欲行租用者，速至社会局登记，俾便分配住用"。⑤ 自伪市公署布告及登报招租后，"前往社会局登记者，极形踊跃"。⑥ 1942 年 6 月，伪工务局依照建设新天津市计划，拟于河北北站宁园附近，建设大规模住宅千余所。《新天津报》称："此项巨款及计划现正由市当局进行中"。⑦ 市民住宅的规划建设虽取得一定进展，

---

① 长修：《舆论：兴筑民房问题》，《新天津报》，1940 年 9 月 29 日，第 3 版。
② 天津特别市政府：《新民会天津特别市事务局公函为请将三十年度施政方针函送过会》(1941 年 6 月)，天津市档案馆藏，1-2-1-485。
③ 《建设新天津都市》，《新天津报》，1940 年 9 月 28 日，第 3 版。
④ 《津市筹建平民住宅》，《新天津报》，1941 年 6 月 24 日，第 3 版。
⑤ 《平民住宅已竣工，市民租用可往社会局登记》，《新天津报》，1941 年 12 月 4 日，第 3 版。
⑥ 《津市署建筑平房，登记租用者极踊跃》，《新天津报》，1941 年 12 月 7 日，第 3 版。
⑦ 《建设新天津，宁园附近将盖市民住宅》，《新天津报》，1942 年 6 月 13 日，第 4 版。

但与民众对房屋需求量相比,无疑是杯水车薪,不足应用。1941年9月27日,伪警察局指出:"查近年来本市人口激增,市民每感无房居住之苦,若不设法救济,对于治安影响甚大"。① 由于缺乏经费,日伪政权建筑平民住宅的计划,往往是"雷声大,雨点小",无力真正解决民众的住房问题。

天津市的交通发达,市民出行选择多样化,可乘电车、公共汽车、人力车、火车、轮船等。1943年8月,天津日本商工会议所关于整备天津都市交通建议中,详述了天津市的交通现状。天津市电车线长13公里,拥有前车77辆,后车88辆。1个月乘客数712万人,一个月运转总公里数44万公里。公共汽车线长26公里,共计1号、河北线、5号线、8号线、4号线、竞马车线等6条路线。车辆81辆(内40辆就驶)现在停车距离过短,1号线及河北线平均500米。公共汽车故障续出,因由汽油改为煤炭所致。1942年,公共汽车乘客总人数15 540 000人次。水路方面,内河交通金钢桥至大红桥2公里,每日10次往复,每1时发1次,容纳人数50人,30吨汽船一只。仪兴公司经营万国桥——塘沽间35吨、50吨汽船往来通行,乘客500人,每日往返1次,约5小时。铁路交通为北站至西站5.5公里,东站至北站4.3公里。洋车(人力车)方面,1943年3月,伪警察局登记25 000辆,合计未登记者约30 000辆。洋车不仅偏在市内特定地方,或因取缔不充分,往往发生盗案伤害等事故。又因车资无定数,要求酒钱等,市民颇感不便。洋车数量以兴亚一区、兴亚三区最多。各区皆自动集中于繁华街附近,偏僻之处为数

---

① 日伪天津市警察局:《关于抄发市署各机关统一发表宣文稿暂行办法并严禁长警着制服出进娱乐场所等训令》(1941年6月至10月),天津市档案馆藏,218-3-5-5219。

甚少。故自全体论之,绝非过多。① 因公共汽车站点之间距离不长,乘车十分便利。电车乘客人数虽较公共汽车为少,但因速度快,大受欢迎。水路方面,因船只较少,出行并不是十分便利。短途出行多需乘坐洋车,因集中市区繁华路段,且管理不到位,乘坐不是十分方便。太平洋战争爆发后,经济形势逐步恶化,物价上涨,市内交通建设受到极大限制,公共汽车所用燃料由汽油改为煤炭,导致故障频发,能行驶的公共汽车越来越少。总体而言,沦陷初期,天津市民出行尚称便利,到抗战末期,由于交通建设的停滞,交通工具无法及时维修,民众出行愈来愈困难了。

第二节　休闲娱乐

天津是华北第一大都市,拥有近 200 万居民,除侨居的人外,很少有纯粹的天津人,多半是外地人到天津落户的,其中有一定资本的往往占很大比例。因富人集中,天津的旅馆、舞厅所在皆是,旅馆是野妓暗娼的集中地,西餐厅、咖啡馆更多得不可胜计。每夜霓虹灯高照,爵士乐繁响,汽车如长蛇般的蜿蜒飞来,里面坐着的都是一对对纸醉金迷的人。② 富裕阶层是舞厅、西餐馆的主要消费群体。对知识分子而言,读书看报是一种重要的消闲方式。抗战爆发前,天津尚有大型报四种,小型报三四十种,西文字报五六种。天津沦陷后,连委曲求全的《益世报》,也因经理被逮捕不得不停止出版,这使得天津遂没有一份"尚值一读"的日报了。余下的不是

---

① 天津市档案馆、天津市社会科学院历史研究所、天津市工商业联合会编:《天津商会档案汇编·第四辑(1937—1945)》,天津人民出版社,1997 年,第 1482—1483 页。
② 心羽:《各地通讯:天津卫》,《吾友》1942 年第 2 卷第 35 期,第 15 页。

汉奸式,即是尽量替日人说话的反动报了。①

一般市民的休闲方式非常简单。天津夏天的街头,太阳"不毒"了,大街上、马路上,人才开始活动,到城里一带,偏僻的胡同,车辆来往亦少,都坐到"街心"去聊天,各种小贩卖江米藕、切糕、煎饼果子、粽子、豆腐脑、酸梅汤,照顾他们的亦多了。② 夜里,是游人最多的时候,市场、商场及各热闹的地方,人们都无目的的溜。男女坐在宽阔的马路上,细聆商号麦克风放出的唱片,或每天必听的特殊电台放送的评书、大鼓,走在便道上,一不留心很容易碰到她们。③ 天津市内虽有几个市立的公园,但是不过数亩,天气一热里面便填满了人,摩肩接踵挤得不亦乐乎,反不如呆在家里倒痛快些。租界里的几个公园更不用说了,就是称雄津沽的北宁花园,虽然比较大了些,但是距离市内太远,往返须耗去时间三点钟,车资五角钱,就是骑着脚踏车去也得走一两点钟才能到,门票一角,未免有些太不经济。闷得不耐烦了,只好到市外的八里台等地去走走,虽然金钱比较经济,但时间更费。④ 对于繁华都市中的普通市民而言,可供消闲的去处虽较中小城市、农村为多,但因人口众多,休闲场所无法满足需要。

天津的电影院和戏院是市民娱乐的重要去处。在经济困难,人们生活艰辛时,娱乐反而越是丰富,这是一种人性的需求。沦陷初期,面对日伪政权的统治,民众心态多是无奈、愤懑,在此情形下,从娱乐活动中寻求精神解脱是一种重要发泄途径。1938 年 6 月,伪天津特别市警察局保安科调查影戏馆的状况如表 8.4,从

---

① 禾斗:《没报看的天津(天津通讯)》,《抵抗三日刊》1937 年第 9 号,第 2 页。
② 杨毅:《沽上谈热》,《三六九画报》1942 年第 16 卷第 1 期,第 15 页。
③ 杨毅:《天津的夏夜街头》,《三六九画报》1942 年第 16 卷第 16 期,第 19 页。
④ 心羽:《各地通讯:天津卫》,《吾友》1942 年第 2 卷第 35 期,第 15 页。

调查情况看,工商业等有产阶层观戏、观影的居多。沦陷初期,由于受战争环境的影响,经济受到一定波及,中下阶层因自身经济匮乏,休闲娱乐方式尚较单一,影戏院中的劳动阶层人数相对较少。

表8.4 天津特别市公署警察局第一区警察署界内各影戏院调查表①

名称	经理人姓名	场所	每日观众平均数	观众的阶级
国民戏院	杨锡庆	东马路	600人	商业最多
天津电影院	杨恩庆	北马路8号	650	商业最多
福仙舞台	张宝泰	元升茶园胡同	300人	商业最多
华北电影院	陈宝善	北马路67号	700	商业最多
聚华评戏院	朱寿山	荣业大街8号	200	工商业最多
燕乐电影院	王云峰	平安街80号	300	工商业最多
丹桂电影院	李锡武	平安街11号	300人	工商业最多
上平安电影院	卢仲轩	东兴街59号	135人	工商业最多
大舞台戏院	刘晋卿	慎益街13号	700余人	工商业最多
河北影院	郭永年	荣吉街30号	500人	工商业最多
聚英戏院	王文林	电影院街25号	200	工商业最多
大乐戏院	黄玉书	东兴市场44号	250人	工商业最多
上光明影院	李吟梅	东兴街31号	650人	工商业最多
群英影院	赵立常	东兴街54号	420人	工商业最多
权乐影院	谢华亭	慎德里22号	220人	工商业最多
上权仙电影院	周子雲	首善街151号	700人	工商业最多

① 日伪天津市警察局:《各分局呈界内开设娱乐场所及市局令调查影戏情况报告》(1938年5月至12月)天津市档案馆藏,218-3-5-4437。

天津特别市公署警察局第二区分局界内各影戏院调查表

名称	经理人姓名	场所	每日观众平均数	观众阶级
大陆电影院	刘树仁	西北城角	200人	中下阶级
新北电影院	崔凤藻	西关街	250人	下等阶级

天津特别市公署警察局第三区分局界内各影戏院调查表

名称	经理人姓名	场所	每日观众平均数	观众者阶级
玉茗春	吴玉林	侯家后小马路28号	30	工商业最多
义顺电影院	陈茂林	侯家后小马路108号	200	工商业最多妇孺较少
天桂评戏院	李静轩	河北大街147号	150	工商业最多劳动妇孺较少
鸿兴舞台	李玉山	老北关臭坑沿增字4号	70	劳动妇孺最多
通顺茶楼	单恩华	关下小庄子大街37号	20	工商业最多
北大仙	李振清	北营门外大街77号	160人	工商业最多劳动次之妇孺较少

天津特别市公署警察局第六区警察署界内各影戏院调查表

名称	经理姓名	场所地点	每日观众数	观众者阶级	备考
宝兴京剧院	吴连舫	保安大街	200余人	劳工商各界	劳工70%商界30%
谦德评戏院	刘文甫	永安大街	250余人	劳工商各界	劳工70%商界30%

天津特别市公署警察局第九区警察署界内各影戏院调查表

名称	地址	经理人	每日观众平均数	观众阶级
广顺舞台	六合市场	李相臣	180人	均系劳动人
桂和茶社	官厂大街	周桂林	190	均系劳动人

特一区警察署界内各影院调查表

名称	地址	经理人	每日观众数目	观众阶级
光陆	中街31号	渡边雄记 黄梅轩	100	上等多系外人观映
皇后	福卅路43号	高士伟	300	中等系商学界及工人占多数

天津特别市公署警察局特别第二区分局界内各影戏院调查表

名称	经理人	场所	每日观众平均数	观众的阶级	备考
天宝戏院	赵绍亭	特二区金汤大马路中间	600	上等占20%中等70%下等10%	此戏院现时系演映电影
新东方戏院	王鸿宾	特二区永安街北首	400	上等占10%中等70%下等20%	此戏院现演评戏

英法租界各影戏园名称场所经理人观众人数阶级列表

名称	场所	经理人	每日观众平均数	观众阶级	备考
平安电影院	英界马场道围墙道中间	马见明	二三百人	上等阶级	星期六、日约四五百人
大光明电影院	董事道	美国人尼目克劳德	一二百人	上中等阶级	星期六、日约二三百人

续表

名称	场所	经理人	每日观众平均数	观众阶级	备考
大观园	天祥市场内	祁化民	600余人	商政界居多	
小梨园	泰康商场内	冯紫墀	400余人	商政界居多	
光明影戏院	法界天增里	冯紫墀	600余人	学政界居多有少数外籍	
大明影戏院	法界4号路	杨莲茵	600余人	学政界居多有少数外籍	
国泰影戏院	绿牌电车道	刘华堂	600余人	学商界居多	
明星电影院	法界27号路	袁玉祥	600余人	学商界居多	
中国大戏院	法界23号路	孟少臣	七八百人	商政界居多	
北洋大戏院	法界27号路	方绍舞	五六百人	商政界居多	
新中央戏院	绿牌电车道	孙筱峰	四百余人	商政界居多	
天乐评戏院	劝业场内	高兴桥	四百余人	商政界居多	
天华景舞台	劝业场内	高兴桥	四百余人	商政界居多	
天会轩舞台	劝业场内	高兴桥	四百余人	商政界居多	
小广寒	天祥市场内	袁玉祥	四百余人	商政界居多	

注：以上各戏院星期六晚场及星期日人数加增，电影院星期日加演，早场人数加增。

天津的影院并不是都像我们理想中那样的壮观、美丽，有的设备很简陋。这些影院大多设在南市。影院中的座位，大多数是长凳，虽然有的是椅子，坐上却不舒服。观客以儿童占多数，因而大受其捣乱。这些影院的空气，龌龊而恶臭，靠近厕所一带，是不能让你安坐的。在太平门外，还有一部分不花钱的观客，扒着门缝往里看。虽然如是，票价却很廉，大概就是受平民欢迎的原因。① 随着日伪政权统治的巩固，加之工商业获得一定发展，劳动阶层也能

---

① 志成：《简陋的电影院》，《三六九画报》1943年第24卷第6期，第51页。

从经济"繁荣"中获益。中下阶层就有观看电影、听戏的资金了,休闲娱乐的方式开始多样化。从1941年11月伪警察局对第一区的调查情况可窥见,中下阶层在影院、戏院中逐渐多了起来,甚至在一些低端娱乐场所成为主要的观众。

表 8.5 第一区公共娱乐场所调查表①

名称	开办日期	演艺类别	消费者阶层
国民戏院	1936年6月25日	评剧京剧	劳动者占20%,商人占20%,知识阶级占20%,学生占10%,妇女占20%,其他占10%。
开明电影院	1940年1月1日	军事武侠社会言情	劳动者占55%,商人占10%,知识阶级占5%,学生占20%,妇女占5%,其他占5%。
权乐电影院	1936年2月3日	言情社会武侠	劳动者占10%,商人占50%,知识阶级占20%,学生占5%,妇女占15%。
上光明戏院	1938年1月1日	京剧	劳动者占5%,商人占60%,知识阶级占10%,学生占5%,妇女占20%。
群英电影院	1934年1月1日	武侠影片杂耍	劳动者占15%,商人占50%,知识阶级占15%,学生占10%,妇女占10%。
天津电影院	1936年1月1日	社会滑稽武侠	劳动者占10%,商人占60%,知识阶级占5%,学生占10%,妇女占15%。
华北大戏院	1932年1月2日	京剧	劳动者占10%,商人占60%,知识阶级占10%,学生占10%,妇女占10%。
大观楼戏院	1938年8月26日	杂耍、新剧	劳动者占5%,商人占65%,知识阶级占5%,学生占5%,妇女占20%。
升平评戏院	1938年7月26日	评戏	劳动者占40%,商人占20%,知识阶级占20%,学生占10%,妇女占10%。

---

① 日伪天津市警察局:《市署警察局关于公共娱乐场所调查的训令及报告》(1941年10月至11月),天津市档案馆藏,218-3-5-5211。

续表

名称	开办日期	演艺类别	消费者阶层
庆云杂耍院	1938年1月1日	杂耍	劳动者占10%,商人占60%,知识阶级占10%,学生占5%,妇女占10%,其他占5%。
大舞台戏院	1933年12月1日	京剧	劳动者占20%,商人占50%,知识阶级占10%,学生占5%,妇女占10%,其他占5%。
聚华戏院	1922年3月1日		劳动者占10%,商人占50%,知识阶级占10%,学生占5%,妇女占20%,其他占5%。
燕乐戏院	1939年1月1日	杂耍	劳动者占10%,商人占30%,知识阶级占30%,学生占10%,妇女占15%,其他占5%。
丹桂电影院	1932年12月1日	军事武侠社会言情	劳动者占5%,商人占40%,知识阶级占30%,学生占10%,妇女占10%,其他占5%。
合记上平安影戏院	1930年12月13日	滑稽惊险社会歌舞美国影片	劳动者占50%,商人占30%,知识阶级占5%,学生占10%,妇女占5%。
权仙电影院	1920年12月8日	言情武侠社会	劳动者占50%,商人占20%,知识阶级,学生占20%,妇女占10%。
聚英戏园	1930年8月1日	评戏	劳动者占50%,商人占10%,知识阶级占10%,学生占10%,妇女占20%。
河北电影院	1929年8月14日	社会言情武侠	劳动者占5%,商人占60%,知识阶级占5%,学生占10%,妇女占20%。
宝升戏园	1931年4月5日	评戏	劳动者占50%,商人占20%,知识阶级占10%,学生占10%,妇女占10%。
李记书厂	1928年6月10日	评书	劳动者占70%,商人占20%,其他占10%。
广荣茶社	1928年8月10日	杂耍	劳动者占70%,商人占20%,其他占10%。

第八章　日伪统治下天津市民的日常生活　　497

续表

名称	开办日期	演艺类别	消费者阶层
连记茶社	1929年10月10日	杂耍	劳动者占70%,商人占20%,知识阶级占10%。
金华茶社	1926年5月5日	杂耍	劳动者占70%,商人占20%,知识阶级占10%。
玉峰茶社	1931年2月10日	评书	劳动者占70%,商人占20%,其他占10%。
义和轩茶社	1931年8月6日	评书	劳动者占70%,商人占20%,其他占10%。
庆和茶社	1927年5月4日	杂耍	劳动者占70%,商人占20%,其他占10%。
声远相声馆	1921年6月6日	杂耍	劳动者占70%,商人占20%,知识阶级占10%。
玉壹春茶社	1934年10月15日	杂耍	劳动者占25%,商人占60%,知识阶级占10%,其他占5%。
润香茶楼	1933年5月1日	评书	劳动者占30%,商人占40%,知识阶级占20%,其他占10%。
通海茶楼		评书	劳动者占60%,商人占20%,其他占20%。
林泉书场	1924年8月15日	杂耍	劳动者占50%,商人占50%。
广福书场	1939年11月10日	评书	劳动者占50%,商人占50%。
王记书场	1934年4月15日	评书	劳动者占50%,商人占50%。
玉乐书场	1938年8月30日	评书	劳动者占60%,商人占20%,知识阶级占5%,学生占,妇女占10%,其他占5%。
黑记茶社	1936年3月3日	评书	劳动者占70%,商人占20%,其他占10%。

续表

名称	开办日期	演艺类别	消费者阶层
张记书场	1931年1月1日	杂耍小曲	劳动者占60%,商人占20%,知识阶级占5%,学生占10%,妇女占,其他占5%。
孙记书场	1936年5月5日	评书	劳动者占70%,商人占20%,其他占10%。
王记书厂	1939年11月1日	评书	劳动者占60%,商人占20%,知识阶级占5%,其他占15%。
三友茶社	1940年2月10日	评书	劳动者占70%,商人占15%,知识阶级占5%,学生占5%,其他占5%。
有和茶社	1931年1月1日	评书	劳动者占60%,商人占20%,知识阶级占5%,学生占10%,其他占5%。
万福书厂	1925年10月1日	杂耍小曲	劳动者占70%,商人占20%,其他占10%。
王记书厂	1936年1月1日	评书	劳动者占70%,商人占10%,其他占20%。
平新书场	1926年10月15日	评书	劳动者占70%,商人占10%,其他占20%。
周记茶社	1939年11月1日	京剧小戏	劳动者占60%,商人占20%,知识阶级占5%,学生占10%,其他占5%。

从表8.5观察,第一区娱乐场所多是在战前就已经开设。劳动者阶层在国民戏院、权乐电影院、上光明戏院、群英电影院、天津电影院、华北大戏院、大观楼戏院、庆云杂耍院、大舞台戏院、聚华戏院、燕乐戏院、丹桂电影院、河北电影院所占比例均低于20%,商人所占比例较高,可推断上述娱乐场所的消费水平较高,非劳动者阶层所能承受。劳动者阶层在周记茶社、平新书场、王记书厂、万福书厂、和茶社、三友茶社、王记书厂、孙记书场、张记书场、黑记茶社、玉乐书场、王记书场、广福书场、林泉书场、通海茶楼、声远相声

馆、庆和茶社、义和轩茶社、玉峰茶社、金华茶社、连记茶社、李记书厂、广荣茶社、宝升戏园所占比例均高于50%，商人则占比较低。上述娱乐场所消费水平可能相对较低，是专门针对劳动者阶层而设。从娱乐场所的节目看，类别十分丰富，不管是中国传统的京剧、评书，还是现代的电影，应有尽有。与沦陷初期相比，普通市民赴娱乐场所的机会有所增加。一些商人开设消费较低的娱乐场所，以满足劳动阶层休闲娱乐的需要，从侧面反映出此时经济获得一定发展。

　　随着太平洋战争的爆发，沦陷区的经济形势逐步走向衰颓。日伪政权实施经济统制和配给之后，很多工商企业停工、破产，导致大量人员失业，收入锐减。普通市民将更多的精力用在如何获得粮食配给，以维持基本生存上，也就没有经济能力去娱乐场所消费了。相声演员马三立回忆称："在敌伪政权统治下的天津市，物价飞涨，民不聊生，听'玩艺儿'的自然也少。过了春节，宝和轩的生意就淡下来了"。① 面对愈来愈严重的经济危机，日伪政权极力推行勤俭节约、自肃自励运动，对市民的娱乐活动加以干预。1943年12月，日伪政权将每月八日大东亚战争纪念日及每月九日中国参战纪念日定为决战生活日，实践一切战时生活。在决战生活日，伪市公署要求民众"励行简素食物；励行禁吸烟及饮酒；励行'徒步'运动；励行自肃自戒，停止一切宴会及娱乐"。② 1944年5月，伪天津市政府发起"昂扬市民奋起十大运动"，其中包括："提倡废止不必要之宴会酬酢；各公共交通机关车辆早晨提早开车，晚间提

---

① 马三立：《艺海飘萍录》，载中国人民政治协商会议天津市委员会文史资料研究委员会编：《天津文史资料选辑》第23辑，天津人民出版社，1983年3月，第218页。
② 中共天津市委党史研究室、天津市档案馆、天津市公安档案馆编：《日本帝国主义在天津的殖民统治》，天津人民出版社，1998年，第296页。

前收车;各娱乐场所、各商店等晚间提前停止营业"。① 在日伪政权的控制下,休闲娱乐活动受到极大限制。加之市民生活的普遍贫困化,使得市民娱乐活动逐步减少,只能寻找一些免费的场所"休闲娱乐"了。

第三节 日伪政权的"规训"

除了造成大量人员伤亡外,战争对资源、物资的消耗是惊人的。随着战争规模的不断扩大,日本国内及沦陷区的经济形势转趋恶化。鉴于日本在亚太地区肆无忌惮地扩大侵略战争,英美等国逐渐改变绥靖日本的政策,不断加强对日经济制裁,尤其是太平洋战争爆发后,日本和沦陷区对英美等国的贸易断绝,经济状况每况愈下。在无法实现"开源"的情况下,日伪政权只能通过"节流"支撑沦陷区经济社会的运转,以支援日本进行所谓"圣战"。日伪政权在沦陷区大力开展"自肃节约"、"捐献"运动,试图以此节省、收集物资,规训市民的日常生活。

一、自肃节约

随着沦陷区经济形势转趋恶化,为了适应战时情形,日伪政权遂加强对民众日常生活的干预。1940年9月,伪天津特别市公署的施政方针提到,"至风俗之奢靡浮华,似犹甚于昔",为此,"尤须仿照日本、满洲办法,励行全市'自肃运动'"。② 1942年,在施政方

---

① 中共天津市委党史研究室、天津市档案馆、天津市公安档案馆编:《日本帝国主义在天津的殖民统治》,天津人民出版社,1998年,第316页。
② 同上,第116页。

针中,伪市公署强调"仍以强化治安,准备施行战时体制为鹄的,集中全市官民力量向东亚解放、剿共自卫、勤俭增产□□□力迈进。对于民众思想,则使用各种方策阐明大东亚战争实即东亚解放战之真谛。倡导官民精神修养,厉行生活改善,更注重提倡勤劳奉公,砥砺廉隅。一面奖进物资生产,节约消费,训练民众,使统制经济制度逐渐实施,以谋后方之自给自足"。①

伪市公署号召市民"自肃节约",以支援所谓"大东亚战争"。1941年12月,陈啸戡广播讲演"电力节约",提倡"借着春节,大家一致由节约电力这件小事实行起来,作为自肃节约的出发点,推而广之,以及于一切物力消耗的节约"。② 1942年2月,伪天津特别市公署指出:"春节将届,人民狃于旧习,于庆祝新春之际,例有守岁之举,既费精神兼耗电力,殊属无益,当此大东亚战争期中,后方人民尤须节约物力消耗,以资翼赞"。伪市公署编就电力节约宣传广播讲演稿,除由宣传处派员于2月8日广播外,还要求警察局"即须饬各保主任转知各保甲,务于春节以前向市民彻底宣讲"。③ 陈啸戡在《津津月刊》发表"都市节约的入手处"的文章,为经济统制政策辩护,"现在世界各国或先或后皆否定自由经济制度,渐渐走入统制经济,即计划经济的途程。在计划经济的环境中,私人生活如不自加俭点,势必受到环境的限制或政治的干涉,此为世界的趋势"。陈啸戡指摘天津民众"虚骄浮奢",挽救之图在于"彻底的去

---

① 中共天津市委党史研究室、天津市档案馆、天津市公安档案馆编:《日本帝国主义在天津的殖民统治》,天津人民出版社,1998年,第124页。
② 天津特别市政府:《关于市长秘书长春节元旦广播训词等》(1941年12月),天津市档案馆藏,1-2-1-753。
③ 天津特别市政府:《关于春节宣传事项》(1942年2月),天津市档案馆藏,1-2-1-812。

虚崇实",要求市民"讲求个人生活之俭约。个人消耗省一分,即剩余一分,剩余一分即多存活一人"。①

鉴于"津市近来社会时尚竞趋奢靡,市民无殊贫富,每遇婚丧喜寿踵事增华",因此"对日常交际及各种典礼仪式用度,自须规定相当限制",伪市公署制定了"天津特别市市民婚丧交际消费标准六则",并"通饬遵守,俾振颓风"。消费标准为:1. 婚丧用度普通不得过200元,富厚之家不得过500元。2. 丧殡用度普通不得过500元,富厚之家不得过1 000元。3. 寿日或小儿满月只准约请家族戚友聚餐,严禁发帖受礼。4. 寻常款客用度早餐每人不得过1元,午餐每人不得过3元,晚餐每人不得过5元,又午餐不准饮酒,晚餐用酒者每人限高粱酒四两或啤酒一大瓶。5. 凡款客用米饭者不得再备面食,用面食者不得再备米饭,以免糜费,而资节约。6. 违反上述各项者得按违警条例酌予处罚。② 为促使民众注重勤俭,1942年4月20日,社会局筹设勤俭总会,下设勤俭分会,以劝导市民遵照第四次治强运动实行勤俭增产为宗旨,分会以各区区长为分会长,各保长为分会干事,日常事务由区公所负责办理。各保甲人员均为会员,市民愿参加者均为会员。分会自会长以下及各会员应遵守下列规定:一、勤:1. 早起早睡锻炼身体。2. 生活简单化,思想科学化,工作艺术化。3. 勤劳职务,努力增产。4. 振刷精神,遵守时间。5. 处理家庭户内外要力求整洁。6. 工作余暇应多读杂志、书报。二、俭:1. 结婚仪式应加入集团为原则(自办者不得超过五百元)。2. 丧殡仪式(灵车雪柳乐队)不得超过1 000元。3. 宴

---

① 陈啸戡:《都市节约的人手处》,《津津月刊》1942年第1卷第4期,第2页。
② 日伪天津市警察局:《关于抄发市署各机关统一发表宣文稿暂行办法并严禁长警着制服出进娱乐场所等训令》(1941年6月至10月),天津市档案馆藏,218-3-5-5219。

会午餐每人不得过三元,晚餐每人不得过五元。4. 取消节年馈赠。5. 新年定期团拜茶会每人不得超过1元。6. 婚丧喜寿礼品普通2元,至多5元。7. 自肃日戒除烟酒、食肉、作乐、宴会、跳舞。8. 衣服力求朴素,身体(务须清洁)常须洗涤,节制使用化妆品。9. 平日绝对戒除烟酒,必要时亦应减少用度。10. 出门应多步行,必要时始得乘车。11. 每日应将节省之费用送入银行或邮局储蓄。12. 凡不必要的开销应极力避免。13. 临睡关灭电灯不得通宵燃点。14. 爱惜物力实现自给自足。① 婚丧嫁娶习俗是千百年传承下来,日伪政权试图通过行政命令加以干预,可能在一段时间内取得成效,但从长远来看注定不会取得成功。再者,日伪政权推行节约运动,对市民形成节俭观念有促进作用,这无可厚非,但它的目的是配合日本对华侵略。

除了采用行政命令的手段外,伪市公署还通过征税,以限制市民的"奢靡"消费。因"筵席中之燕菜鱼翅等物为奢侈品,一餐之费动辄逾百",伪天津市公署认为"自应予以取缔"。遵照伪市公署的要求,自1942年6月起,财政局"对于鱼翅席加征百分之十,连同原捐率共为百分之十八。燕翅席加征百分之二十,共为百分之二十八,寓禁于征,导民节约"。② 伪市公署以"民众奢靡成习,其生活应行改善之处甚多"为由,决定"先就一二显而易见、简而易行之事广为晓谕,次第推行"。1942年4月,伪市公署规定"举行宴会采用四盘四碗之制,每桌用费不得超过40元",并要求各局处长"减用肉食,以示倡导","厉行戒除"吸食纸烟、雪茄烟的行为。对于上述规

---

① 《天津特别市第×区勤俭分会简章》(1943年1月18日),天津市档案馆藏,J0001-2-000664-121。
② 中共天津市委党史研究室、天津市档案馆、天津市公安档案馆编:《日本帝国主义在天津的殖民统治》,天津人民出版社,1998年,第131页。

定,伪市公署要求"公务人员以身作则,率先奉行,以期普及社会各界,用符提倡节约、协力增产之旨"。① 为适应长期战争的需要,伪市公署劝谕市民"一面努力扩充生产,一面爱护物质,节省消费。其中尤以电力、自来水等具有公共性之物质,尤须尽力节省,勿因一人之浪费而致影响全体"。②

天津是一座粮食消费性的城市,粮食供应对城市的运转至关重要。自1939年后,受华北战乱、灾害波及,天津粮食供应紧张,价格不断上涨。为缓解粮食不足问题,日伪政权推行代用粮食的政策。1942年底,为节制米面消耗,社会局提倡"代用食粮",配给市民食用。代用粮即黑豆、豆饼粉、蚕豆等,间有少量面粉。日伪政权统筹发给指定的零售商,再由其配售市民。1943年1月,日伪政权将大米、面粉列为禁品,限制自由买卖。③ 1942年11月,为提倡市民混食杂粮及代用食品,在第五次治安强化运动期间,伪市公署举行代用粮食提倡周,自11月30日至12月6日止。各饭庄、面食业商号应尽量减售大米饭及面粉制品,增售文化米、小米、红粮面、豆面、玉米面、马铃薯。面食业商号改售食品,可按下列各项制作:黑豆面、玉米面混制馒首或窝头;黄豆面、玉米面混制馒首或窝头;黑豆面、红粮面混制馒首或窝头;黄豆面、小米面混制馒首或窝头;蒸马铃薯或煮马铃薯。自提倡周开始后,各饭庄日常售卖饭菜,各面食业商号日常制售面食,除在提供周间按照前述制售外,

---

① 中共天津市委党史研究室、天津市档案馆、天津市公安档案馆编:《日本帝国主义在天津的殖民统治》,天津人民出版社,1998年,第129页。
② 同上,第130页。
③ 朱仙洲:《沦陷时期的天津粮食批发业》,载中国人民政治协商会议天津市委员会文史资料研究委员会:《沦陷时期的天津》,天津静海县印刷厂,1992年10月,第147页。

嗣后亦应尽量混用杂粮制售食品,并应以适当价格销售。① 伪市公署禁食米面,改食代用粮的做法,显然违背常理和人性,不可能得到民众的响应。1943年12月,日伪政权将每月八日大东亚战争纪念日及每月九日中国参战纪念日定为决战生活日,实践战时生活。在决战生活日上午十一时五十九分,华北各省市同时举行大东亚战争胜利默祷,所有中日官民各就其当时所在地点立正静默一分钟。在决战生活日,伪政权要求民众"励行简素食物。励行禁吸烟及饮酒。励行'徒步'运动。励行自肃自戒,停止一切宴会及娱乐"。② 决战日毕竟只有两日,民众生活虽受到影响,但相对较小。粮食不足带来的吃饭问题则是大范围、长久性的,对民众一日三餐的影响至深且巨。

1944年5月,伪市政府发起"昂扬市民奋起十大运动",其中包括:"1. 提倡节食及粗食运动。倡导市民实行节食、粗食,各饮食店及饭馆准备节约饭菜,提倡实行废止早点或废止午餐或午餐节食办法,提倡实行不吃零嘴、不吃宵夜、不吃过饱,提倡实行午餐粗食、晚餐粗食或两餐粗食办法。2. 提倡废止不必要宴会酬酢。3. 提倡节约及节省物资运动。4. 提倡早起运动。各公共交通机关车辆早晨提早开车,晚间提前收车。各娱乐场所、各商店等晚间提前停止营业"。③ 休闲娱乐场所是日伪政权管理的重点区域。天津市的饭店、娱乐场所营业时间向无规定,很多是24小时营业。"似此漫无限制,非特影响地方治安,亦且违反自肃节约之本旨",1944年8月,伪天津特别市政府制定"各饮食店及各娱乐场所营业

---

① 中共天津市委党史研究室、天津市档案馆、天津市公安档案馆编:《日本帝国主义在天津的殖民统治》,天津人民出版社,1998年,第401页。
② 同上,第296页。
③ 同上,第316页。

时间限制办法",要求饭店宾馆业同业公会于 8 月 1 日起,切实遵照奉行。"限制办法"规定:1. 凡饭馆、冷食店、咖啡馆、其他各种饮食店均须于每晚 11 时前停止营业。2. 各娱乐场所应依下列规定时间停止营业:杂耍、电影、球社、其他各种娱乐场须于每晚 12 时前,停止营业。旧剧院须于每晚 12 时停止营业。妓馆及旅馆、游妓须于每晚 12 时前打烊(准出不准进)。① 营业时间限制办法实施后,旅栈业处境之难可以想见,也给来津旅客带来不便。"每届夜晚 12 时以后,常有旅客叩户求宿,虽经婉谢,坚不离去,缘夜晚 12 时以后,乘火车来津之旅客为数甚多,其中尽多无相识之地点,必须投宿旅店者"。饭店宾馆业同业公会声称:"予以容留,则有背法令;拒绝不纳,则击户叩门之声达于遐迩,实感无法应付"。在知晓了旅馆业的困难之后,伪市政府指令商会,"各娱乐场所、饮食店铺及各旅店等营业时间,经本府明令规定,未便更易。惟所陈夜间旅客投宿无处延纳,不免痛苦各节,自属实情,姑予变通办理。凡无饮食设备,不招租妓女之旅店,对于夜来投宿者,有眷属或携带行李之旅客,得通融招待。其有娼妓或附设饮食之旅业仍应遵法定时间营业。至各旅店究竟有无妓女及饮食部分,亟应详查"。② 伪市政府对饭店、宾馆等营业时间的限制,势必制约相关行业的发展,也给本地市民、来津旅客带来不便。对于天津市的节约运动,伪市长温世珍表示其"指示的四盘宴客制度、布衣运动、节制纸烟运动各项。两月以来,均得市民普遍奉行,蔚为社会简朴之风气"。他也承认,"惟勤俭增产一项,本市长认为市民在意识上,虽有明澈之

---

① 天津市档案馆、天津市社会科学院历史研究所、天津市工商业联合会编:《天津商会档案汇编·第四辑(1937—1945)》,天津人民出版社,1997 年,第 1495 页。
② 同上,第 1494 页。

认识,在实际上,尚少彻底之努力"。① 温世珍所谓"勤俭增产"的标准显然有违民众一般生活习惯,在执行过程中,得不到贯彻也就在情理之中。日伪政权干预市民日常生活,采取"提倡"和行政干预的手段,因为很多措施都是有违民众生活习俗、规律的,甚至是违背人性的,因此不能奏效。

二、捐献

为汲取战争所需资源,日伪政权以"捐献"的名义向市民强制征收铜铁、钱财,将战争消耗转嫁到商民身上。1940年,伪市公署成立"天津市献铜献铁运动委员会",责成伪警察局长阎家琦负责征集。伪市长温世珍动员伪市公署全体人员努力捐献,要求各局处办公室把铜铁物件全部收集起来,甚至办公桌上的铜墨盒、钢笔架都悉数收去,连他自己家里的铜床及其他一切铜铁器物,甚至"官邸"的铁栅栏和大门都作为"献品"。市商会负责征集的铜铁品就达3 500多吨。由于伪警察、保甲借机苛扰,后来又演至折价献铜的勒索,更闹得人心惶惶,怨声载道。② 伪政府还以"军用"名义,强征自行车。1942年2月,温世珍一次就向日本特务机关献纳自行车398辆。③ 自1941年10月12日起,伪天津市公署开始实施收回废品运动,规定除由社会局、警察局会同市新民会办理外,责成联保切实劝导市民尽量献纳,每户至少须献纳废金属2件或锡

---

① 温世珍:《津市第四次治强运动之总评》,《津津月刊》1942年第1卷第6期,第1页。
② 张同礼:《汉奸市长温世珍的丑行》,载中国人民政治协商会议天津市委员会文史资料研究委员会:《沦陷时期的天津》,天津静海县印刷厂,1992年10月,第82页。
③ 黎始初:《日本侵华时期的天津傀儡政权》,载中国人民政治协商会议天津市委员会文史资料研究委员会编《天津文史资料选辑》第39辑,天津人民出版社,1987年,第102页。

纸20张。① 1941年12月17日,伪市公署组设天津特别市收买废品委员会。1943年8月4日,成立临时收集铜铁废品委员会。1941年、1942年、1943年三次共收铜298 236斤,铁831 170斤,烟锡纸15 782张。1943年12月20日,成立收集铜铁物品委员会,自1944年1月1日起至2月15日止,共供给铜512 537斤,铁共收368 794斤。② 1944年,伪市公署成立天津特别市市民献机献金委员会,自1944年9月15日起至11月14日止,为第一次市民献机献金募集期。公务员方面:由委员会通知各机关,按照各级公务员(日籍职员在内)薪俸由九月份起至十一月份止按月献纳百分之二,由各机关按月扣缴,解报转交委员会核收。市民方面:由委员会通知各区公所,及新民会各地区联合分会剀切指示,保甲人员分别劝导,市民献纳,以每人一元为最低额,多者听便,赤贫者免。由各区公所汇齐,报解转交委员会核收。教职员学生方面:由委员会函请教育局,转饬各级公私立学校,所有校长、教职员(日籍教谕在内)均按照九月份薪俸,献纳百分之一,以一次为限。专科以上学生每人献纳一元,中等学生每人献纳五角,小学生及幼稚园学童每人献纳一角。由各学校收齐,报由教育局转交委员会核收。特别方面:由委员会函请长芦盐务管理局,对长芦盐商酌定献金额数,经汇齐转交委员会核收。③ 1944年,伪天津特别市政府和所属各机关职员集资22 645.5元,并将警察局查获成兴、德记等工厂私铜

---

① 天津特别市政府:《中日善邻常会事项》(1941年10月),天津市档案馆藏,1-2-1-722。
② 天津市档案馆、天津市社会科学院历史研究所、天津市工商业联合会编:《天津商会档案汇编·第四辑(1937—1945)》,天津人民出版社,1997年,第1339页。
③ 中共天津市委党史研究室、天津市档案馆、天津市公安档案馆编:《日本帝国主义在天津的殖民统治》,天津人民出版社,1998年,第286页。

5 734斤,按官价如数收买全部献纳。同时举办献机运动,由市府所属职员、各区民众、市商会、工厂联合会、旧兴亚二区民众及特别献纳等集资120万元,计陆军飞机献金60万元,海军飞机献金60万元,业已向关系方面献纳完毕。① 1944年9—10月,警察局献金献机费共17 097.3元,11月函送市民献金献机委员会。②

市民献金、献铜铁都是被迫的,即使汉奸也并非自愿。1945年12月9日,伪商会会长邸玉堂称:"是压迫我们办的,总共有四千余吨"。③ 1944年6月,钱业公会向日军献金100万元。会长焦世卿表示:"这事有的,但是被逼迫献出的,其他行业也被迫献金"。④ 天津伪职人员、普通市民多数曾向日军献金、献铜铁,这都是被迫而为之。邸玉堂、焦世卿的供述虽有为自己洗脱汉奸罪行的嫌疑,但他们的说法应是可信的。伪职人员献金多是从每月工资中扣除,伪市公署秘书长陈啸戡称:"献一千块钱,那是温世珍叫献的,各职员都有"。⑤ 此种说法与伪教育局长何庆元所言一致,"献金是由伪市政府主办,关于各校教员之献金皆系由伪市府第二科会计从教

---

① 《天津特别市政府三十三年一月至六月份工作报告》(1944年),天津市档案馆藏,J0001-2-000623-056。
② 《天津特别市政府警察局三十三年度七至十二月份工作报告》(1945年1月26日),天津市档案馆藏,J0001-2-000627-008。
③ 讯问邸玉堂:《关于替日军收集钢铁五金及日军强征自行车等事的审讯笔录》(1945年12月9日),天津市档案馆编《日本在津侵略罪行档案史料选编》,天津人民出版社,2015年,第645页。
④ 讯问焦世卿:《关于向日军献金的讯问笔录》(1946年4月11日),天津市档案馆编《日本在津侵略罪行档案史料选编》,天津人民出版社,2015年,第652页。
⑤ 讯问陈啸戡:《关于伪津市宣传处受日人控制等事的讯问笔录》(1946年9月3日),天津市档案馆编:《日本在津侵略罪行档案史料选编》,天津人民出版社,2015年,第789页。

职员薪金中扣出,交与日特务机关,并不经伪教育局手"。① 一般而言,无论是伪职人员、伪商会的领袖,还是普通商民多不会愿意将资材供给日军,只是在日伪的强制之下被迫献纳而已。

由于献纳活动频繁,且多数是摊派,商民不胜其扰,无力承担的商号甚多。杂粮米业两公会称:"杂粮、米业两公会会员商号,以往曾因业务关系分别加入,成为两重会员。粮业统制以来,杂粮、米业市场业经先后休市,各会员商号均已无形停止营业,以致声请歇业及退会者,比比皆是,其勉强支持亦不过苟延残喘而已。今次对于贵会摊派献机之金额 12 万元,在名义上虽属两业会员分别担任,在实质上则系双重负担,毫无疑问。今次仅以业务停顿关系,对于两重负担,实感力不从心,似应尽量核减"。② 羊业公会亦向商会呈文表示筹集献金的困难,"按照缴纳本会会员费额倍数规定应献金额,敝会担缴 3 万元,连同前次欠缴献机金限期一并募齐送缴。敝会会员 30 余家,自经羊业联营办事处组成后,各家随即歇业,迄今约 3 年之久,公会会务亦已无形停顿。来函所称迅向所属会员商号支配筹集献机金一节,实已无法办理"。市商会反驳道:"向各业普遍募集,事关通案,未便率予变更。且经调查贵业公会 31 家,因属加入羊业联营办事处为会员,但会员营业,现未停歇,公会亦未停顿。"关于献机一事,"迅速按照支配数目筹献,务于本月内送交来会"。③ 由于民众承受能力有限,收集的铜铁往往达不到规定的数额。伪市公署在收集铁类方面,将公有铁牌坊、栅栏等,

---

① 天津市档案馆编:《日本在津侵略罪行档案史料选编》,天津人民出版社,2015 年,第 612 页。
② 天津市档案馆、天津市社会科学院历史研究所、天津市工商业联合会编:《天津商会档案汇编·第四辑(1937—1945)》,天津人民出版社,1997 年,第 1345 页。
③ 同上,第 1346—1347 页。

及私有商店、住户铁门、铁梯等次第拆卸,予以收集。截至 1945 年 3 月,仅收 619 287 公斤(约 620 吨),距预定收集 10 000 吨相差甚巨。① 相声演员常宝堃在节目中常用垫话和现挂"包袱"揭露一些丑恶的社会现象。在一个节目中,甲需要用乙的脑袋当锣。赵佩如问:"这是为什么"? 常宝堃当即回答:"铜都献了"。② 相声表演中的段子正是反映民众对献金、献铜铁的不满。

三、监控市民言行

太平洋战争爆发后,美军开始对沦陷区进行战略轰炸,天津成为美军飞机轰炸的重要区域。为应对美机轰炸,日伪政权组织民众开展防空演习。高景云称:"美国飞机一来,日本就响警报。晚上还有灯火管制,灯泡上面裹上黑色和红色的布,外面看不见"。③ 1943 年 9 月 8 日 7 时,旭街一带举行防空避难演习。据组织者声称:"分团全体人员出动情形紧张,效果颇大"。同时也承认:"因当时一般商民均在酣睡,现场中之警防人员虽在救灾喧噪声中,仍有熟睡不起者,不免缺乏紧张精神"。④ 防空演习活动给民众生活带来一些不便,有些人对其不在意,也就有了"熟睡不起者"。战时金融政策的实施使一些民众的生活陷入困境。市民李迎祥致函《津津月刊》,"以居津生活程度日高,费用不足,原借满洲国之款,又不

---

① 天津市档案馆、天津市社会科学院历史研究所、天津市工商业联合会编:《天津商会档案汇编·第四辑(1937—1945)》,天津人民出版社,1997 年,第 1340 页。
② 陈笑暇:《相声表演艺术家常宝堃》,载中国人民政治协商会议天津市委员会文史资料研究委员会编:《天津文史资料选辑》第 22 辑,1983 年,第 113 页。
③ 高景云:《津城闹水,百姓遭灾》,载郭文杰:《八年梦魇——抗战时期天津人的生活》,天津古籍出版社,2016 年,第 10 页。
④ 天津特别市政府:《天津特别市兴亚第一区公所 1943 年度工作报告》(1943 年),天津市档案馆藏,1-2-1-563。

能汇寄,故一切日用艰窘之甚",编辑部解答道:"战时金融的措置,人民虽一时感觉不便,也只有作暂时忍耐的一途。目下如先生所云事实,同感者颇不乏人。想大东亚战争即将决定最后胜利之今日,关于此小小问题,不久定将迎刃而解"。① 市民无奈,只能对日伪的政策"忍"了。

天津市民的言行会受到日本特务机关及伪军警、保甲的监控。1943 年 1 月,杨大辛收集了一些北京、天津木刻家的作品,在天津青年会分会搞了一个为期三天的木刻展。这个事被特务机关发现了,怀疑这个木刻的背景,因为木刻反映的都是受苦的穷人,结果日本特务机关查问此事。《银线画报》的社长是亲日的,跟日本特务机关有联系,他告诉杨大辛:"你搞木刻展可得注意啊,日本人怀疑你了,怀疑你是八路"。② 到抗战后期,日军强征劳工时有发生。据 1946 年 12 月调查,第七区第九保日人强征 1 人,死亡 1 人。第七保强征 1 人,被日军清水部队抓去,业已四年,并无音信。第三十四保有居民苏昌建,1943 年 10 月 27 日去南开万德庄大信铁工厂作工,至今未归,想系被日人强征民工所害,生死不明。③ 此类被征调民工死亡情况很多,引起民众的恐慌,担心被抓劳工。日伪政权为巩固对沦陷区的控制,先后举行五次治安强化运动,期间伪天津市公署实施全市居住证大检查、春季户口大清查等活动。治安强化运动开始后,天津便进入"非常戒备状态",日伪政府"出动大批军警宪特和保甲人员,在各主要路口执勤警备,对市民的言行、

---

① 《市民来函解答》,《津津月刊》1942 年第 1 卷第 9 期,第 22 页。
② 杨大辛:《远渡扶桑,福兮祸兮》,载郭文杰《八年梦魇——抗战时期天津人的生活》,天津古籍出版社,2016 年,第 76 页。
③ 天津市第七区公所:《调查沦陷区参加抗战公务员(日寇强征劳工伤亡数目表)》(1946 年 11 月 27 日),天津市档案馆藏,36-219。

日常生活及思想状况逐一加以调查,对'可疑者'详细登记,加以监视,随时检查盘问以至搜查住宅"。① 温世珍遵照天津日本宪兵队的要求,派遣伪警不断抽查户口,搜查逮捕所谓"政治嫌疑犯",多次举行"街头临检",搜查过往车辆与行人。天津被搞得闾阎惊扰,民不聊生。② 市民在日常生活中不得不注意自己的言行,以免招来不必要的麻烦。日伪政权每发动一次治安强化运动,"就要在天津等大城市公布一些口号,强迫人人背诵",并利用伪新民会发给各行各业印有标语的小布条,"命令人人佩戴和背诵"。在火车站和市内交通要道检查行人时,"被检查的行人要当场背诵"。张澜生回忆称:"每逢经过市内的几处检查卡口时,常见到有人背不出来,轻则罚款,重则毒打一顿,有的甚至被扣上反日罪名送进宪兵队"。③ 治安强化运动对民众而言只是增加了一些苛扰。伪天津市公署秘书长陈啸戡亦承认,强化治安运动"没有什么反响,结果反与人民多麻烦"。④ 在日伪政权的高压统治下,市民时刻注意自己的言行举止,处于恐惧的状态之中。

第四节 民众心态

面对日伪政权的统治,天津民众的表现呈现很大的差异性。

---

① 黎始初:《日本侵华时期的天津傀儡政权》,载中国人民政治协商会议天津市委员会文史资料研究委员会编《天津文史资料选辑》第39辑,天津人民出版社,1987年,第100页。
② 张同礼:《汉奸市长温世珍的丑行》,载中国人民政治协商会议天津市委员会文史资料研究委员会编《沦陷时期的天津》,天津静海县印刷厂,1992年10月,第82页。
③ 张澜生:《天津沦陷生活琐忆》,载中国人民政治协商会议天津市委员会文史资料研究委员会编《沦陷时期的天津》,天津静海县印刷厂,1992年10月,第246页。
④ 讯问陈啸戡:《关于如何加入伪组织的讯问笔录》(1946年2月1日),天津市档案馆编《日本在津侵略罪行档案史料选编》,天津人民出版社,2015年,第787页。

一部分人不满日伪统治,走上反抗之路。抗日杀奸团是军统的外围组织,由青年学生组成,专门从事暗杀日伪高官,破坏日军设施的活动。抗团利用英法租界的庇护,从事秘密抵抗运动,给日伪政权的统治造成了很大震动。1941年后,天津英租界被日军占领,国民党特工组织无法立足而撤离,在天津的抗日活动基本停止。有些人不辞辛劳走上西迁之路。面对"学校既被毁灭,一时恢复无望,津市已成魔窟,也不可一日居"的局面,南开中学教员喻传鉴"决定西行入蜀,为重庆南开(时名南渝中学)而努力"。① 有些人拒绝出任伪职以示反抗。伪教育局曾派人邀请天津北洋大学学监崔诵芬参加工作,他称病不干,后来生活无法维持,出售邮票一张价千余元,暂维持生活。② 有些民众不甘作日本的顺民,进行消极抵制。在日伪工厂中,许多工人消极怠工,破坏工业产品、生产设备等,使敌人的生产无法正常进行。

有些人迫于生活压力,或为环境所迫,不得不出任伪职。这一群体虽服务于伪政权,内心的焦虑与不安始终萦绕心头,怀有"身在曹营心在汉"心理的人不在少数,在应付差事时常有意袒护抗日人员。在抓捕抗日人员时,有的伪警察提供机会让被追捕者逃跑。在例行检查中,搜查者发现抗日人员的枪支时故意视而不见,给予放行。有些人对日伪政权交办的事项予以拖延。天津银行公会会长王锡文曾抵制日伪创建天津证券交易所。

有一部分人利用日本的殖民统治,大发横财,投入日本人的怀

---

① 喻传鉴:《惨痛的回忆》,载中国人民政治协商会议天津市委员会文史资料研究委员会编《沦陷时期的天津》,天津静海县印刷厂,1992年,第195页。
② 张卓然:《天津沦陷后我在教育界的抗日活动》,载中国人民政治协商会议天津市委员会文史资料研究委员会编《天津文史资料选辑》第39辑,天津人民出版社,1987年,第85页。

抱。日军虽占领天津,但是固有的社会运转机制仍然延续下来。基层社会中的帮会势力未受丝毫影响,日军有意利用帮会来维护统治。在南市三不管一带,袁文会的门徒横行霸道,凡是在南市谋生的,都得"孝敬"他们。相声演员马三立称:"我们撂地卖艺的,自然也惹不起袁文会,要什么钱就得给什么钱。就是这样也还不行,青帮老大传下话来,不在青帮的人,一律不许在三不管混饭吃。狗腿子们气势汹汹地盘查卖艺的,以至做小买卖的,凡是没有在帮的吓得跑的跑,躲的躲"。① 少数认贼作父的汉奸之中,有早就把日本人当靠山的,也有为个人"飞黄腾达"决定效忠日本人的。方若很早就与日本人建立联系,是日本人的忠实"朋友"。温世珍任伪市长的时间最长,最会讨好日本人。他在任期间,做了很多利敌破坏抗战的活动,是投靠日本人的典型代表。这些人助纣为虐,为虎作伥,是日本能够实现对天津殖民统治的重要帮凶。

不少市民虽无力反抗日本的统治,但对日本的殖民统治心怀不满,"至于民气,除一般不知自爱之傀儡外,非常奋发,深盼青天白日旗,能早日飘扬于光天化日之下"。② 日军在天津犯下不少罪行,民众敢怒不敢言。1940年6月,胡大成将粪挑放在路旁休息,忽来二个醉酒的日本士兵,走来一人,将胡大成推倒在地,一人将粪弄出,强迫胡大成用手摸吃,胡到家惊吓气死。1941年7月,白荣生在特别三区经营小生意,被韩国人抓去送清水部队以苦工为业,白荣生因恐惧,被妄行毒打,头破血流昏晕,倒地不数日因伤而死。1942年4月,在南市三不管,杨焕臣被以招募华工为名捉去,

---

① 马三立:《艺海飘萍录》,载中国人民政治协商会议天津市委员会文史资料研究委员会编《天津文史资料选辑》第23辑,天津人民出版社,1983年,第214—215页。
②《沦陷后的平津现状(上):毒化政策下的华北:天津日租界中一个出售赌具和烟具的店》,《东方画刊》1938年第1卷第8期。

至今生死无信。① 日伪在天津招募华工引起民众的恐慌。1941年7月,天津特别市杂粮业同业公会会员兴隆栈报称:"敝号同人王建策及巴本忠2人,本月11日赴河坝办事,不意行至特三区天津映画馆门前,突被朝鲜人驱使华人逮捕,用国际公司运输车载至大王庄仓库强迫服役。又于13日敝同人肖炳山在上述地点同时亦行被捕,用无名汽车载至天津码头服役"。上述情形引起商民的恐慌,天津市商会指出:"近日发现上项同样情事,屡见不鲜,商人出外办公时存戒心,影响商业甚巨"。② 日军侵占市民财产的案例不在少数。抗战爆发前,市民易秉宸寓居天津河北大经路币厂旁165号大楼内,全家十数口,所用家具、器物、衣服、食粮、什物等甚多。1937年7月29日,日军进攻天津,首将易秉宸自住楼房及平房占居,将其全家老小空身逐出。嗣有日军通译(1810部队)池上建一,得机相识,托其交涉,毫无成效,迄已8年。③ 1940年3月4日,天津饭店被日军强行拆去白熟铜招牌两块,重340斤。1940年5月10日,被强行拆去铜栏杆及楼梯铜板等重290斤。1943年4月1日,被强行拆去前后大铁门2副,重1 000余斤。1941年7月5日,被强行索去铜痰桶50个,重150斤。1941年11月15日,被强行索去3个铜床。敌伪强迫献铜铁前后四次约500斤。④ 沦陷时期,遭受日军及伪政权的侵夺,经济受损的市民和企业不在少数,他们

---

① 天津市第七区公所:《关于战犯本间城在津任联络部长时期罪行》(1946年),天津市档案馆藏,36-170。

② 天津市档案馆、天津市社会科学院历史研究所、天津市工商业联合会编:《天津商会档案汇编·第四辑(1937—1945)》,天津人民出版社,1997年,第1381—1382页。

③ 中共天津市委党史研究室编:《天津市抗日战争时期人口伤亡和财产损失资料选编》,天津人民出版社,2015年,第221页。

④ 同上,第138页。

对日伪统治的反感与不满可想而知。部分商民对日伪统治采取消极抵制策略。在天津秩序未恢复前,华界的商店虽经伪警察局一再催令复业,但开门不及一半,因为怕浪人与流氓勒索抢劫,更怕日兵买货吃食后不给钱或仅给十分之二三,大部分的商店宁肯将货物移存租界,长期关门。华界的居民亦被骚扰不堪,浪人等勒索钱财。敌兵强奸妇女,强架少妇,河北一带经敌方宪兵取缔,但偏僻的城区内及近部村庄的少年妇女仍被蹂躏,日来向租界逃难的年轻妇女非常之多。[①]

抗战爆发后,来华的日本人猛增,其中有不少想发横财的唯利是图者。1940年4月29日,日本中国派遣军发表"告派遣军官兵书",其中关于不良日人的情况叙述道:"巡视一下上海、南京、天津、北京等地夜间的情况,即可看出达到何等地步。在酒绿灯红的背后,经常搞些不正当行为。有的人欺骗、恐吓中国人,以获取不正当的钱财和利益"。[②] 天津作为华北重要的中心城市,来此的日本人数量很多。日本人与中国人之间势必发生一些关联。日人欺负中国人的情况时有发生。市民李雄飞有河北第三区宿纬路十号楼房一所,计40间。1939年4月1日,日人林森次郎以暴力占用,每月掷租金伪币160元,并无契约。至1945年6月即停止交租。林森次郎以在日本宪兵队任职名义,不准国人入内。李雄飞因其一向凶横,不敢过问。自敌人投降,始查看该房,发觉原有建筑强半破坏,所有硬木家具、碟器、字画等物,皆扫数侵吞、盗卖。[③] 一些

[①] 欣晓:《被蹂躏的天津(通讯)》,《抵抗三日刊》1937年第14号,第5页。
[②] 日本防卫厅战史室编、天津市政协编译组译:《华北治安战(上)》,天津人民出版社,1982年,第258页。
[③] 中共天津市委党史研究室编:《天津市抗日战争时期人口伤亡和财产损失资料选编》,天津人民出版社,2015年,第236页。

来华日本人与中国人接触中，横行霸道，仗势欺人，引起市民的不满。有些并非作恶多端之徒。任秉钧回忆道："当时我们几个人借着学日语的机会，跟日本人接触。有一个叫伯正雄，教我们日语。他刚一来时总绷着个脸，熟了以后热情极了。他对中国人特别好，只是后来日本人吃粮食也受控制了。我们还帮他娶媳妇找房子、看家具，反正都不犯法，合情合理。日本人呢，也不都像东条英机那样，日本的商人、老百姓、做买卖的都规矩极了，也挨日本军人欺负啊"。①

在沦陷区，尤其是在中心城市，为获得民心，维护统治，日军当局会严格管束士兵的行为。张金锁称："在乡下日本人挑死几个人没人问，想挑死谁就挑死谁，没人管，我们村就挑了好几个。城市里有宪兵管，有红帽衙门管，日本兵帽子戴歪了都不行，随便打人杀人都不行。他们也是为了讨好老百姓，他们不就是想老在这待着嘛"。② 日本通过伪职人员或是代理人，对沦陷区城市实行间接统治。庆丰银号虽是日本人负责管理，实际管事的是翻译。职员刘钟鑫称："我们平时很少见到日本人，和他们犯不上"。③ 基层民众较少有机会接触到日本人，更多的是与保甲长打交道。保甲长贪腐、敲诈勒索市民的情况时有发生。天津市第三区第十四保保长殷捷三自任保长后，滥用职权，借端敛钱，营私肥己，侵吞民配食粮，把持联保事务。凡报告迁居或新移或婚丧事时，均索手续费三

---

① 任秉钧：《莘莘学子，梦断南开》，载郭文杰《八年梦魇——抗战时期天津人的生活》，天津古籍出版社，2016年，第42页。
② 张金锁：《进城学徒，手艺养家》，载郭文杰《八年梦魇——抗战时期天津人的生活》，天津古籍出版社，2016年，第29页。
③ 刘钟鑫：《老家被毁，钱庄学徒》，载郭文杰《八年梦魇——抗战时期天津人的生活》，天津古籍出版社，2016年，第100页。

五十元不等,不给收据。以其家内充作保办事处,对于团丁缺席时着即私立公堂,使用私刑。每次收献铜献铁时,向各商民住户多要报数,上方是否相符实难预料。市民无铜铁者每以现金付之,完全归该保长侵吞,从中营私舞弊。① 市民对日伪政权的统治势必因自身权益被侵犯,将怒气转移到日本的殖民统治上。

不可否认的是,多数天津市民虽不满日本的殖民统治,但不采取任何方式反抗,甘当顺民,逆来顺受。这种市民心理的形成,与日本的恐怖统治密切相关。为巩固对天津的统治,日军采取诸多恐怖手段,随时随地戒严和检举。"书籍多的人准是抗日的知识分子,未登记的大型收音机代表中国的特务机关,为'确保东亚和平',皇军随时可以杀人"。民众对日本士兵抱有恐惧心理。王在田称:"日本侵占天津的那个时代,南市并不在日本的租界内,但是日本兵却总是以一副傲然而旁若无人的神气,经常来南市。这条街的人都非常怕日本兵。日本兵来抓人时,常带着伪军或地痞流氓一起来,让他们做向导带路"。② 天津市民"呼吸都感觉不自由,每个人说话都存着极大的小心,房产什物随时可以被人取去,性命随处可以失掉。除去少数汉奸走狗得意忘形,百万的同胞都暂时的饮泣吞声"。③ 面对日军占领,大多数市民只能是无奈,且不得不出于自保做一些并非心甘情愿的事情。日军占领天津后,"可怜的赤手空拳的老百姓,为了避免危险,竟花钱买敌国的太阳旗,以作

---

① 天津特别市政府:《关于查办保甲长等舞弊案件卷》(1943年12月至1945年7月),天津市档案馆藏,1-3-7-11111。
② 中央档案馆、中国第二历史档案馆、河北省社会科学院编:《日本侵略华北罪行档案》(9)性暴力,河北人民出版社,2005年,第265页。
③ 北方:《沦陷后的天津》,《华美》1938年第1卷第12期,第286页。

通行的护身符,两周以前日韩浪人制售太阳旗曾发了一笔大财"。①部分市民对日军的占领无感。张金锁回忆称:"开始时,日本人来也觉不出来,也看不见。我天天在铺子里画画,不常到街上,外面的事不知道,手里的活还忙不过来了"。② 在日伪政权控制下,天津市民的心态各异,总体是处在一种恐惧之中。

日常生活中丰富多样的内容已随着传统史学侧重"上层精英"和重大事件研究维度的淡化、新史学关注"自下而上"和普通民众历史事实的日渐兴盛,而成为社会史、文化史、城市史等研究热点。③ 走进日常生活,对其进行系统翔实的解读、分析和把握,是社会史研究领域的一大特征。史料本身并没有意义,日常生活史的史料因其凌乱细碎而尤其如此。只有经过学者的思考,史料才能被赋予存在的意义,"解释"是必不可少的。日常生活史学者不赞成对历史上的生活方式妄加评判或滥施同情,应站在"他者"的立场,亦即站在历史当事人的位置上,"设身处地地感受和体会"。④ 沦陷区民众的生活究竟如何,需要站在"他者"视角,运用翔实的史料展现出来,以此来客观看待日伪政权的统治。

抗战时期,沦陷区的民众生活,是否如以往所言,在日本的殖民统治之下,过着暗无天日的生活呢?抑或是民众生活展现出复杂多样性?这个问题十分值得研究。通过梳理史料,呈现出接近客观真实的沦陷区民众的生活,有利于还原历史的本真。抗战期

---

① 欣晓:《被蹂躏的天津(通讯)》,《抵抗三日刊》1937 年第 14 号,第 3 页。
② 张金锁:《进城学徒,手艺养家》,载郭文杰:《八年梦魇——抗战时期天津人的生活》,天津古籍出版社,2016 年,第 28 页。
③ 常利兵:《日常生活研究的理论与方法——对一种社会史研究的再思考》,《山西大学学报(哲学社会科学版)》2009 年第 2 期。
④ 刘新成:《日常生活史:一个新的研究领域》,《光明日报》,2006 年 2 月 14 日,第 12 版。

间,沦陷区的多数民众生活并不尽如人意,尤其是抗战末期更是如此。在沦陷初期,大多数市民的生活差强人意,和战前相比,并无多大变化。这种状况并没有维持多久,随着日本扩大战争规模,尤其是太平洋战争爆发后,天津市民生活每况愈下。从对天津市民休闲娱乐活动的考察看,沦陷初期,随着工商业发展,普通市民休闲娱乐方式多样化,在电影院、戏院中劳动者阶层占有相当比例。到1941年以后,由于经济下滑及日伪政权的限制,民众的休闲娱乐活动明显减少。民众休闲娱乐活动的减少反映出沦陷时期经济形势的变动。为适应战争需要,应对经济形势不断恶化的现实,日伪政权对民众日常生活的干预愈来愈强。通过配给制,市民的生活所需受到日伪政府的严格控制。通过举行各类政治活动,如治安强化运动、捐献运动等,民众的日常生活逐步被纳入到战时轨道。民众生活对日伪政权的依赖程度变得越来越强。日伪政权试图以服务所谓"大东亚战争"的名义介入并规训市民的日常生活,但其做法不具有可操作性,加之违背了基本的人性需要,因此注定是不成功的。

结 语

日伪政权在天津的统治模式是日本控制中国大中城市的典型。从日伪政权统治天津的情况，可以观察日本对沦陷区大中城市的统治策略，进而更加深刻地理解日本殖民统治的隐蔽性、欺骗性。其一，伪政权秉承日本的意旨，对天津的统治较为温和，并未出现大规模的"镇压"、"迫害"与"屠杀"。为实现长期统治天津之目的，日本及伪政权迅速恢复社会秩序，并采取安抚民众的措施。从本质上说，日伪的政策并非是为民众利益考虑，只是为了实现有效的控制。其二，天津日伪政权中，有不少北洋政府时期的失意政客，这些人被重用，是社会流动环节中的一种"逆向反动"，他们不具有现代城市管理的经验，其登上政治舞台对民众而言，不见得是一件好事。天津沦陷后，大量原市政府官员流亡，为一批本没有机会进入政府的人员创造了条件。这是在非常时期的社会流动。由于缺乏必要的执政经验，他们进入伪政权后需要一定的适应时间，会增加伪政府的运行成本，也对民众产生不少负面影响。其三，卜正民用"外观:嘉定"、"成本:镇江"、"共谋:南京"、"竞争:上海"、"抵抗:崇明"，来说明沦陷时期日本占领下的五种样态。以此观之，日伪控制下的天津，因其在中国北方地位的特殊性，兼具上述多种形态。日本在天津的长期渗透,使其很容易找到合作者,迅速实现对天津的控制。从"外观"上看,日本需要打造稳定和良好的"政府"形象,新"政权"成功控制地方的标志很大程度上依赖与合作者的关系。为了掩饰与日本人之间"权力不平衡"的关系,合作者必须坚持以为公众服务和维持良好的秩序为最高原则;掌握实权,不能唯占领者马首是瞻;必须将自己打扮成代表地方民众的最高利益的角色。① 天津日伪政权的首脑为了获得民众支持,不断加强警察武装,维持社会秩序。为了建构自身形象,高凌霨捐资维持政权运转,潘毓桂与日本人之间出现一些"不愉快",温世珍向日本人要求获得充分的施政权,这些都可解读成为了获得良好的表面形象所作的努力。在"成本"上看,虽然无法计算日本占领天津期间的支出,但可以推测日本利用伪政权统治天津获得的收益要远大于付出的成本。天津工商业发达,对支撑日本的侵略战争起了不小的作用。这是日本在占领初期,并未在天津有大规模暴行的重要原因。从"共谋"层面观察,在天津与日本人合作的人员甚多。以1939年天津水灾为例,中国人组建的慈善团体与很多绅商捐资救灾,为缓解天津水灾造成的损害起到了很大作用。此举有利于加强日伪政权的统治,但是从维护民众利益的角度,又是应该给予客观评价的。正如在南京与日本人有过合作的贝德士,被问到救济工作是否加强了占领政权时所言:"大家都同意这种看法:日本人从中收益甚微;而这项工作对于中国人的贡献,远远超过我们为日本人做的任何事情"。② 贝德士显然有为自己的行为辩护的嫌

---

① [加]卜正民著,潘敏译:《秩序的沦陷——抗战初期的江南五城》,商务印书馆,2016年,第78页。
② 同上,第184页。

疑。不过有一点是肯定的，不少"合作者"并不会认为他们的行为是叛国的，而是理解成：当一个人处在个人无法明白也无法改变的情境里，一定要尽最大努力地活下去；为了得到一些东西，通常要不惜一切代价，且决不能计较任何悲惨的结局。① 战后，日伪政权的一些头面人物，包括一些与日本人有过合作的重要商人在受审时，都宣称其行为是被迫的。在"竞争"的角度看，天津日伪政权的重要人物，如潘毓桂与阎家琦、温世珍与方若之间都曾有过争权夺利的情况，只是这种"斗争"并不激烈。在"抵抗"方面，沦陷时期的真正政治现实是大多数人适应"占领政府"，少数人从事抵抗活动。在崇明"抵抗除了成功地打击了敌人之外，也给当地民众带来了损失。而且抵抗也无力阻挡日本占领者得到一批稳定的合作者。当然抵抗确实在身体上和道德上削弱了合作者"。② 在天津，因有租界作为掩护，国共特工不断对伪政权官员及日本士兵造成杀伤。此类抵抗除对日伪政权的官员造成很大震撼，却无法阻止一批又一批的合作者加入伪政权。以日军封锁天津英法租界为例，日军的借口即是程锡庚被刺杀。从表面看，封锁是中国特工的抵抗活动所致。因日军封锁租界，天津民众大受影响，有些人因此失业，有些人的商业活动受阻。从民族——国家立场观之，抵抗活动是必要的，一定程度上削弱了天津日伪政权统治的合法性。第四，伪职人员是一个庞大且复杂的群体。傅葆石在论述沦陷时期上海文人的情况时，认为"对于大多数上海沦陷区的文人知识分子来说，在面对道德困境时，有三种可供选择的文化行为方式：消极抵抗、

---

① ［加］卜正民著，潘敏译：《秩序的沦陷——抗战初期的江南五城》，商务印书馆，2016年，第184—185页。
② 同上，第198页。

积极反抗、附逆合作"。① 在沦陷时期的天津,很多人不满意日伪政权的统治,选择踏上征程奔赴大后方。有些人选择退隐,不与日伪政权合作。有些人加入抗团,用暴力手段抵抗日伪政权的统治。更多的人选择留下来,与日伪政权合作。

在日本的操控下,伪政权统治天津长达八年之久。日伪政权的傀儡性质是毫无疑问的。日本通过在伪天津市公署及所属各机构中安插顾问、辅佐官,实现了对它的全面控制。日本顾问不是向伪政权提供咨询的,是参与伪政权的决策,并拥有"指导"伪政府的权力。市政会议是伪天津市公署定期举行的决策性会议。历次会议均须有日本顾问的参加。1938年3月1日举行的第11次市政会议例会上,伪天津市警察局长提议,为维护市内治安,组织扩充督察队,并且呈交了"组织督察队计划预算书"。在决议过程中,日本顾问赤穗津少佐认为:"事关增强警力,应先征求军部意见"。3月4日,伪市公署举行的第12次市政会议例会上,赤穗津少佐称:"关于上次会议警察局提议组织督察队一案,昨经赴京与军部参谋接洽,参谋意见:以天津方面驻军甚多,治安足可维持,如果在天津附近有大批土匪搅扰时,日军足能将其击退,假使有大批土匪来津,警察不能抵抗时,日军届时宣布戒严令,对维护天津治安及良民安全可负完全责任,绝无顾虑之处,至于警察局所拟增充督察队一案,计划甚佳,唯时间尚早,暂时未便办理"。② 可见,日本侵略者完全掌握伪政权的重大事项决定权。在建立警察武装上,日本并不信任伪政权,始终将伪政权控制的武装力量限制在一定规模,以

---

① [美]傅葆石著,张霖译:《灰色上海,1937—1945 中国文人的隐退、反抗与合作》,生活·读书·新知三联书店,2014年,第207页。
② 《市政会议第一次例会记录》(1938年3月),天津市档案馆藏,1-2-1-229。

防止其做大做强。温世珍声称当市长时要求日人"尊重我个人道德和人格,中国行政主权独立,建立机构实行预算"。① 温世珍向日本人提出的条件,恐怕连他自己都知道是不现实的。日本侵略者只不过是维持伪政权表面的"自主",这是为了适应统治中国民众的需要,实际上伪政权的权力极为有限。不可否认的是,伪政府在行政权方面有一些发挥空间,毕竟日本顾问人数有限,他们只能从宏观层面把控大局,对一些细枝末节的问题,不可能有精力过问。

伪天津市政府与日本之间的"合作"是主要的,虽然为维护民众利益,一些伪政权的官员会向日本人表达意见,但这种诉求是有限度的。天津沦陷后,日军军用汽车在马路上横冲直撞,轧伤行人,毫不顾及。外事室主任刘孟勋称:"目睹津市敌人横霸,殊觉痛心",遂向温世珍建议"日本人如此横行,我等岂能坐视不理"。温世珍遂"向日军处理交涉,敌人始允改善"。刘孟勋表示:"此类之事颇多,亦均一一努力与敌抗争,有的部分可以达到胜利,有的完全被敌拒绝"。② 日军曾以青年会与美国人有关系,一定要封,经刘孟勋向伪市长及警察局长要求向日本人交涉,结果未封。③ 刘孟勋所言非虚,但对他在上述问题的解决过程中究竟起到多大作用尚无法判断。以查封青年会为例,当时日本之所以未封,与日本忌惮美国有很大关系。

日伪政权的存在有利于日军对沦陷区的殖民统治,为日军与中国军队的作战提供了大量的物资,也为其营造了稳定的后方环

---

① 讯问温世珍:《关于如何加入伪组织的讯问笔录》(1945年12月7日),天津市档案馆编《日本在津侵略罪行档案史料选编》,天津人民出版社,2015年,第609页。
② 天津市档案馆编:《日本在津侵略罪行档案史料选编》,天津人民出版社,2015年,第625页。
③ 同上,第628页。

境。日伪政权配合日本侵略者,犯下了诸多罪行。比如征调劳工、妓女,一些汉奸利用手中掌握的权力,敲诈勒索商民。沦陷时期,此类现象层出不穷。为了增加税收,日伪政权允许大量开设土膏店,毒化中国民众。日伪政权还积极配合日本宪兵队、特务机关镇压国共的反抗活动,对中国特工、抗战志士施以酷刑。由此观之,日伪政府理应受到谴责。我们也应该认识到,伪政府统治天津总比由日本实施直接的统治要好些。日伪政权起码在日本侵略者与民众之间起到一种缓冲作用。日伪政权并非一无是处。天津沦陷后,市区就出现抢劫的乱象。此时期确实有必要由中国人组建一个政权来维护秩序,保证普通民众的利益。面对日军对民众的侵犯之时,日伪政权在接到市民的"呈文"之后,会向日本驻津当局表达意见。不管效果如何,伪政权至少起到了向日本占领当局传递民众声音的作用。我们并不是替日伪政权辩护,对它的所作所为有必要给予批判,同时,也应该看到其复杂性的一面。

日伪政权确有一部分为虎作伥者。他们被塑造成想象中的道德败坏者的典型,并被推而广之,认为整个伪政权里充斥着此类人,这是一种不正确的道德分析方法,其评价也往往失之偏颇,不够全面。伪天津市公署存在"道德败坏者",死心塌地为日本侵略者服务,敲诈勒索市民。这种人应属少数,多数人仅是将加入伪政权作为谋生的手段。多数伪职人员会受到民族主义或国家意识的影响。正如法学博士丁作韶所言:"沦陷区域向来从事公务及素负资望之人,转徙不能,御侮无力,或为环境逼迫,或为生活驱使,不得已而服务于伪组织之下,以苟延生命。虽其身在伪廷,实则心存祖国。所谓通谋敌国,反抗本国,询属少有。一般中小商人,因受敌寇统制,交易断绝,敌国浪人,恃势侵入,把持营业,坐享盈余,商人迫于环境,不得不听其支配,求其自动供给敌寇或为敌寇贩卖购办运输物品者,诚不多见"。① 从就职伪天津市公署的人员来看,罪大恶极的汉奸毕竟是极少数。服务于伪政权的人员很多,除了少数能在战后被国民政府列入汉奸之列,大多数仅被视为伪职人员。大多数人因家庭羁绊或其他各种原因,无法迁移到大后方,在面临生活压力时,不得不服务于伪政权。不少伪职人员成为国共两党的特工。即使在抗战胜利后,一些被列为汉奸嫌疑的人员,在抗战期间都曾有过协助抗战的事实。不过,在面对强权之时,他们响应日本人的号召,成立伪政权,帮助日本侵略者维持和巩固天津的秩序,还组织进行捐献活动、治安强化运动,为日本的侵华张目。从这一点来说,他们的所作所为又应遭到谴责。

与通常的假设相反,相对而言,普通民众似乎对抵抗和通敌的道德要求不怎么关心。在社会的底层,大部分人参与日伪政府,如亨瑞克·德斯来夫森描述的那样,在占领当局的监督和施压下,继续行使权力。他们要继续生活,要努力挣到足够的钱养家糊口,要缴纳无法逃避的税款,要让孩子在他们不能控制课程的学校里上学读书,要在不由他们建立或赞成的政府机构里工作和生活。② 日军的占领对天津市民产生了广泛且深远的影响。天津沦陷初期,很多普通民众的生活并未有大的改变,还是延续以往的生活轨迹。甚至一些市民的生活有所改善。多数市民不得不与日伪政权之间发生诸多联系。随着太平洋战争的爆发,沦陷区的经济形势逐步趋向恶化,市民的日常生活越来越受到波及。自肃节约运动、捐献运动使民众被裹挟进日伪政权组织的各种战时活动之中,民众日

---

① 丁作韶:《汉奸案件之检讨》,《法律知识》1947年第1卷第12期,第4页。
② [加]卜正民著,潘敏译:《秩序的沦陷——抗战初期的江南五城》,商务印书馆,2016年,第283页。

常生活的战时特点愈发明显,生活水平大幅降低。

一个政权若想长期存在和稳定,通常情况下需要通过三种方式:第一,用军警作为政权的支撑力量。这种靠军警作为支撑力量的政权一般出现在战争或战争结束后的一段时间内,此类政权存续时间不会太长。第二,靠强大的政党组织、较有效率的行政机构以及对该政党忠心的党员、官僚队伍来维持政权的运作。塞缪尔·亨廷顿认为,一个强有力的政党能够提供稳定和有秩序的社会,一个软弱的政党或者无政党的国家则往往与腐败、分裂和动荡相伴随,且一党制政权比两党制或多党制政权更稳定。① 第三,用民众作为支持力量的政权。这种政权的合法性来源于民众的广泛支持,其必须全心全意为民服务,而不只是效忠于某个政党或某个阶级。

伪政权本质上是由日本侵略者控制支配的傀儡政权,对沦陷区民众而言,这个政权本身就不具有正当性。伪政权在沦陷区的种种劣迹,使其争取民众支持的各种措施不可能发挥效能。日伪基层政权的主要职能就是征收税款、征购军粮和抓丁拉夫,日伪基层人员的"日常要务"就是要钱要粮,将政权的一个职能——经济汲取发挥到极致。在社会建设方面却无所作为。这样的政权不可能得到民众的支持。日伪政权的意识形态很难得到伪职人员和民众的认同。伪天津市公署在日常宣传中一直着力宣传中日亲善、建设东亚新秩序,只有中日提携,才能实现东亚共荣。它试图建构日本是如何帮助中国抵抗英美侵略。现实是,日本通过伪政权对沦陷区民众实施经济统制与掠夺,并以宪兵队、特务机关和伪警察

---

① [美]塞缪尔·P.亨廷顿著,王冠华等译:《变化社会中的政治秩序》,上海人民出版社,2008年,第336—402页。

为基础建立起威权统治。日伪政权的美化宣传变得不堪一击。

日伪政权的警察是其维护统治的最重要工具。在维护社会治安和镇压国共特工方面,他们往往无法按期破案,有些伪警察甚至私下将国共特工释放,有些伪警察利用手中的权力敲诈、勒索商民。日伪政权指望这样一支武装力量实现对天津的有效控制,无异于痴人说梦。随着英法租界的收回,国共特工失去依托的基地,抵抗活动随之大为减弱。加之日本宪兵队分驻天津各区,伪政权对天津的控制逐渐稳固。到抗战末期,中共游击队在天津近郊地区的活动愈发频繁。国民党特工时常武装袭扰天津。伪政权的不少官员眼看日本的殖民统治行将就木,加上民族意识、道德观念的影响,转而倒向国民党,成为伪政权的掘墓人。可以说,天津伪政权始终无法实现对天津的有效控制。

除了运用特务、警察等加强对天津的控制外,日伪政府也重视民生问题。通过实施低物价政策,以明码制和协定价格保证市民不被商人过分盘剥,确保市民的基本生活。修建住宅,廉价租给市民,保障市民有房住。伪市政府还为工商业发展创造条件。因日军不断扩大战争规模,尤其是太平洋战争爆发后,日本当局和伪政府实施经济统制政策,使得工商业发展受到极大限制,不少中国企业为了自身生存的需要,不得不与日伪政权合作,甚至帮助日军生产军需品。这反映出在日本殖民统治之下,中国企业在夹缝中生存之不易。沦陷初期,天津的经济及贸易曾获得一定的发展,市民的生活水平甚至有一定提升。值得注意的是,天津经济发展有日伪政权的努力,更多的是因为经济发展规律的惯性所致。

日伪基层保甲人员欺压民众,贪污受贿现象十分普遍,尤其是在日伪推行配给过程中,营私舞弊的问题尤为严重。日伪政府的官员对这个政权都没有起码的忠诚。很多伪职人员加入伪政权只是为了谋生，并不是真心为日本侵略者卖命，不少人实际是机会主义者，且某种程度上受到国家意识的潜在影响，尤其在抗战后期，随着日军在战场上的优势不在，逐渐显露败局之时，不少伪职人员或与国共特工建立联系，或者为求自保，自发营救中国的爱国人士。依靠这样一批官员，伪政权又如何能实现长久统治呢？日本及伪政权的统治注定不会长久，终究会走向失败之途。

参考文献

一、档案类

1. 日伪天津市警察局档案：全宗号 J0218
2. 天津市各行业同业公会档案：全宗号 J0129
3. 天津市各区公所档案：全宗号 J0038
4. 天津市教育局档案：全宗号 J0110
5. 天津市日伪政权档案：全宗号 J0001
6. 天津市商会档案：全宗号 J0128
7. 天津市社会局档案：全宗号 J0025
8. 北京市敌伪资料档案：全宗号 ZQ012
9. 北京市警察局档案：全宗号 J183、J184、J181

二、资料汇编

1. 仇润喜主编：《天津邮政史料》，北京航空学院出版社，1988年。
2. 复旦大学历史系日本史组编译：《日本帝国主义对外侵略史料选编（1931—1945）》，上海人民出版社，1975年。
3. 华北解放区财政经济史资料选编编辑组等编：《华北解放区财政经济史资料选编》第1辑，中国财政经济出版社，1996年。

4. 季啸风、沈友益主编:《中华民国史史料外编——前日本末次研究所情报资料》第63—67册,广西师范大学出版社,1997年。

5. 居之芬主编:《日本对华北经济的掠夺和统制——华北沦陷区经济资料选编》,北京出版社,1995年。

6. 刘海岩主编:《清代以来天津土地契证档案选编》,天津古籍出版社,2006年。

7. 罗家伦主编:《革命文献》第31—41辑"日本侵华有关史料",中央文物供应社,1964—1967年。

8. 秦孝仪主编:《中华民国重要史料初编》第6编(傀儡组织),中国国民党中央委员会党史委员会编印,1981年。

9. 秦孝仪主编:《中华民国重要史料初编——对日抗战时期》绪编1,中国国民党中央委员会党史委员会编印,1981年。

10. 日本防卫厅战史室编、天津市政协编译委员会译:《日本军国主义侵华资料长编·大本营陆军部》(上),四川人民出版社,1987年。

11. 日本防卫厅战史室编、天津市政协编译组译:《华北治安战》(上、下),天津人民出版社,1982年。

12. 日本防卫厅战史室编著、天津市政协编译委员会译校:《日本军国主义侵华资料长编——〈大本营陆军部〉摘译》(上、中、下),四川人民出版社,1987年。

13. 天津档案馆、南开大学分校档案系编:《天津租界档案选编》,天津人民出版社1992年版。

14. 天津市档案馆、天津社会科学院历史研究所、天津市工商业联合会编:《天津商会档案汇编(1937—1945)》,天津人民出版社,1997年。

15. 天津市档案馆编:《日本在津侵略罪行档案史料选编》,天津人民出版社,2015年。

16. 天津市档案馆编:《日本在津侵略罪证档案图集》,天津人民出版社,2015年。

17. 天津市地方志编修委员会编著:《天津通志·附志·租界》,天津社会科学院出版社,1996年。

18. 天津图书馆编:《天津日本租界居留民团资料》,广西师范大学出版社,2006年。

19. 谢忠厚、张瑞智、田苏苏总主编:《日本侵略华北罪行档案·毒气战》(6),河北人民出版社,2005年。

20. 张妍、孙燕京主编:《民国史料丛刊》第283、285、287、288、292、300、301、304册,大象出版社,2009年。

21. 章伯锋、庄建平主编:《中国近代史资料丛刊·抗日战争》第1卷,四川大学出版社,1997年。

22. 章伯锋、庄建平主编:《中国近代史资料丛刊·抗日战争》第6卷,四川大学出版社,1997年。

23. 赵玉明主编:《日本侵华广播史料选编》,中国广播影视出版社,2015年。

24. 中共天津市委党史研究室、天津市档案馆、天津市公安档案馆编:《日本帝国主义在天津的殖民统治》,天津人民出版社,1998年。

25. 中国第二历史档案馆编:《中华民国史档案资料汇编》第5辑第2编,江苏古籍出版社,1997年。

26. 中央档案馆、中国第二历史档案馆、吉林省社会科学院合编:《华北治安强化运动》,中华书局,1997年。

27. 中央档案馆、中国第二历史档案馆、吉林省社会科学院合编:《日本帝国主义侵华档案资料选编·华北大"扫荡"》,中华书局,1998年。

28. 中央档案馆、中国第二历史档案馆、吉林省社会科学院合编:《日本帝国主义侵华档案资料选编·华北经济掠夺》,中华书局,2004年。

29. 中央档案馆、中国第二历史档案馆、吉林省社会科学院合编:《日本帝国主义侵华档案资料选编·华北事变》,中华书局,2000年。

30. 中央档案馆、中国第二历史档案馆、吉林省社会科学院合编:《日本帝国主义侵华档案资料选编·华北治安强化运动》,中华书局,1997年。

31. 中央档案馆、中国第二历史档案馆、吉林省社会科学院合编:《日本帝国主义侵华档案资料选编·汪伪政权》,中华书局,2004年。

三、报刊资料

1. 《大公报》
2. 《东方杂志》
3. 《津津月刊》
4. 《立言画刊》
5. 《三六九画报》
6. 《商业经济周刊》
7. 《申报》
8. 《新民报》
9. 《新天津报》
10. 《新天津画报》
11. 《新中华报》
12. 《益世报》
13. 《庸报》
14. 《中央银行月报》
15. 《中央周刊》

四、地方文献

1. 冯骥才主编：《话说天津卫》，百花文艺出版社，1986年。

2. 河西区地方志编修委员会编：《天津市河西区志（蓝本）》，河西区地方志编修委员会，1998年。

3. 申泮文：《天津旧南开学校覆没记》，南开大学出版社，1995年。

4. 孙大干：《天津经济史话》，天津社会科学院出版社，1989年。

5. 天津人民出版社编辑：《三代人的血泪——天津工人家史》，天津人民出版社，1965年。

6. 天津社会科学院历史研究所编：《天津历史资料》1980年第5期。

7. 天津市地方志办公室编：《现代天津斗争诗篇》，中国社会出版社，

1991年。

8. 天津市地方志编修委员会办公室编:《抗日烽火在天津》,天津人民出版社,2005年。

9. 天津市地方志编修委员会编:《天津简志》,天津人民出版社,1991年。

10. 天津市地方志编修委员会编:《天津通志·军事志》,天津社会科学院出版社,2000年。

11. 天津市东郊区政协文史资料研究委员会编:《天津东郊文史》第1辑,天津市东郊区政协文史资料研究委员会,1988年12月。

12. 天津市和平区政协文化体育和文史资料委员会编:《抗日战争与天津》,人民出版社,2015年。

13. 天津市津南区地方志编修委员会编:《天津市津南区志》,天津社会科学院出版社,1999年。

14. 天津市历史博物馆:《天津革命史话》,《支部生活》增刊,1982年5月。

15. 天津市文史研究馆:《天津文史丛刊》1985年第4期。

16. 天津市文史研究馆编:《津门史缀》,上海书店,1992年。

17. 天津市政协秘书处编印:《天津租界简况》(内部参考),1975年3月。

18. 天津市政协文史资料委员会编:《近代天津十大影剧家》,天津人民出版社,2001年。

19. 天津市政协文史资料委员会编:《近代天津十二大报人》,天津人民出版社,2001年。

20. 天津市政协文史资料委员会编:《天津文史选辑·总第87辑》,天津人民出版社,2000年。

21. 天津市政协文史资料研究委员会编:《天津的洋行与买办》,天津人民出版社,1987年。

22. 天津市政协文史资料研究委员会编:《天津租界》,天津人民出版社,1986年。

23. 天津市总工会工运史研究室、天津社会科学院历史研究室合编:《新民主主义革命时期天津工人运动记事(1919年—1949年)》,天津社会科学丛刊编辑部。

24. 田斌轩编:《天津民兵革命斗争故事》,天津人民出版社,1976年。

25. 万新平、濮文起编:《天津史话》,上海人民出版社,1986年。

26. 杨大辛、方兆麟:《天津历史的转折——原国民党军政人员的回忆》,天津大港华康印刷厂,1989年10月。

27. 佚名:《天津事迹纪实闻见录》,天津古籍出版社,1986年。

28. 尹冰彦:《对〈华北敌伪政权的建立和解体〉的补正》,《文史资料选辑》第48辑,中华书局,1964年。

29. 张炳如:《华北敌伪政权的建立和解体》,《文史资料选辑》第39辑,中华书局,1963年。

30. 张孟良:《沽城荡寇》,海天出版社出版,1991年。

31. 张孟良:《血溅津门》,百花文艺出版社,1981年。

32. 政协天津市河东区委员会学习和文史资料委员会编:《河东区文史资料》,政协天津市河东区委员会学习和文史资料委员会,2006年8月。

33. 政协天津市河东区文史资料委员会编:《天津市河东区文史资料》第4辑,国家海洋信息中心印刷厂,1991年。

34. 中共天津市汉沽区委组织部、中共天津市汉沽区委党史资料征集委员会、天津市汉沽区档案馆编:《中国共产党天津市汉沽区组织史资料(1942—1987)》,天津人民出版社,1991年。

35. 中共天津市委党史资料征集委员会编:《中共天津党史大事记(1919—1949)》,天津人民出版社,1991年。

36. 中国民主建国会天津市委员会暨天津市工商业联合会文史资料委员会编:《天津工商史料丛刊》(内部发行),1986年4月。

37. 中国人民政治协商会议天津市北辰区委员会文史资料委员会编:《天津北辰文史资料》第6辑,天津南开大学怡和电脑服务公司,1998年12月。

38. 中国人民政治协商会议天津市东丽区委员会文史资料研究委员会编:《天津东丽文史资料》第4辑,政协天津东丽区委员会文史资料研究委员会,1995年。

39. 中国人民政治协商会议天津市和平区委员会文史资料委员会编:《天津和平文史资料选辑》第4辑,天津医学院印刷所,1993年9月。

40. 中国人民政治协商会议天津市河北区委员会文史资料书画艺术委员会:《天津河北文史——天津河北史迹专辑》第10辑,天津蓓蕾印刷厂,1998年7月。

41. 中国人民政治协商会议天津市委员会文史资料委员会编:《近代天津十大实业家》,天津人民出版社,1999年。

42. 中国人民政治协商会议天津市委员会文史资料委员会编:《近代天津十二大教育家》,天津人民出版社,1999年。

43. 中国人民政治协商会议天津市委员会文史资料委员会编:《天津文史资料选辑——天津租界谈往》第75辑,天津人民出版社,1997年。

44. 中国人民政治协商会议天津市委员会文史资料研究室委员会编:《天津史志丛刊——天津近代人物录》,1987年。

45. 中国人民政治协商会议天津市委员会文史资料研究委员会:《沦陷时期的天津》,天津静海县印刷厂,1992年10月。

46. 中国人民政治协商会议天津市委员会文史资料研究委员会编:《天津史志丛刊——天津近代人物录》,天津市地方志编修委员会总编辑室出版,1987年12月。

47. 中国人民政治协商会议天津市委员会文史资料研究委员会编:《天津资料选编(第1辑)》,天津人民出版社,1978年12月。

48. 中国人民政治协商会议天津市西郊区委员会文史资料委员会编:《津西文史资料选编》第1册,1987年。

49. 中国作家协会天津分会编:《天津第一座发电厂——天津电业局第三发电厂厂史》,百花文艺出版社,1960年。

五、专著

1. [英]鲍尔著,刘国强译:《租界生活:一个英国人在天津的童年(1918—1936)》,天津人民出版社,2007年。

2. [英]雷穆森著,许逸凡、赵地译:《天津租界史(插图本)》,天津人民出版社,2008年。

3. 《天津近代建筑》编写组:《天津近代建筑》,天津科学技术出版社,1990年。

4. [德]尤尔根·哈贝马斯著,刘北成、曹卫东译:《合法化危机》,上海人民出版社,2000年。

5. [法]古斯塔夫·勒庞著,佟德志、刘训练译:《革命心理学》,吉林人民出版社,2011年。

6. [法]古斯塔夫·勒庞著,冯克利译:《乌合之众:大众心理研究》,中央编译出版社,2005年。

7. [法]莫里斯·迪韦尔热著,杨祖功、王大东译:《政治社会学——政治学要素》,东方出版社,2007年。

8. [加]卜正民著,潘敏译:《秩序的沦陷——抗战初期的江南五城》,商务印书馆,2016年。

9. [美]傅葆石著,张霖译:《灰色上海,1937—1945 中国文人的隐退、反抗与合作》,生活·读书·新知三联书店,2014年。

10. [美]罗伯特·A·达尔著,王沪宁、陈峰译:《现代政治分析》,上海译文出版社,1987年。

11. [美]萨缪尔·P.亨廷顿著,王冠华、刘为等译:《变化社会中的政治秩序》,上海人民出版社,2008年。

12. [美]约翰·亨特·博伊尔著,陈体芳、乐刻等译:《中日战争时期的通敌内幕 1937—1945》,商务印书馆,1978年。

13. [日]浅田乔二著,袁愈佺译:《日本在中国沦陷区的经济掠夺》,复旦大学出版社,1997年。

14. [日]广濑龟松:《津门旧恨——侵华日军在天津市的暴行》,天津社会科学院出版社,1995年。

15. [意]G·萨托利著,王明进译:《政党与政党体制》,商务印书馆,2006年。

16. 陈卫民编:《天津的人口变迁》,天津古籍出版社,2004年。

17. 仇润喜、阎文启编:《天津的邮驿与邮政》,天津古籍出版社,2004年。

18. 董坤靖:《天津通览》,人民日报出版社出版发行,1988年。

19. 费正、李作民、张家骥:《抗战时期的伪政权》,河南人民出版社,1993年。

20. 高艳林:《天津人口研究(1404—1949)》,天津人民出版社,2002年。

21. 龚关:《近代天津金融业研究:1861—1936》,天津人民出版社,2007年。

22. 郭登浩、周俊旗:《日本占领天津时期罪行实录》,社会科学文献出版社,2016年。

23. 郭贵儒、张同乐、封汉章:《华北伪政权史稿》,社会科学文献出版社,2007年。

24. 郭贵儒、张同乐、封汉章:《华北伪政权史稿——从"临时政府"到"华北政务委员会"》,社科文献出版社,2007年。

25. 郭贵儒:《河北沦陷区伪政权研究》,人民出版社,2013年。

26. 贺圣遂、陈麦青:《汉奸丑史》,复旦大学出版社,1999年。

27. 侯福志:《天津民国的那些书报刊》,上海远东出版社,2009年。

28. 江沛:《日伪"治安强化运动"研究》,南开大学出版社,2006年。

29. 解学诗:《伪满洲国史新编》(修订本),人民出版社,2008年。

30. 居之芬、张利民:《日本在华北经济统制掠夺史》,天津古籍出版社,1997年。

31. 来新夏主编:《天津近代史》,南开大学出版社,1987年。

32. 李华彬:《天津港史(古、近代部分)》,人民交通出版社,1986年。

33. 李家璘主编:《天津旧影:汉、英、日对照》,人民美术出版社,2000年。

34. 李竞能:《中国人口(天津分册)》,中国时政经济出版社,1987年。

35. 李竞能主编:《天津人口史》,南开大学出版社,1990年。

36. 李炜:《都市镜像——近代日本文学的天津书写》,天津古籍出版社,2016年。

37. 李英华主编:《近代中国看天津》,天津社会科学院出版社,2007年。

38. 廖永武:《天津现代革命运动史》,天津人民出版社,1985年。

39. 林希:《老天津:津门旧事》,江苏美术出版社,1998年。

40. 刘大可等:《日本侵略山东史》,山东人民出版社,1991年。

41. 刘海岩:《空间与社会:近代天津城市的演变》,天津社会科学院出版社,2003年。

42. 刘敬忠:《华北日伪政权研究》,人民出版社,2007年。

43. 刘熙明:《伪军——强权竞逐下的卒子(1937—1949)》,稻乡出版社,2002年。

44. 刘炎臣:《津门杂谈》,三友美术社,1943年。

45. 罗澍伟编:《引领近代文明:百年中国看天津》,天津人民出版社,2005年。

46. 罗澍伟主编:《近代天津城市史》,中国社会科学出版社,1993年。

47. 潘敏:《江苏日伪基层政权研究》,上海人民出版社,2006年。

48. 乔虹编编著:《天津城市建设志略》,中国科学技术出版社,1994年。

49. 任云兰:《近代天津的慈善与社会救济》天津人民出版社,2007年。

50. 荣国章、孔宪东、赵晋:《北平人民八年抗战》,中国书店,1999年。

51. 尚可强、刘海岩主编:《天津租界社会研究》,天津人民出版社,1996年。

52. 尚可强:《九国租界与近代天津》,天津教育出版社,2008年。

53. 沈予:《日本大陆政策史》,社会科学文献出版社,2005年。

54. 宋安娜:《神圣的渡口:犹太人在天津》,天津人民出版社,2007年。

55. 宋蕴璞:《天津志略(全)》,成文出版社有限公司,1969年。

56. 天津航道局编:《天津航道局史》,人民交通出版社,2000年。

57. 天津社会科学院历史研究所《天津简史》编写组:《天津简史》,天津人民出版社,1987年。

58. 天津市总工会工运史研究室编:《天津工人运动史》,天津人民出版社,1989年。

59. 万鲁建:《津沽漫记——日本人笔下的天津》,天津古籍出版社,2015年。

60. 万鲁建:《近代天津日本侨民研究》,天津人民出版社,2010年。

61. 王凯捷:《天津抗战》,天津人民出版社,2005年。

62. 王浦劬主编:《政治学基础》,北京大学出版社,1995年。

63. 王强:《汉奸组织新民会》,天津社会科学院出版社,2006年。

64. 王士花:《日伪统治时期的华北农村》,社会科学文献出版社,2008年。

65. 王长江:《政党论》,人民出版社,2009年。

66. 王长江:《政党现代化论》,江苏人民出版社,2004年。

67. 肖旭编著:《社会心理学》,电子科技大学出版社,2008年。

68. 谢忠厚主编:《日本侵略华北罪行史稿》,社会科学文献出版社,2005年。

69. 杨大辛:《天津的九国租界》,天津古籍出版社,2004年。

70. 杨青、王旸:《近十年来抗日战争史研究述评选编(1995—2004)》,中共党史出版社,2005年。

71. 姚洪卓主编:《近代天津对外贸易(1861—1948)》,天津社会科学院出版社,1993年。

72. 于建:《天津现代学生运动史》,天津古籍出版社,2007年。

73. 张建星主编:《城市细节与言行——天津600年》,天津古籍出版社,2004年。

74. 张利民、刘凤华:《抗战时期日本对天津的经济统制与掠夺》,社会科学文献出版社,2016年。

75. 张利民主编:《解读天津六百年》,天津社会科学院出版社,2003年。

76. 张泉主编:《抗日战争时期沦陷区史料与研究》第1辑,百花洲文艺出版社,2007年。

77. 张同乐、马俊亚、曹大臣、杨维真:《抗战时期的沦陷区与伪政权》,南京大学出版社,2015年。

78. 张同乐:《华北沦陷区日伪政权研究》,生活·读书·新知三联书店,

2012年。

79. 张仲：《天津卫掌故》，天津人民出版社，1999年。

80. 中共山西省委党史研究室编：《侵华日军在山西的暴行》，山西人民出版社，1986年。

81. 中国社会科学院近代史研究所编：《日本侵华七十年》，中国社会科学出版社，1992年。

82. 周俊旗：《民国天津社会史》，天津社会科学院出版社，2002年。

83. 周利成、王勇则：《外国人在旧天津》，天津人民出版社，2007年。

84. 周利成、周雅男：《天津老戏园》，天津人民出版社，2005年。

85. 周淑真：《政党政治学》，人民出版社，2011年。

86. 朱德新：《20世纪三四十年代河南冀东保甲制度研究》，中国社会科学出版社，1994年。

六、论文

1. 曹必宏：《抗战时期关内日伪政权选派留日公费生考略》，《社会科学研究》2016年第4期。

2. 曹必宏：《汪伪留日教育政策与管理机构述略》，《江苏师范大学学报》（哲学社会科学版）2014年第1期。

3. 曾业英：《日伪统治下的华北农村经济》，《近代史研究》1998年第3期。

4. 陈冠兰：《天津"孤岛"时期的报刊》，《聊城大学学报》（社会科学版）2008年第1期。

5. 陈静：《沦陷时期北平日伪的金融体系及掠夺手段》，《抗日战争研究》2002年第3期。

6. 陈思广：《"振兴"的姿态与"新进"的意味——华北沦陷区长篇小说论》，《中山大学学报》（社会科学版）2014年第1期。

7. 陈言：《抗战时期沦陷区"色情文学"新探》，《抗日战争研究》2002年第1期。

8. 陈正卿：《日本华中"毒化"和汪伪政权》，《抗日战争研究》1999年第

1期。

9. 程曼丽:《华北地区最后一份汉奸报纸——〈华北新报〉研究》,《新闻与传播研究》2004年第3期。

10. 褚亚男:《关于沦陷期间天津电影审查制度变迁的历史研究(1937—1945)》,《当代电影》2016年第3期。

11. 崔禄春:《抗战初期日本劫夺华北海关税款管理权述论》,《历史教学》1997年第2期。

12. 丁晓杰:《日伪时期"华北绵羊改进会"及其活动述论》,《中国农史》2007年第3期。

13. 丁晓杰:《日伪时期华北产业科学研究所的设立及其活动》,《史学月刊》2012年第2期。

14. 丁晓杰:《战前日本的羊毛需求与伪满洲国绵羊改良关系析论》,《中国农业大学学报》(社会科学版)2009年第1期。

15. 丁则勤:《论百团大战后日本对华北的政策》,《抗日战争研究》2000年第2期。

16. 丁志强、刘凤华:《伪满洲国劳动统制政策的演变》,《日本问题研究》2014年第5期。

17. 范立君:《"九一八"事变后东北地区华北移民动态的考察》,《史学月刊》2002年第4期。

18. 方艳华、刘志鹏:《华北沦陷区国民党民运工作研究——以冀鲁为中心的考察》,《求索》2012年第6期。

19. 封汉章:《七七事变前冀东伪军述评》,《抗日战争研究》2007年第2期。

20. 封世辉:《华北沦陷区文艺期刊钩沉》,《中国现代文学研究丛刊》1993年第1期。

21. 费晓峰、蔡燕、周官标:《平津交通银行、中国银行应对华北沦陷区日伪金融管制史料》,《民国档案》2013年第2期。

22. 郭贵儒、李仁杰:《伪天津市治安维持会述论》,《河北师范大学学报》

(哲学社会科学版)2008年第2期。

23. 郭贵儒、陶琴:《日伪在华北新闻统制述略》,《民国档案》2003年第4期。

24. 郭贵儒:《华北沦陷区日伪奴化教育述论》,《河北师范大学学报》(哲学社会科学版)2005年第6期。

25. 郭贵儒:《简析"天津市治安维持会"的基本特征》,《历史教学》(高校版)2008年第10期。

26. 胡卫清:《华北中华基督教团研究》,《文史哲》2014年第5期。

27. 黄小同:《试论中共在华北沦陷区的工作》,《历史教学》1995年第9期。

28. 解学诗:《关于"特殊工人"的若干问题》,《抗日战争研究》2002年第2期。

29. 居之芬:《二次大战期间日本使用中国强制劳工人数初考》,《抗日战争研究》2001年第1期。

30. 居之芬:《关于日本在华北劳务掠夺体系与强制劳工人数若干问题考》,《抗日战争研究》2002年第3期。

31. 居之芬:《华北沦陷区的经济地位及日本统制掠夺之特点》,《晋阳学刊》1998年第1期。

32. 居之芬:《抗战时期日本对华北沦陷区劳工的劫掠和摧残》,《中共党史研究》1994年第4期。

33. 居之芬:《日本在华北"国策"企业矿山征用强制劳工人数与待遇考》,《世界历史》2003年第6期。

34. 蒋梅:《伪华北政务委员会教育总署施政纪要》,《民国档案》2008年第4期。

35. 李秉奎、冯小丽:《华北"治安强化"运动中的日伪宣传活动述评》,《河南师范大学学报》(哲学社会科学版)2002年第6期。

36. 李杰琼:《20世纪30年代日本的"宣传战"及其在华北沦陷区的新闻统制》,《新闻界》2015年第8期。

37. 李力:《论伪满前期的劳动政策——限制华北工人进入东北地区劳动政策的形成》,《社会科学战线》2005年第4期。

38. 刘彪:《抗战时期党领导的华北工人运动》,《中国劳动关系学院学报》2015年第6期。

39. 刘海岩:《20世纪前期天津水供给与城市生活的变迁》,《近代史研究》2008年第1期。

40. 刘海岩:《电车、公共交通与近代天津城市发展》,《史林》2006年第3期。

41. 刘海岩:《近代天津城市边缘区的形成及其结构特征》,《天津师范大学学报(社会科学版)》2007年第4期。

42. 刘海岩:《租界、社会变革与近代天津城市空间的演变》,《天津师范大学学报(社会科学版)》2006年第3期。

43. 刘洁:《华北沦陷区基层社会控制的实态——基于通县新民会的考察》,《抗日战争研究》2015年第2期。

44. 刘晓丽:《流寓华北的东北作家的"满洲想像"——以〈青年文化〉杂志"华北文艺特辑"为中心》,《上海师范大学学报》(哲学社会科学版)2008年第3期。

45. 刘志鹏、方艳华:《国民党华北党政军联合办事处探析》,《近代史研究》2013年第6期。

46. 罗海燕、翟朋:《抗战时期天津文艺副刊研究:以〈庸报〉为中心》,《社科纵横》2016年第10期。

47. 吕天石、肖红松:《沦陷时期天津烟毒问题探析》,《抗日战争研究》2016年第4期。

48. 孟国祥、程堂发:《惩治汉奸工作概述》,《民国档案》1994年第2期。

49. 米卫娜:《日伪时期北平日侨职业问题探析》,《北京社会科学》2010年第5期。

50. 彭贵珍、李陵:《抗战时期华北沦陷区的粮荒成因分析》,《晋阳学刊》2006年第3期。

51. 乔雪生、李振军、宋洪亮:《伪华北棉产改进会史料一组》,《民国档案》1997年第3期。

52. 任云兰:《沦陷时期日本对天津的思想文化统制》,《东北亚学刊》2015年第4期。

53. 宋美云:《沦陷时期的天津商会》,《历史档案》2001年第3期。

54. 孙冬虎、王均:《八年沦陷时期的北平城市规划及其实施》,《中国历史地理论丛》2000年第3期。

55. 孙玉玲、孙永安:《东北沦陷时期日伪的劳工政策及其后果》,《社会科学辑刊》2000年第5期。

56. 谭克俭:《抗日战争时期的山西赴日留学》,《晋阳学刊》2005年第1期。

57. 田苏苏:《日军慰安妇政策在华北地区的实施》,《抗日战争研究》2005年第2期。

58. 汪朝光:《抗战时期沦陷区的电影检查》,《抗日战争研究》2002年第1期。

59. 汪敬虞:《抗日战争时期华北沦陷区工业综述》,《中国经济史研究》2009年第1期。

60. 汪寿松:《国民党政府对天津敌伪产业的接收》,《历史教学》1990年第3期。

61. 王士花:《华北沦陷区教育概述》,《抗日战争研究》2004年第3期。

62. 王士花:《华北沦陷区粮食的生产与流通》,《史学月刊》2006年第11期。

63. 王士花:《华北沦陷区棉花的生产与流通》,《清华大学学报》(哲学社会科学版)2008年第5期。

64. 王士花:《日伪统治时期的华北农村合作社》,《中国社会科学院研究生院学报》2001年第1期。

65. 王雪驹、涂晓华:《置身殖民体制与日伪新闻媒介下的乡土书写——对日伪〈国民杂志〉"华北地方都市巡礼报告"的考察》,《新闻界》2016年第

22期。

66. 魏文享:《沦陷时期的天津商会与税收征稽——以所得税、营业税为例》,《安徽史学》2016年第4期。

67. 魏文享:《协定与自肃:沦陷时期天津商人团体与价格管控》,《史学月刊》2016年第5期。

68. 吴翎君:《珍珠港事件前美国企业在华北的投资活动——以大来和英美烟公司为例,1939—1941》,《社会科学研究》2012年第2期。

69. 王士花:《日伪华北交通股份有限公司及其交通统制》,《历史研究》1996年第3期。

70. 夏军:《日伪统治下的日语教育》,《民国档案》2005年第2期。

71. 徐立刚:《伪临时政府与伪维新政府政治关系演变浅析》,《民国档案》1996年第3期。

72. 徐文军、宋枫霞:《1939年天津事件后中国的舆论反应》,《文史博览(理论)》2014年第8期。

73. 薛文婷:《日伪沦陷区的广播媒介控制》,《中国广播电视学刊》2005年第8期。

74. 杨晓娟:《伪新民会在华北沦陷区的奴化宣传》,《河北师范大学学报》(哲学社会科学版)2008年第2期。

75. 杨云:《伪华北政务委员会教育总署教育行政报告书》,《民国档案》2005年第3期。

76. 余子侠:《日伪统治时期华北沦陷区的职业教育》,《抗日战争研究》2007年第2期。

77. 余子侠:《日伪统治下的华北留日教育》,《近代史研究》2004年第5期。

78. 余子侠:《日伪统治下华北沦陷区的高等教育》,《近代史研究》2006年第6期。

79. 张洪祥、杨琪:《抗战时期华北沦陷区的新民会》,《史学月刊》1999年第5期。

80. 张泉：《反抗军事入侵与抵制文化殖民——抗战时期北京沦陷区文学中的民族意识与国家认同》，《北京社会科学》2005 年第 4 期。

81. 张同乐：《1940 年代初期河北省沦陷区联庄会研究》，《安徽史学》2014 年第 6 期。

82. 张同乐：《1940 年代前期的华北蝗灾与社会动员——以晋冀鲁豫、晋察冀边区与沦陷区为例》，《抗日战争研究》2008 年第 1 期。

83. 张同乐：《论抗战时期华北沦陷区的"村政建设"》，《安徽史学》2011 年第 4 期。

84. 张玉莲：《沦陷区新民会的"民意"协商——以忻县新民联合协议会为例》，《山西师大学报》（社会科学版）2010 年第 2 期。

85. 张玉莲：《日伪统制经济下的忻县商会》，《民国档案》2010 年第 4 期。

86. 赵蕍：《母亲为什么要匆匆离开沦陷的天津》，《中国档案》2006 年第 2 期。

87. 周竟风：《华北沦陷区伪青少年组织研究》，《社会科学辑刊》2008 年第 5 期。

88. 周孜正：《试探沦陷区中国青年赴日留学原因》，《民国档案》2004 年第 3 期。

89. 朱伟华：《抗战时期沦陷区话剧初探》，《贵州社会科学》1995 年第 4 期。

90. 中国第二历史档案馆：《广东省银行香港办事处关于华北金融状况的报告（1939 年）》，《民国档案》1995 年第 4 期。

七、硕博士论文

1. 曾德刚：《试析日伪在北平地区的奴化教育》，首都师范大学历史学硕士学位论文，2009 年。

2. 陈雪芳：《沦陷时期的天津商会》，华中师范大学历史学硕士学位论文，2009 年。

3. 单秀敏：《1894—1937 年天津英租界的扩张与规划建设》，南开大学历史学硕士学位论文,2007年。

4. 董桂萍:《1939年天津水灾及赈济述论》,天津师范大学历史学硕士学位论文,2007年。

5. 杜希英:《近代天津货栈业研究》,南开大学历史学博士学位论文,2013年。

6. 杜秀娟:《抗日战争时期日伪对华北棉花资源的统制与掠夺》,河北师范大学历史学硕士学位论文,2006年。

7. 范晓娟:《近代英日在华北的经济纷争与中国政府的应对研究》,河北大学历史学硕士学位论文,2016年。

8. 付春端:《1938—1945年期间日伪对河北省农业资源的掠夺和统制》,河北师范大学历史学硕士学位论文,2003年。

9. 葛宝森:《保定商会研究(1907—1945)》,河北大学历史学硕士学位论文,2011年。

10. 郭明涛:《日本对长芦盐的掠夺与食盐统制配给研究》,河北师范大学历史学硕士学位论文,2008年。

11. 韩占领:《1929—1941年天津英租界市政管理研究》,天津师范大学历史学硕士学位论文,2012年。

12. 郝丽丽:《华北沦陷区道级伪政权研究》,河北师范大学历史学硕士学位论文,2009年。

13. 胡海香:《抗日战争时期日本统制下的山东煤炭业》,曲阜师范大学历史学硕士学位论文,2003年。

14. 康恒印:《伪冀南道述论》,河北师范大学历史学硕士学位论文,2007年。

15. 李计勇:《华北"治安强化运动"中的日伪经济活动述评》,河北师范大学历史学硕士学位论文,2004年。

16. 李晓凤:《美英学者与近代天津社会研究——以1900—1949年的天津社会为研究重心》,南开大学历史学硕士学位论文,2008年。

17. 李亚玺:《华北沦陷区省级伪政权殖民统治研究》,河北师范大学历史学硕士学位论文,2009年。

18. 刘程:《抗战时期天津银行公会与日伪的金融统制》,宁夏大学历史学硕士学位论文,2013年。

19. 刘红涛:《日伪华北劳工协会罪恶述论》,河北师范大学历史学硕士学位论文,2009年。

20. 刘金旺:《抗战时期华北伪军研究》,山东师范大学历史学硕士学位论文,2016年。

21. 刘志鹏:《华北沦陷区国民党研究》,山东大学历史学博士学位论文,2014年。

22. 吕天石:《日本侵华期间天津毒品问题研究》,河北大学历史学硕士学位论文,2014年。

23. 孟晓虎:《日本占领期间晋北地区鸦片问题的调查研究》,山西大学历史学硕士学位论文,2012年。

24. 阮义召:《日伪在河南沦陷区的奴化教育研究》,郑州大学历史学硕士学位论文,2010年。

25. 王淼:《华北沦陷区基督教会研究》,华中师范大学历史学博士学位论文,2013年。

26. 危婷:《天津英租界华人参政问题》,天津师范大学历史学硕士学位论文,2009年。

27. 吴晓亮:《评日本帝国主义操纵下的伪满洲国"外交"》,东北师范大学历史学硕士学位论文,2002年。

28. 谢影:《日伪在华北沦陷区学校之奴化教育研究》,首都师范大学硕士论文,2011年。

29. 张畅:《华洋之间:德璀琳与近代中国——兼论近代来华侨民》,南开大学历史学博士学位论文,2007年。

30. 张强国:《论华北日伪新民会》,吉林大学历史学硕士学位论文,2006年。

31. 张青:《华北沦陷区县级伪政权研究》,河北师范大学历史学硕士学位论文,2009年。

32. 张振明:《从河北高等法院毒品案件看日本在河北的毒化政策》,河北师范大学历史学硕士学位论文,2008年。

33. 张振有:《华北沦陷期间的佛教同愿会》,华中师范大学历史学硕士学位论文,2009年。

34. 张志华:《伪新民会宣传教化活动研究》,河北师范大学历史学硕士学位论文,2009年。

35. 张柱:《租界与天津城市化研究1860—1937》,南开大学历史学硕士学位论文,2006年。

36. 赵亮:《华北沦陷时期北平女性期刊研究》,东北师范大学历史学硕士学位论文,2011年。

37. 赵志强:《抗战胜利后河北省敌伪产业接收述论》,河北师范大学历史学硕士学位论文,2002年。

38. 朱慧颖:《近代天津公共卫生研究(1900—1937)》,南开大学历史学博士学位论文,2008年。

39. 左海军:《沦陷时期保定商会研究》,河北大学历史学硕士学位论文,2011年。

八、外文文献及著作

1. 岛田俊彦、稻葉正夫编:《日中战争》1《现代史资料》8,みすず书房,1965年。

2. 臼井胜美、稻葉正夫编:《日中战争》2《现代史资料》9,みすず书房,1964年。

3. 堀场一雄:《支那事变战争指导史》,时事通信社,1962年。

4. 益井康一:《汉奸裁判史(1946—1948)》,みすず书房,1977年。

5. 中村政则等:《战时华中の物资动员と军票》,多贺出版社,1994年。

6. Boyle, John Hunter, *China and Japan at War 1937—1945*: *The Politics of Collaboration*, California, Stanford University Press, 1972.

7. Han-sheng Lin, "*Chou Fo-hai: The Diplomacy of Survival*", in *Richard D. Bruns and Edward M. Bennett eds. , Diplomats in Crisis: United States-Chinese-Japanese Relations, 1919—1941*, Santa Barbara, CA: ABC-Clio Press, 1974.

8. Sophia Lee, "*Aggression of Cooperation? Cultural Activities in Peking under the Japanese Occupation, 1935—1945*", Illinois Papers in Asian Studies, Vol. 2 (1983).

9. Sophia Lee, "*Selected Bibliography on Occupied Beijing, 1937—1945*", Republican China, Vol. 14, No. 2 (April 1989).

索 引

A

安清道义总会　83
爱德华·罗斯　139
阿凤　479,481,482

B

白坚武　30,33,96
板垣征四郎　32,96
便衣队　33,34,43,96
北京条约　35
宝成纱厂　36,75
鲍馨远　110,127,128,296,484
北洋大学　178,514
北京特别市勤劳总队　268
北京特别市筹募劳工委员会　269
别动队　314

本间晴雅　343
裨德本　361,362
博内　366,368
贝果特　381,383
巴特拉　392
伯特勒　394
比商电车电灯公司　421

C

程锡庚　5,173,343,346,353
池田宽志　28
曹汝霖　30,32,41
赤穗津正气　73,178
朝鲜银行　73
陈啸戡　79,89,106,109,179,461,501,513
惩治汉奸条例　91

陈曲江 96

柴山兼四郎 96

陈维藩 105

船津辰一郎 115

长城公司 124

蔡廷锴 178

陈锡三 197

川岛铁太郎 249

陈蝶生 288

陈曾源 342

常宝堃 511

D

董显光 38

东京日文协会 41

邸玉堂 47,107,108,124,509

邓玉晶 65

东亚新秩序 68

杜建时 136

东亚毛麻纺织公司 196

东亚油漆株式会社 204

大东亚战争 265,331,499,505,512

杜健龙 283

东站会馆 313,314,315

邓尼士 336

狄巴 344

大光明影院 346

东京会谈 351,354,355,381,387,392

滇缅公路 396

代用食粮 504

F

富永启堂 31

方若 32,41,47,110,111,115

范源濂 41

防护团 64

辅佐官 69,72,73,74,97,525

范旭东 75

方震甲 106,119

辅仁大学 122

范懿贞 172

釜石警察署 275

佛兰克林 333

范东升 339

反英运动 350,375,386

防空演习 511

G

关东军 30

高凌霨 30,41,43,48,95,97,105,106,111

公务员消费合作社 49

高长清 89,105,109,117,128,150,265

郭奉孝　106,109,264
高玉璞　128,315
冈村宁次　308
高景云　344,480
顾维钧　361,362,368,369,370,
　　371,391
格鲁　364
郭泰祺　368,370,381,391
谷正纲　371
郭立志　417

H

和知公馆　30
何梅协定　37
华北经济开发协定　37
华北汽车公司　37
胡恩溥　39
华北派遣军　70
横滨正金银行　73
华新纱厂　75
华北交通株式会社　82,83,131
侯毓汶　92
何庭鎏　96
何庆元　108,113,117,118,120,
　　170,509
华北有价证券交易所　119
华北实业公司　193
海关总税务司　201

华北开发株式会社　204
华北垦业公司　217
华北食粮平衡仓库　220,221
华北开发公司　248
华北劳工协会　248,251,252,254,
　　276
华北交通公司　250
何应钦　277
华北禁烟总局　298
华北新民同义道德协会　349
哈利法克斯　357,358,359,360,
　　368,372,373,374,388
杭立武　361
赫尔　363
胡适　364,369
哈瓦特　381,383
华北水灾救济委员会　427

J

靖国神社　3
九·一八事变　3,29,33,35,36,
　　38,96,178,230,243
捐献运动　26
经济统制　27
蒋光堂　38
臼井忠三　41,115
今井茂　41
江藤荣吉　41

索引

蒋介石　68,176,343,364,367,
　370,371,381,388
焦世卿　107,509
吉田茂　115
井上垣　178
蒋光鼐　178
军管理工厂　191
久大精盐厂　204
军令部　277
禁烟总局　289
军人俱乐部　313,316
京津游艺员协会　351
贾米森　359,360
贾德干　361,368
九国公约会议　367

K

孔祥熙　95
抗日锄奸团　173
克莱琪　360,373,374,375,377,
　378,380,384,385,388,390,391
卡尔　362

L

梁鸿志　2
李准　30
刘玉书　31,47,112
李际春　33

李志堂　38
蓝衣社　39,89
陆宗舆　41
李树珊　66
刘髯公　70,178
李济深　75
李烛尘　75
刘孟勋　88,93,103,107,109,118,
　121,526
陆一鹏　89,116
刘静山　89,121,170
李鹏图　103,104,109,122,123,
　154,461
李星联　104,114
刘绍琨　111
梁瑗　114,483
林茂清　114
联银券　142,143,387,478
李洪岳　150
李克忠　151
蓝振德　169,184,186,226,461
刘少奇　174
滦州矿务公司　204
刘雪松　277,278
拉塞尔·帕沙　287
李玉山　296
陆军省　308
刘春和　314

来仲威 314,315

刘静波 315

刘云若 328

罗斯福 364,370

莱热 371

林森次郎 517

M

茂川公馆 30

马良 31

马廷福 34

满洲铁路株式会社 37

茂川秀和 112

马占山 178

明码制 182,184

木原定光 197

米谷统制协会 217

麻产改进统制会 217

孟恩远 219

满洲劳工协会 248

美国国务院 284

麦根西 338

美日商约 355,364,384

慕尼黑协定 369

慕尼黑阴谋 369,395

马三立 515

N

南京大屠杀 3

南开农场 30

南开大学 30,42

钮传善 31,47

南满铁道株式会社 72

南满铁道公司 250

内田银之助 277

南市 515

P

配给制 27,181

普安协会 31,32,82

潘纳禄 46

潘毓桂 48,76,88,94,96,97,111, 112,113,124,134,343

蒲立德 370

平津粮荒 409

平民住宅 487

Q

勤俭节约运动 26

青木公馆 30

齐燮元 30,31

钱玄同 41

钱稻荪 41

齐璧亭 42

谦德庄 70

青帮 82,83

浅海喜久雄 96

索 引

七七事变　104,105,109,127,128, 243,479
清水部队　151,515
启新洋灰公司　204
勤劳奉仕　265,266,271,284

R

日本警察署　29,68
日本特务机关　29,30,31,39,40, 43,88,111
日本军部　30
日本总领事馆　30
日本士官学校同窗会　31
日本东洋拓植株式会社　36
日本同盟社　38,160
日本东亚同盟　41
日本宪兵队　70,82,104
日本居留民团　115
阮士章　140
荣常安　150
日本昭和通商会社　270
日本厚生省　276
日英协定　393
日法协定　393
任秉鉴　479,482
任秉铃　483

S

三野公馆　30

孙传芳　31
孙润宇　31,41,47,111
松冈洋右　32
宋哲元　37
三谷亨　38
山家少佐　40
沈同年　47
三义庄　70
三民主义青年团　104,151,282
桑岛主计　115
树德学校　171
山东省"剿共"委员会　175
宋哲元　178
宋棐卿　196,197,198
淞沪事变　308
神户馆　313
杉山元　357
三不管　515

T

土肥原贤二　29,31,32,33,96
同乐京剧社　30
天津事变　34
天津纺绩公司　36
天津交通股份有限公司　37,231
天津新闻管理所　39
天津高等学堂　40
天津共立学校　40

天津法商学院　42

天津日军防卫司令部　68

唐卜年　74,109

太平洋战争　76,81,155,172,181,
　　182,187,191,207,212,230,239,
　　313,398,479,481,482,499,511

铁路爱护村　83

天津米谷统制会　110,216

土桥一次　136

谭礼士　172

天津教育促进会　172

天津劳工协会　175

天津物资物价委员会事务局　183

天津米谷统制委员会　216,217

天津市食粮配给统制事务所　221

天津地区劳务统制会　249

天津水灾　250,401

天津集中营　273

藤田茂　274

藤原铁太郎　287

天津禁烟分局　289

天津统税分局　293

土药营业税　293

塘沽料理店　311

天津市反英最高委员会　349

天津市教育界反英委员会　351

天津市梨园公会　351

天津市水灾救济委员会　412

天津市救济院　464

天津日本商工会议所　488

W

王克敏　2,30,31,103,108,109,
　　169,175,347,381

汪精卫　2

温世珍　30,31,33,49,81,88,95,96,
　　97,104,108,109,111,113,118,
　　134,178,226,232,249,260,348,
　　353,397,398,421,426,461,507,
　　509,513,515,526

王揖唐　31,41,103,110

魏大可　31

王大同　31

王树常　33,34

吴宁靖　39,41,112

温健公　42

闻永之　42

王镇华　43

王竹林　47,169,173,339,343

王晓岩　47,107

王绪高　49,96

王士海　83,131,259,260,314,
　　322,323,325

吴佩孚　96

王文　105

王少卿　114,116,150

索 引

王锡文　119,120,514
汪时璟　119,120
王德春　127
王鸿霖　127
王宗钤　172
王维　174,175
吴季光　178
王则民　197
王新三　198,217
慰安所　307,308,310,311,314
慰安妇　307,308,310,311,313,318,325
王墨林　314
韦尔斯　362
威尔逊　363,368
王世杰　364,381,384,391

新民会　81,104,109,113,118,248,260
喜多诚一　95
徐长海　117
新国民运动　157
徐树铭　169
徐正经　175
香月清司　178
协定价格　182,184
兴中公司　204
新民会天津都市指导部　249,350,419
徐树溥　296
肖维尔　367
徐永昌　367
兴亚院　418
小山田晃一　477

X

辛丑条约　28
徐树强　31,90,110,114,115,296
小日向　31
谢龙阁　39,132
谢台臣　43
献铜铁运动　65
小白楼　70
下瓦房　70
小刘庄　70
兴中株式会社　75

Y

袁文会　31,82,515
于学忠　34
杨紫宸　34
裕大纱厂　36
野崎诚近　41
杨秀峰　42
一二·九运动　42
永利碱厂　75,204
雨宫巽　78

一贯道 81
义侠队 82,83,259,325
姚一新 88,89,103,107,109,113,
　　122,124,170,483
喻传鉴 92,514
阎家琦 112,132,133,175,263,
　　318,325,507
有田八郎 115
银线画报 125,512
耀华学校 130,179
阎国珍 174
姚依林 174
杨草亭 324
英日冲突 346
有田——克莱琪协定 385
杨大辛 512

Z

中国驻屯军 28,30
斋藤洋行 30
中国农民协会 30
张弧 30,31,32,96
中日同道会 31
郑遏济 31,50,115,146
张逊之 31,32,
张化南 32
张璧 33
中国保安队 34,43

张冠英 34
钟渊纺织株式会社 36
郑万瞻 39
周作人 41
张伯苓 42
赵聘卿 47,107,108,124
张志徵 47
张仁蠡 49,95,96,109,134
治安强化运动 61,64,69,82,148,
　　164,165,480,504,512,528
张显明 63,220,481
郑树樵 65
赵泽民 65
支那通 72
中日合办 75,191
治安军 77
早稻田大学 94
张之洞 95
周迪平 95,96,134
张同亮 103,110,124
张自忠 104
朱玉璞 110,296
朱重民 110
周思靖 113
张燕卿 113
张同礼 116
张卓然 118,120,170,172
中华铁血锄奸团 123

张圭颖　125

张鸿滨　127

赵君达　130

张廷鄂　136

自肃节约　155,501

赵天麟　178,179

周学熙　204

中国海关总税务司署　212

斋藤茂一郎　226

中山襄　226

张立德　269

张贵庄机场　269

赵凤岐　270

中条山战役　273

周谦　324

张子奇　337

中国内河航运公会　352

张伯伦　358,361,374

张澜生　479

张金锁　480,485

赵佩茹　511

后　记

2018年，我还在南开大学历史学院攻读博士学位的时候，导师江沛教授推荐我参与"抗日战争专题研究"项目。我能有机会参加如此重大的项目，倍感荣幸。2019年，我入职河南师范大学历史文化学院，期间又对书稿进行了数次修改。2021年，本书最终定稿，虽然还有不尽完善之处，但对我却具有重要的意义。平生第一次出版学术性著作，对我有一定的激励作用，同时也是对日伪政权研究的阶段性完结。

本书能顺利入选"抗日战争专题研究"系列丛书并出版，我要特别感谢导师江沛教授，在撰写书稿的过程中，江老师给予了耐心细致的指导，为本书的完稿和出版奠定了良好的基础。我还要感谢南京大学张宪文教授及丛书编委会的诸位先生给我提供如此难得的机会。丛书编委会多次组织专家审稿，给本书提供了很多有针对性的宝贵意见和建议。

日伪政权在沦陷区的统治状况是一项有待深入研究的课题。由于受到能力、时间和资料等诸方面因素的限制，本书对一些问题的分析还不够深入，有待于今后继续努力与不懈开拓。衷心期望各位专家、师友与读者给予谅解及指正。

2021年7月